Osteuropa und der internationale Kommunismus
Band 1

Herausgeber:
Bundesinstitut für ostwissenschaftliche und internationale Studien, Köln

Dieter Heinzig

Sowjetische Militärberater bei der Kuomintang 1923–1927

Nomos Verlagsgesellschaft
Baden-Baden

CIP-Kurztitelaufnahme der Deutschen Bibliothek

Heinzig, Dieter

Sowjetische Militärberater bei der Kuomintang 1923–1927. – 1. Aufl. – Baden-Baden: Nomos Verlagsgesellschaft, 1978.

(Osteuropa und der internationale Kommunismus; Bd. 1)

ISBN 3–7890–0371–9

1. Auflage 1978

 Satz: pagina, Tübingen. Druck: Nomos Verlagsgesellschaft, Baden-Baden. Buchbinderische Verarbeitung: J. Spinner, Ottersweier.

Für Ellen

Inhaltsverzeichnis

Teil II

Die Tätigkeit der sowjetischen Militärberater in Kuomintang-China (1923–1927)

Zu den Fußnoten

Bei den meisten Titeln werden nur die Titelanfänge (Kurzform) zitiert. In diesen Fällen finden sich die vollständigen Titel im Literaturverzeichnis. Die Kurzformen sind dort kursiv ausgedruckt.
Soweit Beiträge zu Sammelwerken und Einzeldokumente in Dokumentationen zitiert werden, erscheinen im Literaturverzeichnis in der Regel nur die Sammelbände bzw. Dokumentationen.
Um Verwechslungen vorzubeugen, werden die Vornamen chinesischer Verfasser voll ausgeschrieben. Sie werden nicht durch Kommata vom Familiennamen getrennt.

Zur Transkription

Russische Wörter werden nach der wissenschaftlichen Transkription umschrieben.
Chinesische Wörter werden in Anlehnung an Giles/Wade transkribiert. Ausnahmen bilden die Namen Sun Yat-sen und Chiang Kai-shek sowie bekanntere geographische Bezeichnungen wie Peking, Changsha, Yangtse u. ä., bei denen die international eingebürgerte Schreibweise verwendet wird.

Abkürzungsverzeichnis

AMO SSSR	Archiv Ministerstva Oborony SSSR (Archiv des Ministeriums für Verteidigung der UdSSR)
AVP SSSR	Archiv Vnešnej Politiki SSSR (Archiv für Außenpolitik der UdSSR)
CGASA	Central'nyj Gosudarstvennyj Archiv Sovetskoj Armii (Zentrales Staatsarchiv der Sowjetarmee)
CPA IML	Central'nyj Partijnyj Archiv Instituta Marksizma-Leninizma (Zentrales Parteiarchiv des Instituts für Marxismus-Leninismus)
Čeka	Črezvyčajnaja komissija (Außerordentliche Kommission)
EKKI	Exekutivkomitee der Kommunistischen Internationale
GPU	Gosudarstvennoe Političeskoe Upravlenie (Staatliche Politische Verwaltung)
GRU	Glavnoe Razvedyvatel'noe Upravlenie (Hauptabteilung für Aufklärung bzw. Erkundung)
KMT	Kuomintang
Komintern	Kommunistische Internationale
KPCh	Kommunistische Partei Chinas
KPdSU/B	Kommunistische Partei der Sowjetunion (Bolschewiki)
KUTV	Kommunističeskij Universitet Trudjaščichsja Vostoka (Kommunistische Universität der Werktätigen des Ostens)
MR	Militärrat
Narkomindel	Narodnyj Komissariat Inostrannych Del (Volkskommissariat für auswärtige Angelegenheiten)
NKVD	Narodnyj Komissariat Vnutrennich Del (Volkskommissariat für innere Angelegenheiten)
NRA	National-revolutionäre Armee (Kuo-min ko-ming chün)
OCE	Ostchinesische Eisenbahn
OO	Osoboe Otdelenie (Sonderabteilung) (der Čeka in der Roten Armee)
Profintern	Profsojuznyj Internacional (Gewerkschafts- Internationale)
PUR bzw. PURKKA	Političeskoe upravlenie Raboče-Krest'janskoj Krasnoj armii (Politische Verwaltung der Roten Arbeiter- und Bauernarmee)
RKP/B	Russische Kommunistische Partei (Bolschewiki)
RSFSR	Russische Sozialistische Föderative Sowjetrepublik
Revvoensovet	Revoljucionnyj Voennyj Sovet (Revolutionärer Militärrat)
VCIK	Vserossijskij Central'nyj Ispolnitel'nyj Komitet (Allrussisches Zentrales Exekutivkomitee) bzw. Vsesojuznyj Central'nyj Ispolnitel'nyj Komitet (Allunions-Zentralexekutivkomitee)
VCSPS	Vsesojuznyj Central'nyj Sovet Professional'nych Sojuzov (Allunions-Zentralrat der Gewerkschaften)
Waichiaopu	Außenministerium (der Peking-Regierung)
Whampoa-MA	Whampoa-Militärakademie

»Wir sind weder prorussisch noch antibritisch. Es ist unser einziges Ziel, für China zu kämpfen«.

Chiang Kai-shek im Februar 1926

»Man muß sie also bis zu Ende ausnützen, wie eine Zitrone ausquetschen und dann wegschmeißen«.

Stalin Anfang April 1927 über die Kuomintang-Rechte

»Wenn der nächste chinesische General nach Moskau kommt und ruft: ›Es lebe die Weltrevolution!‹, dann soll man am besten sofort die GPU holen. Sie wollen alle nur Gewehre«.

Borodin im Sommer 1927 bei seiner Abreise aus China

Vorwort

Die jüngsten westlichen Standardwerke zur sowjetischen Chinapolitik der zwanziger Jahre stammen aus der Feder von Allen S. Whiting, C. Martin Wilbur, Julie Lien-ying How und Conrad Brandt. Sie sind runde zwanzig Jahre alt. Dieser Sachverhalt allein hätte dem Historiker genügend Anreiz sein können zu prüfen, ob die inzwischen erschienene Literatur eine Korrektur oder Ergänzung desjenigen Bildes erlaubt, das in den genannten Arbeiten entworfen wird.

Das Interesse des Verfassers an einer solchen Bestandsaufnahme wurde indes durch eine andere Beobachtung geweckt: Seit Anfang der sechziger Jahre veröffentlichten ehemalige sowjetische Militärs in laufender Folge ihre Memoiren über diejenige Zeit, die sie zwischen 1923 und 1927 als Berater in China zugebracht hatten. Dies war ein bemerkenswerter Vorgang. Bis dahin nämlich hatten weder die Kommunistische Partei der Sowjetunion (hinfort: KPdSU) noch die Kommunistische Partei Chinas (hinfort: KPCh) noch die Kuomintang (hinfort: KMT) den in ihren jeweiligen Herrschaftsbereichen lebenden Augenzeugen der sowjetischen Militärhilfe an das China der zwanziger Jahre erlaubt, sich über ihre Erfahrungen publizistisch zu äußern; einzige Ausnahme bildete eine 1930 in Leningrad unter Pseudonym (G. Allen) erschienene Veröffentlichung. Da auch außerhalb dieser Bereiche lebende ehemalige Beteiligte auf ausführliche Publikationen verzichteten, stand dem Historiker vor dem Erscheinen der sowjetischen Erinnerungen praktisch keine Memoirenliteratur zur Verfügung.

Eine systematische Sichtung der seit Mitte der fünfziger Jahre in der Sowjetunion erschienenen Literatur ergab sodann, daß neben den erwähnten Memoiren eine beachtliche Anzahl von Dokumentationen, Monographien und Aufsätzen zum Thema erschienen war, die bis heute im Westen kaum zur Kenntnis genommen wurden. Der überwiegende Teil dieser Publikationen ist für die historische Forschung deswegen von ungewöhnlicher Bedeutung, weil ihre Kompilatoren bzw. Verfasser von den zuständigen Behörden die Erlaubnis erhielten, bisher unzugängliches Material aus Archiven (CPA IML, AVP SSSR, CGASA, AMO SSSR) auszuwerten. Dies war nicht nur in Moskau ein Novum, sondern wäre es auch in Peking und Taipei gewesen. Dort werden Archivmaterialien, die sich auf das Verhältnis zur Komintern und zur Sowjetunion in den zwanziger Jahren beziehen, nicht einmal den eigenen Historikern zum Zwecke der Veröffentlichung zugänglich gemacht; umso mehr mußten entsprechende Vorstöße des Verfassers in Peking gänzlich, in Taipei fast ohne Erfolg bleiben.

Fragt man nach den Gründen der unerwarteten sowjetischen Publizität, so sind deren zwei zu erkennen:

a) Die durch den XX. Kongreß der KPdSU in Gang gesetzte Entwicklung gab den Weg frei für die Rehabilitierung vieler Persönlichkeiten der sowjetischen Chinapolitik der zwanziger Jahre, darunter vor allem der Militärberater, von denen zahlreiche durch den Stalinschen Terror der Jahre 1937/38 umgekommen waren. Sie bewirkte auch, daß diese Chinapolitik, deren Behandlung außerhalb des Rahmens des entstellten offiziellen Geschichtsbilds von Stalin tabuisiert worden war, wieder öffentlich - wenn auch in bestimmten Grenzen - diskutiert werden konnte.

b) Die Eskalation des Konflikts mit Peking erzeugte in Moskau das Bedürfnis, die sowjetische Hilfe nicht nur an die VR China, sondern auch an das revolutionäre China vor der Machtergreifung der Kommunisten (also auch an die mit der KPCh verbündete KMT) aufzuwerten, um so die heutige Pekinger Führung als undankbar zu diskreditieren.[1]

Ziel der vorliegenden Arbeit ist es, die neuen sowjetischen Publikationen auszuwerten, sie anhand aller übrigen verfügbaren Informationen - hierzu gehören auch bisher ungenutzte chinesische Materialien und unlängst im Westen publizierte bisher unbekannte Komintern-Dokumente - kritisch zu prüfen und das Ganze zu einer lesbaren Darstellung zu verarbeiten. Der thematische Rahmen der Arbeit wird somit von den neuen sowjetischen Materialien vorgegeben. Diese lassen zwei Schwerpunkte erkennen:

a) die Entstehung des sowjetischen Bündnisses mit der Kuomintang (und der KPCh) vor dem Hintergrund der Beziehungen Moskaus zur Pekinger Regierung und

1 Diese Motivation wird zum Beispiel im Vorspann zu einer in der DDR erschienenen gekürzten Übersetzung der Memoiren des ehemaligen sowjetischen Militärberaters Čerepanov deutlich, wo es heißt: »Als die Sowjetregierung dieser Bitte (um Entsendung von Beratern, Anm. d. Verf.) entsprach, folgte sie den grundlegenden Weisungen Lenins über die Notwendigkeit eines festen Bündnisses zwischen dem sowjetischen und dem chinesischen Volk. Dieser Grundlinie sind die KPdSU und die Sowjetregierung unwandelbar treu geblieben. Das beweist die selbstlose und allseitige Hilfe während der späteren Phasen des nationalen Befreiungskampfes und auch in den ersten Jahren des sozialistischen Aufbaus in der Volksrepublik China.« Vgl. horizont, Jg. 1974, Nr. 5, S. 32. - Ein ähnlicher Tenor liegt dem Bericht über eine Veranstaltung der »Gesellschaft für sowjetisch-chinesische Freundschaft« im Jahre 1970 in Moskau zugrunde, vgl. Pravda vom 14. 2. 1970. - In der sowjetischen Rezension eines anderen Memoirenbands heißt es: »Viele sowjetische Militärberater ... kämpften in der chinesischen Armee, ohne ihre Kräfte, ihr Blut und bisweilen auch ihr Leben zu schonen.« Vgl. Krasnaja zvezda 20. 7. 1975.

b) die Tätigkeit der sowjetischen Militärberater in China.
Aus diesen beiden Schwerpunkten ergibt sich die Gliederung der Arbeit in zwei Teile, wobei die Darstellung und Analyse der mit der Militärberaterschaft verbundenen Vorgänge im Teil II das eigentliche Kernstück bilden. Die beiden Teile stehen in einem engen sachlichen Zusammenhang: Die Allianz war Voraussetzung für den Einsatz der Berater, und das ungewöhnlich sensibilisierte Verhalten der Allianzpartner im Rahmen der Militärhilfe wird ohne Kenntnis der komplizierten Genese der Allianz nicht verständlich.
Die Arbeit beschränkt sich in ihrem Teil II auf die Beschäftigung mit dem Haupttätigkeitsfeld der Militärberater, das in Kuomintang-China lag. Die Aktivität von Beratern bei der Nationalarmee (Kuominchün) des Nordens bleibt somit außer Betracht. Der Umfang des hierzu inzwischen vorliegenden sowjetischen Materials und die Andersartigkeit des politisch-militärischen Milieus läßt die Behandlung dieser Aktivität in einer eigenen Monographie angezeigt erscheinen.
Mit Blick auf Teil I sei vorausgeschickt, daß die Auswertung des neuen Materials es erstmals ermöglicht, die Willensbildung der beteiligten Parteien im Hinblick auf das zu schließende Bündnis ziemlich genau nachzuzeichnen und dabei die von den Standardwerken gegebene Darstellung in wesentlichen Teilen zu ergänzen oder zu korrigieren. Bei der Behandlung der Thematik von Teil II waren wir bisher fast ausschließlich auf Materialien angewiesen, die am 6. April 1927 in der Pekinger Sowjetbotschaft beschlagnahmt wurden (»Su-lien yin-mou wen-cheng«). Das hieraus entstandene Bild mußte zwangsläufig lückenhaft sein. Die neuen sowjetischen Veröffentlichungen gestatten es erstmals, eine einigermaßen kohärente Darstellung zu geben.
Dies alles darf indes nicht darüber hinwegtäuschen, daß wir an wichtigen Stationen der Gesamtentwicklung auch heute noch auf Mutmaßungen angewiesen sind. Hierfür gibt es drei Gründe. Zum einen sind es nicht die Spitzenberater, deren Erinnerungen publiziert wurden: Es fehlen Memoiren von Borodin sowie von den Chef-Militärberatern bei den KMT-Armeen des Südens Bljucher (Galin), P. A. Pavlov (Govorov), N. V. Kujbyšev (Kisan'ka), V. P. Rogačev und V. A. Stepanov; auch von den Militärattachés in Peking A.I. Gekker, N. M. Voronin, A. I. Egorov, A. Ja. Lapin (Seifullin) und R. V. Longva gibt es keine veröffentlichten Aufzeichnungen. Zum anderen bilden die in den neueren sowjetischen Publikationen zitierten archivalischen Materialien nur einen Teil dessen, was in den Archiven ruht. Schließlich fehlt es an entsprechenden Publikationen seitens der KMT und der KPCh.

Das Manuskript dieses Buches wurde im wesentlichen Ende 1976 abgeschlossen. Während seiner Entstehung erhielt ich von den Professoren Hans Roos und Tilemann Grimm viele wertvolle Hinweise. C. Martin Wilbur half mit Dokumenten, die überwiegend dem U.S. Department of State entstammen. Die Hoover Institution in Stanford, California, und das Bundesarchiv in Koblenz stellten mir wichtige Materialien zur Verfügung. Sowjetische Kollegen halfen mir beim Besorgen der in Moskau erschienenen Literatur, vermittelten Interviews, beteiligten sich an Fachgesprächen und kritisierten meine Hypothesen: Liparit S. Kjuzadžjan, Lev P. Deljusin, Grigorij D. Sucharčuk, Vladimir N. Nikiforov, Rudol'f V. Vjatkin, Jurij V. Čudodeev. Generalleutnant a.D. Aleksandr I. Čerepanov, einer der wichtigsten Militärberater, stellte sich in Moskau für Interviews zur Verfügung; hierbei leistete Boris Orlov Übersetzungshilfe. Bei meinen Recherchen auf Taiwan wurde ich vor allem von den Herren Huang Yu (Hwang You), Li Kuo-ch'i (Lee Kuo-chi) (Academia Sinica), Huang Chi-lu (Kuo-shih kuan), Li Yün-han (Chung-yang tang-shih hui) und Lü Fang-shang (Chung-hua min-kuo shih-liao yen-chiu chung-hsin) unterstützt. Herr Sun K'o (Sun Fo) gewährte mir ein Interview.
Von Wolfgang Berner, Heinz Brahm und Hung-hsiang Chou, meinen Kollegen im Bundesinstitut, erhielt ich mannigfachen Beistand und guten Rat, ebenso von meinem Fachkollegen Joachim Glaubitz. Hung-hsiang Chou schrieb die chinesischen Zeichen. Barbara Langer hat sich als Publikationsreferentin des Bundesinstituts um die Veröffentlichung verdient gemacht. Gerda Koschewski half mit Akribie beim Korrekturlesen. Das Manuskript wurde von Ella Neumann sorgfältig ins reine geschrieben.
Allen Genannten danke ich von Herzen. Für die in diesem Buch vertretenen Ansichten bin ich selbstverständlich allein verantwortlich.
Ich widme das Buch meiner lieben Frau. Sie hat bei den Korrekturen geholfen. Sie hat gleich mir alle Militärberater dieser Welt zum Teufel gewünscht, wenn die Arbeit am Manuskript das Familienleben störte. Ohne ihre Geduld und Fürsorglichkeit hätte ich das Buch nicht schreiben können.

Köln, im November 1977 *Dieter Heinzig*

Einleitung

Das sowjetische Engagement in China setzte in der ersten Hälfte der zwanziger Jahre ein und erreichte mit der Militärhilfe zwischen 1923 und 1927 einen anfänglichen Höhepunkt. Es muß im Zusammenhang mit dem stärkeren Interesse an Asien gesehen werden, das sich gegen Ende des russischen Bürgerkrieges in Moskau sowohl unter traditionell-diplomatischem als auch unter weltrevolutionärem Vorzeichen entwickelte.

Die feindlichen Beziehungen zu den Westmächten, die durch deren Intervention im Bürgerkrieg entstanden waren, und das gespannte Verhältnis zu Deutschland, das sich aus der Annullierung des Brester Friedens und der Unterstützung deutscher revolutionärer Bestrebungen durch Moskau ergeben hatte, führten dazu, daß die sowjetische Diplomatie nach dem Osten zu blicken begann. Diese Tendenz kam in Verträgen zum Ausdruck, die im Frühjahr 1921 mit Persien, Afghanistan und der Türkei geschlossen wurden. Sie verstärkte sich mit Blickrichtung auf Ostasien, als im Spätsommer 1921 die Washingtoner Konferenz angekündigt wurde.

Nachdem die Erhebung deutscher Kommunisten im Frühjahr 1920 zusammengebrochen und der Vormarsch der Roten Armee im Sommer desselben Jahres vor Warschau zum Stillstand gekommen war, hatten sich die zunächst auf Europa gerichteten weltrevolutionären Hoffnungen als trügerisch erwiesen. In etwa dem gleichen Maße, in dem sie schwanden, verlagerte sich auch hier das Interesse nach Asien.

Obwohl sich auf diese unterschiedlich motivierte Weise die beiden führenden Institutionen der sowjetischen Außenpolitik, das Volkskommissariat des Äußeren (hinfort: Narkomindel)[2] und die Kommunistische Internationale (hinfort: Komintern), über den regionalen Schwerpunkt ihrer künftigen Aktivität wenigstens grundsätzlich einig geworden waren, so bedeutete das längst nicht, daß sie sich immer über die zu unternehmenden Schritte und die zu wählenden politischen Partner verständigen konnten. Zwar waren Sowjetregierung und Narkomindel einerseits und Komintern andererseits in ihren Führungsspitzen eng miteinander verflochten. Dennoch zeigte sich im Laufe der Zeit, daß Differenzen auftraten, die bisweilen einem gemeinsamen Vorgehen im Wege standen. Das Spannungsver-

2 Die Abkürzung »Narkomindel« wird wegen ihrer Prägnanz hinfort durchgängig verwendet. Sie ist in der Sowjetunion üblich und entstand aus »*Nar*odnyj *kom*issariat *in*ostrannych *del*« (Volkskommissariat für ausländische Angelegenheiten).

hältnis entstand vor allem deswegen, weil die Komintern sich nach wie vor der internationalen Revolution verpflichtet fühlte, während Sowjetregierung und Narkomindel sich immer stärker darum bemühten, die Sicherheit des neu etablierten Sowjetstaats zu garantieren und - von dieser Funktion ausgehend - den sowjetischen Einfluß über die bestehenden Staatsgrenzen hinaus auszudehnen.
Im Falle China lassen sich diese beiden Hauptkomponenten der sowjetischen Außenpolitik, die revolutionär-internationale und die russisch-nationale Komponente, am klarsten mit dem Blick auf zwei getrennt voneinander anvisierte Zielbereiche außenpolitischer Aktivität erkennen: Während das Narkomindel zwischen 1920 und 1924 die Pekinger Regierung unablässig umwarb, um die diplomatische Anerkennung und einen Handelsvertrag zu bekommen, leistete die Komintern zur selben Zeit in Schanghai unter konspirativen Umständen wertvolle Hilfe beim Aufbau einer kommunistischen Partei, zu deren wichtigsten Zielen der Sturz der Regierung in Peking gehörte.
Seit 1922 wurde ein dritter Zielbereich erkennbar. In Schanghai und später Kanton näherte sich Sowjetrußland der Kuomintang an und nötigte die Kommunistische Partei Chinas zur Bildung eines Blocks mit der KMT, den sie von 1924 bis 1927 als ihren chinesischen Hauptverbündeten behandelte. Bei der Vorbereitung der Allianz mit der KMT wirkten Komintern und Narkomindel eng zusammen.
Die Motive, die der sowjetischen Aktivität im Hinblick auf die drei genannten Zielbereiche zugrunde lagen, waren unterschiedlicher Natur. In den Verhandlungen mit Peking ging es Sowjetrußland darum, die Bewahrung beziehungsweise Wiedererringung des russischen Einflusses in der Mandschurei und Mongolei vertraglich abzusichern. In der Unterstützung der KPCh kam das langfristig angestrebte Endziel zum Ausdruck, China in einen kommunistischen Staat umzuwandeln. Das mittelfristig und instrumental angelegte Bündnis mit der KMT schließlich ging von der Vorstellung aus, diese Partei sei am ehesten in der Lage, China national zu einigen, es jedem (nichtsowjetischen) fremden Einfluß zu entziehen und es damit für die (unter sowjetischer Regie durchzuführende) kommunistische Machtübernahme vorzubereiten.
Die revolutionär-internationale und die russisch-nationale Komponente sind bisweilen deutlich voneinander zu unterscheiden, bisweilen verschmelzen sie miteinander. Es ist allerdings nicht zu verkennen, daß die nationale Komponente schrittweise an Boden gewann. Diese Tendenz zeichnete sich bereits im Sommer 1919 ab, als durch eine Revision der Karachan-Erklärung vom 25. Juli das Angebot einer entschädigungslosen Übereig-

nung der Ostchinesischen Eisenbahn (hinfort: OCE) an China rückgängig gemacht wurde.[3] Stalin löste später den Widerspruch zwischen den beiden Komponenten - scheinbar - auf und lieferte damit gleichzeitig die theoretische Rechtfertigung für die Dominanz der nationalen Linie: Er dekretierte ebenso hemdsärmelig wie rabulistisch, Revolutionär und Internationalist sei, wer vorbehaltlos und bedingungslos die Sowjetunion zu schützen bereit sei.[4]

Als Stalin diese Erklärung am 1. August 1927 abgab, war die sowjetische Botschaft in Peking bereits geschlossen; Moskaus Chefberater bei der KMT hatte kurz zuvor unter sanftem chinesischem Druck die Rückreise nach Moskau angetreten. Damit waren die sowjetischen Anstrengungen in Richtung auf zwei der genannten drei Zielbereiche vorerst zum Stillstand gekommen.

3 Ursprünglicher Text in: Vilenskij, V., Kitaj i Sovetskaja Rossija, S. 14, nach: Degras, J. (Hrsg.), Soviet Documents, Bd. I, S. 158 ff.; revidierter Text in: Dokumenty vnešnej politiki, Bd. II, S. 221 ff. - Zu den Einzelheiten siehe unten S. 25 f. dieser Arbeit.

4 Stalin, I. V., Sočinenija, Bd. X, S. 51.

Teil I

Die sowjetische Allianz mit der Kuomintang: Voraussetzungen und Entstehung (1917 - 1923)

1. Die sowjetische Diplomatie gegenüber der Pekinger Regierung bis zum Beginn der Allianz

a. Von internationalistischer zu russisch-nationaler Chinapolitik

Die ersten sowjetrussischen Äußerungen, die an die Adresse Chinas gerichtet wurden, atmeten den Geist des Verzichts auf die imperialistische und interventionistische Politik des zaristischen Rußland. Sie waren von derselben internationalistischen und weltrevolutionären Euphorie und von demselben Abscheu vor traditionellen Verhaltensweisen geprägt wie allgemein die außenpolitischen Vorstellungen, die direkt nach der bolschewistischen Machtübernahme in Petrograd vorherrschten. Die illusionsträchtige Atmosphäre der Zeit spiegelt sich in Aussprüchen Trockijs wider, der über seine Aufgaben als neuernannter Außenkommissar gesagt haben soll, er werde ein paar revolutionäre Aufrufe an die Völker der Welt erlassen, die Geheimdokumente veröffentlichen und dann den Laden zumachen.[5] Sowjetrußland erklärte den Rücktritt von zaristischen Geheimverträgen, die zu Lasten Chinas geschlossen worden waren, und zeigte sich als erster Staat bereit, gegenüber Peking auf Exterritorialitätsrechte und Kontributionen zu verzichten.[6] Es bot China 1918 den Rückkauf der zwischen 1897 und 1904 gebauten Ostchinesischen Eisenbahn (OCE) gegen teilweise Kostenerstattung an, 1919 sogar die entschädigungslose Übereignung der Bahn sowie aller russischen Bergwerkskonzessionen, Forstgebiete und Goldminen.[7]

5 Carr, E. H., The Bolshevik Revolution, Bd. III, S. 16 (mit weiteren Quellenangaben).

6 Rede Čičerins auf dem V. Allrussischen Sowjetkongreß am 4. Juli 1918, in: Čičerin, G. V., Stat'i i reči po voprosam meždunarodnoj politiki, Moskau 1961, S. 58 f.

7 Ebenda, S. 59; ursprüngliche Fassung der Ersten Karachan-Erklärung vom 25. Juli 1919, in: Vilenskij, V., Kitaj i Sovetskaja Rossija, S. 14, nach: Degras, J. (Hrsg.), Soviet Documents, Bd. I, S. 159 f. - Vgl. im einzelnen unten S. 25 f. dieser Arbeit.

Wenn dennoch in der späteren sowjetischen Politik gegenüber Peking zunehmend traditionelle russisch-nationale Elemente wirksam wurden, so lagen dem zunächst, in der ersten Phase des Bürgerkriegs, überwiegend sicherheitspolitische Erwägungen zugrunde. Später kamen expansionistische Motivationen hinzu.

Sicherheitspolitisch ging es den Sowjets zum einen darum, die ins Stocken geratene Lebensmittelversorgung Sibiriens aus der Mandschurei und die Belieferung von Vladivostok mit Schiffsgütern wieder in Gang zu bringen. Hierbei spielte die OCE eine entscheidende Rolle.[8] Zum anderen sollte verhindert werden, daß alliierte (vor allem japanische) und weißgardistische Truppen die Mandschurei als Aufmarschgebiet gegen Sibirien benutzten. Der einzige potentielle Partner, der die genannten sicherheitspolitischen Bestrebungen unterstützen konnte, war die Pekinger Regierung.

Die expansionistische Komponente richtete sich auf die Wiedergewinnung von Einfluß in den klassischen russischen Interessensphären, vor allem in der Mandschurei und in der Mongolei. Hier bemühte man sich darum, eine chinesische Anerkennung dieser Interessen zu erreichen.

Die sowjetische Diplomatie gegenüber dem offiziellen China ist daher in der hier zu behandelnden Periode von einem zähen Ringen um die Herstellung vertraglicher Beziehungen zu Peking geprägt, das schließlich durch den Vertrag vom 31. Mai 1924 von Erfolg gekrönt wurde.

Gemessen an der chinesischen Reaktion lassen sich zwei Phasen erkennen. In der ersten Phase (1917 bis 1920) scheiterte das sowjetische Bemühen an der entschieden ablehnenden Grundhaltung Pekings. In der zweiten Phase (1920 bis 1924) traf Moskau zwar auf einen entgegenkommenderen Partner, belastete aber selbst die Verhandlungen durch seine Intervention in der Mongolei.

b. *Die erste Phase: 1917 bis 1920*

Die erste Phase ist gekennzeichnet durch drei sowjetische Angebote, die von chinesischer Seite abschlägig beantwortet oder mit Stillschweigen übergangen wurden.

Bereits im November 1917 begannen in Petrograd Verhandlungen zwischen Trockij als Außenkommisar und dem chinesischen Gesandten Liu Ching-jen. Nach sowjetischen Angaben[9] bot Trockij an, den Vertrag von 1896, das Pekinger Protokoll von 1901 und sämtliche zwischen 1907 und

8 Vgl. zu diesem Absatz Whiting, A. S., Soviet Policies, S. 132 - 136.

9 Kapica, M. S., Sovetsko-kitajskie otnošenija, S. 11.

1916 mit Japan geschlossenen Abkommen zu annullieren, allen staatlichen russischen Besitz in China zurückzuübereignen und die OCE gemeinsam zu verwalten. Als Gegenleistung verlangte er die Wiederaufnahme der Nahrungsmittellieferungen nach Sibirien, die im Januar 1918 von den Chinesen unterbrochen worden waren.[10] Die Verhandlungen scheiterten an der ablehnenden chinesischen Haltung. Nachdem Liu Ching-jen Ende März 1918 nach Peking zurückberufen worden war, nahm die chinesische Gesandtschaft in Sowjetrußland - abgesehen von einigen konsularischen Handlungen - ihre offiziellen Funktionen nicht mehr wahr.[11] Überhaupt gab es seit Lius Abreise etwa eineinhalb Jahre lang faktisch keinen direkten diplomatischen Verkehr.

Pekings negative Reaktion hielt die Sowjetregierung nicht davon ab, die in den Verhandlungen gemachten großzügigen Angebote öffentlich zu wiederholen. Am 4. Juli 1918 erklärte Čičerin als neuer Außenkommissar auf dem V. Allrussischen Sowjetkongreß, seine Regierung sei von allen Geheimverträgen zurückgetreten, habe die zaristischen Eroberungen in der Mandschurei aufgegeben und die souveränen Rechte Chinas im Gebiet der OCE wiederhergestellt. Sie biete China sogar die OCE gegen teilweise Erstattung der Baukosten zum sofortigen Rückkauf an und sei bereit, auf alle Kontributionen und Exterritorialitätsrechte zu verzichten.[12]

Ein Jahr später wurden diese Angebote in der »Botschaft des Rats der Volkskommissare der RSFSR an das chinesische Volk und die Regierung Süd- und Nordchinas«[13] vom 25. Juli 1919 wiederholt, die vom Stellvertretenden Außenkommissar Karachan unterzeichnet war und als Erste Karachan-Erklärung bekanntgeworden ist. Hinsichtlich der OCE ging Karachan sogar noch einen Schritt weiter als vor ihm Trockij und Čičerin, indem er feststellte:

> »Die Sowjetregierung erstattet dem chinesischen Volk die Ostchinesische Eisenbahn und die Bergwerks-, Holz-, Gold- und anderen Konzessionen entschädigungslos zurück, die ihm von russischen Generälen, Kaufleuten und Kapitalisten unter der zaristischen Regierung, unter der Kerenskij-Regierung und unter den Räubern Horvath, Semenov und Kolčak weggenommen wurden«.[14]

10 Whiting, A. S., Soviet Policies, S. 27 f.; Kapica, M. S., Sovetsko-kitajskie otnošenija, S. 15.

11 Ebenda, S. 16.

12 Čičerin, A. V., Stat'i i reči po voprosam meždunarodnoj politiki, Moskau 1961, S. 58 f. - Zur Frage der Kontributionen und Exterritorialitätsrechte im einzelnen vgl. Willoughby, W. W., Foreign Rights, Bd. II, S. 544 ff., 986 f.

13 Text in: Vilenskij, V., Kitaj i Sovetskaja Rossija, S. 14 f., nach: Degras, J. (Hrsg.), Soviet Documents, Bd. I, S. 158 ff.

14 Ebenda, S. 159 f. - Vgl. auch den Text in China Yearbook, Jg. 1924, S. 868, nach: Wu Aitchen K., China and the Soviet Union, S. 135 f.

Dieser Satz ist allerdings nur in zwei Fassungen der Erklärung enthalten, die sowjetischerseits bis heute offiziell nicht anerkannt werden.[15] Whiting weist überzeugend nach,[16] daß es sich bei diesen um Fassungen des Originaltextes gehandelt haben muß. In allen offiziellen sowjetischen Texten, von denen die ersten entgegen der üblichen Praxis mit einem Monat Verspätung erschienen,[17] fehlt der Satz. Die sowjetischen Argumente, mit denen die Authentizität dieses Satzes immer wieder bestritten wurde, sind widersprüchlich.[18] Whiting mutmaßt,[19] der Verzicht auf die OCE sei deswegen rückgängig gemacht worden, weil in den Wochen nach der Abfassung des Originaltexts die Rote Armee in ihrer Offensive gegen Kolčak sehr erfolgreich war und daher der Gedanke aufkam, man könne bald auch den Fernen Osten wiedererobern und werde dabei dringend auf die Verfügung oder Mitverfügung über die Eisenbahn angewiesen sein. Diese Zusammenhänge lassen sich anhand der verfügbaren Quellen gegenwärtig nicht völlig zweifelsfrei aufklären. Man wird jedoch davon ausgehen können, daß im Sommer 1919 in der sowjetischen Chinapolitik eine erste Verschiebung zugunsten der russisch-nationalen Komponente stattfand.

Die Erste Karachan-Erklärung gelangte in der korrigierten »offiziellen« Fassung wegen der unterbrochenen Nachrichtenverbindungen zunächst nicht nach Peking, sondern wurde erst Ende März 1920 (in der Originalfassung) in China bekannt.[20] Sie wurde dort vor dem Hintergrund der chinesischen Enttäuschung über den Schantung-Entscheid von Versailles als Sensation empfunden. Besonders breite Kreise der Intelligenz begrüßten sie mit überschäumender Begeisterung.[21] In Pekinger Regierungskrei-

15 Einmal in einer 1919 in Moskau erschienenen Buchpublikation des außenpolitischen Kommentators Vilenskij (Sibirjakov), vgl. Vilenskij, V., Kitaj i Sovetskaja Rossija, S. 14 f., nach: Degras, J. (Hrsg.), Soviet Documents, Bd. I, S. 158 ff.; zum anderen in einem Telegramm, das am 26. März 1920 über den chinesischen Konsul in Irkutsk in französischer Sprache nach Peking übermittelt wurde, vgl. Cheng Tien-fong, A History, S. 109, sowie Whiting, A. S., Soviet Policies, S. 30, 290, und Chejfec, A. N., Sovetskaja diplomatija, S. 154.

16 Ebenda, S. 30 - 32.

17 Pravda und Izvestija vom 26. 8. 1919, nach: Sovetsko-kitajskie otnošenija, S. 43 ff.

18 Vgl. Whiting, A. S., Soviet Policies, S. 31 f. - Ein neuerer sowjetischer Interpretationsversuch von Chejfec vermag ebenso wenig zu überzeugen, vgl. Chejfec, A. N., Sovetskaja diplomatija, S. 154 f. Chejfec (S. 155) bestätigt Whitings (S. 32) Vermutung, daß Vilenskij an der Ausarbeitung der Botschaft vom 25. Juli 1919 beteiligt war.

19 Whiting, A. S., Soviet Policies, S. 32 f.

20 Vgl. zu diesem Absatz Weigh Ken Shen, Russo-Chinese Diplomacy, S. 272; Whiting, A. S., Soviet Policies, S. 30, 290 (Anm. 19); Cheng Tien-fong, A History, S. 109. - S. auch oben Anm. 15 dieser Arbeit.

21 Vgl. die Botschaften der »Nationalen Studentenunion« (ch'üan-kuo hsüeh-sheng lien-ho hui), der »Nationalen Presseunion« (ch'üan-kuo pao-chieh lien-ho hui) und anderer Vereinigungen an die Sowjetregierung, in: Hu Hua, T'ai Yi, Yen Ch'i (Hrsg.), Chung-kuo hsin min-chu chu-i ko-ming shih ts'an-k'ao tzu-liao, Schanghai 1951, S. 38 ff.

sen löste die Erklärung hingegen Verlegenheit aus.[22] Die schwache Regierung, die damals noch von der konservativen Anhui-Clique beherrscht wurde, wagte es aus Angst vor Komplikationen mit Japan und den Westmächten nicht einmal, die Ernsthaftigkeit des sowjetischen Angebots in Verhandlungen mit Moskau zu überprüfen. Sie ließ die Erklärung unbeantwortet.

Hierbei wirkten noch immer die Gründe nach, die Peking seit dem Frühjahr 1918 daran gehindert hatten, auf sowjetische Vorschläge einzugehen, nämlich

a) die Solidarität Chinas, das den Mittelmächten am 14. August 1917 den Krieg erklärt hatte, mit den alliierten (besonders den japanischen) Interventen im russischen Bürgerkrieg und, damit im Zusammenhang stehend,

b) die Unklarheit der Machtverhältnisse in Rußland, besonders in Sibirien.

Die chinesische Regierung ging in ihrem Bemühen um Distanz zu Sowjetrußland sogar so weit, den ehemaligen zaristischen Gesandten, den Grafen N.A. Kudašev, bis zum Herbst 1920 als den diplomatischen Vertreter Rußlands zu behandeln,[23] obwohl dieser schon im Dezember 1917 von der sowjetischen Regierung seines Postens enthoben worden war.[24]

China selbst beteiligte sich nicht eigentlich direkt an der ausländischen Intervention in Rußland, obwohl seit September 1918 auch kleinere chinesische Einheiten unter japanischem Kommando von Urga aus in Richtung auf Transbaikalien operierten.[25] Der chinesische Beitrag bestand vielmehr vor allem darin, daß Peking die Nordmandschurei und deren wichtigste Verkehrsader, die Ostchinesische Eisenbahn, für den alliierten (und weißgardistischen) Aufmarsch gegenüber Sibirien zur Verfügung stellte.

Daß Peking im Hinblick auf die OCE überhaupt ein echtes Mitspracherecht geltend machen konnte, war wiederum - wie ein historischer Rückblick zeigt - auf den Zerfall des zaristischen Rußland zurückzuführen. Zwar war im geheimen russisch-chinesischen Bündnisvertrag vom 22. Mai 1896 die volle Souveränität Chinas über die Eisenbahnländereien festgelegt und in einem Abkommen vom 10. Mai 1909 bestätigt worden.[26] Diese

22 Hierzu Wu Aitchen K., China and the Soviet Union, S. 137; Cheng Tien-fong, A History, S. 109; Pollard, R. T., China's Foreign Relations, S. 129 f.

23 Weigh Ken Shen, Russo-Chinese Diplomacy, S. 263 f.

24 Dokumenty vnešnej politiki, Bd. I, S. 43.

25 Kapica, M. S., Sovetsko-kitajskie otnošenija, S. 17 f.

26 Russko-kitajskie otnošenija, 1689 - 1916, oficial'nye dokumenty, Moskau 1958, S. 73; Tyau Min-ch'ien T. Z., The Legal Obligations Arising out of Treaty Relations between China and Other States, Peking 1917, S. 17. - Vgl. zur Geschichte der OCE Chang Tao Hsing, International Controversies over the Chinese Eastern Railway, Schanghai 1936; Willoughby, W. W., Foreign Rights, Bd. I, S. 421 ff.; Nestwood, J. N., Geschichte der russischen Eisenbahnen, Zürich 1966, S. 108 f.

Souveränität stand jedoch nur auf dem Papier. Tatsächlich wurde die Bahn, die hinter Čita von der transsibirischen Eisenbahn abzweigte und quer durch die Nordmandschurei nach Vladivostok führte, vom russischen Finanzministerium kontrolliert.[27] Dieses hatte alle Aktien der mit ihrer Verwaltung beauftragten Gesellschaft erworben. Zusätzlich hatte Rußland auf Grund des am 5. September 1905 geschlossenen Friedensvertrags mit Japan[28] 27 000 Mann an sogenannten Eisenbahnschutztruppen entlang der OCE stationiert und so de facto eine Art exterritoriales Regime im Bereich der Bahn errichtet.[29] Auf diese Weise war die nördliche Mandschurei mit Billigung Japans[30] zu einem halbkolonialen Einflußgebiet Rußlands geworden.

Nach der russischen Oktoberrevolution versuchten Anhänger des bolschewistisch dominierten Harbiner Sowjets auf Anweisung Lenins, die Macht im Eisenbahngebiet an sich zu reißen.[31] Sie wurden von chinesischem Militär entwaffnet. Nunmehr nutzte Peking das durch die revolutionären Wirren entstandene Machtvakuum zur Festigung seiner Position aus. Im Januar 1918 setzte es den Gouverneur der mandschurischen Provinz Kirin als Präsidenten der OCE ein, vereinbarte mit dem russischen Generaldirektor eine gemeinsame chinesisch-russische Kontrolle der Eisenbahn, errichtete in Harbin eine Zollstation und unterbrach den Güterverkehr nach Sibirien.[32] Es tat damit den ersten Schritt in Richtung auf eine echte chinesische Mitverwaltung der OCE.

Während so der russische Zugriff gelockert wurde, wuchs gleichzeitig der Einfluß Japans auf die OCE.[33] Im Rahmen der alliierten Intervention landeten die Japaner im Januar 1918 die ersten Truppen in Vladivostok. Im Mai schlossen sie ein militärisches Geheimabkommen mit den Chinesen, das ihnen als Vorwand dafür diente, bis Ende 1918 etwa 60 000

27 Chung-wai t'iao-yüeh hui-pien, Schanghai 1935, S. 352 f.; Russko-kitajskie otnošenija, 1689 - 1916, oficial'nye dokumenty, Moskau 1958, S. 74, 77; Kindermann, G.-K., Der Ferne Osten, S. 95 f.

28 Zusatzartikel I zu Art. III des Friedensvertrages von Portsmouth, Text bei Maki, J. M., Conflict and Tensions in the Far East, Key Documents, 1894 - 1960, Seattle 1961, S. 22.

29 Kindermann, G.-K., Der Ferne Osten, S. 134.

30 Im russisch-japanischen Geheimabkommen vom 30. Juli 1907, ebenda, S. 133; vgl. auch Matsui, M., The Russo-Japanese Agreement of 1907, in: Modern Asian Studies, Jg. 6 (1972), Nr. 1, S. 33 ff.

31 Vgl. hierzu und zum folgenden Satz ebenda, S. 40 f.; Kapica, Sovetsko-kitajskie otnošenija, S. 13.

32 Weigh Ken Shen, Russo-Chinese Diplomacy, S. 221 f.

33 Vgl. zu diesem Absatz Kennan, G. F., Sowjetische Außenpolitik, Stuttgart 1961, S. 148, 153, 155; Weigh Ken Shen, Russo-Chinese Diplomacy, S. 223 f., 227 f., 229 ff., 237 ff.; Whiting, A. S., Soviet Policies, S. 139; von Rauch, G., Geschichte der Sowjetunion, 5. Aufl., Stuttgart 1969, S. 133; Kapica, M. S., Sovetsko-kitajskie otnošenija, S. 16 - 18.

Soldaten in der Mandschurei zu stationieren und die Eisenbahnverwaltung weitgehend unter Kontrolle zu bekommen. Durch ein interalliiertes Abkommen wurde im Frühjahr 1919 China der militärische Schutz der OCE zugesprochen. Peking zog sodann (unter Verletzung der Verträge mit Rußland von 1896) im März 1920 durch eine einseitige Erklärung die alleinige Verwaltung der Eisenbahn an sich und sicherte sich schließlich ein halbes Jahr später die gleichberechtigte Mitsprache im Direktorium der Russisch-Asiatischen Bank als der Eigentümerin der OCE. Die ganze Zeit über blieb ein faktischer Einfluß der alten russischen Verwaltung und der japanischen Armee bestehen. Die Bahn diente als wichtigstes Transportmittel, die Nordmandschurei als Aufmarschplatz für die Intervention der Alliierten und die Aktivität der Weißgardisten in Sibirien. Die Japaner stellten mit etwa 70 000 Mann die alliierte Hauptstreitmacht. Tokyo hatte im Frühjahr 1920 nach dem Abzug der kleinen amerikanischen (etwa 7 000 Mann) und englischen (etwa 1 000 Mann) Kontingente das russische Fernostgebiet zwischen Baikal und Pazifik entlang der Transsibirischen Eisenbahn unter seiner Kontrolle.

Die Sowjetregierung sah sich um diese Zeit durch den Krieg mit Polen daran gehindert, ihren Vormarsch nach Transbaikalien hinein fortzusetzen und die mit dem Kosakenhetman Semenov kooperierenden japanischen Interventionstruppen zurückzudrängen. Um dennoch den Abzug der Japaner zu erreichen, ohne Tokyo zu einer Kriegserklärung herauszufordern, wandte sie ein geschicktes Mittel an: Sie stimmte der Gründung der Fernostrepublik zu.[34] Diese wurde nach Weisungen aus Moskau am 6. April 1920 in Verchne-Udinsk als scheinbar unabhängiger, tatsächlich aber bolschewistisch kontrollierter »Pufferstaat« ausgerufen.[35] Sie sollte die Gebiete Transbaikalien, Amur, Sachalin und die Küstenprovinz umfassen sowie die im Einzugsbereich der OCE siedelnde russische Bevölkerung einbeziehen, erstreckte sich aber zunächst nur auf Transbaikalien. Als Relais zwischen Moskau und der Hauptstadt Verchne-Udinsk (seit Oktober 1920 Čita) diente das Fernost-Büro (Dal'bjuro) der RKP/B, dem das ZK die Kontrolle der Regierung der Fernostrepublik übertragen hat-

34 Vgl. zur Genese der Gründung Carr, E. H., The Bolshevik Revolution, Bd. I, S. 355 f. - Carrs Darstellung wird durch eine neuere sowjetische Arbeit bestätigt, s. Šereševskij, B. M., Sibbjuro CK RKP(b) i sozdanie Dal'nevostočnoj respubliki, in: Voprosy istorii KPSS, Jg. 1972, Nr. 11, S. 83. - Vgl. auch Nikiforov, P. M., Zapiski prem'era DVR, 2. Aufl., Moskau 1974, S. 120.

35 Vgl. hierzu und zum Folgesatz Telegramm Lenins an den Revolutionären Kriegssowjet der V. Armee vom 21. 1. 1920, in: Lenin, V. I., Polnoe Sobranie, Bd. 51, S. 334; Telegramm Lenins an Trockij vom 19. 2. 1920, in: Leninskij sbornik, Bd. XXXVI, S. 97; Persic, M. A., Dal'nevostočnaja respublika, S. 31 f.; Dallin, D. J., The Rise of Russia, S. 170 f.

te.[36] Die Regierung selbst bestand aus fünf Kommunisten und zwei Parteilosen, dem dreizehnköpfigen Ministerrat gehörten neun Kommunisten an.[37] Dennoch konnte gegenüber der Weltöffentlichkeit teilweise der Anschein erweckt werden, als handle es sich um eine selbständige bürgerlich-demokratische Republik. Nachdem Moskau am 14. Mai 1920 den Scheinstaat de iure anerkannt hatte, sah sich am 15. Juli Japan wenigstens zu einer faktischen Anerkennung veranlaßt.[38] Im Laufe des Sommers 1920 räumten die japanischen Truppen Ostsibirien und zogen sich in die Küstenprovinz zurück.[39]

Damit hatte die Sowjetregierung ihr mit der Gründung der Fernostrepublik verfolgtes Ziel im wesentlichen erreicht. Nach der Planung der Moskauer Parteiführung sollte die Republik lediglich bis zum Rückzug der Japaner aus Rußland existieren.[40] Als Tokyo unter amerikanischem Druck im Oktober 1922 die letzten japanischen Soldaten aus der Küstenprovinz zurückbeordert hatte - die amerikanischen und britischen Einheiten waren schon früher abgezogen worden -, dauerte es in der Tat nur wenige Wochen, bis die Fernostrepublik aufgelöst und in die RSFSR eingegliedert wurde.[41]

Mit dem Ende des russischen Bürgerkriegs und der alliierten Intervention, besonders auch mit der japanischen de-facto-Anerkennung der Fernostrepublik, entfielen im Sommer und Herbst 1920 für Peking die bis dahin wichtigsten Gründe, die eine Verständigung mit Moskau behindert hatten.

Hinzu traten innenpolitische Veränderungen in China, die ebenfalls eine stärkere Bereitschaft zum Ausgleich mit Sowjetrußland erzeugten. Nach Yüan Shih-k'ais Tod im Jahre 1916 wurde die Regierung in Peking zwar international weiter als die chinesische Regierung schlechthin behandelt. Ihre eigentliche Macht in China blieb jedoch im wesentlichen auf die Hauptstadt beschränkt. Im übrigen reichte ihr Einfluß maximal so weit wie derjenige der jeweiligen Militärcliquen, von denen sie jeweils be-

36 Kaplin, S., Bol'ševiki na Dal'nem Vostoke (1918 - 1922 gg.), Moskau 1960, S. 62; Beschluß des Fernost-Büros vom 18. 1. 1921, auszugsweise abgedruckt in: Persic, M. A., Dal'nevostočnaja respublika, S. 43.

37 Ebenda, S. 42 f.

38 Dokumenty vnešnej politiki, Bd. II, S. 514. - Abkommen von Gongota, auszugsweise zitiert bei Carr, E. H., The Bolshevik Revolution, Bd. I, S. 358.

39 Ebenda, S. 357.

40 Kol'cov, P. S., Stepanov, A. S., Rol' leninskoj vnešnej politiki v bor'be za pobedu Sovetskoj vlasti na Dal'nem Vostoke (1920 - 1922 gg.), in: Voprosy istorii KPSS, Jg. 1972, Nr. 4, S. 75.

41 Pollard, R. T., China's Foreign Relations, S. 251; Dokumenty vnešnej politiki, Bd. V, S. 674 - 677, 683.

herrscht wurde. Seit 1917/18 waren es vor allem drei solcher Cliquen, die den Raum zwischen der Mandschurei und dem Yangtse kontrollierten und in wechselnden Koalitionen die Politik in Peking bestimmten:[42]

1. Die Fengtien-Clique unter Chang Tso-lin, deren Stammgebiet die Mandschurei war;
2. die Chihli-Clique unter Ts'ao K'un und Wu P'ei-fu, die in der Regel das Gebiet zwischen Huangho und Yangtse beherrschte;
3. die Anfu-Clique (vordem: Anhui-Clique) unter Tuan Ch'i-jui mit Shantung und Hopei als Kernland, die bisweilen auch weit nach dem Süden vorstieß.

Im Sommer 1920 wurde der bis dahin in Peking dominierende Einfluß der japanfreundlichen und sowjetfeindlichen Anfu-Clique durch das gemeinsame Vorgehen der Chihli-Clique und der Fengtien-Clique (Chihli-Anhui-Krieg) ausgeschaltet. Die Pekinger Politik geriet unter dem Druck der Chihli-Clique mehr in das anglo-amerikanische Fahrwasser und begann gleichzeitig, eine freundliche Neutralität gegenüber Moskau zu zeigen.

c. *Die zweite Phase: 1920 bis 1923*

Peking befand sich somit im Sommer 1920 international wie innenpolitisch in einer neuen Situation, die günstige Voraussetzungen für einen Ausgleich mit Sowjetrußland zu bieten schien. Wenn die Entwicklung der Beziehungen zu Moskau dennoch recht langsam und stockend verlief und erst im Frühjahr 1924 zur Aufnahme diplomatischer Beziehungen führte, so hatte das vor allem zwei Gründe. Zum einen war die chinesische Regierung ängstlich darauf bedacht, in der Frage der Annäherung an Sowjetrußland im Windschatten der Westmächte zu segeln. Andererseits wirkte das sowjetische Verhalten gegenüber China bremsend: Moskau ließ immer deutlicher expansionistische Absichten erkennen, die sich auf die traditionellen russischen Einflußgebiete Mandschurei und Mongolei richteten.

Die neue Phase war sowjetischerseits nach wie vor durch ein Drängen auf vertragliche Beziehungen gekennzeichnet, das sich teils - wie bisher - werbend, teils auch drohend vollzog. Peking ließ sich nun zwar - anders als bisher - zu Gesprächen und Kontakten herbei, taktierte aber in der Regel hinhaltend bis abwehrend.

42 Hierzu und zum Folgenden T'ang Leang-Li, The Inner History, S. 101; Pye, L. W., Warlord Politics, S. 18 - 24; Domes, J., Vertagte Revolution, S. 37.

Moskau versuchte, seinem Ziel auf zweierlei Weise näher zu kommen. Einmal pflegte es über den sowjetischen Missionschef in London L.B. Krasin einen Notenwechsel mit der chinesischen Regierung. Zum anderen entsandte es zwischen Sommer 1920 und Frühjahr 1924 insgesamt vier Missionen nach Peking, die unter den Namen ihrer Leiter Jurin, Pajkes, Ioffe und Karachan bekanntgeworden sind.

Die Chinesen ließen erstmals Anzeichen eines entgegenkommenden Verhaltens erkennen, als sie nach anfänglichem Zögern der ersten sowjetischen Mission unter I.L. Jurin das Einreisevisum erteilten. Jurin traf mit seinen Begleitern Gromov, Kazanin,[43] Chretinin und Gur'janov am 26. August 1920 in Peking ein und verhandelte dort - mit einer Unterbrechung im Mai/Juni 1921 - bis zum 1. August 1921.[44] Formell handelte es sich bei der Jurin-Mission zwar um eine Vertretung der Fernost-Republik, in deren Kabinett Jurin den Posten eines Stellvertretenden Kriegsministers bekleidete. Es war jedoch damals ein offenes Geheimnis, daß die Mission von Moskau aus ferngesteuert wurde. Da die Sowjetregierung zu diesem Zeitpunkt von Peking diplomatisch ignoriert wurde und immer noch keine Antwort auf die Erste Karachan-Erklärung erhalten hatte, versuchte sie, durch die Jurin-Mission wenigstens indirekte Verbindungen herzustellen.

Jurin war beauftragt, die Aufnahme diplomatischer Beziehungen zwischen Peking und Verchne-Udinsk vorzubereiten, einen Handelsvertrag abzuschließen, die russischen Rechte an der OCE an die Fernost-Republik übertragen zu lassen sowie die Chinesen zum Bruch mit dem ehemaligen zaristischen Gesandten Kudašev und zur Anknüpfung direkter Kontakte mit Moskau zu bewegen.[45] Die Mission Jurins erwies sich im wesentlichen als ein Fehlschlag. Zwar brach die Pekinger Regierung am 23. September 1920 die Beziehung zum Gesandten Kudašev ab,[46] und die Verhandlungen gelangten nach der Überwindung von Anfangsschwierigkeiten in ein günstiges Fahrwasser. Gegen Ende des Jahres jedoch verschlechterte sich das Klima im Zusammenhang mit der Ankündigung Moskaus, es wolle Truppen in die Äußere Mongolei entsenden, um die dort im Oktober 1920

43 Kazanin veröffentlichte einen Bericht über die Jurin-Mission, vgl. Kazanin, M. I., Zapiski sekretarja missii, Moskau 1963; eine englische Ausgabe wurde - zusammen mit einem anderen Bericht Kazanins - 1973 in Moskau veröffentlicht, vgl. Kasanin, M., China in the Twenties, S. 10 - 146.

44 Eine ausführliche Darstellung der Mission findet sich bei Persic, M. A., Dal'nevostočnaja respublika, S. 97 - 177; vgl. auch Whiting, A. S., Soviet Policies, S. 155 ff.

45 Persic, M. A., Dal'nevostočnaja respublika, S. 98 f., 137, 151.

46 Wu Aitchen K., China and the Soviet Union, S. 131; Weigh Ken Shen, Russo-Chinese Diplomacy, S. 263 f.

eingefallenen weißgardistischen Verbände unter Baron Ungern-Sternberg zu vernichten.[47] Daraufhin erklärte Peking in einer Protestnote an das Narkomindel, es lehne jede ausländische Intervention in der Mongolei ab und werde eine solche - sollte sie dennoch erfolgen - als eine Verletzung der chinesischen Souveränität betrachten.[48]

Ein kurzer historischer Rückblick soll verdeutlichen, warum die sowjetische Ankündigung eine scharfe chinesische Reaktion hervorrief. Die Mongolei war 1691 unter die Oberhoheit der Mandschus gelangt. Dieser Status, der mit einem gewissen Maß an Selbstverwaltung verbunden war, wurde russischerseits 1727 im Vertrag von Kjachta anerkannt.[49] Nach dem Sturz der Mandschus erklärten die Mongolen zunächst ihre Unabhängigkeit, schlossen dann aber unter dem Druck Rußlands und Chinas 1915 in Kjachta einen Vertrag mit Petersburg und Peking.[50] Dieser legte de iure einen autonomen Status Urgas im Rahmen der chinesischen Souveränität fest, ließ allerdings das inzwischen errichtete faktische Protektorat Rußlands über die Äußere Mongolei unberührt. Die Chinesen nutzten dann ihre Zugehörigkeit zur antisowjetischen Koalition während des russischen Bürgerkriegs dazu aus, die Mongolen im November 1919 zur Aufgabe ihrer Autonomie zu zwingen, und führten ein strenges militärisches Besatzungsregime in der Äußeren Mongolei ein.

Die Ende 1920 eingetretene Verschlechterung der Atmosphäre zwischen Moskau und Peking klang im darauffolgenden Frühjahr etwas ab. Der Einmarsch sowjetischer Truppen in die Äußere Mongolei[51] im Juni 1921 verursachte dann aber den für die Jurin-Mission entscheidenden Rückschlag. Obwohl Čičerin am 15. Juni in einer beschwichtigenden Erklärung[52] der

47 Telegramme Čičerins an die chinesische Regierung vom 11. und 28. November 1920, abgedruckt in: Dokumenty vnešnej politiki, Bd. III, S. 324, 345 f.

48 Auszug aus dem Text der chinesischen Note bei Whiting, A. S., Soviet Policies, S. 159. - Die Note wird in den in dieser Arbeit benutzten sowjetischen Dokumentensammlungen (Dokumenty vnešnej politiki und Sovetsko-kitajskie otnošenija) nicht aufgeführt.

49 Texte des Vertrags von Kjachta s. Russko-kitajskie otnošenija, S. 12 ff.

50 Text ebenda, S. 102 ff. - Vgl. hierzu und zum Folgenden Dallin, D. J., The Rise of Russia, S. 126 ff.; Weigh Ken Shen, Russo-Chinese Diplomacy, S. 191 ff.; Pavlovsky, M. N., Chinese-Russian Relations, S. 73 ff.

51 Die Intervention erfolgte auf Grund des Hilfeersuchens einer »Provisorischen Volksregierung der Mongolei«, die kurz zuvor mit sowjetischer Unterstützung auf sowjetischem Boden gebildet worden war, vgl. hierzu Eudin, X. J., North, R. C., Soviet Russia and the East, S. 124 f.; Dallin, D. J., The Rise of Russia, S. 190. - Diese Zusammenhänge lassen sich auch aus der neueren sowjetischen und mongolischen Historiographie erkennen, vgl. Istorija Mongol'skoj Narodnoj Respubliki, Moskau 1967, S. 299; Gončarov, G. S., Bol'šoe sodružestvo narodov RSFSR, DVB i Mongolii v bor'be protiv kontrrevoljucionnogo zagovora imperialistov na Dal'nem Vostoke, in: Vestnik Leningradskogo universiteta, no. 20, vyp. 4-1969, S. 170 ff.; Širendyb, B., Istorija Mongol'skoj narodnoj revoljucii 1921 goda, Moskau 1971 (gekürzte Übers. aus dem Mongolischen), S. 183 f.

52 Text in: Dokumenty vnešnej politiki, Bd. IV, S. 179 f.

Pekinger Regierung versicherte, Sowjetrußland anerkenne die chinesischen Rechte in der Mongolei und werde seine Truppen zurückziehen, sobald Ungern-Sternberg endgültig geschlagen sei, war man in Peking mißtrauisch geworden. Das Außenministerium (hinfort: Waichiaopu) protestierte gegen die Verletzung der chinesischen Souveränität.[53] Diese Entwicklung hatte unter anderem zur Folge, daß Jurin Anfang August unverrichteter Dinge nach Hause zurückkehren mußte.

Während Jurin in China verhandelte, streckte auch Peking die ersten Fühler nach Sowjetrußland aus: Es entsandte General Chang Szu-lin als Leiter einer »politisch-militärischen Mission« und Ch'en Kuan-p'ing als »Generalkonsul zum Schutz der Interessen der chinesischen Untertanen« nach Moskau. In beiden Fällen waren die Delegationen angewiesen, sich nicht auf die sowjetischerseits erstrebten Verhandlungen über die großen bilateralen politisch-wirtschaftlichen Fragen einzulassen.

General Chang Szu-lin hielt sich von Juni bis November 1920 in Moskau auf.[54] Das Narkomindel übergab ihm eine an das Waichiaopu gerichtete Note vom 27. September, die als Zweite Karachan-Erklärung bekanntgeworden ist.[55] Sie enthielt einen großzügigen Vertragsentwurf, in dem Moskau unter anderem das freiwillig anbot, was es fünfzig Jahre später in den Pekinger Grenzverhandlungen verweigerte, nämlich »*alle* (Hervorhebung d. Verf.) von der ehemaligen Regierung Rußlands mit China geschlossenen Verträge für nichtig« zu erklären.[56] Das Angebot einer entschädigungslosen Rückgabe der OCE an China, das in der urspünglichen Fassung der Ersten Karachan-Erklärung enthalten war,[57] wurde allerdings auch hier nicht wiederholt. Zu diesem Themenbereich schlug das Narkomindel vielmehr den Abschluß eines »Sondervertrags über das Verfahren der Nutzung der OCE für die Bedürfnisse der RSFSR« vor.[58] Das Waichiaopu reagierte zunächst mit der Mitteilung, General Chang sei zu keinen Verhandlungen über die Note bevollmächtigt. In der offiziellen chinesischen Antwort, die erst im Februar 1921 erfolgte,[59] hieß es dann hin-

53 Vgl. hierzu und zum folgenden Satz: Pollard, R. T., China's Foreign Relations, S. 141, 163; Whiting, A. S., Soviet Policies, S. 164. – Die Note wird in den oben in Anm. 48 dieser Arbeit aufgeführten sowjetischen Dokumentensammlungen nicht erwähnt.

54 Hierzu und zum Folgenden Kazanin, M. I., Missija generala Čzan Sylinja v Moskvu, in: Narody Azii i Afriki, Jg. 1970, Nr. 3, S. 47 – 60; Chejfec, A. N., Sovetskaja diplomatija, S. 126; Dokumenty vnešnej politiki, Bd. III, S. 291.

55 Text in: Sovetsko-kitajskie otnošenija, S. 51 – 53.

56 Ebenda, S. 52. – Vgl. hierzu Frenzke, D., Der Begriff des ungleichen Vertrages im sowjetisch-chinesischen Grenzkonflikt, in: Osteuropa-Recht, Jg. 1965, Nr. 2, S. 100 – 101.

57 Siehe oben S. 25 dieser Arbeit.

58 Sovetsko-kitajskie otnošenija, S. 53.

59 Dokumenty vnešnej politiki, Bd. III, S. 586; vgl. auch Chejfec, A. N., Sovetskaja diplomatija, S. 131 f.

haltend, Peking sei zwar grundsätzlich bereit zu verhandeln, müsse aber auf vorbereitenden Gesprächen in London bestehen.

Ch'en Kuan-p'ing wurde nach Moskau entsandt, nachdem General Chang im Oktober 1920 nach Peking zurückberufen worden war.[60] Sowjetische Versuche, Ch'en zum offiziellen Generalkonsul aufzuwerten und im Gegenzug eigene ständige Vertretungen in Peking, Tientsin, Schanghai und Kanton einzurichten, wurden von den Chinesen zurückgewiesen.[61] Peking blieb bei dieser Haltung auch angesichts der sowjetischen Drohung, Ch'en auszuweisen.

Zwischen April und Juni 1921 zeichnete sich in der Frage der Aufnahme direkter Kontakte eine Verständigung ab. Peking erklärte sich bereit, einen inoffiziellen sowjetrussischen Vertreter zu empfangen, sofern dieser nur über Handelsfragen sprechen wolle, nicht als Nachfolger des letzten russischen Gesandten auftrete und keine unzulässige Propaganda treibe; auch müsse die Sicherheit der in Sowjetrußland lebenden Chinesen garantiert werden.[62] Moskau hatte es inzwischen mit Verhandlungen eiliger denn je, denn es befürchtete den Verlust der russischen Rechte an der OCE durch die Beschlüsse der bevorstehenden Konferenz von Washington (12. November 1921 bis 6. Februar 1922).[63] Doch erst Ende Oktober 1921 wurde das Narkomindel nach langem sowjetischen Drängen durch Ch'en Kuan-p'ing davon informiert, daß die sowjetrussischen Vertreter ihre Visa erhalten könnten.[64] A.L. Šejnman und A.A. Ioffe, die man zunächst als Missionschefs vorgesehen hatte, waren inzwischen nicht mehr abkömmlich. Mit Lenins Zustimmung beschloß das Politbüro, A.K. Pajkes mit der Leitung der Delegation zu beauftragen.[65]

Pajkes traf am 21. Dezember 1921 in Peking ein und hielt sich dort als »Außerordentlicher Bevollmächtigter der RSFSR« bis zum August 1922 auf.[66] Wie weit er den Chinesen in der OCE-Frage entgegenkommen woll-

60 Dokumenty vnešnej politiki, Bd. III, S. 297 f.

61 Hierzu und zum folgenden Satz: ebenda, S. 283 f., 297 f., 500 f., 528 f., 583 ff.

62 Ebenda, Bd. IV, S. 182 f.

63 Daß die Sicherung der russischen Rechte an der OCE ein wichtiger Grund - wenn nicht der Hauptgrund - für die Entsendung der Pajkes-Mission war, läßt sich anhand von Archivmaterialien nachweisen, die erst 1968 von sowjetischer Seite vorgelegt wurden. Demnach richtete Čičerin am 10. Oktober 1921 ein Schreiben an das Politbüro des ZK der RKP/B, in dem es hieß, mit den Verhandlungen zu zögern, bedeute, die OCE zu verlieren. Wenn bis zum Beginn der Washingtoner Konferenz kein Abkommen über die Bahn vorliege, so werde die Konferenz ohne Zweifel deren Internationalisierung beschließen. Daher sei höchste Eile geboten. Vgl. Chejfec, A. N., Sovetskaja diplomatija, S. 135 (nach CPA IML).

64 Hierzu und zum folgenden Satz: ebenda, S. 134 f.

65 Lenin, V. I., Polnoe sobranie, Bd. 44, S. 140, 551; Chejfec, A. N., Sovetskaja diplomatija, S. 135.

66 Persic, M. A., Dal'nevostočnaja respublika, S. 249; Chejfec, A. N., Sovetskaja diplomatija, S. 135; Kapica, M. S., Sovetsko-kitajskie otnošenija, S. 79.

te, bleibt im Zwielicht. Sowjetische Historiker behaupten unter Berufung auf Archivmaterialien,[67] er habe erklärt, die OCE solle China und keiner dritten Macht zufallen, sei allerdings von einem sowjetisch-chinesischen Gemeineigentum an der Bahn ausgegangen. Die letztgenannte Position steht im Einklang mit dem Text eines Telegramms der Sowjetregierung an die Teilnehmer der Washingtoner Konferenz vom 8. Dezember 1921, in dem es heißt, die Rechte Rußlands an der Bahn bestünden ungeschmälert weiter.[68] Nach zeitgenössischen chinesischen Zeitungsmeldungen verkündete Pajkes demgegenüber bei seiner Ankunft in Peking, es gehöre zu den Aufgaben seiner Mission, die OCE entschädigungslos an China zurückzugeben, sofern sie in chinesischer Hand bleibe.[69]
Die Pajkes-Mission scheiterte an der mongolischen Frage. Überhaupt erwies sich Moskaus Intervention in der Äußeren Mongolei als das Haupthindernis auf dem Weg zum sowjetisch-chinesischen Vertrag von 1924. Die Sowjetrussen gaben zwar ständig Lippenbekenntnisse zugunsten der chinesischen Souveränität über die Mongolei ab, zogen aber entgegen ihrer Zusicherung nach der Vernichtung der Kontingente Ungern-Sternbergs die Truppen nicht zurück und verwandelten die Mongolei de facto in ein sowjetisches Protektorat. Am 5. November 1921 schlossen sie mit der neuen mongolischen Regierung einen Vertrag, in dem sie diese als die »einzige gesetzmäßige Regierung der Mongolei« anerkannten und den Austausch von Konsuln vereinbarten.[70] China und die Pekinger Regierung blieben im Vertrag unerwähnt.
Pajkes stolperte über sein eigenes ungeschicktes Verhalten in der Frage des sowjetisch-mongolischen Vertrags. Von seinen chinesischen Gesprächspartnern nach dem Vertrag befragt, stritt er dessen Existenz rundweg ab.[71] Nachdem der Vertragstext im April 1922 veröffentlicht worden war,[72] beschuldigte das Waichiaopu in einer scharf gehaltenen Protestnote an Pajkes vom 1. Mai 1922 die Sowjetregierung des Vertrauensbruchs und der Verletzung der chinesischen Souveränität.[73] In ihr wurde festgestellt, der Vertragsschluß liege auf der Linie der kaiserlich-russischen Chinapolitik.[74] Der Vorfall verursachte Empörung in der breiten chinesischen Öf-

67 Vgl. zum Beispiel Kapica, M. S., Sovetsko-kitajskie otnošenija, S. 72 (unter Berufung auf Materialien aus dem AVP SSSR).
68 Dokumenty vnešnej politiki, Bd. IV, S. 568.
69 North China Herald vom 24. 12. 1921, China Weekly Report vom 31. 12. 1921, nach Whiting, A. S., Soviet Policies, S. 174 f.
70 Text des Vertrags in: Sovetsko-mongol'skie otnošenija, S. 13 ff.
71 The China Yearbook 1923, S. 680.
72 Carr, E. H., The Bolshevik Revolution, Bd. III, S. 531.
73 Text der Protestnote in: The China Yearbook 1923, S. 680.
74 Ebenda.

fentlichkeit, sogar im prononciert prosowjetisch eingestellten Süden Chinas.[75] Pajkes' Mission konnte als gescheitert gelten; er selbst reiste im August 1922 nach Moskau zurück.

Im selben Monat traf die dritte sowjetrussische Mission in Peking ein, die sich bis zum Januar 1923 in China aufhielt und die Moskauer Bemühungen um vertragliche Beziehungen und die Regelung des OCE-Problems fortsetzte. Ihr Leiter A.A. Ioffe, einer der fähigsten sowjetischen Diplomaten, trat als »Außerordentlicher bevollmächtigter Vertreter der RSFSR in China« auf, wurde aber vom Waichiaopu lediglich als »halboffizieller Vertreter der Regierung der RSFSR« behandelt.[76] Zu seinem Stab gehörten 14 Personen, darunter der Militärexperte A.I. Gekker. In den Gesprächen mit Außenminister Ku Wei-chün (Wellington Koo) und in einem lebhaften Notenwechsel mit dem Waichiaopu zeigte sich erneut, daß die mongolische Frage und das OCE-Problem einer Verständigung im Wege standen. Die chinesische Forderung nach Abzug der sowjetischen Truppen aus Urga wies Ioffe mit wenig überzeugenden Argumenten zurück.[77] Als Ku Wei-chün auf einer entschädigungslosen Rückgabe der OCE bestand und sich hierbei auf den entsprechenden Passus der ursprünglichen Fassung der Ersten Karachan-Erklärung[78] berief, stritt Ioffe die Existenz eines solchen Passus ab und erklärte, Sowjetrußland habe ein legitimes Interesse an der Bahn und sei insoweit leider gezwungen, diese »Erbschaft des Zarenregimes« anzutreten.[79] Er ging so weit, mit der Annullierung der beiden Karachan-Erklärungen zu drohen, falls China sich in der Frage der OCE nicht nachgiebiger zeigen werde.

Ioffes harter Kurs machte für jedermann deutlich, daß die internationalistische Phase der sowjetrussischen Chinapolitik ihr Ende gefunden hatte. Die Wirkung dieser Erkenntnis in der chinesischen Öffentlichkeit war verheerend. Das sowjetische Einschwenken auf die traditionelle russisch-nationale Linie enttäuschte nicht nur die Politiker in Peking, sondern zerstörte auch manche Illusionen der liberalen und progressiven Intelligenz, die Ioffes Eintreffen in China zunächst mit hoffnungsvollem Beifall begrüßt hatte.

75 Dallin, D. J., The Rise of Russia, S. 192 f.

76 Hierzu und zum folgenden Satz: Chejfec, A. N., Sovetskaja diplomatija, S. 140; Persic, M. A., Dal'nevostočnaja respublika, S. 249.

77 Weigh Ken Shen, Russo-Chinese Diplomacy, S. 277; Whiting, A. S., Soviet Policies, S. 184, 195.

78 Vgl. oben S. 25 dieser Arbeit.

79 Hierzu und zum folgenden Satz: Dokumenty vnešnej politiki, Bd. V, S. 678 f.; Whiting, A. S., Soviet Policies, S. 193, 195; Weigh Ken Shen, Russo-Chinese Diplomacy, S. 280.

Nachdem Ioffe zur Kenntnis genommen hatte, daß die chinesische Regierung unnachgiebig blieb, verließ er Peking am 16. Januar 1923 ohne besonderes Aufsehen mit der Begründung, er müsse durch eine Kurbehandlung in Japan seine Gesundheit wiederherstellen. Während eines Zwischenaufenthalts in Schanghai setzte er am 26. Januar seine Unterschrift unter ein gemeinsames Kommuniqué mit Sun Yat-sen, mit dem er seit seiner Ankunft in Peking eine vertrauliche Korrespondenz unterhielt.[80] Anders als die Pekinger Regierung kam Sun Moskau in den beiden wichtigsten Streitpunkten weit entgegen: Er forderte weder die kostenlose Rückgabe der OCE noch den sofortigen Abzug der sowjetischen Truppen aus der Mongolei. Durch das Kommuniqué von Schanghai wurde die formelle Ausgangsbasis für das sowjetische Bündnis mit der KMT geschaffen. Es kann kein Zweifel daran bestehen, daß die sowjetische Entscheidung zugunsten einer offiziellen Annäherung an Sun Yat-sen wesentlich - wenn nicht sogar entscheidend - durch die harte Haltung Pekings in der Frage der Mongolei und der OCE beeinflußt wurde. Die Annäherung, die in China großes Aufsehen erregte, hatte offenbar unter taktischen Gesichtspunkten die Funktion, von Ioffes Mißerfolg in Peking abzulenken sowie Waichiaopu und KMT gegeneinander auszuspielen. Auch Ioffes nachfolgender sechsmonatiger Aufenthalt in Japan und die Gespräche mit japanischen Politikern[81] sollten offensichtlich nicht zuletzt dem Zweck dienen, Peking die Gefahr einer sowjetisch-japanischen Allianz zu suggerieren, um die Chinesen konzessionsbereiter zu machen. In der Tat blieben diese Schachzüge in Peking nicht ganz ohne Wirkung.
Nach einer Übergangsperiode, in der die Verhandlungen stagnierten, traf am 2. September 1923 L.M. Karachan als Leiter der vierten sowjetischen Mission in Peking ein. Er erreichte nach zehnmonatigen Verhandlungen das, was die Bemühungen seiner drei Vorgänger und eine sechsjährige Chinapolitik des Narkomindel nicht zuwege gebracht hatten: die Aufnahme diplomatischer Beziehungen und den Abschluß eines Vertrags, in dem unter anderem der sowjetrussische Einfluß auf die OCE garantiert wurde. Bei den Verhandlungen, die Karachan zunächst mit dem Regierungsbeauftragten Wang Cheng-t'ing (C.T. Wang) und später mit Außenminister Ku Wei-chün führte,[82] erwiesen sich nach wie vor die mongolische Frage und das OCE-Problem als Haupthindernisse für ein Übereinkommen. Die so-

80 Die Einzelheiten der Vorgeschichte, des Abschlusses und der Folgen des Kommuniqués von Schanghai werden unten auf den S. 94 ff. dieser Arbeit geschildert.
81 Vgl. hierzu Lensen, G. A., Japanese Recognition of the U.S.S.R., S. 85 - 139.
82 Zu den Einzelheiten der Verhandlungen vgl. Chejfec, A. N., Sovetskaja diplomatija, S. 277 - 306; Weigh Ken Shen, Russo-Chinese Diplomacy, S. 284 - 302; Whiting, A. S., Soviet Policies, S. 208 - 235.

wjetische Seite weigerte sich, ihre Truppen sofort aus der Äußeren Mongolei abzuziehen. Karachan bestritt - wie zuvor Ioffe - die Authentizität der ursprünglichen Fassung seiner Erklärung vom 25. Juli 1919, in der die entschädigungslose Übergabe der OCE an China verkündet worden war. Nachdem allerdings im Frühjahr 1924 England, Italien, Norwegen, Österreich, Griechenland und Schweden die Sowjetunion anerkannt hatten, schwächte sich der chinesische Widerstand ab. Der Vertrag, der schließlich am 31. Mai 1924 zustande kam und die Aufnahme diplomatischer Beziehungen stipulierte,[83] brachte China eine Reihe von Vorteilen, wenn man ihn vor dem Hintergrund des chinesisch-russischen Verhältnisses seit der Mitte des 19. Jahrhunderts betrachtet: Die Sowjetunion verzichtete auf die russischen Privilegien, Konzessionen, Exterritorialrechte, Konsulargerichtsbarkeiten und die Kontributionen aus dem Boxerkrieg, erklärte alle China belastenden zaristischen Verträge mit Drittmächten für ungültig und erkannte die chinesische Souveränität über die Äußere Mongolei an. Gemessen an den Verhandlungszielen Moskaus, die seit August 1919 erkennbar geworden waren, ist der Vertrag aber auch als ein sowjetischer Erfolg zu werten: Peking erkannte die Sowjetunion an, die sowjetischen Truppen blieben zunächst in der Äußeren Mongolei - sie zogen erst im Frühjahr 1925 nach der Absicherung des faktischen sowjetischen Protektorats durch die im November 1924 erfolgte Bildung der Mongolischen Volksrepublik ab -, der sowjetisch-mongolische Vertrag vom 5. November 1921 blieb in Kraft, und Sowjetrußland sicherte sich einen substantiellen Einfluß auf die OCE.[84]

Angesichts dessen kann es nicht verwundern, daß das Verhandlungsergebnis auf beiden Seiten als befriedigend empfunden wurde. So feierte ein zeitgenössischer sowjetischer Kommentator den Vertrag als einen »großen Sieg, sowohl politisch als auch wirtschaftlich« für Moskau.[85] Ein patriotisch fühlender chinesischer Historiker hingegen empfand ihn drei Jahre später noch als »einen großen Sieg für China«, weil er eine neue Ära in der Geschichte der chinesischen Diplomatie eröffnet und China auf eine Ebene der absoluten Gleichheit und Gegenseitigkeit mit einem westlichen

83 Es handelt sich um ein Vertragswerk, das aus zwei Abkommen, sieben gemeinsamen Erklärungen und Notenwechseln besteht. Chin. Texte in: Li Chen-hua (Hrsg.), Chung-wai t'iao-yüeh hui-pien, Taipei 1964, S. 363 - 366; russische Texte in: Sovetsko-kitajskie otnošenija, S. 81 - 92; engl. Texte in: Shapiro, L. (Hrsg.), Soviet Treaty Series, Bd. I, S. 242 - 244.

84 Vgl. zu den Einzelheiten des vereinbarten Kondominiums über die Bahn: Whiting, A. S., Soviet Policies, S. 230.

85 Bucharcev, D., Sem' let našej vnešnej politiki, Moskau 1925, S. 27, nach Whiting, A. S., Soviet Policies, S. 232.

Land gestellt habe.[86]
Moskau hatte, wie bereits angedeutet wurde[87] und weiter unten im einzelnen ausgeführt werden wird,[88] schon mehr als ein Jahr zuvor beschlossen, mittelfristig auf die Südchinesische Revolutionsregierung als wichtigsten chinesischen Bündnispartner zu setzen. Die KMT war natürlich durch den bevorstehenden sowjetischen Vertragsschluß mit der Pekinger Regierung irritiert worden. Um sie zu beruhigen, erklärte Karachan noch vor dem Abschluß des Vertrags gegenüber Wang Ching-wei als dem Abgesandten Sun Yat-sens vertraulich, er betrachte die Regierung in Peking nicht als die Vertreterin Chinas.[89] In der Tat hatte sich zu dieser Zeit der Schwerpunkt der sowjetischen Aktivität in China bereits nach Kanton verlagert, wo Borodin die Umgestaltung der KMT nach dem Vorbild der RKP/B betrieb und die ersten sowjetischen Militärberater ihre Tätigkeit aufgenommen hatten.
Die theoretischen Barrieren, die einem Bündnis zwischen Kommunisten und der KMT hätten im Wege stehen können, waren schon 1920 von Lenin selbst aus dem Wege geräumt worden.

2. *Die Theorie der Allianz: Lenins Bündnisformel*

Wenn man den Ursachen nachgeht, die das Scheitern der sowjetrussischen Chinapolitik der zwanziger Jahre im allgemeinen und des Bündnisses mit der KMT im besonderen bewirkten, so stößt man nicht zuletzt auf die Tatsache, daß die meisten Sowjetführer mit der innenpolitischen Situation in China nicht vertraut waren. Dies gilt auch für Lenin, der bis 1922 die Richtlinien der Politik bestimmte und der auch die theoretischen Grundlagen für das Bündnis mit der KMT schuf. Noch 1921 gestand er ein,[90] er wisse rein nichts über die revolutionäre Aktivität in Südchina.

86 Weigh Ken Shen, Russo-Chinese Diplomacy, S. 302.

87 Siehe oben S. 38 dieser Arbeit.

88 Siehe unten S. 92 ff. dieser Arbeit.

89 Materialy po istorii Gomin'dana, II-j kongress Gomin'dana, in: Novyj vostok, Jg. 1927, Nr. 18, S. 10, nach: Chejfec, A. N., Sovetskaja diplomatija, S. 306. – Vgl. hierzu Vojtinskijs Artikel in: Pravda 15. 3. 1925, zit. nach Eudin, X. J., North, R. C., Soviet Russia and the East, S. 219.

90 Lenin, V. I., Polnoe sobranie, Bd. 42, S. 291. – Chang Kuo-t'ao berichtet in seinen Memoiren von einer ähnlichen Äußerung, die Lenin im Januar 1922 gegenüber dem KMT-Vertreter Chang Ch'iu-pai getan habe, vgl. Chang Kuo-t'ao, Wo ti hui-i, in: Ming pao (yüeh-k'an), Jg. 1966, Nr. 7, S. 84. – Vgl. zu den mangelnden Kenntnissen der Sowjetführung über die chinesische Szene Ulam, A. B., Expansion and Coexistence, S. 174.

In der Tat hat Lenin sich zeit seines Lebens weder mit der KMT als seinem potentiellen chinesischen Hauptverbündeten noch überhaupt mit China systematisch beschäftigt. Seine Einsichten in die ungewöhnlich komplizierten und ständig wechselnden Kräftekonstellationen dieses Landes waren - wie diejenigen der übrigen Mitglieder des Politbüros - dementsprechend begrenzt, seine Urteile in der Regel theoretisierend, schematisch und oberflächlich. Er hielt es bis zu seinem Tode nicht für notwendig, eine besonders auf China zugeschnittene Politik zu entwickeln. Er glaubte vielmehr an die Möglichkeit, sich über nationale Besonderheiten hinwegsetzen und China, das er gewöhnlich mit der Türkei und Persien in einem Atemzug nannte, in das Prokrustesbett eines für alle kolonialen und halbkolonialen Länder geltenden Revolutionsmodells hineinzwängen zu können. In entscheidenden Fragen ging er von falschen Prämissen aus, weil ihm soziale Grunddaten nicht bekannt waren. So behauptete er zum Beispiel im Zusammenhang mit der Revolution von 1911, die Hauptstütze der KMT sei die breite Bauernmasse, während die Masse der Bauern sich damals in Wirklichkeit passiv verhielt.[91]

Wie gering Lenins spezifisches Interesse an China war, zeigt sich äußerlich schon daran, daß er, der eher zum Vielschreiben neigte, der chinesischen Problematik nur vier besondere Artikel widmete, und daß seine übrigen schriftlichen Äußerungen, soweit sie sich in einem allgemeineren Kontext auf China beziehen, wenige Druckseiten füllen.[92] Sieht man von der genannten generellen Geringschätzung nationaler Besonderheiten und auch davon ab, daß während der Bürgerkriegsjahre Auslandsnachrichten nur spärlich nach Sowjetrußland flossen, so geht Lenins Enthaltsamkeit darauf zurück, daß er seine Hauptaufgabe darin sah, die proletarische Revolution anzustreben. Da diese nach den Vorstellungen von Karl Marx zuerst in den wirtschaftlich entwickelten Staaten ausbrechen mußte, ergab sich zwangsläufig eine europozentrische Betrachtungsweise. Diese überwog in der Tat bei Lenin immer und war bis etwa 1907 sogar ohne Einschränkung wirksam. Bis dahin erkannte Lenin China und den Ländern des Ostens keinen eigenen revolutionären Stellenwert zu. Er betrachtete sie lediglich als Objekte europäisch-kapitalistischer Ausbeutung.[93] Wenn er überhaupt die Begriffe »asiatisch« oder »chinesisch« verwendete, dann mit der Absicht, die rückschrittlichen, politisch despotischen und wirt-

91 Lenin, V. I., Sočinenija, 2./3. Aufl., Bd. 16, S. 189. - Vgl. hierzu Franke, W., Das Jahrhundert, S. 126. - Dietrich Geyer mißt Lenins Äußerungen über China bei weitem zu viel Kompetenz bei, vgl. Geyer, D., Lenin und China, in: Osteuropa, Jg. 1965, Heft 9, S. 577 ff.

92 Vgl. Behrsing, S., Lenin über China, in: Neue Chinesische Geschichtswissenschaft, Sonderheft der Zeitschrift für Geschichtswissenschaft, Jg. 1959, S. 20 ff.

93 Lenin, V. I., Sočinenija, 4. Aufl., Bd. 3, S. 522; ebenda, Bd. 4, S. 182; ebenda, Bd. 5, S. 74 f.

schaftlich stagnierenden Verhältnisse in Rußland zu kennzeichnen.[94]
Eine erste Änderung deutete sich 1908 angesichts der Flaute der russischen Revolution an. Damals hielt Lenin nach revolutionären Anzeichen im Ausland Ausschau und prophezeite, als er solche Anzeichen in Indien und China entdeckte, ein Zusammengehen des asiatischen und des europäischen Proletariats in der Auseinandersetzung mit dem Kapitalismus.[95] Die neue Betrachtungsweise erhielt durch den Sieg der chinesischen Revolution von 1911 Auftrieb. Lenin war von diesem Ereignis stark beeindruckt. Er stellte es in eine Reihe mit der französischen Revolution von 1789 und der russischen Revolution von 1905.[96] Er ging aber auch in seiner Neigung zu schematischer Übertragung russischer Tatbestände so weit, Yüan Shih-k'ai als »Liberalen« und Sun Yat-sen als »Narodnik« einzustufen.[97] Daß partikularistische Kräfte in der Revolution von 1911 eine entscheidende Rolle gespielt hatten,[98] war ihm entgangen.
Ausgehend vom Beispiel der chinesischen Revolution glaubte Lenin nun an ein Erwachen Asiens und zeigte sich in den folgenden Jahren fasziniert von der Idee, man stehe am Anfang einer Reihe von demokratischen Revolutionen in halbkolonialen (China, Persien, Türkei) und kolonialen (Indien, Indonesien) Ländern Asiens, die sich mit dem Machtkampf des Proletariats in Europa verbinden und eine neue Ära in der Weltgeschichte einleiten würden.[99] Im Zusammenhang mit seinen Arbeiten über das Selbstbestimmungsrecht der Nationen und über den Imperialismus verdichtete sich diese Idee zwischen 1914 und 1916 zu der Überzeugung, die demokratische Bewegung in Asien werde zu nationalen Befreiungskriegen führen.[100] Diese seien als fortschrittlich und revolutionär zu bewerten, weil sie die imperialistischen Staaten schwächten und die Chancen einer proletarischen Revolution in diesen Staaten erhöhten.
Aus all dem ergab sich für Lenin eine wichtige Konsequenz. Im Unterschied zu seiner These von 1908, wonach sich das Proletariat Europas und Asiens zusammenschließen müsse, kam er nun zu der Überzeugung, für die Gegenwart und die nahe Zukunft seien die »bürgerlich-demokratischen nationalen Bewegungen« Asiens als die wichtigsten Bundesgenossen eines aufständischen europäischen Proletariats zu betrachten.[101] Denn im Ge-

94 Ebenda, Bd. 21, S. 345 f. – Vgl. hierzu auch Lowe, D. M., The Function of »China« in Marx, Lenin, and Mao, Berkeley/Los Angeles 1966, S. 64 f.
95 Lenin, V. I., Sočinenija, 4. Aufl., Bd. 15, S. 162, 164 f.
96 Ebenda, Bd. 17, S. 499 f.
97 Ebenda, S. 438; ebenda, Bd. 18, S. 143–146.
98 Vgl. Franke, W., Das Jahrhundert, S. 123–125.
99 Lenin, V. I., Sočinenija, 4. Aufl., Bd. 19, S. 65 f.
100 Vgl. hierzu und zum folgenden Satz ebenda, Bd. 22, S. 296–298.
101 Vgl. hierzu und zum Rest des Absatzes ebenda, Bd. 18, S. 143–146; ebenda, Bd. 19, S. 65 f., 77 f.; ebenda, Bd. 20, S. 378; ebenda, Bd. 21, S. 368; Whiting, A. S., Soviet Policies, S. 19.

gensatz zu der »bei lebendigem Leibe verfaulenden Bourgeoisie« in Europa gebe es in Asien ein Bürgertum, das fähig sei, »die ehrliche streitbare und konsequente Demokratie zu erstreben«, und das noch »mit dem Volk gegen die Reaktion« gehe. Diese Aufwertung der asiatischen bürgerlich-revolutionären Bewegung und deren Koppelung mit der europäischen proletarisch-revolutionären Bewegung stellt eine radikale Abkehr vom Marxismus des 19. Jahrhunderts dar.

Lenin hatte auf diese Weise bereits vor der russischen Oktoberrevolution die Grundlage der Strategie einer künftigen sowjetischen Asienpolitik entwickelt. Deren Kernstück, die vorrangige Unterstützung der bürgerlich-nationalen Bewegung bis zum Entstehen einer kraftvollen proletarischen Massenbewegung, mußte er im Sommer 1920 auf dem II. Kongreß der Kommunistischen Internationale gegen die Kritik des Inders M.N. Roy verteidigen. In den Thesen, die er der »Kommission für die nationale und koloniale Frage« des Kongresses vorlegte, erachtete Lenin es einerseits für notwendig, daß alle kommunistischen Parteien »die bürgerlich-demokratische Befreiungsbewegung« und »die Bauernbewegung ... gegen alle Erscheinungsformen oder Überreste des Feudalismus« in den zurückgebliebenen Ländern unterstützen.[102] Andererseits betonte er den taktischen und temporären Charakter dieser Unterstützung und forderte eine unabhängige kommunistische Partei, indem er hinzufügte, die Komintern dürfe die bürgerlich-demokratischen nationalen Bewegungen in den Kolonien und den zurückgebliebenen Ländern

> »nur unter der Bedingung unterstützen, daß die Elemente der künftigen proletarischen Parteien ... im Bewußtsein der Aufgaben *des Kampfes gegen die bürgerlich-demokratischen Bewegungen* innerhalb ihrer Nation ... erzogen werden. Die Kommunistische Internationale muß *ein zeitweiliges Bündnis mit der bürgerlichen Demokratie* der Kolonien und der zurückgebliebenen Länder eingehen, darf sich aber nicht mit ihr verschmelzen, sondern muß unbedingt die Selbständigkeit der proletarischen Bewegung wahren ...«[103]

Diese Definition, wonach jedes Bündnis mit nichtproletarischen Kräften dem Ziel nach vor allem antiimperialistisch und antifeudalistisch, dem Wesen nach instrumental zu verstehen sei, bildete - mit gelegentlichen Akzentverschiebungen - die Grundlage der Chinapolitik Sowjetrußlands und der Komintern bis zum Fiasko des Jahres 1927.

Die heftige Opposition des orthodoxen und zugleich asiozentrischen Roy, der sich in der Kommission für die ausschließliche Förderung der kommunistischen Parteien einsetzte und die Streichung der Leninschen Bünd-

102 Lenin, V. I., Polnoe sobranie, Bd. 41, S. 166.
103 Ebenda, S. 167 (Hervorhebungen d. Verf.).

nisklausel verlangte,[104] führte zu einem Kompromiß. In Lenins Thesen wurde unter anderem das Epitheton »bürgerlich-demokratisch« durch »revolutionär« ersetzt,[105] während Roy die Bündnisklausel im Prinzip übernahm. Der Inder fügte seinen ursprünglichen Thesen die Feststellung hinzu, in den Kolonien sei »die Mitarbeit von bürgerlichen nationalistischen revolutionären Elementen« von Nutzen.[106] Beide Thesenentwürfe wurden von der Kommission einstimmig angenommen und dem Kongreß vorgelegt.

Als Berichterstatter der Kommission ließ Lenin vor dem Plenum erkennen, daß er mit der Abänderung seiner Thesen nicht viel mehr als eine verbale Konzession gemacht hatte. Er betonte, man habe »bürgerlich-demokratisch« deswegen durch »revolutionär« ersetzt, weil man zum Ausdruck bringen wollte, daß eine bürgerlich-demokratische Bewegung nur dann von Kommunisten zu unterstützen sei, wenn sie revolutionäre und nicht nur reformerische Ziele verfolge.[107] Während der anschließenden Debatte wurde er vor allem von Hendricus Sneevliet (Maring) unterstützt. Dieser verwies auf seine Erfahrungen in Niederländisch-Indien und stellte fest, in der Praxis sei es einfach unumgänglich, mit (bürgerlichen) nationalistischen Revolutionären zusammenzuarbeiten.[108] Wenn man solche Bewegungen mißachte und sich als doktrinärer Marxist aufspiele, dann leiste man halbe Arbeit.

Die Endfassung der Thesen zur nationalen und kolonialen Frage, die vom Kongreß mit drei Enthaltungen angenommen wurde,[109] entsprach mit geringen Abweichungen den ursprünglichen Thesen Lenins.[110] Die für die

104 Vgl. die Zusammenfassung der Diskussion in der Kommission in: Vestnik Vtorogo Kongressa Kommunističeskogo Internacionala, Nr. 1 (27. Juli 1920), nach: Carrère d'Encausse, H., and Schram, S. R., Marxism and Asia, S. 150 ff. – Eine Darstellung des Streits zwischen Lenin und Roy auf dem gesamten Kongreß findet sich bei Whiting, A. S., Soviet Policies, S. 42 ff.

105 Der Zweite Kongreß der Kommunistischen Internationale, Protokoll, S. 144 f.

106 Ursprünglicher Text der Thesen Roys in: Der Zweite Kongreß der Kommunistischen Internationale, Protokoll, S. 145–150; revidierter Text in: Kara-Murza, G., Mif, P. (Hrsg.), Strategija i taktika Kominterna, S. 40–43. – Vgl. zum fehlerhaften Abdruck der Thesen in den 1921 erschienenen deutschsprachigen und russischsprachigen Protokollen des II. Komintern-Kongresses Whiting, A. S., Soviet Policies, S. 56, 295 f. (Anm. 33). Eine Gegenüberstellung der beiden Fassungen findet sich bei Carrère d'Encausse, H., and Schram, S. R., Marxism and Asia, S. 159–163 (vgl. besonders S. 162).

107 Lenin, V. I., Polnoe sobranie, Bd. 41, S. 243 f.; Der Zweite Kongreß der Kommunistischen Internationale, Protokoll, S. 140. – Lenins Feststellung, »bürgerlich-demokratisch« sei durch »nationalistisch-revolutionär« (nach der russischen Fassung »national-revolutionär«) ersetzt worden, trifft nicht zu.

108 Der Zweite Kongreß der Kommunistischen Internationale, Protokoll, S. 194.

109 Ebenda, S. 232. – Die Angabe Whitings, sowohl Lenins als auch Roys Thesen seien vom Kongreß angenommen worden, trifft nicht zu, vgl. Whiting, Soviet Policies, S. 55 f.

110 Der Zweite Kongreß der Kommunistischen Internationale, Protokoll, S. 224–232. – Die

Zusammenarbeit mit den bürgerlich-demokratischen Kräften grundlegende Aussage lautete:

»Alle kommunistischen Parteien müssen die revolutionären Freiheitsbewegungen in diesen Ländern durch die Tat unterstützen. Die Form der Unterstützung muß mit der kommunistischen Partei des betreffenden Landes erörtert werden, wenn es eine solche Partei gibt«.[111]

Indem Lenin diese programmatische Pauschalformel 1920 in der Kommunistischen Internationale durchsetzte, gab er den Kommunisten in aller Welt den Weg frei für ein Zusammengehen mit einer Vielfalt von »nichtproletarischen« Kräften in den unterentwickelten Ländern zu dem Hauptzweck, einen antiimperialistischen Befreiungskampf zu führen. Die Formel wurde allerdings trotz offizieller Billigung durch den II. Komintern-Kongreß nicht von allen Beteiligten widerspruchslos hingenommen. Prominente Bolschewisten wie Zinov'ev, Trockij und G.I. Safarov äußerten öffentlich ihre Zweifel an der Zuverlässigkeit bürgerlich-demokratischer Bewegungen in den Ländern des »Ostens«.[112] Die tatsächliche Politik, die Sowjetrußland in den folgenden Jahren gegenüber solchen Bewegungen trieb, konnten diese abweichenden Auffassungen indes kaum beeinflussen.
Als die Frage des Zusammengehens der britischen Kommunisten mit nichtkommunistischen Organisationen auf dem II. Komintern-Kongreß zur Debatte stand, konnte sich Lenin mit seiner Empfehlung durchsetzen, die Labour Party müsse als potentieller Partner angesehen werden.[113] Im Unterschied hierzu ließ sich für China aus der allgemeinen Bündnisformel für die »Kolonien und zurückgebliebenen Länder« nicht entnehmen, welche nichtproletarische Kraft als künftiger Bundesgenosse zu betrachten sei. Es kann daher nicht verwundern, daß die Frage, ob man die KMT oder Wu P'ei-fu oder eine andere Gruppierung bevorzugen sollte, später von

ursprünglichen Thesen Lenins wurden mehrere Male revidiert. Die ersten Änderungen wurden auf Grund der anfänglichen Debatte in der Kommission vorgenommen und am 26. Juli von Sneevliet bekanntgegeben, ebenda, S. 143–145. In der Endfassung, die dem Kongreß am 28. Juli vorgelegt wurde, finden sich weitere Änderungen, die wahrscheinlich auf die Diskussion im Plenum zurückgehen. So könnte die Betonung der Notwendigkeit, die Partei des betreffenden Landes zu konsultieren (Endfassung These 11a, ebenda, S. 230), auf Roys These 8 zurückzuführen sein (ebenda, S. 149), die Erwähnung des japanischen Imperialismus (Endfassung These 11c, ebenda, S. 230) auf Radeks Rede (ebenda, S. 164), die Angriffe auf den Zionismus (Endfassung These 11f, ebenda, S. 231) auf den Diskussionsbeitrag von Frumkina (ebenda, S. 198).

111 Ebenda, S. 230.

112 Einzelheiten bei Whiting, Soviet Policies. S. 73 ff.

113 Vgl. die Darstellung der Debatte bei Lazitch, B., and Drachkovitch, M. M., Lenin and the Comintern, Bd. I, S. 359.

verschiedenen Kreisen in der Komintern unterschiedlich beantwortet wurde.[114] Für China stellte die auf dem Kongreß entwickelte Formel somit lediglich ein für die Zukunft bestimmtes vages Konzept dar. Weder verfügte Moskau damals über feste Verbindungen zur KMT noch existierte eine gesamtchinesische kommunistische Partei. Die Frage eines Bündnisses wurde erst akut, nachdem im Sommer 1921 die Kommunistische Partei Chinas gegründet worden war.[115]

Lenin selbst äußerte sich zwar zu diesem Thema nie öffentlich, wie überhaupt keine nach 1920 zu datierenden Publikationen über China von ihm vorliegen. Man wird jedoch davon ausgehen können, daß er die Idee einer Allianz zwischen Sowjetrußland und der KPCh mit der KMT förderte. Dies läßt sich zum einen aus seiner auf dem II. Komintern-Kongreß entwickelten Bündnisformel schließen. Zum anderen gibt es konkrete Hinweise wie den Bericht eines Beteiligten, wonach Lenin Anfang 1922 Vertreter der KMT und der KPCh nach den Möglichkeiten einer Zusammenarbeit beider Parteien fragte,[116] und sowjetische Angaben, nach denen er zur selben Zeit ein starkes Interesse an den sowjetischen Beziehungen zur KMT erkennen ließ.[117] Wenn man vom II. Komintern-Kongreß her weiß, wie sehr Lenin auf der Selbständigkeit der Kommunisten beharrte, so wird man allerdings bezweifeln müssen, ob die 1922 entstehende Bündnisform des »inneren Blocks« zwischen KPCh und KMT[118] ganz in seinem Sinne war. Er wurde indes seit dem Frühjahr 1922 durch die rapide Verschlechterung seines Gesundheitszustands daran gehindert, auf diese Entwicklung noch einen entscheidenden Einfluß zu nehmen.

114 Vgl. unten S. 48, 67 dieser Arbeit.

115 Versuch einer akribischen Rekonstruktion des Gründungskongresses bei Ch'en Kung-po, The Communist Movement, S. 18 - 31; vgl. auch Kovalev, E. F., Novye materialy o pervom s-ezde Kommunističeskoj Partii Kitaja, in: Narody Azii i Afriki, Jg. 1972, Nr. 6, S. 150 - 158.

116 Chang Kuo-t'ao, Wo ti hui-i, in: Ming pao (yüeh-k'an), Jg. 1966, Nr. 7, S. 84; vgl. zu den Einzelheiten unten S. 69 dieser Arbeit.

117 Anfrage Lenins an Čičerin vom 26. Januar 1922, in: Lenin, V. I., Polnoe sobranie, Bd. 44, S. 702; Schreiben Čičerins an Sun Yat-sen vom 7. Februar 1922, in: Dokumenty vnešnej politiki, Bd. V, S. 83 f. - Vgl. zu den Einzelheiten unten S. 69 f. dieser Arbeit.

118 Vgl. zur Entstehung des »inneren Blocks« unten S. 79 ff. dieser Arbeit.

3. Die Entstehung der Allianz

a. Leninismus und Sunyatsenismus

Das Bündnis Sowjetrußlands und der chinesischen Kommunisten mit der Kuomintang, das die grundlegende Voraussetzung für die sowjetische Militärhilfe an China bildete, kam in den Jahren 1922/23 zustande. In der wechselseitigen Einschätzung von Bolschewisten und KMT herrschte bis dahin kritische Sympathie vor. Die russischen Leninisten verurteilten vor allem die nationale Begrenztheit und die sozialreformerische Komponente des Sunyatsenismus. Sun Yat-sen hingegen lehnte den historischen Materialismus, die Theorie vom internationalen Klassenkampf und die radikalen sozialpolitischen Vorstellungen des Marxismus ab. Beide Parteien fühlten sich allerdings durch gemeinsame antiautokratische und antiimperialistische Überzeugungen sowie durch gemeinsames Streben nach revolutionärer Veränderung der politischen Wirklichkeit verbunden.[119] Es kann nicht verwundern, daß es vor allem die von ihnen entscheidend mitgeprägten Revolutionen - die chinesische Revolution von 1911 und die russische Oktoberrevolution - waren, die bei den Führern beider Parteien ein überwiegend positives Interesse aneinander wachriefen.

Lenin gab sein erstes öffentliches Urteil über Sun Yat-sen im Sommer 1912 ab. In einem Zeitungsartikel[120] bezeichnete er Sun als »den fortgeschrittensten chinesischen Demokraten«, bescheinigte ihm »streitbare, ehrliche demokratische Gesinnung« sowie »Edelmut und Heroismus« und feierte den Sunyatsenismus als »die große Ideologie eines wirklich großen Volkes« mit einem »fortschrittlichen, streitbaren, revolutionären Programm des Agrarwesens«. Gleichzeitig tat er Suns Hoffnungen, den Kapitalismus und die mit diesem einhergehenden sozialen Revolutionen in China durch rechtzeitige Reformen vermeiden zu können, als »sozialistische Träumereien«, »kleinbürgerliche Utopien« und »reaktionäre Narodniki-Theorien« ab, die von der »jungfräulichen Naivität« ihres Schöpfers zeugten.[121] Im selben Artikel prophezeite er die Wahrscheinlichkeit eines begrenzten Zusammengehens zwischen einer künftigen chinesischen

119 Vgl. Kindermann, G.-K. (Hrsg.), Konfuzianismus, S. 38 ff.

120 Nevskaja zvezda Nr. 17 vom 15. Juli 1912, zit. nach: Lenin, V. I., Polnoe sobranie, Bd. 21, S. 400-406. - Auch in diesem Artikel zeigt sich, wie lückenhaft Lenin über die Entwicklung in China informiert war: Sun wird als »provisorischer Präsident der chinesischen Republik« bezeichnet, welches Amt er bereits fünf Monate zuvor niedergelegt hatte, ebenda, S. 400.

121 Ebenda, S. 403 f., 406.

proletarischen Partei und der Kuomintang - was insofern erstaunlich ist, als er die Strategie eines Bündnisses von Kommunisten mit nichtproletarischen Kräften in den unterentwickelten Ländern erst Jahre später entwickelte.[122] Der Artikel stellt im übrigen den einzigen veröffentlichen Versuch Lenins dar, sich mit Sun und der KMT ernsthaft auseinanderzusetzen. Danach taucht Suns Name in Lenins Publikationen nur noch sporadisch und im Zusammenhang mit allgemeinen Bemerkungen über China auf.[123] Dies mag als ein Indiz dafür gelten, daß Lenin seine 1912 getroffene Einschätzung des Sunyatsenismus während der folgenden Jahre im Prinzip unverändert aufrechterhielt: als eine einflußreiche bürgerlich-demokratische Befreiungsbewegung in einem zurückgebliebenen Land, die überwiegend positiv zu bewerten ist.

Es sei hier bereits darauf hingewiesen, daß diese Meinung Lenins nach der russischen Oktoberrevolution nicht von allen für die sowjetischen Außenbeziehungen Verantwortlichen geteilt wurde. Die Führung des Narkomindel war, wie bereits dargestellt wurde,[124] mehrheitlich darauf bedacht, zunächst einmal mit der Pekinger Regierung zu einem Einvernehmen zu gelangen. Aber auch in der Komintern-Spitze gab es, wie weiter unten im einzelnen ausgeführt werden wird,[125] abweichende Minderheitsmeinungen, von denen

a) die eine (die »Irkutsker Linie«) ähnlich wie das Narkomindel den Ausgleich mit Peking für vorrangig hielt und Sun Yat-sen als quantité négligeable betrachtete,
b) die zweite (Zinov'ev, Roy u.a.) den Wert eines Zusammengehens mit bürgerlichen Kräften, ob nun in Peking oder Kanton, in Frage stellte, und
c) eine dritte (Profintern) ein solches Zusammengehen aus grundsätzlichen Erwägungen entschieden ablehnte.

Angesichts dieses breit ausgezogenen Meinungsspektrums kann die Tatsache, daß das Bündnis mit der KMT letzten Endes doch zustande kam, aus sowjetrussischer Sicht durchaus nicht als eine notwendige Folge der vorangegangenen Ereignisse angesehen werden.

122 Ebenda, S. 406.

123 Vgl. Lenin, V. I., Polnoe sobranie, Bd. 22, S. 66; Bd. 23, S. 29, 138-140; Bd. 42, S. 291. - Sun wird außerdem in Exzerpten Lenins aus einem Buch von S. L. Freiherr von Mackay erwähnt, das 1914 unter dem Titel »China, die Republik der Mitte« in Berlin erschienen war. Hier bezichtigt Lenin Mackay der Verleumdung der KMT mit Sun an der Spitze. Vgl. Leninskij sbornik, Bd. XXVIII, S. 366.

124 Siehe oben, S. 23 ff. dieser Arbeit.

125 Siehe unten S. 67 ff. dieser Arbeit.

Auch Sun Yat-sen betrachtete das Bündnis seiner Partei mit Sowjetrußland und den chinesischen Kommunisten keineswegs als eine Selbstverständlichkeit. Trotz seiner Sympathie für den antiautokratischen und antiimperialistischen Charakter der russischen Oktoberrevolution lehnte er 1923 die Einführung eines Sowjetsystems in China ab und äußerte noch wenige Monate vor seinem Tod grundsätzliche Vorbehalte gegenüber dem Marxismus. Er grenzte seine eigene Soziallehre (min-sheng chu-i) gegen die materialistische Geschichtsauffassung ab, wandte sich gegen die Idee des Klassenkampfes, suchte die Mehrwerttheorie zu widerlegen, wies Marx falsche Prognosen nach und verwarf die Anwendung gewaltsamer Methoden bei der Lösung wirtschaftlicher Probleme.[126] Im Unterschied zu seinen politischen Sympathien für die Sowjetregierung, so erklärte Sun Ende 1924, lehne er deren Wirtschaftstheorien ab und erwarte die Steigerung der geringen wirtschaftlichen Produktivität in China nicht von Marxens Doktrinen, sondern von Fords industrialism- und efficiency-Formel.[127] Wenn das Bündnis mit Moskau dennoch zustande kam, dann also nicht wegen einer besonderen Affinität Sun Yat-sens gegenüber dem Marxismus-Leninismus, sondern weil Sowjetrußland als einzige ausländische Macht bereit war, die von Sun dringend benötigte Hilfe bei der Vorbereitung und Durchführung des Nordfeldzugs zu leisten, der die Vereinigung Chinas unter der Flagge der KMT zum Ziel hatte.

b. Sun Yat-sens Bemühungen um nichtsowjetische Auslandshilfe

Sun Yat-sen war schon lange vor der Revolution von 1911 bestrebt, für die Erreichung seiner Ziele Hilfe aus dem Ausland in Anspruch zu nehmen. Psychologisch gesehen bereitete ihm dies insofern keine Schwierigkeiten, als er es zunächst als sein Hauptziel betrachtete, die Mandschu-Dynastie zu stürzen, die Republik zu errichten und eine gerechte Bodenordnung einzuführen. Das Zurückdrängen des ausländischen Einflusses erachtete er als sekundär und auf dem Wege der Verständigung möglich.[128] Westlich

126 Sun-Ioffe-Kommuniqué vom 26. Januar 1923, in: Sovetsko-kitajskie otnošenija, S. 65; San-min chu-i, Schanghai 1930, dritte Paginierung S. 14 ff. - Vgl. hierzu Domes, J., Vertagte Revolution, S. 58; Kindermann, G.-K., Konfuzianismus, S. 112 ff. - Eine vergleichsweise zuverlässige Übersetzung von »San-min chu-i« findet sich bei D'Elia, P. M., The Triple Demism of Sun Yat-sen, Wuchang 1931 (Reprint 1974), S. 63 ff.

127 Bericht des britischen Gesandten in Tokyo, Eliot, an Chamberlain vom 11. Dezember 1924, zit. nach: Louis, R., British Strategy in the Far East 1919 - 1939, Oxford 1971, S. 113 (Archiv des Foreign Office).

128 Vgl. die Deklaration des »T'ung-meng hui« vom Sommer 1905 in: Sun' Jat-sen, Izbrannye proizvedenija, S. 114 f.; Franke, W., Das Jahrhundert, S. 177.

erzogen und von Bewunderung für die Idee der Demokratie erfüllt, erwartete er Hilfe in erster Linie von den USA, England, Frankreich und Japan.[129]

Bereits im Jahre 1900, also noch vor der Gründung des ersten KMT-Vorläufers »t'ung-meng hui«, erbat Sun vergeblich vom französischen Gesandten in Tokyo Waffen und Militärberater;[130] gleichzeitig soll er sich mit einem Hilfeersuchen an England gewandt haben.[131] 1904 richtete er einen Appell an das amerikanische Volk, in dem er die Amerikaner als Christen, als Führer der westlichen Zivilisation und als Vorbilder für ein neues China ansprach.[132] Unter ihnen gebe es sicher viele Lafayettes; von ihnen erwarteten die Chinesen mehr als von irgend jemand anderem Sympathie und Hilfe. Im Revolutionsjahr 1911 gelang es Sun, England, Frankreich, die USA und Japan von einer Intervention zugunsten der Mandschus abzuhalten sowie die französischen und englischen Kreditverhandlungen mit den Mandschus zu stoppen. Als Provisorischer Präsident der neuen Republik sicherte er den ausländischen Staaten zu, er werde deren Privilegien in China respektieren und für die Einhaltung der vor der Revolution mit China geschlossenen Verträge sorgen.[133] Er verband dieses Entgegenkommen mit der Hoffnung, die Mächte würden ihn bei der Durchführung der weitreichenden Pläne unterstützen, die er für den Aufbau des Landes entwickelt hatte.

Suns Vertrauen in die Hilfsbereitschaft des Westens wurde bald enttäuscht. Als Yüan Shih-k'ai auf eine neue Autokratie hinzusteuern begann und dadurch den Bruch mit Sun herbeiführte, ließen die Mächte den letzteren im Stich und schlugen sich auf Yüans Seite. Sie betrachteten Yüan, der ihnen ebenfalls die Wahrung ihrer Rechte zugesichert hatte, als den starken Mann Chinas, der ihre Interessen am ehesten schützen könnte.[134] Sun hingegen schätzten sie allgemein als jemanden ein, dessen moralische Integrität zwar unbestritten sei, der aber politischen Illusionen nachjage und der Wiedervereinigung Chinas im Wege stehe.[135] Ungeachtet der Pro-

129 Hierzu allgemein Treadgold, D. W., The West in Russia and China, Vol. 2, China 1582-1949, Cambridge 1973, S. 94-96.

130 Munholland, J. K., The French Connection that Failed, France and Sun Yat-sen 1900-1908, in: The Journal of Asian Studies, Jg. XXXII (1972), Nr. 1, S. 78.

131 Jansen, M. B., The Japanese and Sun Yat-sen, Stanford, Cal. 1970, S. 204.

132 Hierzu und zu den beiden Folgesätzen Leng Shao Chuan and Palmer, N. D., Sun Yat-sen, S. 29 f. (mit weiteren Quellenhinweisen).

133 Hierzu und zum folenden Satz Hu Sheng, Imperialism, S. 190. Vgl. auch Tung, W. L., China and the Foreign Powers, New York 1970, S. 152 f.

134 Ch'en Jerome, Yuan Shih-k'ai, S. 140; Hu Sheng, Imperialism, S. 200 f.

135 Vgl. zum Beispiel die Berichte amerikanischer Diplomaten, wiedergegeben in: Leng Shao Chuan and Palmer, N. D., Sun Yat-sen, S. 43; vgl. auch ebenda S. 42, sowie Hu Sheng, Imperialism, S. 199.

teste Suns gewährte ein ausländisches Bankenkonsortium (England, Deutschland, Frankreich, Japan, Rußland) im Frühjahr 1913 Yüan Shih-k'ai eine Anleihe von 25 Millionen britische Pfund.[136] Diese versetzte Yüan in die Lage, den Aufbau des Polizeiwesens und der Armee großzügig voranzutreiben. Sie trug wesentlich dazu bei, Suns »zweite Revolution« vom Sommer 1913 niederzuschlagen; er selbst floh nach Japan.

Obwohl die Mächte diese Haltung in der Folgezeit beibehielten, gab Sun die Hoffnung nicht auf, ihren Beistand zu gewinnen. Daß sein Bevollmächtigter Anfang 1914 von Präsident Wilson nicht empfangen wurde, vermochte sein Vertrauen in die grundsätzliche Hilfsbereitschaft der USA nicht zu erschüttern.[137] Selbst als Japan, das Engagement der europäischen Großmächte in Europa ausnutzend, im Januar 1915 die berüchtigten »21 Forderungen« präsentierte, um China unter seine Vorherrschaft zu bringen, erbat Sun zwei Monate später vom Außenministerium in Tokyo Unterstützung gegen Yüan Shih-k'ai; dies führte immerhin zu einer größeren - wenn auch privaten - japanischen Zuwendung an die KMT.[138]

Überhaupt mußte Sun während des I. Weltkriegs in seinem ungehemmten Streben nach fremder Hilfe außenpolitisch wenig konsequent, ja fast skrupellos erscheinen. Er sprach sich gegen einen Kriegseintritt Chinas auf seiten der Alliierten und für die Beibehaltung der chinesischen Neutralität aus.[139] Im Sommer 1917 erklärte er, China müsse sich in erster Linie um Unterstützung seitens Japans und Amerikas bemühen, da es diesen Staaten rassisch (i chung-tsu lun) beziehungsweise politisch (i cheng-chih lun) brüderlich verbunden sei.[140] Um die gleiche Zeit nahm er zwei Millionen Dollar von Deutschland an, die mit der Auflage gegeben wurden, weiterhin einen Eintritt Chinas in den Krieg zu verhindern.[141] Nach der Verkündung des Kriegszustands mit Deutschland durch die Regierung in Peking dauerte es dann nur noch einen Monat, bis auch Suns Regierung am 13. September ihre Kriegserklärung abgab.

136 Hierzu und zu den beiden Folgesätzen Li Chien-nung, The Political History, S. 288 f.; Ch'en Jerome, Yuan Shih-k'ai, S. 127 f.; T'ang Leang-Li, The Inner History, S. 111-113, 119.

137 Leng Shao Chuan and Palmer, N. D., Sun Yat-sen, S. 42.

138 Jansen, M. B., The Japanese and Sun Yat-sen, Stanford, Cal. 1970, S. 192-193; Altman, A. A., and Schiffrin, H. Z., Sun Yat-sen and the Japanese: 1914-1916, in: Modern Asian Studies, Jg. 6, Oktober 1972, S. 393, 396, 398.

139 Telegramm an Lloyd George vom 9. März 1917, in: Sun Yatsen, Reden und Schriften, S. 160-162.

140 Chung-kuo ts'un-wang wen-t'i, in: Kuo-fu ch'üan-shu, S. 743.

141 Vgl. hierzu und zum Folgesatz Fass, J., Sun Yat-sen and the World War I, in: Archiv Orientální, Bd. 35 (1967), S. 116 f., 119; Chen Chi, Die Beziehungen, S. 57, 79.

Auch bei Kriegsende waren die Alliierten nicht bereit, Sun zu helfen. Nach wie vor nahmen sie ihn nicht ernst, da er über keine nennenswerten wirtschaftlichen und militärischen Resourcen verfügte, und betrachteten ihn als einen idealistischen Wirrkopf. Als sich Sun im November 1918 erneut mit der Bitte um Unterstützung an Präsident Wilson wandte, erhielt er vom amerikanischen Generalkonsul lediglich eine Empfangsbestätigung und die Versicherung, man werde seinen Wunsch prüfen.[142] Außenminister Lansing empfahl seinem Präsidenten, er solle nichts unternehmen, und zwar mit der Begründung: »I doubt if he has any further real influence in China«. Nach Kriegsende entwarf Sun einen grandiosen Entwicklungsplan, der eine Modernisierung der chinesischen Infrastruktur durch den Einsatz gewaltiger ausländischer Finanzmittel vorsah. Auch dieser Plan, der in einer englischen Ausgabe an viele wichtige Personen und Institutionen in potentiellen Geberländern verteilt wurde,[143] traf auf ein skeptisches bis ablehnendes Echo.

Die Pariser Friedenskonferenz von 1919, die Japan alle ehemals deutschen Rechte in Schantung zusprach, und die Konferenz von Washington (November 1921 bis Februar 1922), zu der kein Vertreter der Kantoner Regierung als offizieller Teilnehmer zugelassen wurde,[144] raubten Sun die letzten mit den Alliierten verbundenen Illusionen. Die Konferenzen änderten nichts an dem bestehenden Zustand, daß die militärische Oligarchie in Peking von den Hauptsiegermächten des I. Weltkriegs kontrolliert wurde und daß die Mächte die von ihnen verwalteten Seezoll- und Salzsteuereinnahmen an die schwache Pekinger Regierung abführten, deren Haupteinnahmequelle sie bildeten, während die Kantoner Regierung praktisch keine ausländische Hilfe erhielt.[145]

Sun leitete nunmehr eine Überprüfung seiner politischen Strategie ein. Sie führte dazu, daß er seinem auf den Sturz des innenpolitischen Gegners gerichteten Konzept eine antiimperialistische Komponente hinzufügte. Die Umorientierung wird in der Neufassung der »Nationalen Grundlehre« (min-tsu chu-i) deutlich erkennbar, die Sun zwischen 1918 und 1922 erar-

142 Hierzu und zum Folgesatz The National Archives of U.S. State Department, 893/2901, zit. nach Kwei Chung-gi, The Kuomintang-Communist Struggle, S. 3.

143 Sun Yat-sen, The International Development of China, New York/London 1922. – Im Besitz des Verfassers befindet sich ein Exemplar mit einem eingelegten Zettel, der folgenden Aufdruck zeigt: »Im Auftrage Sr. Exzellenz des Präsidenten Dr. Sun Yat-sen freundlichst überreicht von Ministerialrat Jaryen Dang«.

144 Vgl. zur chinesischen Frage auf den beiden Konferenzen King, W., China at the Paris Peace Conference in 1919, Jamaica/New York 1961; Willoughby, W. W., China at the Conference, Westport, Connecticut 1972; King, W., China at the Washington Conference 1921–1922, New York 1963; Tichvinskij, S. L., Sun' Yat-sen, S. 241 f.

145 So Franke, W., Das Jahrhundert, S. 179 f.

beitete.[146] Hier unterschied er zwischen zwei Arten von Staaten: zwischen »gewalttätigen« (ch'iang-ch'üan bzw. ch'iang-pao) einerseits - d. h. vor allem England, Frankreich, die USA und Japan - sowie »unterdrückten« (ya-p'o bzw. ya-chih) und »rechtschaffenen« (kung-li) andererseits.[147] Den unterdrückten Staaten Asiens - d. h. allen asiatischen Staaten außer Japan - wird allein Deutschland als »unterdrückter europäischer Staat« (Ou-chou shou ya-p'o ti kuo-chia) an die Seite gestellt. In die Nähe dieser Gruppe wird wiederum nur Rußland gerückt, das vor der Revolution gewalttätig und nicht rechtschaffen aufgetreten sei, sich jetzt aber entgegengesetzt verhalte.

Hier zeichnen sich die Konturen von Suns Idee einer engen Zusammenarbeit zwischen China, Deutschland und Sowjetrußland ab. Sun hätte allerdings - und dies soll hier als These vorgetragen werden - mindestens bis Mitte 1922 eine Kooperation mit Berlin derjenigen mit Moskau vorgezogen. Die These stützt sich auf einen Vergleich der Ergebnisse neuerer archivalischer Forschungen des Prager Sinologen Josef Fass[148] mit allen inzwischen verfügbaren - teilweise neuen - Erkenntnissen über die Entwicklung der Beziehungen zwischen der KMT und Sowjetrußland.[149]

Die von Fass beschriebenen Dokumente des deutschen Auswärtigen Amts beweisen, daß Sun zwischen September 1921 und Januar 1924 bei der Reichsregierung immer wieder auf eine enge wirtschaftliche (seit dem Spätsommer 1922 auch militärische) Kooperation drängte. Gegenüber Sowjetrußland ließ er den Wunsch nach konkreter Zusammenarbeit nicht vor Sommer 1922, nach umfassender Hilfe erst im Januar 1923 erken-

146 Kuo-fu ch'üan-shu, S. 186-214. - Von dieser Arbeit wurde bisher keine textgetreue deutsche Übersetzung veröffentlicht. Die von Kindermann und Tsan Wan wiedergegebenen Texte stellen willkürlich gekürzte und veränderte Fassungen dar, vgl. Kindermann, G.-K. (Hrsg.), Konfuzianismus, S. 91-105, sowie Sun Yat-Sen, Die Grundlehren von dem Volkstum, Ins Deutsche übertragen von Tsan Wan, Berlin 1927. - Die Revision der »Nationalen Grundlehre« wird in überzeugender Weise dargestellt von Franke, W., Das Jahrhundert, S. 176 ff.

147 Kuo-fu ch'üan-shu, S. 189.

148 Fass, J., Sun Yat-sen and Germany in 1921-1924, in: Papers of the XIX International Congress of Chinese Studies, Bochum 1968, S. 137-153.

149 Eine genaue Darstellung der Einzelheiten dieser Entwicklung findet sich unten auf den S. 56 ff., 92 ff. dieser Arbeit. - Domes und Herrfahrdt geben - ohne Quellenbelege - an, Sun habe sich noch 1923 bei westlichen Staaten bzw. bei England um Hilfe bemüht. Vgl. Domes, J., Vertagte Revolution, S. 86, und Herrfahrdt, H., Sun Yat-sen, Hamburg 1948, S. 102. - Sokolsky behauptet, ebenfalls ohne Quellenangabe, Sun habe 1923 Morris A. Cohen nach Kanada geschickt, um Weltkriegsveteranen als Ausbilder anzuwerben. Gleichzeitig habe er in London und Hongkong um Unterstützung gebeten. Vgl. Sokolsky, G. E., The Kuomintang, S. 1 320. - Nach Sharman trat Sun im Frühjahr 1923 an den amerikanischen Minister Schurman mit dem Plan heran, die USA sollten zusammen mit anderen westlichen Staaten Chinas zivile und militärische Verwaltung entwickeln, Sharman L., Sun Yat-sen, S. 250 (ohne Quellenangabe).

nen.[150] Verhandlungen über Suns Plan eines chinesisch-deutsch-sowjetischen Bündnisses, wie sie seit Anfang 1922 zwischen Kanton und Berlin geführt wurden,[151] sind in Suns Kontakten zu Moskau überhaupt nicht nachweisbar.

Die Reichsregierung reagierte auf Suns Initiativen ablehnend bis hinhaltend.[152] Sie lehnte Militärhilfe unter Hinweis auf die Bestimmungen des Versailler Vertrags ab und empfahl im Hinblick auf die erbetene wirtschaftliche Unterstützung die Aufnahme privater Kontakte mit deutschen Industriellen. Der Reichsverband der deutschen Industrie, der vom Auswärtigen Amt informiert wurde, zeigte Interesse; auch direkte Verbindungen mit Hugo Stinnes und anderen Einzelpersönlichkeiten kamen zustande. Die von Sun erhoffte große Kooperation blieb jedoch aus. Die deutsche Zurückhaltung erklärt sich aus der Rücksichtnahme auf die Interessen der in China präsenten Siegermächte, die nach wie vor die Pekinger Regierung unterstützten, sowie daraus, daß Berlin am 20. Mai 1921 selbst diplomatische Beziehungen zu Peking aufgenommen hatte. Hinzu kam, daß konkrete Kooperationsprojekte, die Sun Ende 1923 vorschlug, sich nach dem Bericht des deutschen Generalkonsuls in Kanton auf Regionen bezogen, die nicht von der Kantoner Regierung kontrolliert wurden; diese Auskunft ließ Suns Vorschläge unseriös erscheinen.

Die Wirksamkeit des an zweiter Stelle genannten Motivs - der Rücksicht auf die zu Peking bestehenden diplomatischen Beziehungen - läßt sich anhand zweier Vorgänge aus den Akten der Reichskanzlei nachweisen. Generalmajor Chu Ho-chung (Chu Wok Chung), der sich von Ende 1921 bis Mitte 1922 als Suns offizieller Vertreter in Deutschland aufhielt, sandte am 23. Februar 1922 Suns Buch »The International Development of China« an Reichskanzler Wirth.[153] Im Anschreiben hieß es: »Zur Ausführung dieses Werks, gedenken wir Deutsche Kräfte und Material zu verwenden«. Ein Dankschreiben des Staatssekretärs in der Reichskanzlei an Chu, das bereits im Entwurf fertiggestellt war, wurde nicht abgeschickt. Die Ursache hierfür ergibt sich aus dem folgenden handschriftlichen Vermerk, der am Rande des Entwurfs angebracht wurde:

150 Mitte Juni 1922 äußerte er erstmals ein Interesse an sowjetischen Zivilberatern. Ende August forderte er einen sowjetischen Militärberater an, im Januar 1923 bat er die Sowjetregierung um Beratung bei der Reform der Partei sowie um Militär- und Finanzhilfe. - Vgl. zu den Einzelheiten und Quellenbelegen unten S. 72, 77, 97 dieser Arbeit.

151 Fass, J., Sun Yat-sen and Germany, S. 143.

152 Vgl. zu diesem Absatz ebenda, S. 142, 148, 151 f. - Vgl. zu den Beziehungen zwischen Sun Yat-sen und Deutschland Chen Chi, Die Beziehungen, S. 77-87.

153 Bundesarchiv Koblenz R 43 I/56, Bl. 56.

»Min.Dir. K... (unleserlich, Anm. d. Verf.) wird dem General Chu Wok Chung mündlich danken. Ein schriftlicher Dank dürfte nicht angebracht sein, da der General in Opposition zur gegenwärtigen chinesischen Regierung steht ... (unleserlich, Anm. d. Verf.)«[154]

Teng Chia-yen (Jaryen Dang), der sich seit dem Sommer 1922 als Suns Vertreter in Deutschland befand, sandte Ende 1924 das gleiche Buch an Reichskanzler Marx und führte im Begleitschreiben aus:

»I like also to take the opportunity to remind you that Dr. Sun, since 1917 when he strongly opposed to the declaration of war against Germany, has been and is a true friend and sympathizer of Germany, and always tries to look for a chance by which China and Germany might possibly help each other with reference to the international interests«.[155]

Tengs Brief wurde mit der Bitte um Vorlage des Entwurfs für ein Antwortschreiben an das Auswärtige Amt weitergeleitet. Die Abt. IV des AA nahm wie folgt Stellung:

»Dr. Sun Yat-sen ist als Präsident der südchinesischen Republik von Deutschland nicht anerkannt worden. Jaryen Dang ist sein inoffizieller Vertreter in Berlin, der kürzlich abberufen wurde und Berlin in den nächsten Tagen verlassen wollte. Es wird ergebenst vorgeschlagen, Herrn Dang folgendes Schreiben zu senden:
›... Sehr geehrter Herr Ministerialrat!
Im Auftr. des Herrn Reichskanzlers beehre ich mich Ihnen für die auf Veranl. von Excellenz Sun Yat-sen erfolgte Übersendung des Buches 'The Intern....', das sehr wertvolle Hinweise auf die Entwicklungsmöglichkeiten Chinas enthält, ergebensten Dank auszusprechen. Ich verbleibe mit vorzüglicher Hochachtung und Ergebenheit‹«.[156]

Aus einem weiteren Vermerk ergibt sich, daß das Schreiben am 12. Dezember 1924 in dieser Form abgeschickt wurde.[157]
Tengs Brief gibt ebenfalls Antwort auf die von Fass[158] gestellte Frage, ob es nach dem Juni 1924 noch Beziehungen zwischen der KMT und der Reichsregierung gab: Sun zumindest hatte Ende des Jahres seine Bemühungen um deutsche Hilfe noch nicht aufgegeben. Er hatte im selben Jahr seinen Freund Gustav Amann nach Deutschland geschickt, um in Kreisen der Großindustrie für eine Beteiligung an seinen Entwicklungsprojekten zu werben.[159] Nach Amanns Bericht zeigten prominente Industrielle lebhaf-

154 Ebenda, Bl. 57.
155 Ebenda, S. 101.
156 Ebenda.
157 Ebenda.
158 Fass, J., Sun Yat-sen and Germany, S. 152.
159 Hierzu und zum Folgesatz Amann, G., Chiang Kai-shek und die Regierung, S. 128, zit. nach Chen Chi, Die Beziehungen, S. 87.

tes Interesse. Im Herbst nahmen etliche Deutsche auf privater Anstellungsbasis Beratertätigkeiten in Kanton auf, »aber sie fanden das Feld von der russischen Delegation besetzt, und zur Führung konnten sie nicht mehr kommen«.[160] Zur gleichen Zeit bedeutete der damalige Außenminister der Kanton-Regierung, Wu Ch'ao-shu (C. C. Wu), dem Bevollmächtigten der Bayer & Co. AG Leverkusen mit einem Seitenblick auf im Raum anwesende sowjetrussische Berater, Deutsche wären seiner Regierung lieber, sie verfüge aber über keine Geldmittel, und die russischen Berater kosteten sie nichts.[161] Es bleibt somit festzuhalten, daß Sun nach seiner grundsätzlichen Abkehr von den Westmächten und Japan sich vor allem in Deutschland um globale Unterstützung bemühte, daß er aber auch nach dem Zustandekommen der Allianz mit Moskau (Frühjahr 1923) bis Ende 1924 nicht müde wurde, weiterhin um deutsche Hilfe zu werben. Dies trifft im Prinzip auch auf militärische Unterstützung zu, die Sun noch im Januar 1924, als bereits einige sowjetische Militärberater in Kanton eingetroffen waren, in einem Gespräch mit dem deutschen Generalkonsul dringend erbat.[162] Als die Reichsregierung weiterhin uninteressiert blieb und auch die Amann-Mission im Zusammenhang mit Sun Yat-sens plötzlichem Tod am 12. März 1925 im Sande verlief,[163] sah sich die Kanton-Regierung mit Sowjetrußland als einzigem ausländischen Bündnispartner endgültig alleingelassen.

c. *Die Beziehungen zwischen Moskau und der KMT bis zur Entstehung der Allianz (1918 - 1922)*

Die Annäherung zwischen Sowjetrußland und der KMT war bis 1922 auf beiden Seiten mit allen Zeichen des Zögerns begleitet. In Moskau überwog das Interesse an der Herstellung guter Beziehungen zur Pekinger Regierung,[164] weswegen man gegenüber Sun Yat-sen zunächst eine offiziell reservierte Haltung einnehmen zu müssen glaubte. Sun hatte, wie bereits im einzelnen nachgewiesen wurde,[165] Vorbehalte gegenüber dem Marxismus-

160 Amann, G., Sun Yatsens Vermächtnis, S. 105 f.

161 Für diese Information ist der Verfasser Herrn A. R. Kroeger, dem Gesprächspartner von Wu Ch'ao-shu, zu Dank verpflichtet.

162 Fass, J., Sun Yat-sen and Germany, S. 149. - Im späten Frühjahr 1923 schlug Sun allerdings auch den USA eine militärische Kooperation vor, nämlich eine gemeinsame Intervention (zusammen mit England und Frankreich) in China, Sharman, L., Sun Yat-sen, S. 250.

163 Amann, G., Chiang Kai-shek und die Regierung, S. 128, zit. nach Chen Chi, Die Beziehungen, S. 87.

164 Siehe im einzelnen oben S. 23 ff. dieser Arbeit.

165 Siehe oben S. 49 ff. dieser Arbeit.

Leninismus und verband seine Hoffnungen auf Auslandshilfe zunächst mit den Alliierten und später mit Deutschland. Die beiderseitige Reserve schwand erst im Laufe des Jahres 1922: bei Sun, nachdem sich seine kritische Haltung gegenüber dem Sowjetsystem abgeschwächt hatte und er in seiner verzweifelten Lage im Sommer des Jahres (Vertreibung aus Kanton) noch immer keine Anzeichen nichtsowjetischer Hilfsbereitschaft erkennen konnte, und in Sowjetrußland, als sich Ende des Jahres in Peking ein Mißerfolg der Ioffe-Mission abzeichnete.

Der erste Versuch einer Kontaktaufnahme wurde von Sun unternommen. Er schickte im Sommer 1918 im Namen des Südchinesichen Parlaments und der Chinesischen Revolutionspartei (chung-hua ko-ming tang) - einer Ersatzorganisation der verbotenen KMT - ein Telegramm an Lenin, in dem er Glückwünsche zum Erfolg der Oktoberrevolution aussprach und erklärte, seine Partei bringe dem schweren Kampf der Bolschewisten in Rußland die allergrößte Hochachtung entgegen und erhoffe für die Zukunft einen gemeinsamen Kampf beider Parteien.[166] Es kann nicht bezweifelt werden, daß Sun den Machtwechsel in Petrograd begrüßte. Angesichts seines Verhaltens in den folgenden vier Jahren wird man dennoch das Telegramm nicht als ein formelles Bündnisangebot, sondern als eine in den emphatischen Stil der Zeit gekleidete Sympathieerklärung bewerten müssen.

In einem Antwortschreiben vom 1. August 1918[167] sprach Čičerin Sun, den er von einer Begegnung in Paris im Jahre 1905 her kannte,[168] als »verehrten Lehrer« und »Führer der chinesischen Revolution« an, warb für das bedrängte Sowjetrußland und machte sich zum Sprecher der russischen werktätigen Klassen. Diese wendeten sich, so hieß es im Brief, an ihre chinesischen Brüder und riefen sie zum gemeinsamen Kampf gegen die im-

166 Vom Inhalt des Telegramms ist nur der hier umschriebene Satz bekanntgeworden, der sich in zwei chinesischen Quellen findet: Li-shih yen-chiu, Jg. 1954, Nr. 5, S. 42, zit. nach Sun Yatsen, Reden und Schriften, S. 225; Cheng-chih chou-pao, Nr. 2, S. 14, zit. nach Pyn Min, Istorija, S. 68. - Auch die Datierung des Telegramms ist unbekannt. Aus konspirativen Gründen schickte Sun das Telegramm nicht direkt von Schanghai aus, sondern über chinesische Emigranten in den USA nach Moskau, vgl. Tichvinskij, S. L., Sun' Jat-sen, S. 222. - Vgl. auch Li Chien-nung, The Political History, S. 442, sowie Kapica, M. S., Sovetsko-kitajskie otnošenija, S. 22.

167 Dokumenty vnešnej politiki, Bd. I, S. 415 f. - Der Brief wurde »durch einen zuverlässigen Menschen« nach Kanton geschickt. Obwohl er Sun nicht erreichte, ist es wahrscheinlich, daß dieser von seinem Inhalt aus der chinesischen Presse erfuhr, vgl. hierzu Tichvinskij, S. L., Sun' Jat-sen, S. 224 f. (Anm. 285), sowie Suns eigene Angaben in seinem Brief vom 28. August 1921, in: Sun' Jat-sen, Izbrannye proizvedenija, S. 341, auch in: Sun Yatsen, Reden und Schriften, S. 247.

168 Ebenda, S. 394 (Anm. 243); Aussage von Eugene Ch'en, in: Sharman, L., Sun Yat-sen, S. 243.

perialistischen Mächte und die zu deren Unterstützung bereite Pekinger Regierung auf. Der Erfolg der russischen Proletarier, so schloß Čičerin, sei auch der Erfolg der chinesischen Revolutionäre, ihre Vernichtung sei auch deren Vernichtung. Das Schreiben erreichte Sun nicht.[169]

Nach diesem Auftakt vollzog sich die unregelmäßige, von langen Pausen unterbrochene Kommunikation der KMT mit Moskau bis zum Eintreffen der ersten ständigen sowjetischen Berater im Sommer 1923 hauptsächlich auf zweierlei Weise:

a) durch persönliche Kontakte mit Repräsentanten der Komintern (vor allem Vojtinskij, Sneevliet und Dalin) und des Narkomindel (Ioffe) und
b) durch Briefwechsel Suns mit Vertretern des Narkomindel (Čičerin, Ioffe), der über Boten verlief.

Wegen der Übermittlungsschwierigkeiten erhielt Sun nach seinen eigenen Angaben vor Mitte Juni 1921 keinen einzigen Brief »von irgend jemandem aus Sowjetrußland«.[170] Offensichtlich hatte er sich aber mit dem Inhalt wichtiger sowjetischer Verlautbarungen wie der beiden Karachan-Erklärungen,[171] von denen die erste ja auch an die südchinesische Regierung gerichtet war, über chinesische Pressemeldungen in groben Zügen vertraut machen können.[172] Wenn auch keine Stellungnahme Suns zu den beiden Erklärungen bekanntgeworden ist, so wird man dennoch davon ausgehen können, daß sie von Sun ebenso begeistert aufgenommen wurden wie von allen patriotisch fühlenden Chinesen.

Was die direkten Kontakte angeht, so gab es im Sommer 1920 in der sowjetischen Führungsspitze Pläne, Sun durch Vermittlung eines in Moskau tagenden Kongresses kuomintangfreundlicher Chinesen zu einem Besuch Sowjetrußlands einzuladen.[173] Auch Sun hatte zwischen 1918 und 1920 den Gedanken erwogen, Mitarbeiter nach Sowjetrußland zu entsenden.[174]

169 Sun' Jat-sen, Izbrannye proizvedenija, S. 341; Sun Yatsen, Reden und Schriften, S. 247.

170 Ebenda. – Suns Briefe an die sowjetischen Führer wurden in der Regel von Sung Ch'ing-ling, Liao Chung-k'ai oder Chu Chih-hsin entworfen, vgl. Chė Sjang-nin, Vospominanija, S. 60.

171 Vgl. zu den beiden Karachan-Erklärungen oben S. 25 f. und 34 dieser Arbeit.

172 Sun Yatsen, Reden und Schriften, S. 247; Sun' Jat-sen, Izbrannye proizvedenija, S. 341; Tichvinskij, S. L., Sun' Jat-sen, S. 224 f. (Anm. 285).

173 Dies ergibt sich aus dem von Čičerin verfaßten Entwurf des Schlußsatzes eines Telegramms, das der Kongreß am 25. Juni 1920 an Sun schickte. Das Telegramm erreichte Sun offensichtlich nicht. Vgl. ebenda, S. 252 f. (nach AVP SSSR).

174 Nach Angaben der Witwe Liao Chung-k'ais plante Sun zu dieser Zeit, Liao sowie Chu Chih-hsin und Li Chang-ta zu einer Studienreise nach Moskau zu entsenden, und ließ sie daher Russisch lernen. Der Plan habe jedoch nicht durchgeführt werden können. Vgl. Ho Hsiang-ning, in: Hung-ch'i p'iao-p'iao, Nr. 1 (15. 7. 1957), S. 77, zit. nach Pyn Min, Istorija, S. 104; Leng Shao Chuan and Palmer, N. D., Sun Yat-sen, S. 48; Chė Sjang-nin, Vospominanija, S. 60. – Ho Hsiang-ning bekämpfte zusammen mit Sung Ch'ing-ling seit 1927

Der erste direkte Kontakt kam im Spätherbst 1920 zustande. Der Russe Grigorij Naumovič Vojtinskij, der im Frühjahr 1920 als Vertreter des Fernost-Sekretariats der Kommunistischen Internationale an der Spitze der ersten China-Mission der Komintern in Peking eingetroffen war, um eine chinesische KP zu gründen,[175] suchte - wahrscheinlich durch Vermittlung von Ch'en Tu-hsiu - im Oktober oder November Sun Yat-sen in dessen Domizil in der französischen Konzession von Schanghai auf.[176] Wie Vojtinskij später berichtete,[177] wurde er von Sun über die Situation in Rußland und über Möglichkeiten befragt, eine Verbindung zwischen der revolutionären Bewegung in Südchina und dem Kampf des bolschewistischen Rußland herzustellen. Sun habe es beklagt, daß die geographische Lage einen direkten Kontakt zwischen ihm und Rußland ausschlösse. Er habe der Sowjetregierung nahegelegt, einen starken Sender in Vladivostok oder in der Mandschurei zu bauen, um so eine direkte telegraphische Verbindung mit der KMT herzustellen. Von einer Bitte um sowjetrussische Unterstützung ist in Vojtinskijs Bericht keine Rede. Der Bericht läßt auch nicht erkennen, ob Vojtinskij seinerseits Vorschläge unterbreitete.

Zur gleichen Zeit, am 31. Oktober 1920, verfaßte Čičerin ein herzliches Schreiben an Sun, in dem es hieß:

> »Your country advances now resolutely, your people enter conciously the path of struggle against the world-suppressing yoke of Imperialism. ... Trade relations between us must be taken up immediately. No opportunity must be lost. Let China enter resolutely the path of good friendship with us«.[178]

Die Datierung des Schreibens läßt vermuten, daß Čičerin sondieren wollte, inwieweit die gestärkte südchinesische Regierung - kuomintangfreundliche Truppen hatten soeben Kanton erobert - als chinesischer Ausweichpartner fungieren könnte, falls die Versuche einer Annäherung an Peking endgültig scheitern würden. Der Verlauf dieser Versuche gab gerade zu

die von Chiang Kai-shek geführte KMT. Nach der kommunistischen Machtübernahme in China bekleidete sie hohe Ämter im Staatsapparat und starb hochgeehrt im Alter von 95 Jahren am 1. 9. 1972 in Peking, vgl. Jen-min jih-pao vom 7. 9. 1972.

175 Vgl. zum neuesten Stand der Forschung zur ersten China-Mission der Komintern und zur Persönlichkeit Vojtinskijs Heinzig, D., Die Anfänge, S. 15 ff., 35 ff.

176 Bei der Beurteilung dieser Begegnung sind wir ausschließlich auf Vojtinskijs Bericht in Pravda vom 15. 3. 1925 (engl. in: Eudin, X. J., North, R. C., Soviet Russia and the East, S. 218 f.) angewiesen. - Vojtinskijs Bericht datiert das Treffen zwar nur vage auf Herbst 1920, erwähnt jedoch, daß zum Zeitpunkt der Begegnung Kanton »gerade erst« von kuomintangfreundlichen Truppen befreit worden war. Sun und Vojtinskij müßten demnach zwischen der Eroberung Kantons (26. Oktober) und Suns Rückkehr nach Kanton (Ende November) zusammengetroffen sein.

177 Ebenda.

178 Sharman, L., Sun Yat-sen, S. 244 (mit weiterer Quellenangabe). - Der Brief, der auf englisch abgefaßt wurde (ebenda), fehlt in den sowjetischen Dokumentationen.

dieser Zeit in Moskau Anlaß zur Enttäuschung, da eine Antwort Pekings auf die Zweite Karachan-Erklärung vom 27. September 1920[179] ausgeblieben war. Dabei hatte das Narkomindel diese Erklärung - anders als deren Vorgängerin - nur an das Waichiaopu in Peking und nicht auch gleichzeitig an die südchinesische Regierung gerichtet. Moskau hatte so die Priorität unterstrichen, die es einer Übereinkunft mit der Peking-Regierung einräumte. Anstatt ihren Abgesandten in Moskau, Chang Szu-lin, dem die Note übergeben worden war, nunmehr mit Verhandlungen zu beauftragen, hatte diese Chang Mitte Oktober nach Peking zurückberufen und beantwortete die Zweite Karachan-Erklärung erst im Februar 1921 in einem kühlen Ton.[180] Trotz dieser Abfuhr bemühte sich das Narkomindel weiter um die Aufnahme von Beziehungen mit Peking und war darauf bedacht, unnötige Störungen dieses Vorhabens zu vermeiden. Hätte die Regierung in Peking vom Schreiben Čičerins an Sun vom 31. Oktober Kenntnis erlangt, so wäre sicher eine solche Störung eingetreten. Ohnehin liefen damals in China Gerüchte um, Sun habe sich mit Sowjetrußland arrangiert und diesem die Kontrolle über die Kanton-Regierung überlassen.[181] So ist es wohl auch zu erklären, daß Čičerin sein Schreiben nicht telegraphisch übermitteln ließ, sondern es über Harbin per Boten nach Kanton schickte.[182]

Das Schreiben erreichte Sun erst am 14. Juni 1921.[183] Suns Antwortbrief vom 28. August 1921 ist sehr freundlich gehalten, läßt aber auch mahnende Töne anklingen und zeichnet sich in allen Fragen einer möglichen praktischen Zusammenarbeit durch spürbare Zurückhaltung aus.[184] Sun kritisiert höflich, aber deutlich Moskaus Bemühungen um die Aufnahme von Beziehungen zur Peking-Regierung, die doch vom »Banditenchef Chang Tso-lin« kontrolliert werde, der wiederum ein Werkzeug Japans sei. Die Sowjetregierung solle sich doch solange gedulden, bis er Peking erobert haben werde, erst dann könnten freundschaftliche Beziehungen zwischen beiden Staaten hergestellt werden. Wegen der geographischen Lage der südchinesischen Republik sei es augenblicklich unmöglich, die vorgeschlagenen Handelsbeziehungen aufzunehmen, da die üblichen Wege über Mandschurei und Mongolei durch Chang Tso-lins Truppen versperrt würden und eine Eisenbahnlinie durch Sinkiang noch nicht gebaut werde. Er sei an engem Kontakt mit der Moskauer Führung interessiert und hoffe

179 Vgl. oben S. 34 dieser Arbeit.
180 Dokumenty vnešnej politiki, Bd. III, S. 586. - Vgl. auch oben S. 34 dieser Arbeit.
181 Whiting, A. S., Soviet Policies, S. 151.
182 Sun' Jat-sen, Izbrannye proizvedenija, S. 341.
183 Sun Yatsen, Reden und Schriften, S. 247.
184 Ebenda, S. 247-250.

auf Informationen über den Aufbau der Sowjets, der Armee und besonders des Bildungswesens.
Es fällt auf, daß Sun Handelsbeziehungen aus verkehrstechnischen Gründen für nicht möglich hält, während Čičerin, die Ernsthaftigkeit seines Vorschlags vorausgesetzt, derartige Bedenken offenbar nicht kannte. Wie im Gespräch mit Vojtinskij, läßt Sun außerdem ein Interesse an Nachrichten über das Funktionieren des Sowjetstaats erkennen, verzichtet aber auf die Anforderung von Beratern oder materieller Hilfe. Sein Informationsbedürfnis wurde übrigens durch die im selben Jahr erfolgte Einrichtung eines Büros der Moskauer Nachrichtenagentur ROSTA[185] zumindest teilweise befriedigt, dessen Korrespondent ihn über die Ereignisse in Sowjetrußland auf dem laufenden hielt.
Im Dezember 1921 erhielt Sun zum zweiten Mal die Gelegenheit, eine führende Persönlichkeit aus Moskau zu sprechen: den Komintern-Beauftragten Hendricus Sneevliet. Der Holländer Sneevliet, der in der internationalen kommunistischen Bewegung und auch in China den Decknamen Maring (chinesisch: Ma Lin) benutzte, spielte beim Zustandekommen des Bündnisses zwischen Sowjetrußland und der KPCh mit der KMT eine wichtige Rolle.[186] Er hatte, wie bereits erwähnt,[187] auf dem II. Komintern-Kongreß vom Sommer 1920 Lenins These von der Notwendigkeit einer vorübergehenden Zusammenarbeit zwischen Kommunisten und bürgerlich-demokratischen Bewegungen in zurückgebliebenen Ländern unterstützt. Hierbei hatte er auf seine Erfahrungen in Niederländisch-Indien zurückgreifen können, wo er maßgeblich am Zustandekommen einer Allianz zwischen ISDV, der Vorläuferin der KP Indonesiens, und der nationalen Massenbewegung Sarekat Islam beteiligt gewesen war.
Im Anschluß an den II. Kongreß wurde Sneevliet von der Kommunistischen Internationale beauftragt, nach Schanghai zu reisen, um die revo-

185 Kapica, M. S., Sovetsko-kitajskie otnošenija, S. 71; Leng Shao Chuan and Palmer, N. D., Sun Yat-sen, S. 55, 190 (mit weiteren Quellenangaben); Yu George T., Party Politics, S. 162 (mit weiterer Quellenangabe). - Der Name Alexieff, der - aus chinesischen Quellen retranskribiert - von einigen westlichen Autoren für den ROSTA-Korrespondenten angegeben wird, ist sicher falsch wiedergegeben.

186 Wie bedeutsam Sneevliets Rolle wirklich war, ist in der Literatur heftig umstritten, vgl. Bing, D., Sneevliet and the Early Years of the CCP, in: The China Quarterly, Nr. 48 (Okt. - Dez. 1971), S. 677-697; Muntjewerf, A. C., Was there a »Sneevlietian Strategy«?, in: The China Quarterly, Nr. 53 (Jan. - März 1973), S. 159-168; Bing, D., Was There a »Sneevlietian Strategy«, in: The China Quarterly, Nr. 54 (April - Juni 1973), S. 345-353; Chan Adrian, Chinese Evidence on the »Sneevlietian Strategy«, in: The China Quarterly, Nr. 56 (Okt. - Dez. 1973), S. 749-751; Bing, D., ebenda, S. 751-761. - Eine kritische Analyse des Disputs ergibt, daß Dov Bing, dem wir den Hinweis auf neue Sneevliet-Papiere verdanken, die Bedeutung Sneevliets in einigen Punkten übertrieben dargestellt hat.

187 Siehe oben S. 44 dieser Arbeit.

lutionären Bewegungen in den ostasiatischen Ländern zu studieren, entsprechende Verbindungen anzuknüpfen und die Bedingungen für die Einrichtung eines Komintern-Büros im Fernen Osten zu prüfen.[188] Nach seinen eigenen Angaben[189] gab ihm die Moskauer Zentrale keine besonderen Anweisungen mit. Obwohl de iure Mitglied des Fernost-Sekretariats der Komintern in Irkutsk, erhielt er während der gesamten Zeit in China von diesem für China, Korea und Japan zuständigen Sekretariat keine direkten Instruktionen.[190] Während seines Aufenthalts in Schanghai bis Anfang Dezember 1921 wirkte er, wie er ausdrücklich betonte, an der Ausführung der Direktiven mit, die der Chefdelegierte des Sekretariats, Nikol'skij, aus Irkutsk erhielt. Er habe während dieser Zeit jede selbständige Arbeit unterlassen, um einer Desorganisation vorzubeugen, sei aber nicht »an der Bestimmung der Taktik und der ganzen Arbeit des Sekretariats« beteiligt gewesen. Überhaupt habe das Sekretariat keinen Nutzen für den Fernen Osten besessen.

Diese Formulierungen, die einem Erfahrungsbericht Sneevliets für das Exekutivkomitee der Komintern (EKKI) vom Sommer 1922 entstammen, lassen deutlich erkennen, daß der Holländer mit der »Irkutsker Linie«[191] nicht einverstanden war. Das Sekretariat bestand, abgesehen von der formellen Mitgliedschaft Sneevliets, nur aus Russen.[192] Offenbar unter dem Einfluß der von Ja. D. Janson geleiteten Fernost-Abteilung des Narkomindel, die ebenfalls von Irkutsk aus operierte, unterstützte es die von der Mehrheit des Narkomindel verfolgte Politik der Absicherung russischer Interessen in Nordchina. Es arbeitete hierbei eng mit der Regierung der Fernost-Republik in Čita zusammen, die die Peking-Regierung als einzigen offiziellen Gesprächspartner behandelte, Wu P'ei-fu als den kommenden Führer einer wünschenswerten nationalen Einigungsbewegung betrachtete und Sun Yat-sen als »unnützen Träumer« abtat. Eine solche Politik ließ sich nun kaum mit den Beschlüssen des II. Komintern-Kongresses in Einklang bringen. Diese hatten ja einen *antiimperialistischen* nicht-

188 Sneevliets Bericht an das EKKI vom 11. Juli 1922, in: Issues & Studies, Bd. VIII, Nr. 7 (April 1972), S. 64.

189 Isaacs, H. R., Notes on a Conversation, S. 102.

190 Hierzu und zu den beiden Folgesätzen Sneevliets Bericht an das EKKI vom 11. Juli 1922, in: Issues & Studies, Bd. VIII, Nr. 7 (April 1972), S. 64 f.

191 Der Begriff »Irkutsker Linie« wurde in der Literatur offenbar erstmals von Harold R. Isaacs gebraucht, vgl. Isaacs, H. R., The Tragedy, S. 62. – Ob der Begriff von Isaacs geprägt wurde oder ob Isaacs ihn von Sneevliet oder aus dem Komintern-Sprachgebrauch übernahm, läßt sich nicht feststellen. – Vgl. auch oben S. 48 dieser Arbeit.

192 Hierzu und zu den beiden Folgesätzen Isaacs, H.R., Notes on a Conversation, S. 102; Sneevliets Bericht an das EKKI vom 11. Juli 1922, in: Issues & Studies, Bd. VIII, Nr. 7 (April 1972), S. 64 f.; Eudin, X. J., North, R. C., Soviet Russia and the East, S. 84 f. – Vgl. zur Politik des Narkomindel oben S. 23 ff. dieser Arbeit.

proletarischen Bündnispartner vorausgesetzt, während die Regierungen in Peking und die sie beherrschenden Militärcliquen sämtlich von den westlichen Mächten oder Japan abhängig waren.
Sneevliet hingegen fühlte sich nur an die Beschlüsse des II. Komintern-Kongresses gebunden.[193] In Schanghai wurde er im Juli 1921 Zeuge der Gründung einer gesamtchinesischen KP.[194] Er hielt diesen Schritt für verfrüht und bescheinigte der Partei »keine nennenswerten Erfolge«, wofür er zu restriktive Aufnahmebedingungen, die illegale Arbeitsweise und - implizit - die mangelnde Verbindung zur »nationalistischen Bewegung in Südchina« verantwortlich machte.[195] Zudem kam es von Anfang an zu Friktionen zwischen den Schanghaier Komintern-Vertretern und der Parteiführung der KPCh, die sich gegen die vom Irkutsker Sekretariat geforderte regelmäßige Teilnahme dieser Vertreter an den Leitungssitzungen wehrte.
Einen günstigeren Eindruck scheint Sneevliet hingegen von der KMT erhalten zu haben, als er etwa zur selben Zeit in Schanghai mit Vertretern dieser Partei Verbindung aufnahm.[196] Es war offenbar besonders der Kontakt mit Chang Chi, einem engen Vertrauten Sun Yat-sens, der dieses positive Bild entstehen ließ. Sneevliet berichtete später,[197] Chang Chi sei politisch entwickelter und wesentlich stärker westlich geprägt gewesen als irgend jemand anders, den er bis dahin in China getroffen habe. Auch Chang bekundete in seinen Aufzeichnungen Sympathie für den Holländer.[198] Es ist zu vermuten, daß bereits diese ersten Begegnungen bei Sneevliet den Eindruck entstehen ließen, hier habe er die gesuchte nichtproletarische Partnerbewegung in China gefunden, und daß schon damals, in der zweiten Hälfte des Jahres 1921, zwischen ihm und Chang Chi die Möglichkeit eines Zusammengehens zwischen Kommunisten und KMT erörtert wurde.[199]

193 Isaacs, H. R., Notes on a Conversation, S. 102.

194 Sneevliets Anteil an der Gründung der KPCh im Juli 1921 ist umstritten, vgl. Bing, D., Sneevliet and the Early Years, S. 680 f.; Ch'en Kung-po, The Communist Movement, S. 49; Chang Kuo-t'ao, The Rise, S. 147 f.

195 Hierzu und zum Folgesatz Sneevliets Bericht an das EKKI vom 11. Juli 1922, in: Issues & Studies, Bd. IX, Nr. 5 (Febr. 1973), S. 32.

196 Ebenda, S. 33; Isaacs, H. R., Notes on a Conversation, S. 103.

197 Ebenda.

198 Chang Pu-ch'uan hsien-sheng ch'üan-chi, Taipei 1951, S. 195, 443, und Chang Pu-ch'uan hsien-sheng ch'üan-chi p'u-pien, Taipei 1952, zit. nach Ch'en Kung-po, The Communist Movement, S. 49.

199 Ch'en Kung-po gibt an, er habe Chang Chi und Sneevliet vor des letzteren Gespräch mit Sun Yat-sen in Kanton getroffen. Hierbei sei ihm aufgefallen, daß beide sich offenbar schon über die Notwendigkeit einer Verschmelzung von KPCh und KMT einig gewesen seien, vgl. Ch'en Kung-po, Han feng chi, o.O. 1944, Bd. I, S. 217-219, zit. nach Ch'en Kung-po, The Communist Movement, S. 9.

Bei der Vorbereitung des von der Komintern für Anfang 1922 geplanten »Ersten Kongresses der kommunistischen und revolutionären Organisationen des Fernen Ostens« entschieden die Komintern-Vertreter in Schanghai, daß auch ein Abgesandter der KMT am Kongreß teilnehmen und daß Sneevliet im Dezember 1921 nach Kanton reisen sollte, um mit der KMT-Führung Verbindungen anzuknüpfen.[200] Es ist zu vermuten, daß Sneevliet selbst seine Entsendung nach Südchina energisch betrieb, zumal er nach eigenen späteren Angaben[201] inzwischen von Chang Chi eingeladen worden war, Sun Yat-sen zu besuchen. Begleitet von dem Kommunisten Chang T'ai-lei als Dolmetscher, verließ Sneevliet am 10. Dezember 1921 Schanghai und reiste über Changsha zum Hauptquartier der KMT-Armee in Kueilin (Nord-Kuangsi), wo er um den 23. Dezember eintraf.[202] Dort hielt er sich neun Tage als Gast Sun Yat-sens auf.

Sneevliet traf Sun in optimistischer Stimmung an. Das Jahr 1921 hatte eine Reihe von Erfolgen gebracht. Im April war Sun in Kanton zum Außerordentlichen Präsidenten der »Regierung der Republik China« gewählt worden, deren Jurisdiktion er im Juli von Kuangtung auf Kuangsi ausdehnen konnte.[203] Die internationale Position des Südens hatte sich allerdings nicht verbessert. Alle Versuche der Kanton-Regierung, offizielle außenpolitische Beziehungen anzuknüpfen, verliefen erfolglos. Die Großmächte erkannten weiterhin die Pekinger Regierung, die dem Völkerbund angehörte, als die einzige rechtmäßige Vertretung Chinas an. In ungebrochener Zuversicht entwarf Sun - gegen den Willen und ohne die Unterstützung seines Kriegsministers Ch'en Chiung-ming - nunmehr in Kueilin Pläne für einen Nordfeldzug gegen Wu P'ei-fu.[204] Der Feldzug war am 10. August vom Kantoner Rumpfparlament beschlossen und am 18. November offiziell eröffnet worden. Er sollte im Frühjahr 1922 mit dem Einmarsch in Hunan beginnen und mit der Eroberung der restlichen Provinzen enden.

200 Sneevliets Bericht an das EKKI vom 11. Juli 1922, in: Issues & Studies, Bd. IX, Nr. 5 (Febr. 1973), S. 33. - Vgl. zum Kongreß selbst unten S. 68 f. dieser Arbeit. - Chang Kuo-t'ao bestätigt, daß Sneevliet die KMT im Namen der Komintern formell zur Entsendung von Vertretern für den Kongreß einlud, vgl. Chang Kuo-t'ao, The Rise, S. 160.

201 Isaacs, H. R., Notes on a Conversation, S. 103.

202 Hierzu und zum Folgesatz Sneevliets Bericht an das EKKI vom 11. Juli 1922, in: Issues & Studies, Bd. IX, Nr. 6 (März 1973), S. 59; Bing, D., Chang Chi and Ma-lin's First Visit, S. 61 f.; Cheng Hsüeh-chia, Kuan-yü Ma Lin tsai Chung-kuo huo-tung, in: Fei-ch'ing yüeh-pao, 15. Jg. (1972), Nr. 4, S. 128 ff.

203 Ko-ming wen-hsien, Bd. VII, S. 97 f., zit. nach Domes, J., Vertagte Revolution, S. 97 f.; Li Chien-nung, The Political History , S. 416.

204 Hierzu und zu den beiden Folgesätzen ebenda; Yu George T., Party Politics, S. 163; Domes, J., Vertagte Revolution, S. 76 f.

Das war die Situation, in der Ende Dezember die Gespräche Sneevliets mit Sun in Kueilin stattfanden.[205] An ihnen beteiligten sich eine Reihe anderer Personen, meist enge Mitarbeiter Suns, wie Hu Han-min, Teng Chia-yen, Hsü Ch'ung-chih, Ch'en Shao-pai, Suns Sohn Sun K'o, Lin Yün-kai, Ts'ao Ya-pai, Chu Cho-wen, Li Lu-ch'ao und Huang Ch'ang-ku. Die Berichte über den Inhalt der Gespräche decken sich nicht in allen Punkten. Als sicher kann jedoch gelten, daß Sneevliet Gelegenheit erhielt, eine ausführliche Darstellung der bolschewistischen Revolution und der anschließenden Entwicklung in Rußland zu geben sowie der KMT die Einbeziehung der arbeitenden Massen in die revolutionäre Bewegung nach dem Vorbild des Sarekat Islam zu empfehlen. Sun machte seinerseits Sneevliet mit der Geschichte und der Taktik der KMT sowie mit den Besonderheiten der politischen Szene in China vertraut.

Sun schloß aus Sneevliets Informationen, daß Lenins Neue Ökonomische Politik (NĖP) mit seinen eigenen Lehren vom Volkswohl übereinstimmte und daß die Praxis in Sowjetrußland seinem eigenen Industrialisierungsprogramm ähnelte. Sneevliet wiederum entnahm Suns Bericht, daß die KMT sozialistische Ziele verfolgte, den Kommunismus für China aber ablehnte. Er bemerkte, daß Sun aus der traditionellen chinesischen Philosophie heraus lebte und den Marxismus als nichts Neues, sondern als eine von den chinesischen Klassikern antizipierte Idee empfand. Wahrscheinlich schlug Sneevliet Sun vor, die KMT durch die Einbeziehung von Arbeitern und Bauern zu reorganisieren sowie eine Militärakademie zu gründen, um eine eigene Armee aufzubauen und so von den regionalen Kriegsherren unabhängig zu werden.[206] Möglicherweise riet er auch zu einer Allianz mit den chinesischen Kommunisten und zu enger Zusam-

205 Von Sneevliet und Sun selbst sind nur wenige bruchstückhafte Äußerungen über die Kueiliner Gespräche bekanntgeworden, siehe Sneevliets Bericht an das EKKI vom 11. Juli 1922, in: Issues & Studies, Bd. IX, Nr. 6 (März 1973), S. 59, und Bing, D., Sneevliet and the Early Years, S. 682; Isaacs, H. R., Notes on a Conversation S. 103 f.; Sneevliet, H., Met en bij Soen Yat-sen, S. 682; Sneevliet, H., Persoonlijke Indrukken van Soen Yat-sen, S. 682; Telegramm Suns an Liao Chung-k'ai, in: Szu-ma Hsien-tao, Pei-fa hou chih ko-pai szu-ch'ao, Peking 1930, S. 45, zit. nach Brandt, C., Stalin's Failure, S. 26 f. - Sofern nicht besonders angemerkt, stützt sich im übrigen die hier gegebene Darstellung der Gespräche auf die kritische Auswertung der folgenden Literatur: Hu Hua, Chung-kuo hsin min-chu chu-i ko-ming shih, Peking 1951, S. 46; Liu Yen, Chung-kuo wai-chiao shih, Taipei 1962, S. 868; Ko-ming wen-hsien, Bd. IX, S. 203-207 (1409-1413 der durchlaufenden Paginierung); Chang Kuo-t'ao, The Rise, S. 221; Domes, J., Vertagte Revolution, S. 76 f. (mit weiteren Quellenangaben); Leng Shao Chuan and Palmer, N. D., Sun Yat-sen, S. 55 ff. (mit weiteren Quellenangaben); Yu George T., Party Politics, S. 163 ff. (mit weiteren Quellenangaben); Kwei Chung-gi, The Kuomintang-Communist Sturgle, S. 6. - Unzutreffend sind die Angaben bei Jur'ev, M. F., Ustanovlenie sotrudničestva, S. 148.

206 So explizit Hu Hua, Chung-kuo hsin min-chu chu-i ko-ming shih, Peking 1951, S. 46; so auch Yu George T., Party Politics, S. 163 (gestützt auf mehrere KMT-Quellen).

menarbeit mit Sowjetrußland.[207]
Wenn Sneevliet diese Vorschläge tatsächlich machte, so scheint er bei Sun auf Ablehnung gestoßen zu sein.[208] Hierfür waren offenbar vor allem drei Gründe maßgeblich. Zum einen empfand Sun wegen der bereits genannten Erfolge keine extreme Hilfsbedürftigkeit. Zum zweiten erwartete er ein positives Ergebnis seiner Sondierungen in Deutschland.[209] Schließlich wollte er die Briten nicht durch eine Annäherung an Moskau verärgern, weil das zunächst für die Okkupation vorgesehene Yangtse-Gebiet zur Interessensphäre Englands gehörte und er daher auf britisches Wohlwollen angewiesen war.[210] Im Ergebnis der Gespräche beschränkte sich Sun offenbar auf zwei Angebote an Sneevliet:[211] Er schlug vor, es zunächst bei einer »moralischen Verbundenheit« (tao-i shang chih lien-lo) zu belassen, bis nach der Eroberung Pekings eine konkrete Kooperation diskutiert werden könne; er erklärte sich außerdem bereit, einen seiner fähigsten Mitarbeiter auf eine Inspektionsreise nach Sowjetrußland zu entsenden.
Man wird davon ausgehen können, daß durch die Gespräche von Kueilin Sun Yat-sens Vorbehalte gegenüber einer allzu radikalen Wirtschaftspolitik der Bolschewisten abgeschwächt wurden und daß Sun sich in seiner grundsätzlichen Sympathie für Sowjetrußland bestätigt fühlte. Sneevliet seinerseits mag von Suns Zurückhaltung etwas enttäuscht gewesen sein. Wie sein weiteres Verhalten zeigte, ließ er sich dennoch nicht in seiner inzwischen gewachsenen Überzeugung von der Notwendigkeit eines Bündnisses mit der KMT beirren. In seinem vertraulichen Bericht an das EKKI vom 11. Juli 1922 stellte er fest, seine Reise nach Südchina (und nicht etwa der Kontakt mit den chinesischen Kommunisten in Schanghai) sei die wichtigste Zeit seines Chinaaufenthalts gewesen.[212] Die Hochachtung vor der revolutionären Potenz der KMT spiegelte sich auch in seinen zeit-

207 Ebenda; vgl. auch Ch'i-wu lao-jen, in: Hsin kuan-ch'a 1. 7. 1957, zit. nach Bing, D., Was There a »Sneevlietian Strategy«?, S. 349. – Sneevliet selbst erwähnt in seinen bekannt gewordenen Berichten nichts von derartigen Vorschlägen, vgl. Bing, D., Sneevliet and the Early Years, S. 682, und Isaacs, H. R., Notes on a Conversation, S. 104.

208 Dies schließt George T. Yu aus mehreren KMT-Quellen, vgl. Yu George T., Party Politics, S. 163.

209 Siehe oben S. 53 ff. dieser Arbeit.

210 Ko-ming wen-hsien, Bd. IX, S. 205 (1411 der durchlaufenden Paginierung). – Die Notwendigkeit der Rücksichtnahme gegenüber England betonte Sun auch noch im Sommer 1922 gegenüber Dalin, vgl. unten S. 72 dieser Arbeit.

211 Ko-ming wen-hsien, Bd. IX, S. 205 (1411). Sneevliets Bericht an das EKKI vom 11. Juli 1922, zit. nach Bing, D., Sneevliet and the Early Years, S. 682.

212 Hierzu und zu den drei Folgesätzen Sneevliets Bericht an das EKKI vom 11. Juli 1922, zit. nach Bing, D., Chang Chi and Ma-lin's First Visit, S. 59; Isaacs, H. R., Notes on a Conversation, S. 104; Bing, D., Sneevliet and the Early Years, S. 682 f. (mit weiteren Quellenangaben).

genössischen Publikationen und in späteren Äußerungen über deren führende Rolle beim Streik der Hongkonger Seeleute wider, den er Anfang 1922 bei der Rückreise von Kueilin in seinen Auswirkungen auf Kanton miterlebte.
In Kanton traf Sneevliet auch mit Ch'en Chiung-ming zusammen, der zu dieser Zeit geheime Verhandlungen mit Wu P'ei-fu in der Absicht führte, sich von Sun Yat-sen zu lösen. Nach Sneevliets Angaben sprach sich Ch'en für ein Abkommen mit Sowjetrußland, die Errichtung eines Komintern-Büros in Kanton, die Entsendung einer Delegation nach Moskau und für sowjetische Militärhilfe aus. Wenn Sneevliet Ch'en eine solche Hilfe tatsächlich in Aussicht stellte, wie dies von einem der KMT nahestehenden chinesischen Verfasser in neuerer Zeit behauptet wird,[213] so sicher nicht deswegen, weil Sneevliet Ch'en als Alternative zu Sun unterstützen wollte, sondern weil er von dem beginnenden Abfall Ch'ens von Sun nichts wußte und von einem Fortbestehen der Loyalität Ch'ens gegenüber Sun ausging.
Sneevliet zog aus seinen Gesprächen mit Sun Yat-sen die Konsequenz, daß eine direkte und ständige Verbindung zwischen Moskau und Kanton geschaffen werden mußte. Im März 1922 reiste er nach Peking, um bei dem dortigen sowjetischen Sonderbevollmächtigten Pajkes »die Vertretung Rußlands im Süden zu beantragen«.[214] Pajkes schickte seinen »vorläufigen Rapport für Narkomindel und Komintern nach Rußland ab«.[215]
Mit dieser Konzeption vertrat Sneevliet ganz bewußt eine Alternative zur offiziellen sowjetrussischen Chinapolitik. Diese betrieb die Annäherung an Peking[216] und ging zeitweilig davon aus, Sowjetrußland müsse zunächst eine militärische Einigung Chinas durch den in Nord- und Mittelchina dominierenden Kriegsherren Wu P'ei-fu fördern.[217] Sie wurde von einer Mehrheit in der Führung des Narkomindel vertreten und von einer Minderheit im Exekutivapparat der Komintern (»Irkutsker Linie«) unterstützt.[218] Daneben gab es, wie bereits angedeutet,[219] innerhalb der Komintern zwei weitere Minderheitsmeinungen. Die eine wurde von einer Reihe führender Persönlichkeiten wie Zinov'ev, Roy, Trockij und Safarov getragen und stand - abweichend von den Beschlüssen des II. Komintern-

213 Kwei Chung-gi, The Kuomintang-Communist Struggle, S. 16.
214 Sneevliets Bericht an das EKKI vom 11. Juli 1922, zit. nach Muntjewerf, A. C., Was there a »Sneevlietian Strategy«?, S. 164. - Muntjewerf stellt hierbei eine Überinterpretation Dov Bings richtig.
215 Ebenda.
216 Siehe oben S. 23 ff. dieser Arbeit.
217 Dies ist der Tenor von Publikationen des Narkomindel-Kommentators Vilenskij, vgl. Whiting, A. S., Soviet Policies, S. 119, 121.
218 Siehe oben S. 62 f. dieser Arbeit.
219 Siehe oben S. 48 dieser Arbeit.

Kongresses[220] - einem Zusammengehen mit bürgerlichen Kräften, ob nun in Peking oder in Kanton, skeptisch bis ablehnend gegenüber.[221] Die andere, die vor allem in Kreisen der Kommunistischen Gewerkschaftsinternationale (Profintern) artikuliert wurde, ging in ihrer Ablehnung der gesamten chinesischen Bourgeoisie noch weiter und betrachtete auch Sun Yat-sen als verabscheuungswürdigen Feind des Proletariats.[222]
Der Streit um die richtige Politik gegenüber den nichtproletarischen Kräften in China flammte erneut auf dem »Ersten Kongreß der kommunistischen und revolutionären Organisationen des Fernen Ostens«[223] auf, der von der Komintern Anfang 1922 in Moskau und Petrograd veranstaltet wurde.[224] Unter den rund 131 stimmberechtigten Teilnehmern befanden sich neben Koreanern, Japanern, Mongolen, Indern und Indonesiern auch 39 Chinesen, davon 14 Kommunisten und Chang Ch'iu-pai als Vertreter der KMT.[225] Den Kongreßmaterialien[226] und dem ausführlichen Bericht eines Teilnehmers[227] ist zu entnehmen, daß die Fragen des Verhältnisses zur KMT und eines möglichen Zusammengehens von KMT und KPCh als aktuelle Probleme diskutiert wurden, an denen sich die Geister schieden. Zinov'ev als Vorsitzender des EKKI und G. I. Safarov als Leiter der Ostabteilung der Komintern machten in Hauptreferaten keinen Hehl aus ihrem

220 Siehe oben S. 43-46 dieser Arbeit.

221 Vgl. Whiting, A. S., Soviet Policies, S. 73 ff. (mit weiteren Quellenangaben).

222 Ebenda, S. 127. - Als Profintern-Vertreter war 1921 in Schanghai ein gewisser Framberg tätig, vgl. Sneevliets Bericht an das EKKI vom 11. Juli 1922, in: Issues & Studies, Bd. VIII, Nr. 7 (April 1972), S. 64.

223 So lautete die Bezeichnung des Kongresses (21. Januar - 2. Februar 1922) in der deutschsprachigen Sammlung von Kongreßmaterialien, die 1922 von der Komintern herausgegeben wurde, vgl. Der Erste Kongreß der kommunistischen und revolutionären Organisationen des Fernen Ostens, Hamburg 1922, S. III. - Nach der entsprechenden englischsprachigen Ausgabe nannte er sich »The First Congress of the Toilers of the Far East«, nach der russischsprachigen Ausgabe »Erster Kongreß der revolutionären Organisationen des Fernen Ostens« (Pervyj s-ezd revoljucionnych organizacij dal'nego vostoka), vgl. Whiting S. 298, Anm. 12. - Vgl. zu den unterschiedlichen Bezeichnungen Jur'ev, M. F., Ustanovlenie sotrudničestva, S. 149 (Anm. 8).

224 Vgl. zum Kongreß neben der in Anm. 223 dieser Arbeit angegebenen deutschsprachigen Materialsammlung Chang Kuo-t'ao, The Rise, S. 177 ff.; Sorkin, G. Z., S-ezd narodov Dal'nego Vostoka, S. 76 ff.; A Brief History of the Chinese Communist Party, S. 57 f.; Whiting, A. S., Soviet Policies, S. 72 ff.

225 Sorkin, G. Z., S-ezd narodov Dal'nego Vostoka, S. 78 f. - Es kann heute als gesichert gelten, daß es sich bei den Diskussionsteilnehmern, die als Vertreter der KMT und der KPCh auftraten, um Chang Ch'iu-pai und Chang Kuo-t'ao handelte, die beide den Decknamen Tao führten, vgl. Chang Kuo-t'ao, The Rise, S. 188; A Brief History of the Chinese Communist Party, S. 58; Dalin, S. A., Velikij povorot, S. 281. - Vgl. zu den chinesischen Teilnehmern und zur Wirkung des Kongresses auf diese unten S. 78 f. dieser Arbeit.

226 Der Erste Kongreß der kommunistischen und revolutionären Organisationen des Fernen Ostens, Hamburg 1922.

227 Chang Kuo-t'ao, The Rise, S. 177 ff., passim.

Mißtrauen gegenüber der KMT.[228] Zinov'ev bezichtigte Suns Partei der Amerikophilie. Ungeachtet eines Dementis von Chang Ch'iu-pai wiederholte Safarov diesen Vorwurf und wandte sich implizit gegen ein Bündnis mit der KMT, indem er betonte, die chinesische Arbeiterklasse müsse ihren selbständigen Weg gehen und dürfe ihr Schicksal nicht »mit dieser oder jener demokratischen Partei« verbinden.[229] Lenin hingegen bekundete anläßlich eines Empfangs für vier Kongreßdelegierte lebhaftes Interesse an einer Kooperation von KMT und KPCh.[230] Er fragte sowohl Chang Ch'iu-pai als auch den KPCh-Vertreter Chang Kuo-t'ao, ob sie eine solche Kooperation für möglich hielten. Als beide dies bejahten, zeigte er sich sehr zufrieden. Chang Kuo-t'ao gewann den Eindruck, daß Lenin diese Frage für besonders wichtig erachtete. Da aber Lenin nicht als Kongreßredner auftrat und Sneevliet sich noch in China befand, hatte die Idee vom Zusammengehen von Kommunisten und nichtproletarischen Bewegungen - und damit auch der KMT - auf dem Kongreß keinen starken Fürsprecher.

Neuere sowjetische Materialien bestätigen, daß Lenin sich zu dieser Zeit für die KMT zu interessieren begann. Entweder in Vorbereitung oder im Ergebnis des genannten Empfangs, auf dem er erstmals einem offiziellen Vertreter der KMT - und wohl auch der KPCh - begegnete, richtete Lenin am 26. Januar 1922 die folgende Anfrage an Čičerin:

> »Erinnern Sie sich, daß Sie mir einen Brief Sun Yat-sens geschickt haben? Sprach er auch von *Freundschaft* mir gegenüber, und Sie haben mich gefragt, ob ich ihn kennengelernt hätte? War dieser Brief an Sie oder an mich adressiert? Wurde er bei Ihnen im Archiv abgelegt? und meine Antwort auf Ihre Frage? Wenn ja, können Sie ihn mir nicht zuschicken (per Adresse von Fotieva)? Wenn nicht, was *haben Sie* davon *im Gedächtnis*?«[231]

Bei dem von Lenin erwähnten Brief handelt es sich um das Schreiben Sun Yat-sens an Čičerin vom 28. August 1921,[232] das Čičerin am 6. November Lenin zugeleitet hatte.[233] Čičerins Frage, ob Lenin Sun Yat-sen kenne, hatte dieser damals verneint und hinzugesetzt, es habe bisher kein Brief-

228 Zu den Argumenten Zinov'evs und Safarovs siehe Der Erste Kongreß der kommunistischen und revolutionären Organisationen des Fernen Ostens, Hamburg 1922, S. 21 f., 51.

229 Ebenda; Whiting, A. S., Soviet Policies, S. 81.

230 Vgl. zu diesem Empfang Chang Kuo-t'ao, The Rise, S. 207 f. - Sowjetischerseits wurde unlängst bestätigt, daß Lenin »nicht vor dem 21. Januar« Delegierte des Kongresses empfing, vgl. Lenin, V. I., Polnoe sobranie, Bd. 44, S. 702.

231 Ebenda, Bd. 54, S. 141 (wörtl. Übers. des Verf., Hervorhebungen im Original).

232 Text des Briefes in Sovetsko-kitajskie otnošenija, S. 57 ff., sowie in Sun' Jat-sen, Izbrannye proizvedenija, S. 341 ff., und Sun Yatsen, Reden und Schriften, S. 247 ff. - Vgl. zum Inhalt oben S. 60 f. dieser Arbeit.

233 Lenin, V. I., Polnoe sobranie, Bd. 54, S. 602.

wechsel zwischen ihm und Sun stattgefunden; man müsse zu Sun »in jeder möglichen Weise liebenswürdig sein und *regelmäßiger* schreiben«.[234] Auf Grund der geschilderten Umstände ist es als wahrscheinlich anzusehen, daß das Antwortschreiben Čičerins an Sun vom 7. Februar 1922[235] von Lenin mitverfaßt wurde. Das Schreiben ist sehr herzlich gehalten. Čičerin erwähnt in ihm ein ausführliches Gespräch mit dem KMT-Vertreter (Chang Ch'iu-pai), das zu völliger Übereinstimmung in allen Fragen geführt habe.[236] Er äußert die Hoffnung, daß sehr bald »einer unserer Freunde« aus Moskau als ständiger Vertreter nach Kanton entsandt werden könnte. Zugleich wirbt er um Verständnis für das sowjetrussische Bemühen um die Aufnahme von Beziehungen zur Pekinger Regierung. Natürlich gehöre die volle Sympathie Sowjetrußlands »den Kräften des Volkes, des Fortschritts und der Befreiung« in China, doch sei nun einmal das Pekinger Regime die offizielle chinesische Regierung. Čičerin beschließt sein Schreiben mit dem Hinweis, Lenin habe Suns Brief mit dem allergrößten Interesse gelesen und verfolge Suns Tätigkeit »mit heißer Sympathie«.
Es ist zu vermuten, daß es sich bei dem im Brief angekündigten ständigen Vertreter um S. A. Dalin handelte, der Ende April 1922 in Kanton eintraf und dort bis zum Sommer blieb.[237] Da Dalin Komintern-Mitarbeiter war, ist hieraus erneut das Zusammenspiel von Narkomindel und Komintern in manchen Bereichen zu erkennen: Čičerin bemühte sich zwar vorrangig um die Normalisierung der Beziehungen zu Peking, wirkte aber gleichzeitig bei der Herstellung inoffizieller Kontakte zur Südchinesischen Regierung mit. Der Brief liefert im übrigen das zeitlich letzte Indiz dafür, daß Lenin sich persönlich für eine Zusammenarbeit mit der KMT interessierte. Sollte sich dieses Interesse in den folgenden Monaten fortgesetzt haben, dann kaum länger als bis zum 26. Mai 1922. An diesem Tag erlitt er seinen ersten Schlaganfall. Die Entscheidungsgewalt in auswärtigen Angelegenheiten wurde weitgehend Čičerin übertragen. Daher läßt sich zunächst nur feststellen, daß Lenin offensichtlich Anfang 1922 eine Vertiefung der sowjetrussischen Beziehungen zur KMT anstrebte und an einer Kooperation zwischen KMT und KPCh interessiert war.

234 Ebenda, S. 602 f.; Kartunova, A. I., Sun' Jat-sen – drug, S. 30 (Hervorhebung im Originaltext); wörtliches Zitat aus einer Notiz Lenins, ohne Quellenangabe (in den Lenin-Werkausgaben nicht veröffentlicht).

235 Dokumenty vnešnej politiki, Bd. V, S. 83 f. – Aus einer Notiz Čičerins an Lenin vom 28. 1. 1922 geht hervor, daß Vilenskij, der den Brief nach China mitnahm, Kontakte zur KMT anknüpfen sollte, vgl. Kartunova, A. I., Sun' Jat-sen – drug, S. 31 (ohne Quellenangabe).

236 Chang Ch'iu-pai traf in Moskau auch mit dem Mitarbeiter des Fernost-Sekretariats der Komintern S. A. Dalin zusammen, vgl. Dalin, S. A., Velikij povorot, S. 281.

237 Ebenda, S. 256, 286. – Vgl. zu Dalins Mission im einzelnen S. 70–72, 82 f., 84 f. dieser Arbeit.

Wie vollzog sich nun zur gleichen Zeit die Willensbildung in der KMT? Sun erhielt nach Sneevliets Besuch vom Dezember 1921 erneut Gelegenheit, sich aus erster Hand über Sowjetrußland zu informieren, nachdem am 27. April 1922 S. A. Dalin als Mitglied des Fernost-Sekretariats der Komintern und Vertreter der Kommunistischen Jugendinternationale in Kanton eingetroffen war.[238] Zwischen 29. April und 14. Juni führte Sun mindestens zweimal wöchentlich Gespräche mit Dalin, die gewöhnlich zwei Stunden dauerten. Nach Dalins Bericht[239] fragte Sun ihn »buchstäblich nach allen Seiten unseres Lebens, unserer Arbeit, unserer Organisation, unseres Kampfes aus«; bereits im ersten Gespräch ließ er sich auch über Stärke, Organisationsweise und politische Erziehung der Roten Armee informieren.

Etwa Anfang Juni kehrte Chang Ch'iu-pai aus Moskau und Leningrad zurück.[240] Er wurde sofort von Sun empfangen. Was er diesem berichtete, ist im einzelnen nicht bekannt. Welches Bild er von Sowjetrußland gewonnen hatte, ist Gegenstand widersprüchlicher Angaben. Dalin, der Chang in Moskau kennengelernt hatte und ihn in Kanton wiedertraf, berichtet, Chang sei voller Begeisterung für den Sowjetstaat nach China zurückgekehrt und habe dort eine Kampagne für ein sowjetisch-chinesisches Bündnis einleiten wollen.[241] Seine positiven Informationen hätten Sun stark beeindruckt. Andere Informationen besagen,[242] das vom Bürgerkrieg heimgesuchte Rußland habe bei den meisten chinesischen Konferenzteilnehmern - insbesondere bei den der KMT affiliierten - ungünstige Eindrücke hinterlassen.

Folgt man indes Dalins Bericht,[243] so ist kaum anzunehmen, daß Chang Sun Yat-sen gegen Moskau beeinflußte. Dalin stellt ausdrücklich fest, Sun habe damals im Unterschied zu einigen seiner Mitarbeiter große Sympa-

238 Hierzu und zum Folgesatz Dalin, S. A., Velikij povorot, S. 256. - Dalins Gespräche mit Sun wurden bisher in der Literatur allgemein zu Unrecht in den Sommer 1922 und nach Schanghai verlegt. Vgl. Documents on Communism, S. 83; Domes, J., Vertagte Revolution, S. 78; Van Slyke, L. P., Enemies and Friends, S. 16. - Zu Dalins Biographie vgl. Nikoforov, V.N., Sovetskie istoriki, S. 139 ff.

239 Dalin, S. A., Velikij povorot, S. 256, 264.

240 Hierzu und zum Folgesatz ebenda, S. 281.

241 Hierzu und zum Folgesatz ebenda.

242 A Brief History of the Chinese Communist Party, S. 58; Chang Kuo-t'ao, The Rise, S. 189, 213, 215.

243 Zu diesem Absatz Dalin, S. A., Velikij povorot, S. 276, 281. - In Dalins Bericht findet sich kein Hinweis darauf, daß Dalin sich bei Sun für eine Kooperation der KMT mit Moskau einsetzte. Wenn dies tatsächlich nicht der Fall war, so könnte es dadurch bedingt gewesen sein, daß Dalin sich als Mitarbeiter von Šumjackijs und Vojtinskijs Fernost-Sekretariat der Komintern der wenig KMT-freundlichen »Irkutsker Linie« verpflichtet fühlte. Vgl. auch Nikiforov, V. N., Sovetskie istoriki, S. 140.

thie für Sowjetrußland empfunden. Er habe Dalin darauf hingewiesen, daß er gegenwärtig Moskau nicht anerkennen könne, weil er befürchten müsse, daß dann England gegen ihn vorgehe. Sobald er aber Hankou eingenommen haben werde, könne die Anerkennung vollzogen werden. In einem Gespräch vom 12. oder 14. Juni habe Sun es bedauert, daß Kuangtung so weit von Rußland entfernt sei. Er verfüge über nur wenige Mitarbeiter, die sich der chinesischen Revolution verschrieben hätten, und benötige dringend Fachleute auf dem Gebiet des Organisationswesens, der Verwaltung, der Wirtschaft und der Technik. Sun habe sich erkundigt, wie es sich in Sowjetrußland mit den Spezialisten verhalte, und habe schließlich den Wunsch geäußert, sowjetisches Personal zu erhalten.
Der Schock des Putsches von Ch'en Chiung-ming am 16. Juni 1922[244] trug sicher entscheidend dazu bei, diesen Wunsch zu verstärken. Der Putsch wurde von Sun als die bisher schrecklichste Niederlage empfunden[245] und führte dazu, daß er nach zweimonatigem Aufenthalt auf Kanonenbooten im Perlfluß vor Kanton nach Schanghai fliehen mußte. Die Situation war umso verzweifelter, als kurz zuvor auch Suns temporärer Alliierter Chang Tso-lin von Wu P'ei-fu geschlagen worden war. Ausländische Hilfe, die er nun dringend benötigte, war nach Suns Erfahrungen von den auf Peking fixierten ehemaligen Alliierten des I. Weltkriegs kaum zu erlangen. So wurde sein Blick erneut auf Deutschland und Sowjetrußland gelenkt, die sich kurz zuvor in Rapallo verständigt hatten. In Berlin hatte Sun schon seit September 1921 auf enge wirtschaftliche Kooperation gedrängt.[246] Seit Anfang 1922 führte er mit der deutschen Reichsregierung - nicht aber mit Moskau - Gespräche über die Möglichkeit einer deutsch-chinesisch-sowjetischen Dreierallianz.[247] Nun bekräftigte er die Notwendigkeit einer solchen trilateralen Zusammenarbeit ausdrücklich in einer Ansprache auf dem Kanonenboot Mo-han vom 9. August 1922.[248] Interessanterweise schrieb der Narkomindel-Kommentator Vilenskij am selben Tag in einem Aufsatz: »China-Sowjetrußland-Deutschland, das ist das politische Schema der nächsten Zukunft«,[249] wie überhaupt das sowjetische außenpolitische Kalkül[250] zu dieser Zeit Deutschland und China als zwei schwache Staaten, aber weltpolitisch bedeutsame Größen einschätzte.

244 Vgl. hierzu Li Chien-nung, The Political History, S. 415 f.; Tang Leang-Li, The Inner History, S. 143 ff.; Hsiung S. I., The Life, S. 151 ff.

245 Suns Brief an Chiang Kai-shek, ebenda, S. 155.

246 Fass, J., Sun Yat-sen and Germany, S. 139 ff.; siehe oben S. 53 dieser Arbeit. - Deutschland war durch den Abschluß des ersten gleichberechtigenden Vertrags vom 20. Mai 1921 allgemein in China zu hohem moralischen Ansehen gelangt.

247 Fass, J., Sun Yat-sen and Germany, S. 143-145 (mit weiteren Quellenhinweisen); siehe oben S. 53 dieser Arbeit.

248 Text der Ansprache in Kuo-fu ch'üan-shu, S. 1 030.

249 Die Kommunistische Internationale, 4. Jg. (1922), Nr. 23, S. 72.

250 Vgl. Ulam, A. B., Expansion and Coexistence, S. 145 ff.

Sollte Sun bis dahin noch Vorbehalte gegen eine bilaterale Kooperation mit Sowjetrußland gehabt haben, so führte offenbar die Verzweiflung über das Desaster vom Juni 1922 zu deren Schwinden. Während seines Aufenthalts auf den Kanonenbooten vor Kanton ließ Sun durch seinen außenpolitischen Berater Ch'en Yu-jen (Eugene Chen) Dalin die beiden folgenden Botschaften zukommen:

> »Ich habe in diesen Tagen viel über das Schicksal der chinesischen Revolution nachgedacht. Ich bin von fast allem enttäuscht worden, woran ich früher geglaubt habe. Und jetzt bin ich davon überzeugt, daß der einzige wahre und aufrichtige Freund der chinesischen Revolution Sowjetrußland ist«.[251]
> »Wenn ich in Zukunft nicht die Möglichkeit hätte, nach Sowjetrußland zu fahren, so würde ich jetzt nicht einmal nach Schanghai fahren, sondern hier bis zum Ende meines Lebens kämpfen. Aber ich habe mich davon überzeugt, daß Sowjetrußland mein einziger Freund ist, sogar in der Not. Ich habe beschlossen, nach Schanghai zu fahren und den Kampf fortzusetzen. Sollte ich hier einen Mißerfolg haben, so werde ich nach Sowjetrußland fahren«.[252]

Sun brachte noch wenige Monate vor seinem Tod dem Programm der Bolschewisten grundsätzliche Vorbehalte entgegen.[253] Er rechnete auch bis zuletzt noch auf deutsche Hilfe.[254] Insofern klingen die in den Botschaften an Dalin enthaltenen emphatischen Formulierungen von Sowjetrußland als dem einzigen Freund übertrieben. Sie können indes als Anzeichen dafür gelten, daß Sun sich im Sommer 1922 endgültig dazu entschloß, eine möglichst enge Kooperation mit Moskau einzuleiten und jedwede Hilfe von dort anzunehmen.

Noch war die Sowjetregierung nicht bereit, solche Hilfe zu gewähren. Es wurden aber zur gleichen Zeit zwei wichtige Weichen in diese Richtung gestellt:

1. Die Kominternführung erkannte im Juli 1922 die KMT als *die* revolutionäre Freiheitsbewegung in China an, die im Sinne der Beschlüsse des II. Kongresses[255] von kommunistischer Seite zu unterstützen sei;
2. Es gelang der Kominternführung einen Monat später, KMT und KPCh zum Abschluß eines Bündnisses zu bewegen.[256]

251 Dalin, S. A., Velikij povorot, S. 284.
252 Ebenda, S. 285. - Dalin berichtet, Sun habe ihm zusammen mit der zweiten Botschaft einen Brief an Čičerin zukommen lassen, in dem er diesen auf Dalins Bericht über die Lage in Kanton verwiesen, die Fortsetzung seines Kampfes angekündigt und Grüße an Lenin bestellt habe, ebenda. Der Wortlaut des Briefes ist nicht bekannt.
253 Siehe oben S. 48 f. dieser Arbeit.
254 Siehe oben S. 53 ff. dieser Arbeit.
255 Siehe oben S. 44 f. dieser Arbeit.
256 Dieser Vorgang wird in einem besonderen Abschnitt behandelt, siehe unten S. 78 ff. dieser Arbeit.

In beiden Fällen wirkte Sneevliet als treibende Kraft.
Die Entscheidung für eine Unterstützung der KMT kam auf der Grundlage von Informationen Sneevliets zustande, der im Juli aus China nach Moskau zurückgekehrt war. Er legte einen schriftlichen Erfahrungsbericht[257] vor und referierte mündlich auf einer Sitzung des EKKI vom 17. Juli.[258] In den beiden Berichten - wie auch in einem im selben Monat geschriebenen Artikel[259] - empfahl er die KMT als Bündnispartner.
Sneevliet definierte Suns Partei als eine »revolutionär-nationalistische Bewegung«,[260] die von marxistisch und sozialistisch eingestellten Intellektuellen geführt und von der in der Emigration lebenden chinesischen Großbourgeoisie und den Soldaten der südlichen Armeen unterstützt werde. Die KMT übe keinen Einfluß auf die Bauern aus, arbeite aber in Südchina eng mit der Arbeiterschaft zusammen. Die chinesischen Kommunisten hingegen hätten es trotz außerordentlich guter Bedingungen im Süden nicht vermocht, solche Kontakte zu den Arbeitern anzuknüpfen. Sie führten ein von der Tagespolitik abgekapseltes sektiererisches Dasein, das sie mit dem angeblichen Zwang zur Illegalität begründeten. Er habe der KPCh - bisher vergeblich - empfohlen, ihre abweisende Haltung gegenüber der KMT aufzugeben und, im Gegenteil, innerhalb der KMT politisch tätig zu werden. Insgesamt böten sich der Komintern besonders in Südchina erfolgversprechende Arbeitsmöglichkeiten, die es zu nutzen gelte.
Sneevliets Empfehlungen wurden von der Kominternführung gebilligt.[261] Eine Instruktion des EKKI,[262] die im August an Sneevliet erging, legte die

257 »Bericht des Genossen H. Maring für die Exekutive« vom 11. Juli 1922, von Sneevliet auf deutsch abgefaßt und offensichtlich von Holland per Post nach Moskau gesandt, unterwegs vom holländischen Geheimdienst kopiert und erst kürzlich von D. Bing im Archiv des holländischen Justizministeriums aufgefunden, vgl. Bing, D., Sneevliet and the Early Years, S. 679, Anm. 11. Eine Kopie des Briefes befindet sich auch im Sneevliet-Archiv des Amsterdamer Instituts für Sozialgeschichte, vgl. Muntjewerf, A. C., Was there a »Sneevlietian Strategy«?, S. 159, Anm. 2. - Bisher wurde nur der erste Teil des Berichts im fortlaufenden Text veröffentlicht, vgl. Issues & Studies, Bd. VIII, Nr. 7 (April 1972), S. 64 f.; ebenda, Bd. IX, Nr. 5 (Februar 1973), S. 31 ff. Der Rest kann teilweise aus einzeln wiedergegebenen Sätzen oder indirekten Wiedergaben in den folgenden Arbeiten erschlossen werden: Bing, D., Sneevliet and the Early Years, passim; ders., Chang Chi and Malin's First Visit, S. 59; ders., Was There a »Sneevlietian Strategy«?, S. 349; ders., Reply, S. 757 f.; Muntjewerf, A. C., Was there a »Sneevlietian Strategy«?, passim.

258 Inprekorr, 2. Jg. (1922), Nr. 145 (25. Juli), S. 930.

259 H. Maring, Die revolutionär-nationalistische Bewegung in Süd-China, in: Die Kommunistische Internationale, 4. Jg., Nr. 22 (13. 9. 1922), S. 49 ff.

260 Die Zusammenfassung von Sneevliets Aussagen, wie sie in diesem Absatz vorgenommen wird, basiert auf den in den Anm. 257 - 259 zitierten Quellen.

261 Dies ergibt sich aus der im Folgesatz angesprochenen EKKI-Direktive. Vgl. hierzu auch Bing, D., Sneevliet and the Early Years, S. 688 (mit Quellenangaben); vgl. auch Chang Kuo-t'ao, The Rise, S. 259.

262 Der volle Wortlaut der Instruktion liegt nicht veröffentlicht vor. Auszüge finden sich bei

zu verfolgende Strategie in den Einzelheiten fest. In ihr wurde Sneevliet angewiesen, sich bei seiner gesamten Tätigkeit vom Beschluß des II. Kominternkongresses leiten zu lassen. Das EKKI, so hieß es weiter, betrachte die KMT als eine revolutionäre Partei, die das Vermächtnis der Revolution von 1911 bewahre und die Schaffung einer unabhängigen chinesischen Republik anstrebe. Die KPCh müsse in der KMT und in den Gewerkschaften Gruppen organisieren. Aus diesen sei wiederum eine Propagandaorganisation zu bilden, die gegen den ausländischen Imperialismus, für die Schaffung einer chinesischen Volksrepublik und für den Klassenkampf gegen ausländische und chinesische Ausbeuter agitieren solle. Die Organisation müsse möglichst mit dem Einverständnis der KMT geschaffen werden, sie müsse aber ihre völlige Unabhängigkeit bewahren. Das EKKI beschloß weiterhin,[263] der Führung der KPCh zu empfehlen, ihren Sitz nach Kanton zu verlegen und ihre gesamte Tätigkeit in engem Kontakt mit Sneevliet auszuüben. Nach sowjetischen Angaben[264] enthielt die August-Direktive eine direkte Weisung an die chinesischen Kommunisten, der KMT beizutreten.

Sneevliet behauptete später,[265] seine Berichterstattung habe der auf Wu P'ei-fu ausgerichteten »Irkutsker Linie« in der Komintern den Todesstoß versetzt. Nachdem Radek, der damals als der Chinaexperte der Komintern galt, ein Gespräch mit ihm geführt hatte, beschloß das EKKI, den Holländer zur Durchsetzung der soeben beschlossenen Strategie erneut nach China zu entsenden. Mit den notwendigen Vollmachten ausgestattet und zum Fernost-Korrespondenten von »Inprekorr« und »Die Kommunistische Internationale« ernannt,[266] reiste er zusammen mit dem sowjetischen Diplomaten A. A. Ioffe nach Peking, wo beide am 12. August 1922 eintrafen.[267] Während Ioffe in der chinesischen Hauptstadt blieb, wo er als »Au-

Kartunova, A. I., Komintern i nekotorye voprosy, S. 302 f. – Die Instruktion wird auch erwähnt bei Glunin, V. I., Komintern i stanovlenie, S. 251, 254.

263 Max Perthus (Hrsg.), Voor Frijheid en Socialisme, Rotterdam 1953, S. 60, zit. nach Bing, D., Sneevliet and the Early Years, S. 688, Anm. 58. Hier wird aus der EKKI-Instruktion vom 18. Juli 1922 sowie aus einem anderen Dokument zitiert, das auf die EKKI-Direktive Bezug nimmt, bei D. Bing allerdings mit unklaren Quellenangaben.

264 Glunin, V. I., Komintern i stanovlenie, S. 251, 254.

265 Hierzu und zum Folgenden Isaacs, H. R., Notes on a Conversation, S. 107.

266 Ernennungsurkunde vom 24. Juli 1922, unterzeichnet von Radek, in: Perthus, M. (Hrsg.), Voor Frijheid en Socialisme, Rotterdam 1953, S. 60, zit. nach Bing, D., Sneevliet and the Early Years, S. 690.

267 Persic, M. A., Dal'nevostočnaja respublika, S. 249; Bing, D., Sneevliet and the Early Years, S. 690 (mit weiteren Quellenangaben). – Aus den hier zitierten neueren Materialien ergibt sich, daß Isaacs in seinem Standardwerk, auch in der revidierten Ausgabe von 1961, die Vorgänge vom Sommer 1922 unzutreffend darstellt, vgl. Isaacs, H. R., The Tragedy, S. 62.

ßerordentlicher bevollmächtigter Vertreter der RSFSR« mit der Zentralregierung über die Aufnahme offizieller Beziehungen verhandelte,[268] setzte Sneevliet die Fahrt nach Schanghai fort. Dort nahm er Gespräche mit der KMT und der KPCh auf.
Sneevliet betont ausdrücklich,[269] er habe in der Folgezeit mit Ioffe, der ebenfalls ein Befürworter freundschaftlicher Beziehungen zur KMT gewesen sei, eine enge und lebhafte Korrespondenz unterhalten. Chang Kuo-t'ao bestätigt und ergänzt diese Aussage durch die Feststellung,[269a] Sneevliet sei in dieser Zeit ständig zwischen Schanghai und Peking hin- und hergereist. Das Verhalten der beiden Männer ist als ein frühes Beispiel für engmaschiges Zusammenwirken zwischen Komintern und Narkomindel in den drei Zielbereichen[270] der sowjetrussischen Chinapolitik der zwanziger Jahre anzusehen. Daß Sneevliet und Ioffe ihre Reise gemeinsam unternahmen, mag als symbolhafter Ausdruck einer - allerdings erst seit 1923 durchgängig praktizierten - Arbeitsteilung angesehen werden, bei der das Narkomindel in Peking öffentlich die sowjetrussischen Interessen in Nordchina zu wahren suchte, während die Komintern in Schanghai im geheimen KMT und KPCh bei der Vorbereitung eines revolutionären Feldzugs gegen die Peking-Regierung und die diese protegierenden Kriegsherren und Großmächte unterstützte.
In den Gesprächen, die Sneevliet sofort nach seinem Eintreffen in Schanghai mit Sun Yat-sen aufnahm und bei deren Beginn er einen Brief Ioffes an Sun übergab, ging es vor allem um die Zusammenarbeit zwischen KMT und KPCh.[271] Noch im August teilte Sun dem Holländer aber auch mit, er halte engere Beziehungen zu Sowjetrußland für unbedingt notwendig.[272] Sneevliet sorgte für einen ständigen Kontakt zwischen Sun und Ioffe. Es setzte eine Korrespondenz ein, in deren Verlauf Ioffe zwischen August und Dezember 1922 vier Briefe an Sun schrieb und von diesem drei Antwortschreiben erhielt.[273]

268 Siehe oben S. 36 f. dieser Arbeit.
269 Isaacs, H. R., Notes on a Conversation, S. 107.
269a Chang Kuo-t'ao, The Rise, S. 264.
270 Vgl. zu den Zielbereichen oben S. 20 f. dieser Arbeit.
271 Ioffes Schreiben wird in einem Brief Sun Yat-sens an Chiang Kai-shek vom 30. August 1922 erwähnt. Suns Brief ist abgedruckt in: Kuo-fu ch'üan-shu, S. 802, sowie (gekürzt) in: Mao Szu-ch'eng (Hrsg.), Min-kuo shih-wu nien, S. 162. - Die Entstehung des Bündnisses zwischen KMT und KPCh wird im einzelnen unten auf S. 79 ff. dieser Arbeit behandelt.
272 Sneevliet, H., Met en bij Soen Yat-sen, S. 690; Isaacs, H. R., Notes on a Conversation, S. 107. - Die KMT-Historiographie erwähnt ein Treffen Suns mit »Ioffes Vertreter« am 25. August 1922, vgl. Li Yün-han, Ts'ung jung-kung tao ch'ing-tang, Bd. I, Taipei 1965, S. 142 (mit weiteren Quellenangaben).
273 Der Wortlaut der Briefe ist nicht verfügbar. Der sowjetische Sinologe Tichvinskij konnte Kopien im Archiv für Außenpolitik der UdSSR einsehen und gibt deren Inhalt teilweise

Schon in seinem ersten Schreiben an Ioffe, das er im August verfaßte, brachte Sun zum Ausdruck, daß es ihm nicht zuletzt auf Unterstützung in militärischen Angelegenheiten ankam: Er ersuchte Ioffe, ihm erst einmal (hsien) seinen Militärexperten (A. I. Gekker) nach Schanghai zu schicken, damit er mit diesem »die militärische Lage genau besprechen« (hsiang shang chün-shih ch'ing-hsing) könne.[274] Sun hatte offenbar unter dem Eindruck des Juni-Debakels erkannt, daß eine der Hauptschwächen der KMT das Fehlen eigener Truppen war. Dieser Mangel ließ Sun immer wieder in die Abhängigkeit regionaler Kriegsherren geraten, die ihre häufig wechselnden Koalitionen in der Regel unter Gesichtspunkten der Opportunität eingingen. Für den Aufbau einer modernen, schlagkräftigen Armee bedurfte es indes Ausbilder aus fortgeschrittenen Staaten, die von den nach wie vor auf Peking ausgerichteten ehemaligen Alliierten des I. Weltkriegs noch weniger zu erwarten standen als nichtmilitärische Hilfe. Diese Erkenntnisse waren offenbar der Grund, weswegen Sun sich im August um einen sowjetischen Militärberater und seit September um deutsche Militärhilfe[275] bemühte.

In der Korrespondenz mit Ioffe äußerte sich Sun befremdet darüber, daß Sowjetrußland eine Kooperation mit Wu P'ei-fu und die Normalisierung der Beziehung mit Peking anstrebte, anstatt zu warten, bis Sun den Süden zurückerobert haben werde, um von dort aus einen neuen Nordfeldzug zu unternehmen und als Sieger in Peking einzuziehen.[276] Eine dezidierte Warnung vor einem sowjetischen Arrangement mit der Pekinger Regierung findet sich auch in einem Schreiben, das Sun im Dezember 1922 an Lenin richtete. Da dessen Existenz bis vor wenigen Jahren unbekannt war, soll es in der von einer sowjetischen Historikerin zugänglich gemachten Form wörtlich wiedergegeben werden:

wieder, siehe Tichvinskij, S. L., Sun' Jat-sen, S. 264 f. – Außenminister Čičerin wurde über den Briefwechsel auf dem Laufenden gehalten. Er griff durch ein Schreiben an Sun vom 31. Oktober 1922 in die Korrespondenz ein. Vgl. die Angaben über dieses unveröffentlichte Schreiben ebenda, S. 265. – Nach Auskunft der zuständigen Stellen auf Taiwan befinden sich in den Archiven der KMT keine Kopien des Briefwechsels zwischen Sun und Ioffe; eine entsprechende Auskunft wurde dem Verfasser z. B. in einem Brief des Präsidenten der Academia Historica (Kuo shih kuan), Huang Chi-lu, in Taipei vom 5. 12. 1972 erteilt. Andererseits wird in der Arbeit eines KMT-Historikers bestätigt, daß Ioffe vier Briefe an Sun richtete, vgl. Li Yün-han, Ts'ung jung-kung tao ch'ing-tang, Bd. I, Taipei 1965, S. 142.

274 Sun Yat-sens Brief an Chiang Kai-shek vom 30. August 1922, in: Kuo-fu ch'üan-shu, S. 802; gekürzt auch in: Mao Szu-ch'eng (Hrsg.), Min-kuo shih-wu nien, S. 162. – Vgl. auch Chejfec, A. N., Sovetskaja diplomatija, S. 140, der sich auf Materialien des Archivs für Außenpolitik der UdSSR stützt. – Ob ein Treffen Suns mit Gekker stattfand, läßt sich nicht feststellen.

275 Zu den Bemühungen um deutsche Militärhilfe siehe oben S. 53 dieser Arbeit.

276 Tichvinskij, S. L., Sun' Jat-sen, S. 264 f.

»Lieber Lenin, ich benutze die Gelegenheit, um Ihnen in Kürze aus wichtigem Anlaß zu schreiben... Sie können Chang Tso-lin dazu zwingen, in vernünftigen Grenzen das für die Sicherheit Sowjetrußlands Notwendige zu tun.
Wenn Sie diese Politik verfolgen, so vermeiden Sie nicht nur eine gefährliche Reaktion gegen Sie in China, sondern helfen mir auch, eine Lage zu schaffen, die die gemeinsame Arbeit Rußlands und Chinas erleichtert und beschleunigt.[277]
Ihre frühere Erklärung bezüglich Chinas[278] hat in meinem Volk große Hoffnung erweckt und hat es dazu gebracht, Rußland wie einen Freund zu betrachten, der China die Möglichkeit der nationalen Befreiung von den imperialistischen Mächten garantiert... Ich beabsichtige, in naher Zukunft einen bevollmächtigten Vertreter nach Moskau zu schicken für gemeinsame Beratungen mit Ihnen und anderen Kameraden über gemeinsame Aktivitäten im berechtigten Interesse Rußlands und Chinas.
Gleichzeitig muß ich erneut wiederholen, daß die Gespräche mit der gegenwärtigen Regierung in China nicht nur Zeitverlust bedeuten, sondern auch, leider, gefährlich sind. Peking ist jetzt der Diener und das Werkzeug der imperialistischen Mächte, und mit Peking zu tun zu haben bedeutet daher, mit den Mächten zu tun zu haben. Das ist gefährlich, weil es immer möglich ist, daß Peking und diese Mächte Sie durch ihre Manöver vor dem Gesicht des chinesischen Volkes in eine ungünstige Lage bringen können.
Ich versichere erneut meine tiefe Verehrung. Mit brüderlichem Gruß. Sun Yatsen«.[279]

Trotz seines Unwillens über die pekingfreundliche Haltung, der in diesem Schreiben zum Ausdruck kommt, war Sun nicht nur weiterhin um eine enge Kooperation mit Moskau bemüht. Bei seiner Abfassung war er auch schon davon überzeugt, daß ein Bündnis mit Sowjetrußland zustande kommen werde. Dies geht aus Andeutungen in einem Brief hervor, den Sun Ende November an Chiang Kai-shek schrieb.[280] Um diese Zeit entschloß sich die Sowjetregierung unter dem Eindruck des Fehlschlags der Verhandlungen Ioffes in Peking ihrerseits dazu, eine engere Kooperation mit der KMT anzustreben. Die Allianz begann,[281] Gestalt anzunehmen.

277 Hier versucht Sun, Moskau davon abzuhalten, im Bündnis mit Wu P'ei-fu gegen Chang Tso-lin vorzugehen, mit dem Sun aus taktischen Gründen kooperierte.

278 Sun bezieht sich hier offenbar auf die Erste und/oder Zweite Karachan-Erklärung.

279 Übers. d. Verf. aus dem Russischen nach Kartunova, A. I., V. K. Bljucher v Kitae, S. 11 f. – Eine genaue Datierung des Schreibens fehlt ebenso wie ein Hinweis darauf, in welchem Archiv sich das Schreiben befindet. Die Punkte bezeichnen Auslassungen und finden sich so bei Kartunova. Ein inhaltlicher Vergleich des Schreibens mit denjenigen Briefen, die (nach Tichvinskij) Sun zwischen August und Dezember 1922 an Ioffe schrieb, läßt den gleichen Tenor erkennen. Es ist allerdings unwahrscheinlich, daß Sun von Lenin eine Antwort erhielt, und fraglich, ob Suns Brief die Zensur passierte, die wegen Lenins Schlaganfall am 15. Dezember 1922 verhängt wurde.

280 Brief vom 21. November 1922, in: Kuo-fu ch'üan-shu, S. 817. In dem Brief heißt es, es bestehe von nun an die Möglichkeit, daß man sich Tag für Tag immer mehr aneinander annähere (ts'ung tz'u k'o jih wei chieh-chin). Vgl. zu diesem Brief unten S. 93 dieser Arbeit.

281 Zur Entstehung der eigentlichen Allianz siehe im einzelnen unten S. 92 ff. dieser Arbeit.

d. *Die Rolle Moskaus bei der Entstehung des Bündnisses zwischen KMT und KPCh*

Inzwischen war, wie bereits angedeutet,[282] eine weitere Voraussetzung geschaffen worden, die sich als notwendig erwies, um die Allianz zwischen Moskau, der KMT und der KPCh als Basis der sowjetischen Militärhilfe tragfähig zu machen: das Bündnis zwischen KMT und KPCh. Es wurde in der Praxis vor allem von Sneevliet zustande gebracht. Dem Holländer gelang es, unter Berufung auf die Autorität eines EKKI-Beschlusses im August 1922 den anfänglich vorhandenen Widerstand in den Reihen der KPCh zu brechen.

Das früheste Ereignis, das beim Zustandekommen des Bündnisses eine Rolle spielte, war der oben in einem anderen Zusammenhang erwähnte »Erste Kongreß der kommunistischen und revolutionären Organisationen des Fernen Ostens« von Anfang 1922.[283] Nach Chang Kuo-t'aos Bericht[284] erzeugte der Kongreß bei den chinesischen Teilnehmern ein Gefühl der Solidarität. Demnach war es besonders die Idee eines weltweiten, von der Komintern gesteuerten gemeinsamen Kampfes gegen den Imperialismus, die die Chinesen beeindruckte. Bei den Diskussionen in Sowjetrußland einigte man sich darauf, daß diesem Kampf Priorität eingeräumt werden müsse; die autokratischen Kriegsherren und die von diesen beherrschte Pekinger Regierung seien hingegen als bloßes Werkzeug der Imperialisten zu betrachten. Chang Kuo-t'ao gibt an, die gemeinsame Billigung der neuen Idee von der antiimperialistischen Einheitsfront durch den KMT-Delegierten Chang Ch'iu-pai und die KPCh-Vertreter auf dem Kongreß habe die Grundlage für das Bündnis beider Parteien geschaffen. Hinzu kam, wie bereits ausführlicher geschildert wurde,[285] daß Lenin persönlich am

282 Siehe oben S. 73 dieser Arbeit.

283 Siehe oben S. 68 f. dieser Arbeit. – Am Kongreß nahmen 39 Chinesen teil, darunter 14 KPCh-Delegierte (u. a. Chang Kuo-t'ao, Wang Chin-mei, Ch'ü Ch'iu-pai, Teng En-ming, Chang T'ai-lei und K'o Ch'ing-shih), elf Mitglieder des (kommunistisch geführten) »Sozialistischen Jugendverbandes«, ein KMT-Vertreter (Chang Ch'iu-pai) und Abgeordnete von Gewerkschaften, Frauenverbänden, Lehrervereinigungen, Journalisten- und Bauernverbänden. Vgl. Sorkin, G. Z., S-ezd narodov Dal'nego Vostoka, S. 79 f.; Kartunova, A. I., Oktjabr'skaja socialističeskaja revoljucija, S. 22; Kuo Warren, Analytical History, Bd. I, S. 64 (mit Hinweis auf eine kommunistische chinesische Quelle).

284 Hierzu und zu den drei Folgesätzen Chang Kuo-t'ao, The Rise, S. 216 f. Changs Bericht ist der einzige, der von einem chinesischen Kongreßteilnehmer bekanntgeworden ist. – Eine andere Quelle gibt allerdings an, Chang Ch'iu-pai habe nach dem Kongreß erklärt, die chinesischen Kommunisten seien die Feinde der KMT und man müßte entsprechende Vorsichtsmaßnahmen treffen, Kalačev, S. (Pseud.), Kratkij očerk, zit. nach A Brief History of the Chinese Communist Party, S. 58; vgl. auch unten S. 85 dieser Arbeit.

285 Siehe oben S. 69 dieser Arbeit.

Rande der Konferenz gegenüber Chang Kuo-t'ao und Chang Ch'iu-pai sein Interesse an einer Kooperation von KMT und KPCh er erkennen gab. Es erscheint daher natürlich, daß nach der Rückkehr der Kongreßdelegierten in beiden Parteien Diskussionen hierüber und über die Zusammenarbeit mit der Komintern und Sowjetrußland in Gang kamen. Auf kommunistischer Seite will Chang Kuo-t'ao im März 1922 in seinem Bericht über den Kongreß der Parteiführung die Zusammenarbeit mit der KMT empfohlen haben.[286] Wenn er dabei, wie er angibt, auf offene Ohren stieß, so kann zunächst nur von einer losen Form der Kooperation die Rede gewesen sein.

Eine unterschiedliche Reaktion trat nämlich ein, als Sneevliet, der Anfang März 1922 von Kanton nach Nordchina zurückgekehrt war, in Gesprächen mit der kommunistischen Parteiführung im März/April in Schanghai ein engmaschiges Bündnis mit der KMT vorschlug.[287] Er riet den Kommunisten, »ihre exklusive Stellung gegenüber der Kuomintang aufzugeben und politische Tätigkeiten zu entwickeln *innerhalb* der Kuomintang«.[288] Er schätzte die Aussichten für die Propaganda der kleinen kommunistischen Gruppen, solange sie nicht organisatorisch mit der KMT verbunden seien, als ziemlich trüb ein. Die Mitglieder der KPCh sollten daher in die KMT eintreten, ohne allerdings ihre Unabhängigkeit aufzugeben. Wegen der lockeren Organisationsform der KMT könne auf diese Weise sehr leicht eine Massenaktivität entfaltet werden. Außerdem sei es möglich, mit Hilfe des linken Flügels der KMT (Liao Chung-k'ai) deren Taktik zu verändern.

286 Hierzu und zum Folgesatz Chang Kuo-t'ao, The Rise, S. 220 f.

287 Die Kenntnis von diesen Gesprächen Sneevliets mit der Führung der KPCh stützt sich nur auf Sneevliets Angaben, auf die auch die Darstellung in diesem Absatz zurückgeht, nämlich a) Sneevliets Bericht an das EKKI vom 11. Juli 1922, auszugsweise wiedergegeben bei Muntjewerf, A. C., Was there a »Sneevlietian Strategy«?, S. 162, und Bing, D., Was There a »Sneevlietian Strategy«?, S. 349, sowie b) Sneevliets Gespräch mit Harold Isaacs aus dem Jahre 1935, vgl. Isaacs, H. R., Notes on a Conversation, S. 104 ff. - Über die Frage von Form und Inhalt der Gespräche wurde in »The China Quarterly« eine Polemik ausgetragen, an der sich Dov Bing, A. C. Muntjewerf und Adrian Chan beteiligten, vgl. The China Quarterly, Nr. 48 (Okt. - Dez. 1971), S. 683 - 685; ebenda, Nr. 53 (Jan. - März 1973), S. 159 - 163; ebenda, Nr. 54 (April - Juni 1973), S. 348 - 350; ebenda, Nr. 56 (Okt. - Dez. 1973), S. 749, 751 f. Die Polemik zeigt, daß Bing, dem das Verdienst der Veröffentlichung neuer Sneevliet-Dokumente zukommt, diese Dokumente bisweilen fehlerhaft interpretiert. Dies wird besonders deutlich in: Bing, D., Reply, S. 752. Sneevliet selbst brachte in seinem Interview mit Isaacs im Jahre 1935 die Gespräche vom Frühjahr mit dem Hangchow-Plenum vom August 1922 durcheinander und hat dadurch in der Literatur Verwirrung gestiftet; vgl. Isaacs, H. R., Notes on a Conversation, S. 104 ff.; vgl. auch unten S. 86 sowie Anm. 320 dieser Arbeit.

288 So wörtlich in dem in (fehlerhaftem) Deutsch abgefaßten Bericht Sneevliets an das EKKI vom 11. Juli 1922; Hervorhebung im Original. Zit. nach Muntjewerf, A. C., Was there a »Sneevlietian Strategy«?, S. 162.

Nach Sneevliets eigenen Angaben,[289] die durch sowjetische Mitteilungen über Komintern-Archivmaterialien bestätigt werden,[290] konnte er sich bei der Empfehlung eines »Blocks von innen« zu diesem Zeitpunkt auf keine Instruktionen aus Moskau berufen. Er stützte sich ausschließlich auf seine eigenen Erfahrungen aus der Zeit vor dem I. Weltkrieg in Niederländisch-Indien, wo sich eine solche Methode bewährt hatte. Damals konnte die von ihm mitbegründete »Indische Sociaal Demokratische Vereniging« (ISDV), die Vorläuferin der indonesischen KP, mit der Unterstützung des linken Flügels der javanischen Massenbewegung »Sarekat Islam« (SI) innerhalb der SI ihre Propaganda verbreiten, eigene Gewerkschaften gründen und in kurzer Zeit beachtlichen Einfluß gewinnen. Die chinesische Parallele lag auf der Hand: Die KPCh war 1922 eine nahezu unbekannte Gruppierung von (zusammen mit dem Sozialistischen Jugendverband) 200 bis 300 Mitgliedern,[291] während die KMT zur selben Zeit über einen Mitgliederbestand von etwa 150 000 verfügte und eine etablierte Partei mit einer breiten Massenbasis darstellte.

Die chinesischen Kommunisten reagierten auf Sneevliets Vorschlag überwiegend negativ. Sneevliet selbst bestätigte dies in seinem Erfahrungsbericht an das EKKI vom Sommer 1922, in dem es heißt: »Unsere Genossen standen dieser Idee abweisend gegenüber«.[292] Damit übereinstimmend, aber ausführlicher formulierte Ch'en Tu-hsiu am 6. April 1922 in einem Schreiben an Vojtinskij, den damaligen faktischen Leiter des Irkutsker Fernost-Sekretariats der Komintern:

> »Maring schlug den Eintritt der chinesischen Kommunistischen Partei und des Kommunistischen Jugendverbands in die Kuomintang vor. Wir sind kategorisch dagegen. ... Die Kommunistische Partei und die Kuomintang haben vollkommen verschiedene Ziele und Basen der Revolution. ... Die Frage des Eintritts in die Kuomintang wurde schon auf Versammlungen der Genossen in Kuangtung, Schanghai, Peking, Changsha und Wuhan diskutiert und wurde überall höchst negativ aufgenommen. Faktisch gibt es keinerlei Möglichkeit eines Eintritts in die Kuomintang«.[293]

289 Hierzu und zum Rest des Absatzes Isaacs, H. R., Notes on a Conversation, S. 105 f.

290 Bei Glunin, V. I., Komintern i stanovlenie, S. 251, findet sich der Hinweis, daß die erste offizielle Direktive des EKKI zur Zusammenarbeit von KMT und KPCh im August 1922 erging.

291 Zu den Mitgliederzahlen Documents on Communism, S. 84 (mit weiteren Quellenhinweisen).

292 Sneevliets Bericht an das EKKI vom 11. Juli 1922, zit. nach Muntjewerf, A. C., Was there a »Sneevlietian Strategy«?, S. 162.

293 Die Sätze werden wörtlich zitiert nach Glunin, V. I., Komintern i stanovlenie, S. 252, und Kartunova, A. I., Oktjabr'skaja socialističeskaja revoljucija, S. 24. Beide Autoren geben keine Quelle an. – Chang Kuo-t'ao behauptet davon abweichend, Sneevliet habe vor seiner Rückkehr nach Moskau nicht vorgeschlagen, daß KPCh-Mitglieder in die KMT eintreten sollten, vgl. Chang Kuo-t'ao, The Rise, S. 221. Angesichts der oben zitierten zeit-

Die Ablehnung ist erklärlich. Die KPCh hatte nämlich wenige Monate zuvor beschlossen, man dürfe keine Beziehungen zu anderen Parteien und Gruppen unterhalten und müsse gegenüber den bestehenden politischen Parteien eine unabhängige, kämpferische und exklusive Haltung einnehmen.[294]

Nach Sneevliets Abreise wurde die Frage des Verhältnisses zur KMT erneut auf einer Sitzung der Parteispitze diskutiert, die in den letzten Apriltagen gemeinsam mit führenden Vertretern des (kommunistischen) »Sozialistischen Jugendverbands« und der Kantoner KP-Organisation in Kanton abgehalten wurde.[295] Ein Teil der Anwesenden - besonders die Kantoner Anhänger Ch'en Chiung-mings - wandte sich gegen eine Zusammenarbeit mit Sun Yat-sen, ein anderer Teil sprach sich für den bedingungslosen Eintritt in die KMT aus, während eine dritte Gruppe zwar den Eintritt befürwortete, aber den Fortbestand einer politisch und organisatorisch selbständigen Kommunistischen Partei garantiert sehen wollte. Dalin, der gerade als Vertreter der Kommunistischen Jugend-Internationale in Kanton eingetroffen war, berichtet, als Hauptgegner einer Kooperation mit der KMT sei - neben den Kantoner Kommunisten - Chang Kuo-t'ao aufgetreten;[296] Chang Kuo-t'ao selbst äußert sich über seine damalige Rolle nicht. Für den Eintritt in die KMT bei gleichzeitiger Beibehaltung einer unabhängigen kommunistischen Organisation setzten sich nach Dalins Bericht[297] Chang T'ai-lei und Ch'ü Ch'iu-pai ein. Angesichts dieser Uneinigkeit verzichtete man auf eine Beschlußfassung.

genössischen Dokumente erscheint diese Angabe als unbeachtlich. Überhaupt sind Changs Erinnerungen an die Vorgänge im März und April 1922 unzuverlässig. So behauptet er, selbst im März aus Sowjetrußland nach Schanghai zurückgekehrt zu sein, während Maring zwei Wochen vor seinem Eintreffen die Rückreise nach Moskau angetreten habe, ebenda, S. 220. Bing weist indes nach, daß Sneevliet erst Ende April Schanghai in Richtung Sowjetrußland verließ, vgl. Bing, D., Sneevliet and the Early Years, S. 685.

294 The First Decision as to the Object of the Communist Party of China 1921, in: Ch'en Kung-po, The Communist Movement, S. 105. Die chinesischsprachige Urfassung ist nicht verfügbar, ebenda, S. 26. - Zur Diskussion über das Verhältnis zu anderen Parteien auf dem I. Parteikongreß der KPCh gibt ein unlängst aufgetauchter zeitgenössischer Bericht über den Kongreß Auskunft, vgl. Kovalev, E. F., Novye materialy o pervom s-ezde Kommunističeskoj Partii Kitaja, in: Narody Azii i Afriki, Jg. 1972, Nr. 6, S. 153.

295 Die Darstellung der Sitzung stützt sich auf die Berichte zweier direkt bzw. indirekt Beteiligter, vgl. Chang Kuo-t'ao, The Rise, S. 232, sowie Dalin, S. A., Velikij povorot, S. 266 f. Die Berichte stimmen im großen und ganzen überein; Dalin berichtet detaillierter. - Vgl. zu Dalins Mission oben S. 70.

296 Dalin, S. A., Velikij povorot, S. 267.

297 Hierzu und zu den beiden Folgesätzen ebenda. - Auch Chang Kuo-t'ao gibt an, daß kein Beschluß gefaßt wurde, Chang Kuo-t'ao, The Rise, S. 232. - Dalins Bericht über Ch'ü Ch'iu-pais Tätigkeit in Kanton ist insofern bemerkenswert, als Ch'üs Biographen bisher davon ausgingen, daß dieser sich von Ende 1920 bis Anfang 1923 ständig in Sowjetrußland aufhielt. Vgl. Szu-ma Lu, Ch'ü Ch'iu-pai chuan, Hongkong 1962, S. 20, 34; Klein, D. W., Clark, A. B., Biographic Dictionary, Bd. I, S. 240 f. Vgl. auch die Polemik zu diesem Thema, die zwischen Dov Bing und Adrian Chan ausgetragen wurde, in: The China Quarterly, Nr. 56 (Okt. - Dez. 1973), S. 749, 752 - 754.

Es fällt auf, daß Chang T'ai-lei und Ch'ü Ch'iu-pai nach Dalins Angaben eine Position vertraten, die genau den Vorstellungen Sneevliets entsprach und von Dalin selbst als »einzig richtig« (naibolee pravil'noj) bezeichnet wird. Diese Koinzidenz konnte kaum zufälliger Natur sein und ist anhand unlängst bekanntgewordener Materialien erklärbar: Sneevliets Bericht an das EKKI vom Sommer 1922 läßt den Schluß zu, daß er mit Dalin in Schanghai zusammentraf, wo dieser sich gemeinsam mit Chang T'ai-lei auf den Aufenthalt in Kanton vorbereitete.[298] Der Holländer vermochte offenbar Dalin von der Richtigkeit seiner Strategie zu überzeugen. Chang T'ai-lei, Sneevliets Assistent in China seit Mitte 1921, stand ohnehin unter dessen Einfluß.[299] In Kanton hatte Dalin Gelegenheit, das Festhalten Changs und Ch'üs an der Sneevlietschen Linie zu überwachen, da beide als Dolmetscher für ihn tätig waren.[300]

Die Diskussion in der Führung der KPCh über das Verhältnis zu anderen Parteien führte am 15. Juni zu einem ersten Kompromiß. In einer Deklaration[301] lud die KPCh »revolutionär-demokratische Gruppen wie die Kuomintang und alle revolutionär-sozialistischen Organisationen« zu einer gemeinsamen Konferenz ein, auf der »eine demokratische Einheitsfront (min-chu chu-i ti lien-ho chan-hsien)« »zur Befreiung der Chinesen von der Unterdrückung durch die Großmächte und die Militärcliquen« gebildet werden sollte. Hier zeichnen sich zum ersten Mal in einem offiziellen Dokument die Konturen der Idee einer Kooperationsweise ab, die allgemein als »äußerer Block« bekanntgeworden ist. Die aufgeschlossenere Haltung der Kommunisten spiegelt sich in einem Schreiben Ch'en Tu-hsius an Vojtinskij vom 30. Juni[302] wider, in dem von der »schwachen Hoffnung« die Rede ist, daß die KMT »zeitweilig den gleichen Weg« mit der KPCh gehen werde.

Noch stärker kam die vorsichtig-positive Haltung gegenüber einem »äußeren Block« in den Beschlüssen des II. Kongresses der KPCh[303] zum

298 Sneevliets Bericht an das EKKI vom 11. Juli 1922, zit. nach Bing, D., Reply, S. 753.

299 Chang Kuo-t'ao, The Rise, S. 138, 251.

300 Dalin, S. A., Velikij povorot, S. 257.

301 Ti-i tz'u tui-yü shih-chü ti chu-chang, in: Kung-fei huo-kuo shih-liao hui-pien, Bd. I, Taipei o.J., S. 16 ff.; auszugsweise in: Hu Hua, Chung-kuo hsin min-chu chu-i ko-ming shih, Peking 1951, S. 41. - Der von Brandt/Schwartz/Fairbank wiedergegebene Text ist mit Vorsicht zu benutzen, da er auf einer ungenauen russischen Version beruht, die vom Verfasser dieser Arbeit mit dem Original verglichen wurde. Vgl. Brandt, C., Schwartz, B., Fairbank, J. K., A Domunentary History, S. 54 ff.; Deklaracija Kitajskoj Kompartii o sovremennom političeskom položenii v Kitae, in: Novyj vostok, Jg. 1922, Nr. 2, S. 606 ff.

302 Glunin, V. I., Komintern i stanovlenie, S. 252 (ohne weitere Quellenangabe).

303 Die Beschlüsse des II. Kongresses liegen nur zum Teil im chinesischen Originaltext vor: Chung-kuo kung-ch'an-tang ti erh-tz'u ch'üan-kuo tai-piao ta-hui hsüan-yen, in: Hu Hua, T'ai Yi, Yen Ch'i (Hrsg.), Chung-hua hsin min-chu chu-i ko-ming shih ts'an-k'ao tzu-liao,

Ausdruck, der Mitte Juli 1922 in Schanghai tagte und den Beitritt der Partei zur Kommunistischen Internationale verkündete. Hier sind deutlich die Spuren des von Lenin auf dem II. Komintern-Kongreß durchgesetzten Konzepts[304] und der Grundtendenz des »Ersten Kongresses der kommunistischen und revolutionären Organisationen des Fernen Ostens«[305] zu erkennen. Über den letzteren Kongreß berichtete Chang Kuo-t'ao einen ganzen Tag lang.[306] In den Beschlüssen hieß es,[307] man müsse zwar die »demokratisch-revolutionäre Bewegung (min-chu chu-i ti ko-ming yüntung)« unterstützen, um die feudalen Militaristen und die internationalen Imperialisten wirksamer bekämpfen zu können. Gleichzeitig dürfe man aber nicht vergessen, daß es sich um ein temporäres Bündnis handeln müsse, denn die KMT sei nicht die Partei des Proletariats. Auf jeden Fall sei die organisatorische Unabhängigkeit zu wahren. Für die Umsetzung der Idee des »äußeren Blocks« in die Praxis schlug der II. Kongreß - ähnlich wie die Parteiführung in der Deklaration vom 15. Juni - die Einberufung einer gemeinsamen Konferenz von Vertretern der KPCh, der KMT und des »Sozialistischen Jugendverbands« vor. Somit waren die chinesischen Kommunisten im Juli 1922 auf dem Wege zur Kooperation mit der Kuomintang ein beachtliches Stück vorangeschritten - wenn auch noch nicht im Sneevlietschen Sinne der Arbeit *innerhalb* der KMT. Hierfür bedurfte es eines verstärkten Drucks seitens der Komintern.

Die KPCh-Führung beließ es nicht bei diesen Deklarationen über ihre Bereitschaft zur Bildung einer Einheitsfront. Nach Chang Kuo-t'aos Bericht[308] nahm sie ab Mitte Juni 1922 direkten Kontakt zur KMT auf und schlug Sun vor, er möge die Initiative für eine gemeinsame Konferenz ergreifen. Als Beweis ihres guten Willens wies sie nach Ch'en Chiungmings Putsch vom 16. Juni die Kantoner KP-Organisation - zunächst vergeblich - an, die Kontakte zu Ch'en abzubrechen. Ch'en Tu-hsiu machte

Schanghai 1951, S. 69 - 84 (teilweise auch in: Kung-fei huo-kuo shih-liao hui-pien, Bd. I, Taipei o. J., S. 13 - 16); The Decisions of the Second Conference of the CCP 1922, in: Ch'en Kung-po, The Communist Movement, S. 117 - 130 (chin. Text nicht verfügbar). Die Datierung der Dokumente ist umstritten. Der Verfasser dieser Arbeit folgt der Argumentation von Wilbur, die mit den Mitteilungen Chang Kuo-t'aos übereinstimmt, vgl. Ch'en Kung-po, The Communist Movement, S. 35 f., sowie Chang Kuo-t'ao, The Rise, S. 247 f. - Eine ausführliche Würdigung des II. Kongresses aus sowjetischer Sicht findet sich bei Glunin, V. I., K 50-letiju vtorogo s-ezda, S. 118 ff.

304 Siehe oben S. 44 f. dieser Arbeit.

305 Siehe oben S. 68 f. dieser Arbeit.

306 Chang Kuo-t'ao, The Rise, S. 247.

307 Hu Hua, T'ai Yi, Yen Ch'i (Hrsg.), Chung-hua hsin min-chu chu-i ko-ming shih ts'an-k'ao tzu-liao, Schanghai 1951, S. 82; Kung-fei huo-kuo shih-liao hui-pien, Bd. I, Taipei o.J., S. 14; Ch'en Kung-po, The Communist Movement, S. 120 f.

308 Chang Kuo-t'ao, The Rise, S. 248 f.

hiervon der KMT-Führung Mitteilung und erklärte sich zum gemeinsamen Kampf gegen Ch'en Chiung-ming bereit.

Wie weit war inzwischen die Willensbildung innerhalb der Kuomintang im Hinblick auf ein Bündnis gediehen? Hier sind wir auf wenige Indizien angewiesen. Nachdem Sun Yat-sen im Dezember 1921 auf mögliche Vorschläge Sneevliets für eine Zusammenarbeit mit den chinesischen Kommunisten nicht eingegangen war,[309] wurde er spätestens wieder mit dieser Problematik direkt konfrontiert, als er zwischen 29. April und 14. Juni 1922 regelmäßig Gespräche mit dem Komintern-Beauftragten Dalin führte.[310] Zwar findet sich in Dalins Bericht[311] kein Hinweis darauf, daß in diesen Gesprächen das Thema einer Kooperation zwischen beiden Parteien behandelt wurde. Dafür aber gibt Ch'en Tu-hsiu an,[312] Dalin habe Sun die Bildung einer demokratischen Einheitsfront vorgeschlagen. Sun habe dies abgelehnt und sich lediglich mit einer Regelung einverstanden erklärt, wonach Mitglieder der KPCh und des »Sozialistischen Jugendverbands« in die KMT eintreten könnten, die dann aber der Partei gehorchen und allen Bindungen außerhalb der Partei entsagen müßten (fu-ts'ung kuo-min-tang, erh pu ch'eng-jen tang wai lien-ho). Daß Dalin und Sun über das Thema der Parteienallianz sprachen, ist auch deswegen wahrscheinlich, weil an den Unterredungen die Kommunisten Chang T'ai-lei und Ch'ü Ch'iu-pai teilnahmen, die ja, wie bereits erwähnt,[313] auf der Kantoner KPCh-Tagung von Ende April die Konzeption einer Mitarbeit von Kommunisten in der KMT vertraten.[314]

Wie Dalin auf Suns Gegenvorschlag reagierte, wissen wir nicht. Es läßt sich auch nicht mit Bestimmtheit sagen, ob der KMT-Delegierte für den »Ersten Kongreß der kommunistischen und revolutionären Organisationen des Fernen Ostens«, Chang Ch'iu-pai, nach seiner Rückkehr aus Sowjetrußland Anfang Juni Sun gegen oder für eine Zusammenarbeit mit den chinesischen Kommunisten zu beeinflussen versuchte.[315] Man kann indes davon ausgehen, daß zumindest ein Teil der KMT-Führung schon vor den Gesprächen Dalins mit Sun Kontakten mit der KPCh durchaus aufgeschlossen gegenüberstand. Dies ergibt sich aus Sneevliets Bericht an

309 Siehe oben S. 65 f. dieser Arbeit.
310 Hierzu im einzelnen oben S. 70 f. dieser Arbeit.
311 Dalin, S. A., Velikij povorot, S. 255 ff.
312 Ch'en Tu-hsiu, Kao ch'üan-tang t'ung-chih shu (10. 12. 1929), S. 428.
313 Siehe oben S. 82 dieser Arbeit.
314 Dalin, S. A., Velikij povorot, S. 257, 267.
315 Vgl. hierzu die widersprüchlichen Angaben bei Kalačev, S. (Pseud.), Kratkij očerk, zit. nach A Brief History of the Chinese Communist Party, S. 58, sowie Chang Kuo-t'ao, The Rise, S. 218. Vgl. auch oben S. 71 f., 79 und Anm. 284 dieser Arbeit.

das EKKI vom Sommer des Jahres. Dort heißt es,[316] Sneevliet habe vor dem 24. April in Schanghai mit KMT-Führern konferiert, die ihm erklärt hätten, gegen kommunistische Propaganda innerhalb der Kuomintang sei nichts einzuwenden.

Das Bündnis kam schließlich im August 1922 zustande. Es erhielt diejenige Form, die von Sneevliet konzipiert und von Sun Yat-sen als einzig annehmbar betrachtet worden war: Durch den Eintritt von Kommunisten in die KMT wurde ein »innerer Block« gebildet. Um dies zu bewerkstelligen, mußte Sun kleine Zugeständnisse machen. Die KPCh hingegen hatte unter dem Druck der Komintern eine regelrechte Kursänderung zu vollziehen.

Im Juli hatte Sneevliet, wie bereits dargestellt,[317] in Moskau seine Konzeption durchsetzen können. Die Instruktionen des EKKI, die er Mitte August mit nach Schanghai zurückbrachte,[318] enthielten u. a. die Anweisung an die chinesischen Kommunisten, in die Kuomintang einzutreten und dort - möglichst mit deren Einverständnis - eine Propagandaorganisation zu bilden.

In seinen ersten Gesprächen mit der KPCh-Führung verwarf Sneevliet die Idee eines »äußeren Blocks« als linksabweichlerisch.[319] Er begründete dies mit dem Hinweis darauf, daß Sun Yat-sen, mit dem er gleichzeitig verhandelte, die Idee einer »Einheitsfront« zweier gleichberechtigter Parteien nicht akzeptiere. Sun könne sich eine Verbindung zwischen den Parteien nur in der Weise vorstellen, daß Kommunisten in die KMT einträten; letzteres sei auch die Meinung der Kominternspitze. Es ist leicht vorstellbar, daß Sneevliets Vorschläge von den meisten führenden Kommunisten als Zumutung empfunden wurden, verlangte der Holländer doch nichts weniger als die Annullierung von Grundsatzbeschlüssen, die kurz zuvor auf dem II. Kongreß gefaßt worden waren. Als Sneevliet Widerstand spürte, drängte er mit Erfolg auf die Einberufung einer Vollversammlung des Zentralkomitees.

Die Konferenz fand in der zweiten Augusthälfte 1922 statt und ist nach dem Tagungsort als Hangchow-Plenum bekanntgeworden.[320] Sneevliet

316 Sneevliets Bericht an das EKKI vom 11. Juli 1922, zit. nach Bing, D., Was There a »Sneevlietian Strategy«?, S. 349.

317 Siehe oben S. 74 dieser Arbeit.

318 Vgl. zu den Einzelheiten ebenda, S. 74 f.

319 Hierzu und zum Rest des Absatzes Chang Kuo-t'ao, The Rise, S. 250; Ch'en Tu-hsiu, Kao ch'üan-tang t'ung-chih shu (10. 12. 1929), S. 428.

320 Der ausführlichste Bericht über das Hangchow-Plenum von seiten eines Teilnehmers wurde von Chang Kuo-t'ao vorgelegt; vgl. Chang Kuo-t'ao, The Rise, S. 253 - 256. Die vorliegende Arbeit stützt sich vor allem auf diesen Bericht. Weitere Informationen aus dem Kreis der Teilnehmer stammen von Ch'en Tu-hsiu und Sneevliet; vgl. Ch'en Tu-hsiu, Kao

trug erneut seine Konzeption des »inneren Blocks« vor. Zur Begründung führte er aus, daß in China wegen der Schwäche des Proletariats vorerst nicht mit einer sozialistischen, sondern mit einer demokratisch-nationalistischen Revolution zu rechnen sei. Das Sammelbecken der demokratisch-nationalistischen Kräfte aber bilde die KMT. Diese vertrete nicht so sehr die Bourgeoisie wie die revolutionären Elemente aus allen Klassen. Außerdem, so wiederholte der Holländer, habe sich ja Sun Yat-sen gegen einen »äußeren Block« ausgesprochen, der den für ihn unerwünschten Anschein einer Gleichgewichtung beider Parteien erwecken könne. Die hier von ihm entwickelte Strategie habe sich im Hinblick auf die sozialdemokratischen Parteien und Gewerkschaften des Westens bewährt und sei von der Komintern auch für China empfohlen worden. Diese Empfehlung gelte es zu respektieren. Durch den Eintritt in die Kuomintang, so schloß Sneevliet sein Plädoyer, biete sich den Kommunisten die Chance, diese Partei von innen heraus zu revolutionieren und deren proletarische Anhängerschaft für die kommunistische Sache zu gewinnen.

Sneevliets Vorschlag begegnete dem Widerstand mehrerer Konferenzteilnehmer, darunter der ZK-Mitglieder Ch'en Tu-hsiu, Chang Kuo-t'ao und Ts'ai Ho-sen. Diese führten aus, die KMT sei eine Partei des Bürgertums, mit der man allenfalls einen »äußeren Block« im Sinne der Beschlüsse von Juni und Juli bilden könne, wobei die Klassengrenzen nicht verwischt werden dürften. Allerdings könne man dem gewichtigeren Seniorpartner insoweit entgegenkommen, als es denkbar sei, Sun Yat-sen zum Vorsitzenden eines gemeinsamen Einheitsfront-Komitees zu wählen und der KMT doppelt soviele Mitglieder im Komitee zuzugestehen wie den Kommunisten.

Sneevliets Vorschlag wurde am Ende - mit Einschränkungen - akzeptiert. Dies war offensichtlich vor allem dem Hinweis auf die Komintern-Disziplin und einer vermittelnden Haltung Li Ta-chaos zu verdanken. Einem

ch'üan-tang t'ung-chih shu (10. 12. 1929), S. 428 f., sowie Isaacs, H. R., Notes on a Conversation, S. 104, 106. - Die Berichte stimmen nicht in allen Punkten überein. Sneevliet bringt seine Gespräche von März/April 1922 mit dem Hangchow-Plenum durcheinander, vgl. oben Anm. 287 dieser Arbeit. Die genaue Datierung des Plenums ist umstritten. Chang Kuo-t'aos Angabe, es habe Anfang August stattgefunden, kann nicht zutreffen, da Sneevliet erst am 12. August in Peking ankam, um von dort nach Schanghai weiterzureisen, vgl. Anm. 267 dieser Arbeit. Ein KMT-Historiker nennt (ohne Quellenangabe) den 22. August, vgl. Kuo Warren, Analytical History, Bd. I, S. 73. Eine kritische Würdigung aller bekanntgewordenen Informationan ergibt, daß die Konferenz Ende August stattgefunden haben muß. Das von einem sowjetischen Verfasser (ohne Quellenverweis) mitgeteilte Datum 29./30. August erscheint daher glaubwürdig und wurde wahrscheinlich aus unveröffentlichten Komintern-Materialien erschlossen, vgl. Glunin, V. I., Komintern i stanovlenie, S. 254. Vgl. zum Beschluß des Plenums Wu Hsiang-hsiang, O-ti ch'in-lüeh chung-kuo shih, 6. Aufl., Taipei 1970, S. 315 f.

Vorschlag Ch'en Tu-hsius folgend, verständigte man sich darauf, daß eine kleine Anzahl führender Kommunisten in die Kuomintang eintreten solle, sofern diese sich bereit erklärte, auf den beim Eintritt üblichen Ritus des durch Fingerabdruck zu siegelnden Treueids auf Sun zu verzichten, und verspreche, sich nach demokratischen Prinzipien zu organisieren.

Sun Yat-sen erklärte sich in Gesprächen, die er in der zweiten Augusthälfte mit Sneevliet und den Kommunisten Ch'en Tu-hsiu, Li Ta-chao und Lin Po-ch'ü führte, damit einverstanden, unter diesen Bedingungen ein Bündnis zu schließen.[321] Er konnte sich hierbei auf den Konsensus praktisch der gesamten KMT-Führung stützen. Seine Konzessionsbereitschaft entsprang vor allem zwei Ursachen: Zum einen sah er sich, wie bereits im einzelnen ausgeführt wurde, wegen der durch den Putsch Ch'en Chiung-mings entstandenen verzweifelten Lage genötigt, jede ausgestreckte Hand zu ergreifen. Nach Sneevliets Zeugnis[322] äußerte er im August 1922 nicht nur den Wunsch nach sowjetischer Hilfe,[323] sondern hatte auch ein offenes Ohr für den Vorschlag des Holländers, auf eine militärische Wiedereroberung Kantons zu verzichten und dafür mit Schanghai als Zentrum den KMT-Apparat (mit der Unterstützung der KPCh) zur Mobilisierung der Arbeiter- und Bauernmassen einzusetzen. Zum anderen hatten die chinesischen Kommunisten in den Augen der Kuomintang an Ansehen gewonnen,[324] seitdem Ch'en Tu-hsiu, wie bereits erwähnt,[325] nach dem Putsch Ch'en Chiung-mings seine Partei angewiesen hatte, die Beziehungen zu General Ch'en abzubrechen.

Nach wenigen Tagen wurden Ch'en Tu-hsiu, Li Ta-chao, Ts'ai Ho-sen und Chang T'ai-lei in die KMT aufgenommen, wobei Chang Chi als Bürge auftrat; kurz darauf folgte Chang Kuo-t'ao.[326] An einer Konferenz der

321 Hierzu Chung-kuo hsin min-chu chu-i ko-ming shih-ch'i t'ung-shih, Bd. I, Peking 1959, S. 150, zit. nach Jur'ev, M. F., Ustanovlenie sotrudničestva, S. 152; Chang Kuo-t'ao, The Rise, S. 260; Isaacs, H. R., Notes on a Conversation, S. 107; Bing, D., Sneevliet and the Early Years, S. 690 f. (mit weiteren Quellenangaben); Kalačev, S. (Pseud.), Kratkij očerk, zit. nach A Brief History of the Chinese Communist Party, S. 61 f.; Glunin, V. I., Komintern i stanovlenie, S. 255.

322 Isaacs, H. R., Notes on a Conversation, S. 107; Sneevliet, H., Met en bij Soen Yat-sen, zit. nach Bing, D., Sneevliet and the Early Years, S. 690.

323 Vgl. zu Suns Hinwendung zu Sowjetrußland im Sommer 1922 auch oben S. 71 - 73, 76 - 78 dieser Arbeit.

324 Chang Kuo-t'ao, The Rise, S. 260.

325 Siehe oben S. 84 dieser Arbeit.

326 Diese Darstellung folgt Chang Kuo-t'aos Bericht, siehe Chang Kuo-t'ao, The Rise, S. 260 f. - Aus KMT-Kreisen stammen Angaben, wonach Li Ta-chao durch die Vermittlung von Chang Chi als erster Kommunist in die KMT eingetreten ist, vgl. Yu George T., Party Politics, S. 165 (mit weiterer Quellenangabe), sowie T'ang Leang-Li, The Inner History, S. 155. - Vgl. auch Wang Chien-min, Chung-kuo kung-ch'an-tang shih kao, Bd. I, Taipei 1965, S. 96.

KMT, die am 4. September einberufen wurde und sich mit Fragen der Reorganisierung der Partei befaßte, nahmen bereits Kommunisten teil.[327] Am 6. September berief man Ch'en Tu-hsiu in das neunköpfige Redaktionskomitee, das im Rahmen der »ersten Parteireform« der KMT ein neues Parteistatut und ein Programm ausarbeiten sollte.[328]
Ein Vierteljahr später wurde die Konzeption des »inneren Blocks« von KMT und KPCh seitens der Kommunistischen Internationale offiziell und öffentlich sanktioniert. Auf dem IV. Komintern-Kongreß, der vom 5. November bis zum 5. Dezember 1922 in Petrograd und Moskau tagte, berichtete Liu Jen-ching[329] über den Beschluß seiner Partei, »eine Einheitsfront mit der national-revolutionären Partei Kuomintang zu errichten«. Diese solle darin bestehen, daß die Mitglieder der KPCh unter ihrem Namen und als Einzelpersonen der KMT beiträten, um die zahlreichen dort organisierten Arbeiter für die KPCh zu gewinnen, den Imperialismus gemeinsam mit dem Kleinbürgertum erfolgreicher zu bekämpfen und der Isolierung von den Massen zu entgehen. Allerdings müsse man den Massen auch zeigen, daß für die Kommunisten die revolutionäre Demokratie »nur ein Mittel zum Zweck« sei. Liu Jen-ching schloß seine Rede mit dem Satz: »Wir können die Massen um uns sammeln und die Kuomintang Partei spalten«.[330]
Klarer als mit diesen Formulierungen konnten die chinesischen Kommunisten die temporäre und instrumentale Zweckbestimmung ihres Bündnisses mit Suns Partei kaum charakterisieren. Die Offenheit ist insofern erstaunlich, als die Protokolle des Kongresses schon im Folgejahr in mehreren Sprachen gedruckt veröffentlicht wurden, so daß sie auch Sun Yatsen hätten unter die Augen kommen können. Der Kongreß hatte angesichts solcher Interpretationen auch keine Bedenken, in den von ihm zu beschließenden »Leitsätzen zur Orientfrage«[331] die Richtigkeit dieser Taktik noch einmal zu unterstreichen. Die Leitsätze, an deren Abfassung Ch'en Tu-hsiu mitwirkte,[332] erklärten »zeitweilige Verständigungen mit der bürgerlichen Demokratie« im Rahmen einer antiimperialistischen Ein-

327 Ko-ming wen-hsien, Bd. VIII, S. 32 (1 040); Očerki istorii Kitaja, S. 92; Jur'ev, M. F., Ustanovlenie sotrudničestva, S. 152.

328 Ko-ming wen-hsien, Bd. VIII, S. 32 f. (1 040); Jur'ev, M. F., Ustanovlenie sotrudničestva, S. 152.

329 Lius Rede ist abgedruckt in: Protokoll des Vierten Kongresses der Kommunistischen Internationale, Hamburg 1923, S. 612 ff. – Lius Name wird im Protokoll als Liu-Yen-Chin wiedergegeben.

330 So wörtlich (mit Interpunktionsfehler) im deutschsprachigen Protokoll, ebenda, S. 615.

331 Ebenda, Beilage IX, S. 1 034 ff. – Die im folgenden beschriebenen Ausführungen finden sich auf S. 1 041.

332 Glunin, V. I., Komintern i stanovlenie, S. 255.

heitsfront für zulässig und notwendig. Sie hoben gleichzeitig hervor, daß die Kommunisten ihre Selbständigkeit bewahren und »den breiten werktätigen Massen die Notwendigkeit eines Bündnisses mit dem internationalen Proletariat *und mit den Sowjetrepubliken*«[333] klarmachen müßten. Welche Zweckbestimmung Moskau dem »inneren Block« in China beilegte, wurde durch einen EKKI-Beschluß vom 12. Januar 1923[334] unterstrichen. Hier erscheint die KMT als »die einzige ernsthafte nationalrevolutionäre Gruppierung in China«, die eine nationale Revolution gegen »die Imperialisten und deren innere feudale Agenten« vorbereite. Da eine solche Revolution im Interesse der Arbeiterklasse liege, eine unabhängige Arbeiterbewegung aber noch zu schwach sei, halte das EKKI »eine Koordinierung der Tätigkeit zwischen der Partei der Kuomintang und der jungen KPCh« für unumgänglich. Unter den gegebenen Bedingungen müßten die Kommunisten in der KMT tätig sein, ohne allerdings ihre eigene Organisation mit einem streng zentralistischen Apparat aufzugeben. Die KPCh habe die Aufgabe, unter ihrem eigenen Namen die Arbeitermassen zu organisieren und Gewerkschaften zu bilden, um so die Basis für eine kraftvolle kommunistische Massenpartei zu schaffen. Konflikten mit der KMT müsse man möglichst aus dem Weg gehen. Die KMT sei an einer Zusammenarbeit mit den kapitalistischen Mächten und den inländischen Kriegsherren zu hindern sowie in der Absicht zu bestärken, *gemeinsam mit Sowjetrußland*[335] gegen die europäischen, amerikanischen und japanischen Imperialisten zu kämpfen. Eine Verschmelzung mit der KMT sei in jedem Fall zu vermeiden.
Sneevliet, der während der Konzipierung dieses Beschlusses in Moskau gewesen war,[336] interpretierte ihn auf dem III. Kongreß der KPCh im Juni 1923 in der Weise, daß nunmehr - abweichend von dem auf dem Hangchow-Plenum vom August 1922 erreichten Kompromiß - *alle* chinesischen Kommunisten in die KMT eintreten müßten.[337] Der Kongreß schloß sich nach heftiger Diskussion, in der Chang Kuo-t'ao und Ts'ai Ho-sen als Hauptsprecher der linken Opposition auftraten, mit einer Stimme Mehr-

333 Hervorhebung des Verfassers dieser Arbeit.

334 Text der Resolution in: Strategija i taktika Kominterna, S. 112. - Domes nimmt zu Unrecht an, bei diesem EKKI-Beschluß handle es sich um eine Resolution des IV. Komintern-Kongresses, vgl. Domes, J., Vertagte Revolution, S. 85. - Vgl. auch die EKKI-Direktive für den III. Kongreß der KPCh vom Mai 1923, in: Strategija i taktika Kominterna, S. 114 - 116.

335 Hervorhebung des Verfassers dieser Arbeit.

336 Sneevliets Brief (aus Kanton) an Radek und Safarov vom 30. 5. 1923, Sneevliet-Archiv, Dok. 3056/1, zit. nach Muntjewerf, A. C., Was there a »Sneevlietian Strategy«?, S. 166 (Anm. 25); vgl. auch Bing, D., Sneevliet and the Early Years, S. 692 f.

337 Hierzu und zum folgenden Satz Chang Kuo-t'ao, The Rise, S. 300, 307 - 310.

heit dieser Meinung an. Im Beschluß »Über die Beziehung zur nationalen Bewegung und zur Kuomintang«, der einem Entwurf Ch'en Tu-hsius folgte, hieß es:

»... müssen wir uns darum bemühen, die Organisation der Kuomintang in ganz China auszubreiten und alle revolutionären Kräfte Chinas in der Kuomintang zu konzentrieren ... . Wenn wir auch in die Kuomintang eintreten, so müssen wir doch eine selbständige Organisation bleiben und müssen alle Anstrengungen unternehmen, um die revolutionären und klassenbewußten Elemente aus den Arbeiterorganisationen und aus dem linken Flügel der Kuomintang in unsere Partei hineinzuziehen, um so allmählich unsere Partei zu vergrößern und eine strenge Disziplin einzuführen; dadurch schaffen wir die Grundlage für eine starke und große kommunistische Massenpartei«.[338]

Auch in seiner »Deklaration«[339] folgte der III. Kongreß dem EKKI-Beschluß in der Einschätzung des politischen Stellenwerts der KMT in der chinesischen revolutionären Bewegung. Hier heißt es, die Kuomintang solle in der nationalen Revolution die Kernkraft (chung-hsin shih-li) bilden und die Führerrolle (ling-hsiu ti-wei) übernehmen.
Damit war die KPCh zu derjenigen Form des Bündnisses mit der KMT genötigt worden, die das EKKI angestrebt hatte und die im Grundsatz bis zum Bruch des Jahres 1927 Geltung besaß. Mit der prinzipiellen Durchsetzung des »inneren Blocks« im August 1922 leitete Moskau - über Komintern und KPCh - auf dem Weg zu einer potentiellen Allianz mit der KMT eine wichtige flankierende Maßnahme ein. Die sowjetische Führung sicherte sich hierdurch zugleich den Zugang zu einer verstärkten Einflußnahme auf eine solche Allianz, die sich wiederum über die der Komintern-Disziplin unterworfene KPCh vollziehen sollte. Von Moskau aus gesehen wurden die chinesischen Kommunisten somit zunächst instrumental eingesetzt, um den Prozeß der Annäherung an die KMT voranzutreiben. Im Sinne einer Doppelstrategie sollten sie sodann langfristig mit Hilfe der KMT-Linken die Kuomintang durchdringen und als Führungskern der erneuerten Partei die proletarische Revolution in China durchsetzen. Dies waren zumindest die Vorstellungen Sneevliets, die im Sommer 1922 vom EKKI geteilt wurden. Die Entwicklung bis 1927 sollte zeigen, daß es Moskau unter dem wachsenden Einfluß Stalins immer we-

338 Zitiert nach Glunin, V. I., Komintern i stanovlenie, S. 258. - Bis zu Glunins Veröffentlichung, die (ohne Quellenangabe) wörtliche Auszüge aus dem Text offenbar nach Komintern-Archivmaterialien wiedergibt, waren weder der Titel noch wörtliche Passagen des Beschlusses bekannt. Chang Kuo-t'ao erwähnt, daß ein Beschluß zustande kam, der Ch'en Tu-hsius Entwurf folgte, vgl. Chang Kuo-t'ao, The Rise, S. 310.

339 Chung-kuo kung-ch'an-tang ti san-tz'u ch'üan-kuo ta-hui hsüan-yen, in: Hu Hua, T'ai Yi, Yen Ch'i (Hrsg.), Chung-hua hsin min-chu chu-i ko-ming shih ts'an-k'ao tzu-liao, Schanghai 1951, S. 86.

niger darum ging, in China eine *proletarische* Revolution durchzuführen. Es wuchs vielmehr die Bereitschaft, eine irgendwie geartete revolutionäre Bewegung zu unterstützen, sofern diese nur unter der Beteiligung oder (besser) der Kontrolle Moskaus zu verlaufen versprach. Die in diesem Abschnitt ausgewerteten neuen Materialien lassen deutlicher als bisher erkennen, daß bereits die Entstehung des »inneren Blocks« nicht als ein endogener chinesischer Entwicklungsprozeß verlief, sondern daß unter dem Einfluß Moskaus zwei sich reserviert gegenüberstehende Parteien zu einer Verbindung gedrängt wurden, die so bei ihrem Zustandekommen den Keim der Labilität in sich trug.

e. *Die Entstehung der Allianz (1922/23)*

Mit der Herausbildung des »inneren Blocks« im August 1922 war eine weitere für das Zustandekommen der Allianz Moskaus mit der Kuomintang notwendige Voraussetzung erfüllt. Sun Yat-sen hatte, wie bereits erwähnt,[340] im selben Monat unter dem Eindruck seiner Vertreibung aus Kanton gegenüber Sneevliet erkennen lassen, daß ihm an einer engen Zusammenarbeit mit Sowjetrußland gelegen war. Ende August bat er in einem Schreiben an Ioffe um Beratung durch dessen Militärexperten;[341] im Dezember kündigte er in einem Brief an Lenin die Entsendung eines bevollmächtigten Vertreters nach Moskau an, der über gemeinsame Aktivitäten verhandeln sollte.[342] Es bedurfte somit nur noch der Zustimmung Sowjetrußlands, damit die Allianz aus der Taufe gehoben werden konnte.
Untersucht man die Willensbildung auf der sowjetrussischen Seite, so ergibt sich für die zweite Hälfte des Jahres 1922 auf Grund der Quellenlage kein klares Bild. Zwar hatte das EKKI im Juli Sneevliets Einschätzung gebilligt, wonach die KMT als die bedeutendste revolutionäre Bewegung in China anzusehen sei, deren Impetus von den Kommunisten ausgenützt werden müsse.[343] Es fehlen jedoch sichere Daten, aus denen auf die Meinungsbildung in der sowjetischen Partei- und Staatsführung, also auch im Narkomindel, geschlossen werden könnte.
Wir müssen uns daher mit den folgenden Hinweisen begnügen: Von Sneevliet wissen wir, daß Ioffe freundschaftliche Beziehungen zur KMT befürwortete.[344] Sowjetischerseits wird ausdrücklich vermerkt, daß Čičerin über

340 Siehe oben S. 76 dieser Arbeit.
341 Ebenda.
342 Ebenda, S. 77 f.
343 Ebenda, S. 73 - 75.
344 Isaacs, H. R., Notes on a Conversation, S. 107.

den Briefwechsel Ioffes mit Sun im zweiten Halbjahr 1922[345] auf dem Laufenden gehalten wurde.[346] Čičerin selbst bot Sun in einem Schreiben vom 31. Oktober die Aufnahme von Handelsbeziehungen an.[347] Leider kennen wir den vollen Inhalt von Suns Korrespondenz mit Ioffe und Čičerin nicht. Das wenige, was von einem sowjetischen Historiker hierüber mitgeteilt wurde,[348] beweist nur, daß Sun sich unzufrieden zeigte, weil Moskau überhaupt mit Peking über eine Normalisierung der Beziehungen verhandelte; einen Rückschluß auf die sowjetische Haltung zu einem Bündnis mit der KMT läßt es nicht zu. Es ist auch nicht bekannt, welche mündlichen Botschaften zwischen Ioffe und Sun über Sneevliet, der im gleichen Zeitraum ständig zwischen Peking und Schanghai hin- und her pendelte,[349] ausgetauscht wurden. Chang Kuo-t'ao behauptete allerdings,[350] Sneevliet habe im Rahmen dieser Kuriertätigkeit die entscheidende Rolle bei der Herstellung eines Einvernehmens zwischen Ioffe und Sun über die Bildung der Allianz zwischen Moskau und der KMT gespielt.

Das erste dokumentarisch belegbare Anzeichen dafür, daß auf der sowjetischen Seite ein Durchbruch in Richtung Allianz erkennbar wurde, findet sich in einem Brief, den Sun Yat-sen am 21. November 1922 an Chiang Kai-shek schrieb. In einem Kontext, der auf den Meinungsaustausch mit Ioffe und Sneevliet hindeutet, heißt es, Sun habe nach ungewöhnlichen Komplikationen

> »... glücklicherweise eine Brücke zur Gegenseite schlagen können. Von nun an besteht die Möglichkeit, daß wir uns Tag für Tag immer mehr aneinander annähern«.[351]

Bei der Suche nach den Gründen für den Fortschritt in der sowjetischen Willensbildung stößt man nur auf einen einzigen Umstand, der zugleich belegbar ist und signifikant erscheint: In der ersten Novemberhälfte zeichnete sich ein Scheitern der Ioffe-Mission in Peking ab, weil die Pekinger Regierung auf der entschädigungslosen Rückgabe der OCE und dem Rückzug der sowjetischen Truppen aus der Mongolei bestand.[352] Es scheint, daß

345 Vgl. zur Korrespondenz zwischen Sun und Ioffe im einzelnen oben S. 76 f. und Anm. 273 dieser Arbeit.
346 Tichvinskij, S. L., Sun' Jat-sen, S. 265.
347 Ebenda, Anm. 341.
348 Ebenda, S. 264 f.
349 Chang Kuo-t'ao, The Rise, S. 264; Isaacs, H. R., Notes on a Conversation, S. 107.
350 Chang Kuo-t'ao, The Rise, S. 264.
351 T'ao Ch'en chih she hsü Chiang Chung-cheng chien shou Fu-chou shu, in: Kuo-fu ch'üan-shu, S. 817; vgl. auch oben S. 78 und Anm. 280 dieser Arbeit.
352 Vgl. Ioffes Rede vom 7. November 1922, in: Whiting, A. S., Soviet Policies, S. 195, sowie Ioffes Memorandum an Außenminister Ku Wei-chün vom 14. November 1922, in: Dokumenty vnešnej politiki, Bd. V, S. 677 - 681. Vgl. auch Weigh Ken Shen, Russo-Chinese Diplomacy, S. 280, sowie oben S. 37 f. dieser Arbeit.

Ioffe sich aus Verärgerung über die starre Haltung des Waichiaopu zu einer schnellen Annäherung an die KMT entschloß, aber auch aus dem taktischen Kalkül, vom Mißerfolg seiner eigentlichen Mission abzulenken und Peking unter Druck zu setzen.[353] In dieselbe Richtung deutet ein Artikel, den Ioffe im Dezember für »Izvestija« verfaßte und in dem er die KMT als *die* national-revolutionäre Partei in China bezeichnete.[354] Schließlich sollten offenbar auch Ioffes Gespräche mit japanischen Politikern im ersten Halbjahr 1923[355] nicht zuletzt die Möglichkeit eines sowjetisch-japanischen Bündnisses andeuten, um die Pekinger Regierung zu Konzessionen zu bewegen.

Nunmehr formierte sich die Allianz ziemlich rasch. Noch im Dezember 1922 empfing Ioffe in Peking Chang Chi und verhandelte mit ihm über ein Treffen mit Sun Yat-sen.[356] Die Begegnung fand Mitte Januar 1923 während eines Zwischenaufenthalts in Schanghai statt, den Ioffe auf der Reise nach Japan einlegte.[357] Nach mehrtägigen Verhandlungen, an denen nach dem neueren Bericht eines Beteiligten[358] auch Suns Frau Sung Ch'ing-

353 Hierzu oben S. 38 dieser Arbeit.

354 Der Artikel wurde am 12. Dezember 1922 in Peking abgeschickt und am 5. Januar 1923 in »Izvestija« veröffentlicht, s. Whiting, S. 201, 316. - Ein noch positiveres Bild von der KMT entwarf Ioffe in einem Artikel, der im Januar 1923 verfaßt und am 22. Februar in »Izvestija« abgedruckt wurde, ebenda, S. 201 f., 316. Hier identifizierte Ioffe die chinesische Revolution überhaupt mit Sun.

355 Die Gespräche werden ausführlich dargestellt von Lensen, G. A., Japanese Recognition of the U.S.S.R., S. 88 - 134. Lensen weist nach, daß Ioffe am 16. Januar 1923 vom Tokyoer Oberbürgermeister Gotō Shimpei telegraphisch eingeladen wurde, ebenda, S. 87, und daß seine Heilbehandlung in Atami kein Vorwand war: Ioffe litt unter polyneuritischen Beschwerden und Herzattacken, ebenda, S. 114. Er verhandelte mit Gotō und dem Gesandten Kawakami Toshitsune ohne Erfolg über die Aufnahme diplomatischer Beziehungen. - Zum Anlaß der Japanreise formuliert ein sowjetischer Historiker flexibel, Ioffe habe sich »angesichts der dauernden Verzögerung der Verhandlungen mit der Delegation der RSFSR seitens der nordchinesischen Behörden« hierzu entschlossen, vgl. Tichvinskij, S. L., Sun' Jat-sen, S. 267.

356 Das genaue Datum von Chang Chis Reise ist nicht bekannt. Sowjetische Quellen geben allgemein den Monat Dezember an, vgl. Chejfec, A. N., Sovetskaja diplomatija, S. 157, sowie Tichvinskij, S. L., Sun' Jat-sen, S. 266 f. Chang Kuo-t'ao erwähnt, Chang Chi habe am 5. November eine Reise zu Ioffe nach Peking angetreten und einen Brief Suns an diesen bei sich gehabt, vgl. Chang Kuo-t'ao, The Rise, S. 267. Ioffe habe im Gespräch mit Chang Chi der KMT keinerlei Hoffnung auf Hilfe bei militärischen Operationen gegen die Pekinger Regierung gemacht, ebenda.

357 Das genaue Datum der Ankunft Ioffes in Schanghai ist umstritten, am wahrscheinlichsten ist der 17. Januar, vgl. Pravda vom 26. 1. 1923, zit. nach Whiting, A. S., Soviet Policies, S. 316, Anm. 42, sowie Wu Aitchen K., China and the Soviet Union, S. 144. Tichvinskij, S. L., Sun' Jat-sen, S. 267, nennt den 22. Januar. - Die Angabe bei T'ang Leang-Li, The Inner History, S. 156, wonach Ioffe im Dezember 1922 in Schanghai eintraf, beruht ganz offensichtlich auf einem Irrtum.

358 Ma Sjan, Desjat' let s Sun' Jat-senom, in: Voprosy istorii, Jg. 1966, Nr. 12, S. 129. Hiernach erstreckten sich die Verhandlungen auf insgesamt sechs Tage, ebenda. - Der Autor Ma Hsiang war zwischen 1916 und 1925 Leibwächter und Adjutant bei Sun.

ling und die Kommunisten Lin Po-ch'ü und Li Ta-chao teilnahmen, setzten Ioffe und Sun am 26. Januar ihre Unterschrift unter ein gemeinsames Kommuniqué.[359]

Das Kommuniqué führte die Beziehungen zwischen Sowjetrußland und Kuomintang erstmals aus dem Halbdunkel konspirativer Kontakte heraus. Es überraschte die chinesische Öffentlichkeit - nach Chang Kuo-t'ao schlug es in politischen Kreisen wie eine Bombe ein -[360] mit der zu Beginn getroffenen Feststellung, die Schanghaier Gespräche hätten in den Fragen der chinesisch-russischen Beziehungen eine Übereinstimmung der Meinungen erbracht.[361] Der Kontrast zum Tiefpunkt der sowjetischen Gespräche mit Peking war nicht zu übersehen.

Der weitere Text des Kommuniqués macht deutlich, wie es zu dem Konsensus gekommen war. In den strittigen mandschurischen und mongolischen Fragen kam Sun anders als die Pekinger Regierung Moskau weit entgegen. Er forderte weder die entschädigungslose Rückgabe der OCE noch den sofortigen Abzug der sowjetischen Truppen aus der Mongolei. Als Gegenleistung stimmte Ioffe Suns Ansicht zu, daß die in China herrschenden Bedingungen die Einführung eines sowjetischen Systems nicht

359 Es ist nicht festzustellen, welcher Text des Kommuniqués von den beiden Seiten als verbindlich betrachtet wurde. Ein Vergleich der dem Verfasser vorliegenden Fassungen ergibt mit hoher Wahrscheinlichkeit, daß es der in »The China Yearbook« abgedruckte englischsprachige Text war. Als ein Indiz hierfür kann gelten, daß das hier vorkommende »sovietism« in der von sowjetischer Seite vorgelegten russischsprachigen Fassung durch das in der sowjetrussischen Amtssprache ungebräuchliche »sovetizm« wiedergegeben wurde. Außerdem stimmen zwei chinesischsprachige Texte zwar sinngemäß, aber nicht »wörtlich« überein, sind also offensichtlich Übersetzungen. Es ergibt sich auch eine sinngemäße Identität mit dem englischen und russischen Text, allerdings mit zwei Ausnahmen: Am Anfang des Kommuniqués spricht der englische Text im Hinblick auf die beiderseitige Einschätzung der russisch-chinesischen Beziehungen von »identity of their views«, der russische von »voller Übereinstimmung ihrer Ansichten« (polnoe sovpadenie ich vzgljadov), während es in dem von KMT-Seite vorgelegten Text (Ko-ming wen-hsien) heißt, Sun und Ioffe hätten »offen und ehrlich über ihre vielfältigen Ansichten gesprochen« (p'i-li ch'i hsü-to i-chien). In der anderen chinesischen Fassung (Tung-fang tsa-chih von Januar 1923), die dem bei Brandt/Schwartz/Fairbank abgedruckten Text zugrunde lag - der wiederum von Domes aus der deutschen Ausgabe übernommen wurde -, fehlen die beiden Einleitungssätze. Vgl. die in dieser Anmerkung aufgeführten Texte in: The China Yearbook 1924/25, S. 863; Sovetsko-kitajskie otnošenija, S. 64 f.; Ko-ming wen-hsien, Bd. IX, S. 36 f. (1 242 f.); Kung-fei huo-kuo shih-liao hui-pien, Bd. I, Taipei o. J., S. 38 f. (identisch mit Ko-ming wen-hsien); Tung-fang tsa-chih, Bd. XX, Nr. 2 (25. Januar 1923), S. 10 f. (53288 f.); Domes, J., Vertagte Revolution, S. 84; Brandt, C., Schwartz, B., Fairbank, J. K., Der Kommunismus, S. 48 f.; Brandt, C., Schwartz, B., Fairbank, J. K., A Documentary History, S. 70 f. - Eine Interpretation des Kommuniqués aus der Sicht der KPCh findet sich in: Chung-kuo wai-chiao shih (nei-pu ts'an-k'ao), Bd. II (1917 - 1949), Peking 1958, S. 40. - Vgl. zum Kommuniqué auch oben S. 38 dieser Arbeit.

360 Chang Kuo-t'ao, The Rise, S. 268.

361 Vgl. zu den unterschiedlichen Versionen der Einleitungspassage oben Anm. 359 dieser Arbeit.

zweckmäßig erscheinen ließen. Er erklärte die Erringung der nationalen Einheit und Unabhängigkeit zu Chinas wichtigster Aufgabe. Vor allem aber versicherte er, Sun könne sich bei der Erfüllung dieser Aufgabe »auf die Unterstützung Rußlands verlassen«.[362] Dieser Passus stellt das erste belegbare Hilfeversprechen Moskaus an die Kuomintang dar.

Das Sun-Ioffe-Kommuniqué, die Orient-Leitsätze des IV. Komintern-Kongresses und der EKKI-Beschluß über das Bündnis zwischen KMT und KPCh, die sämtlich um den Jahreswechsel 1922/23 entstanden, lassen die enge prozedurale Verquickung der Chinapolitik des Moskauer Außenministeriums und der Kommunistischen Internationale zur damaligen Zeit erkennen. Ein Vergleich der Dokumente macht aber auch taktisch-inhaltliche Unterschiede zwischen den Vorstellungen der beiden Institutionen deutlich. So ist es kaum vorstellbar, daß die Komintern in einem Schriftstück wie dem Kommuniqué vom 26. Januar konzediert hätte, die Einführung des Kommunismus in China sei nicht möglich. Es ist gleichfalls verständlich, daß die KPCh, die von den Gesprächen zwischen Ioffe und Sun vorher nicht unterrichtet worden war und während derselben nicht konsultiert wurde, mit Befremden reagierte.[363]

In den eigenen Reihen der KMT wurde Sun Yat-sens Hinwendung zur Sowjetunion teils beifällig, teils kritisch aufgenommen. Suns außenpolitischer Berater Ch'en Yu-jen (Eugene Ch'en), der an den Beratungen mit Ioffe teilgenommen hatte, äußerte anschließend in einem Interview überschwenglich, das Kommuniqué habe Sun mit Moskaus Hilfe zu Weltgeltung verholfen und könne bei Fortsetzung der Feindseligkeiten seitens gewisser Großmächte »eine eiserne Allianz zwischen China und Rußland schmieden«.[364] Zu den stärksten Befürwortern der prosowjetischen Linie gehörten damals Liao Chung-k'ai und - zumindest nach dem 1930 erschienenen Bericht eines KMT-Vertreters in Europa - Chiang Kai-shek.[365] Wer bereits im Frühjahr 1923 diese Linie sonst noch befürwortete und wer sie bekämpfte, läßt sich nicht eindeutig feststellen. Die Angaben, die hierzu vorliegen, beziehen sich entweder auf die Zeit des I. Kongresses der KMT vom Januar 1924[366] oder verzichten überhaupt auf eine genauere

362 Dieser Halbsatz stimmt in den drei in Anm. 359 erwähnten Texten genau überein: »count on the support of Russia«, »rassčityvat' na podderžku Rossii«, »i O-kuo yüan-chu wei i-lai«.

363 Chang Kuo-t'ao, The Rise, S. 268.

364 The New York Times vom 28. 1. 1923, zit. nach Leng Shao Chuan and Palmer, N. D., Sun Yat-sen, S. 64 f. - Zu Ch'ens Teilnahme an den Beratungen zwischen Sun und Ioffe vgl. Biographical Dictionary, Bd. I, S. 181.

365 Liaos Rolle wird übereinstimmend in allen Berichten so dargestellt; Chiang Kai-sheks Zuordnung zum prosowjetischen Lager findet sich bei T'ang Leang-Li, The Inner History, S. 158.

366 So gibt T'ang Leang-Li, The Inner History, S. 179, an, auf dem I. Kongreß der KMT seien

zeitliche Einordnung;[367] außerdem differenzieren sie nicht zwischen einer Billigung bzw. Ablehnung der Allianz mit Moskau und des Bündnisses mit den chinesischen Kommunisten.
Wenn Ioffe auch bei der Wahl des Zeitpunktes für die Unterzeichnung des Schanghaier Kommuniqués - ebenso wie mit den anschließenden Gesprächen in Japan - nicht zuletzt die Absicht verfolgt haben mag, die Pekinger Regierung zum Nachgeben zu bewegen, so zeigt die folgende Entwicklung dennoch, daß unabhängig von derartigen taktischen Erwägungen die Allianz zwischen Sowjetrußland und der Kuomintang zügig verwirklicht wurde. Erst seit kurzem können auf Grund sowjetischer Veröffentlichungen einzelne Stufen dieses Prozesses dokumentarisch belegt werden. Demnach übermittelte Sun Yat-sen noch im Januar 1923 Ioffe ein an die Sowjetregierung gerichtetes Schreiben, in dem es hieß, Sun wolle sich

> »auf Rat und Hilfe stützen bei der Umgestaltung der Kuomintang, der Schaffung einer revolutionären Armee, der Organisation des Nordfeldzugs zur Vereinigung des Landes, sowie für alle geplanten Vorhaben finanzielle Unterstützung erhalten«.[368]

Das Schreiben läßt frühere Angaben[369] glaubwürdig erscheinen, nach denen es in Ioffes Geheimgesprächen mit Suns Beauftragtem Liao Chung-k'ai vom folgenden Monat im japanischen Thermalbad Atami unter anderem um die Einrichtung einer Militärakademie nach sowjetischem Vorbild gegangen sei. Man wird davon ausgehen können, daß Liao während seines vierwöchigen Aufenthalts in Atami[370] auch die übrigen in Suns

für die Allianz mit Moskau (und der KPCh) außer Liao Chung-k'ai Wang Ching-wei, Hu Han-min und Tai Chi-t'ao eingetreten. Eine kleine, aber einflußreiche Gruppe (Chang Chi, Lin Sen und Hsieh Ch'ih) habe diese Linie zwar mißbilligt, aber aus Loyalität gegenüber Sun in der Öffentlichkeit geschwiegen. Eine dritte Gruppe unter Feng Tzu-yu habe offen opponiert.

367 So berichtet Liao Chung-k'ais Witwe ohne genaue Zeitangabe, Hu Han-min, Hu I-sheng, Tsou Lu und Chü Cheng hätten sich gegen »die Reorganisation der KMT, die Allianz mit Moskau, das Bündnis mit der KPCh und die Unterstützung der Arbeiter und Bauern« gewendet. Sie seien hierbei von den »Rechten« Chang Chi, Feng Tzu-yu und Teng Tse-ju unterstützt worden. Vgl. Ho Hsiang-ning, Wo-ti hui-i, in: Jen-min jih-pao vom 7. 10. 1961.

368 Mirovickaja, R. A., Michail Borodin, S. 24; dieselbe, Pervoe desjatiletie, S. 26 (nach AMO SSSR).

369 Fuse Katsuji, Su-o ti tung-fang cheng-ts'e, Schanghai 1929, S. 229 ff., zit. nach Documents on Communism, S. 143, 578.

370 Über Liaos Gespräche mit Ioffe sind nur wenige (und dürftige) Berichte direkt oder indirekt Beteiligter bekanntgeworden: Wang Ching-wei erwähnte die Gespräche kurz auf dem II. Kongreß der KMT, vgl. den wörtlichen Auszug bei Pyn Min, Istorija, S. 108; Katsuji Fuse interviewte Liao während seines Aufenthalts in Japan, vgl. die Quellenangabe oben in Anm. 369 dieser Arbeit; Ch'en Kung-po verbrachte einen Abend zusammen mit Ioffe und Liao, vgl. Ch'en Kung-po, Wo yü kung-ch'an-tang, in: Ch'en Kung-po Chou Fu-hai hui-i lu ho-pien, Hongkong 1971, S. 46 f.; Liao Chung-k'ais Frau Ho Hsiang-ning erwähnt die äußeren Umstände von Liaos Japanreise, vgl. Ho Hsiang-ning, Wo-ti hui-i, in:

Schreiben genannten Bereiche möglicher sowjetischer Unterstützung mit Ioffe eingehend durchsprach.
Derartige Pläne waren im Februar 1923 nicht mehr nur theoretischer Natur. Die Eroberung Kantons durch die Generäle Hsü Ch'ung-chih, Yang Hsi-min, Liu Chen-huan und Shen Hung-ying, die sich der KMT gegenüber loyal verhielten, verhalf Sun wieder zu einer territorialen Basis und schuf damit eine der wesentlichsten Voraussetzungen für die Inanspruchnahme sowjetischer Hilfe.[371] Sun kehrte am 21. Februar nach Kanton zurück. Er bildete eine Militärregierung und bekam in der Folgezeit die militärische Lage im Kantoner Raum einigermaßen in den Griff.
Nach neueren sowjetischen Angaben[372] fiel im März in Moskau die Grundsatzentscheidung über Sun Yat-sens Hilfeersuchen: Die Führung der RKP/B und die sowjetische Regierung beschlossen, Sun eine Finanzhilfe in Höhe von etwa zwei Millionen mexikanischer Dollar zu gewähren und eine Beratergruppe nach China zu entsenden. Die Entscheidung dürfte umso leichter zu erreichen gewesen sein, als diejenigen Kreise, die in Narkomindel und Komintern noch immer Wu P'ei-fu favorisierten, dadurch in ihrer Argumentation geschwächt waren, daß Wu den von der KPCh mitorganisierten Eisenbahnerstreik an der Peking-Hankow-Linie am 7. Februar blutig niedergeschlagen hatte.[373] Am 1. Mai telegraphierte die Sowjetregierung an Sun, sie sei bereit, die notwendige Hilfe zu leisten.[374] Die praktischen Auswirkungen der nunmehr besiegelten Allianz begannen sich sehr bald zu zeigen: Ende Juni traf die erste Gruppe sowjetischer Militärberater in Peking ein, um sich dort auf die Weiterreise nach Kanton vorzubereiten, und Mitte August trat Chiang Kai-shek an der Spitze einer chinesischen Delegation eine Inspektionsreise nach Moskau an.

Jen-min jih-pao vom 7. 10. 1961. Bis auf Fuses Angaben lassen sich aus diesen Berichten keine Einzelheiten über den Inhalt der Gespräche entnehmen. – Vgl. zu den Gesprächen in Atami außerdem die (zum Teil widersprüchlichen) Angaben bei Li Chien-nung, The Political History, S. 443; T'ang Leang-Li, The Inner History, S. 157 f.; Woo T. C., The Kuomintang, S. 131 f.; Documents on Communism, S. 143; Biographical Dictionary of Republican China, Bd. II. S. 366.

371 Vgl. hierzu und zu den beiden Folgesätzen Li Chien-nung, The Political History, S. 427 f.; T'ang Leang-Li, The Inner History, S. 427 f.; Domes, J., Vertagte Revolution, S. 81 f.

372 Kartunova, A. I., Sun' Jat'sen i russkie sovetniki, S. 171; dieselbe, V. K. Bljucher v Kitae, S. 13 (beide ohne Quellenangaben). – Der mexikanische Dollar gehörte zu den Silberdollars, die damals in China im Umlauf waren.

373 Hierzu Chang Kuo-t'ao, The Rise, S. 270 ff.; Whiting, A. S., Soviet Policies, S. 121.

374 Mirovickaja, R. A., Michail Borodin, S. 24; dieselbe, Pervoe desjatiletie, S. 26 (AMO SSSR).

Teil II

Die Tätigkeit der sowjetischen Militärberater in Kuomintang-China (1923 - 1927)

1. Die Anfänge der militärischen Kooperation

Die ersten praktischen Schritte auf dem Wege zur sowjetischen Militärhilfe an China wurden im Sommer 1923 getan. Der im März in Moskau gefaßte Beschluß der höchsten Partei- und Regierungsorgane[375] über die Unterstützung der Kuomintang sah neben der Gewährung von Finanzhilfe die Entsendung von sowjetischen Beratern nach Kanton vor. Die erste Beratergruppe bestand aus fünf Offizieren der Roten Armee und reiste im Juni nach Peking, um sich dort auf ihre Tätigkeit in Südchina vorzubereiten. Auf der anderen Seite verließ im August im Auftrag Sun Yat-sens eine von Chiang Kai-shek geführte Militärdelegation Schanghai, um während eines dreimonatigen Aufenthalts in Sowjetrußland zu erkunden, welche Art von Hilfe Moskau der Kanton-Regierung gewähren konnte und wollte.

375 Hierzu oben S. 98 dieser Arbeit. - In der bisher vorliegenden westlichen Literatur gehen C. Martin Wilbur und Julie Lienying How sowie James C. Bowden am vergleichsweise ausführlichsten auf die sowjetische Militärberaterschaft in China 1923 - 1927 ein: Documents on Communism, passim; C. Martin Wilbur, Sun Yat-sen, Frustrated Patriot, New York 1976, besonders S. 166 - 228; Bowden, J. C., Soviet Military Aid to Nationalist China, 1923 - 1941, in: Garthoff, R. L., Sino-Soviet Military Relations, New York/Washington/London 1966, S. 44 - 56. Eine prägnante Darstellung findet sich bei Sommer, W., Militärberater, in: China Handbuch, hrsg. von Wolfgang Franke unter Mitarbeit von Brunhild Staiger, Düsseldorf 1974, Sp. 875.

a. Die erste sowjetische Militärberatergruppe in China

Da die Forschung bis zum Erscheinen der sowjetischen Publikationen der sechziger Jahre keinerlei Einblick in das Auswahl- und Vorbereitungsverfahren für die sowjetischen Militärberater hatte, erscheint es sinnvoll, diesen Bereich, der u. a. Rückschlüsse auf die Intentionen Moskaus zuläßt, etwas eingehender zu betrachten. Von der Quellenlage her ist dies besonders gut mit dem Blick auf die erste nach China entsandte Gruppe von Militärberatern möglich.

Die Mitglieder dieser ersten Gruppe wurden im Frühjahr 1923 aus dem Kreis der Absolventen der Militärakademie des Generalstabs (Voennaja akademija General'nogo štaba) der Roten Armee rekrutiert, die Ende 1918 gegründet worden war und nach dem Tod des Kriegskommissars Frunze (Oktober 1925) dessen Name erhielt.[376] Nach dem Bericht eines Mitglieds der Gruppe[377] spielte bei der Rekrutierung A. I. Gekker eine wichtige Rolle. Gekker hatte nach der Absolvierung der zaristischen Generalstabsakademie am Weltkrieg teilgenommen und war 1917 der bolschewistischen Partei beigetreten.[378] Im Bürgerkrieg diente er sich zum Armeekommandeur hoch. Als Kommandeur der IX. Armee leitete er 1921 die militärische Besetzung Georgiens und die Niederschlagung antibolschewistischer Erhebungen in Armenien, um dann für kurze Zeit die Leitung der Militärakademie des Generalstabs zu übernehmen.[379] Im August 1922 reiste er – zusammen mit 13 anderen Begleitpersonen und dem Komintern-Beauftragten Sneevliet – als militärischer Berater mit der Ioffe-Mission nach Peking.[380] Dort fungierte er als inoffizieller Militärattaché und wurde noch im Monat seiner Ankunft von Sun Yat-sen um militärischen Rat gebeten.[381]

Nach dem Fehlschlag der Ioffe-Mission kehrte Gekker im Frühjahr 1923 nach Moskau zurück.[382] Hier suchte er im Zusammenwirken mit dem Ge-

376 Vgl. zur Geschichte der Militärakademie in dem hier behandelten Zeitabschnitt Erickson, J., The Soviet High Command, S. 79, 194 f., 205.

377 Čerepanov, A. I., Zapiski, S. 10.

378 Zu den biographischen Angaben über Gekker siehe Who Was Who, S. 185; Erickson, J., The Soviet High Command, S. 123. – Gekker fiel dem Stalinschen Terror zum Opfer; er wurde am 1. 7. 1937 hingerichtet und posthum rehabilitiert, vgl. Who Was Who, S. 185.

379 Im Kontext seines Berichts über die Situation vom Frühjahr 1923 bezeichnet Čerepanov Gekker als ehemaligen Leiter der Militärakademie, Čerepanov, A. I., Zapiski, S. 9. Einem westlichen biographischen Werk zufolge war Gekker 1922 Stellvertretender Leiter der Akademie, vgl. Who Was Who, S. 185.

380 Siehe hierzu und zu Ioffes China-Mission oben S. 37 f.,75 f. dieser Arbeit.

381 Ebenda, S. 76. – Čerepanov bezeichnet Gekker in seinen Memoiren bei der Darstellung der Situation vom Frühjahr 1923 schlicht als Militärattaché (in China), Čerepanov, A. I., Zapiski, S. 9.

382 Hierzu und zum Folgesatz ebenda, S. 9 – 11.

neralstab der Roten Armee und der Leitung der Militärakademie geeignete Kandidaten für die erste für Südchina bestimmte Gruppe von Militärberatern aus.
Die Wahl fiel auf A. I. Čerepanov, Ja. German, P. I. Smolencev, N. I. Terešatov und V. Ja. Poljak.[383] Čerepanov, German und Smolencev legten zur Zeit ihrer Rekrutierung, im Frühjahr 1923, gerade die Abschlußprüfung des Grundkurses der Militärakademie ab. Terešatov und Poljak hatten dieses Examen bereits früher hinter sich gebracht, das Studium aber an der Fakultät für Orientalistik (Vostočnyj fakultet) der Akademie fortgesetzt. Auch Čerepanov hatte neben dem Grundstudium an dieser Fakultät inskribiert, wo er u. a. Chinesisch lernte, und sollte gerade den letzten Kurs beginnen; dasselbe traf offenbar für German und Smolencev zu.
Čerepanovs Rekrutierung begann mit einer Befragung durch Gekker, die in der Militärakademie im Beisein des Kommissars der Akademie, Muklevič, stattfand und sich auf soziale Herkunft, Zugehörigkeit zur zaristischen Armee, Teilnahme am Bürgerkrieg und Parteizugehörigkeit bezog.[384] Sie ergab, daß Čerepanov als Kompaniechef im Rang eines Stabshauptmanns am Weltkrieg teilgenommen hatte und Anfang 1918 der Roten Armee beigetreten war, wo er es während des Bürgerkriegs bis zum Brigadekommandeur brachte. Im Frühjahr 1923 gehörte er der RKP/B nicht als Mitglied an, sondern befand sich noch im Kandidatenstand. Muklevič, der Čerepanov vom Bürgerkrieg her kannte, befürwortete seine Kandidatur. Čerepanov wurde für den folgenden Tag in Gekkers Hotel bestellt; dort traf er auch German, Smolencev, Terešatov und Poljak an. Gekker begleitete die fünf Offiziere zum Stab der Roten Armee, wo ein Gespräch mit Ja. K. Berzin stattfand.
Čerepanov schweigt in seinem Bericht über den Inhalt dieser Unterredung und verliert auch kein Wort über Berzins Position und Persönlichkeit. Bei Berzin handelte es sich indes um den ehemaligen Leiter der Sonderabteilung (Osoboe Otdelenie, abgek. OO) der Čeka bei der XV. Armee, der 1920 von Dzeržinskij mit der Leitung einer neugegründeten Čeka-Abteilung beauftragt wurde.[385] Diese war für die Beschaffung militärischer Infor-

383 Hierzu und zum restlichen Absatz ebenda, S. 7 f., 10.

384 Hierzu und zum restlichen Absatz ebenda, S. 10. – Das Gespräch mit Berzin wird in der ersten Auflage des Buchs nicht erwähnt, vgl. Čerepanov, A. I., Zapiski voennogo sovetnika v Kitae, Iz istorii pervoj graždanskoj revoljucionnoj vojny (1924 - 1927), Moskau 1964, S. 7.

385 Hierzu und zu den drei Folgesätzen Erickson, J., The Soviet High Command, S. 282, 291, 357; Who Was Who, S. 67; Berchin, I. B., Voennaja reforma, S. 157; Dallin, D. J., Die Sowjetspionage, Prinzipien und Praktiken, Köln 1956, S. 16 - 18; Wolin, S., and Slusser, R. M. (ed.), The Soviet Secret Police, New York 1957, S. 143, 274; Barron, J., KGB, S. 343 - 345; Su-lien yin-mou wen-cheng hui-pien, Bd. I, erstes faksimiliertes russischsprachiges

mationen zuständig und wurde später zur Nachrichtenabteilung ((Glavnoe) Razvedyvatel'noe Upravlenie, abgek. GRU) der Roten Armee umgebildet. Von 1924 bis 1935 stand Berzin an der Spitze dieses Nachrichtendienstes, der seit 1926 als Abteilung IV des Generalstabs der Armee geführt wurde. Hauptfunktion der GRU war es, formal getrennt vom Auslandsapparat der Čeka (bzw. GPU, OGPU) die Armeeführung mit militärischen Informationen aus dem Ausland zu versorgen. Es liegt somit nahe zu vermuten, daß Berzin die fünf Kandidaten in denjenigen Bereich ihrer künftigen Tätigkeit einführte, der sich auf die Beschaffung von militärisch bedeutsamen Nachrichten aus China bezog. Damit war die Rekrutierung abgeschlossen. Čerepanov betont, ihm und seinen vier Kameraden sei damals schon bekannt gewesen, daß sie als Militärberater für die KMT-Regierung vorgesehen waren; alle hätten sich freiwillig für den Dienst in China entschieden.[386] Sie fuhren zusammen mit Gekker in Zivil mit der Eisenbahn über Manchouli und Changchun nach Peking, wo sie am 21. Juni 1923 eintrafen.

Zu diesem Zeitpunkt hielt sich Ioffe, der die sowjetrussische Mission in Peking als »Außerordentlicher bevollmächtigter Vertreter der RSFSR« leitete, schon seit mehreren Monaten zu politischen Gesprächen in Japan auf.[387] Die Geschäfte der Mission wurden kommissarisch von A. Dav'tjan wahrgenommen. Die Beziehungen zum Waichiaopu, von dem die Mission ohnehin nur als halboffiziell behandelt wurde, waren infolge der Abreise Ioffes und der Unterzeichnung des Schanghaier Kommuniqués mit Sun Yat-sen weiter abgekühlt.

Die fünf Offiziere hatten nach Čerepanovs Bericht[388] in den folgenden Wochen genügend Zeit, um sich in Ruhe mit der neuen Umgebung vertraut zu machen. Sie galten nach dem damaligen internen Sprachgebrauch als »rote Diplomaten« (krasnye diplomaty) und wurden von den wenigen Missionsangehörigen der alten Schule, zu denen auch der klassische Sinologe A. I. Ivanov gehörte,[389] in den für sie ungewohnten Umgangsformen des internationalen Parketts unterwiesen. Sie bemühten sich intensiv um die Vertiefung ihrer Chinesisch- und Englischkenntnisse und began-

Dokument (»Rabota R.U. v Kitae«), unpaginiert. - Berzin fiel 1937 den Stalinschen Säuberungen zum Opfer und wurde posthum rehabilitiert.

386 Hierzu und zum Folgesatz Čerepanov, A. I., Zapiski, S. 10 f.

387 Zu diesem Absatz oben S. 37 f. dieser Arbeit; Whiting, A. S., Soviet Policies, S. 205 - 207; Chejfec, A. N., Sovetskaja diplomatija, S. 158 f., 277 f.; Čerepanov, A. I., Zapiski, S. 18, 20; Lensen, G. A., Japanese Recognition of the U.S.S.R., S. 85 - 134.

388 Zu diesem Absatz Čerepanov, A. I., Zapiski, S. 17 - 22.

389 A. I. Ivanov, bei dem Čerepanov in Moskau Chinesisch gelernt hatte, war vor der russischen Oktoberrevolution mit Arbeiten über die Legalisten und den Reformer Wang Anshih hervorgetreten; ebenda, S. 17, sowie Nikoforov, V. N., Sovetskie istoriki, S. 379.

nen mit dem Studium der innen- und außenpolitischen Lage des damaligen China. Am 2. September erlebten sie die Ankunft des damals 34-jährigen Lev Michailovič Karachan in Peking, des neuen Missionschefs und künftigen Botschafters. Karachan kündigte ihnen an, im Zusammenhang mit dem baldigen Eintreffen eines Genossen aus Moskau werde über ihre künftige Tätigkeit entschieden werden.

Bei dem von Karachan namentlich zunächst nicht genannten Genossen handelte es sich um den damals 39-jährigen Michail Markovič Borodin, der - wahrscheinlich am 8. September 1923 - von der Sowjetregierung zum politischen Berater beim ZEK der Kuomintang ernannt worden war.[390] Das genaue Datum von Borodins Ankunft in Peking ist nicht feststellbar. Die bekanntgewordenen Umstände deuten darauf hin, daß er Mitte September eintraf. Borodins häufige und ausgedehnte Gespräche mit Karachan, von denen Čerepanov berichtet,[391] waren ohne Zweifel vor allem der gegenseitigen Abstimmung über seine bevorstehende Tätigkeit bei Sun Yat-sen gewidmet.

Karachan hatte Sun am 8. September ein erstes, überschwengliches Telegramm aus Peking geschickt, in dem es hieß:

> »Nehmen Sie meine herzlichsten Grüße und die Versicherung der tiefsten Dankbarkeit für ihre Freundschaft, die Sie in den Zeiten der für Rußland schweren Prüfungen ... bewiesen haben. ...
> Wir sind zutiefst überzeugt, daß die Union der Sozialistischen Sowjetrepubliken und China sich eng zusammenschließen müssen, um die Imperialisten dazu zu zwingen, darauf zu verzichten, unsere Länder als Kolonien zu betrachten. ...
> Lieber Doktor, Sie sind ein alter Freund des Neuen Rußland, und ich verlasse mich auf Ihre Hilfe bei der Erfüllung der großen Aufgabe, zwischen unseren beiden Völkern engste Beziehungen herzustellen«.[392]

Das Telegramm läßt in seinen Formulierungen durchschimmern, mit welchen Schwierigkeiten Karachan zu kämpfen hatte bei dem Bestreben, seine Mission, diplomatische Beziehungen zu Peking herzustellen, vor Sun zu rechtfertigen. Er vermied es, auf chinesische Regierungen Bezug zu nehmen. Statt dessen wählte er bei der Bezeichnung des Adressaten der

390 Hierzu und zu den beiden Folgesätzen Sovetskaja istoričeskaja ėnciklopedija, Bd. 2, S. 623; Dokumenty vnešnej politiki, Bd. VI, S. 345; Whiting, A. S., Soviet Policies, S. 244; Čerepanov, A. I., Zapiski, S. 22 f. - Zur Frage eines früheren Aufenthalts von Borodin in China siehe unten S. 106 f. dieser Arbeit. - Zur Biographie Borodins vgl. Mirovickaja, R. A., Michail Borodin, S. 22 ff.; Sovetskaja istoričeskaja ėnciklopedija, Bd. 2, S. 623; Lazitch, B., and Drachkovitch, M. M., Biographical Dictionary, S. 34; Fischer, L., Russia's Road, S. 118 ff.; Berner, W., Die sowjetische Lateinamerika-Politik, S. 3. - Weder wurden Memoiren Borodins veröffentlicht noch liegt bisher eine größer angelegte Borodin-Biographie vor. Borodin wurde 1949 verhaftet und starb 1951 im Lager.

391 Čerepanov, A. I., Zapiski, S. 23.

392 Dokumenty vnešnej politiki, Bd. VI, S. 435.

sowjetischen Chinapolitik unverfängliche Vokabeln wie »China« und das (chinesische) »Volk«.

Auch Sun Yat-sens Antworttelegramm vom 16. September[393] machte Karachans Dilemma deutlich. Sun bedankte sich, betonte die Notwendigkeit einer gemeinsamen Politik und zeigte Verständnis für den sowjetischen Wunsch nach diplomatischer Anerkennung durch Peking. Doch gleichzeitig richtete er, wie dies bereits früher geschehen war,[394] eine warnende Mahnung an die Adresse Moskaus:

> »Aber Ihre bedeutsamste Schwierigkeit besteht darin, daß Sie mit einer politischen Gruppe verhandeln, die absolut nicht das chinesische Volk vertritt und aufgehört hat, auch nur den Anschein einer Nationalregierung zu erwecken. Ihre Diplomatie läßt sich in Wirklichkeit lieber von den Wünschen und Weisungen bestimmter ausländischer Mächte leiten als von den Lebensinteressen Chinas als eines unabhängigen und souveränen Staates«.[395]

In einem Schreiben an Karachan vom darauffolgenden Tag, in dem dieser u. a. von der bereits erfolgten Entsendung der Militärmission Chiang Kai-sheks nach Moskau unterrichtet wurde, wiederholte Sun seine Ermahnungen in unmißverständlicher Weise:

> »Ich brauche wohl kaum zu sagen, daß Sie sich auf mich im Hinblick auf diejenige Unterstützung verlassen können, die ich Ihnen geben kann, um die Sache Ihrer *eigentlichen* Mission in China voranzubringen«.[396]

Sun bat Karachan im selben Schreiben, sich mit der Peking-Regierung nicht zu Bedingungen zu einigen, die die Souveränitätsrechte Chinas beeinträchtigten.[397] Für den Fall des Scheiterns der Verhandlungen legte er Karachan nahe, nach Kanton zu kommen, um dort mit seiner eigenen Regierung zu verhandeln, »anstatt mit leeren Händen nach Moskau zurückzukehren«.

Es ist nicht festzustellen, ob Sun zu diesem Zeitpunkt wußte, daß man in Moskau Borodin als seinen ständigen Verhandlungspartner vorgesehen hatte. Nach sowjetischen Angaben[398] kannte er diesen von einer Begeg-

393 Ebenda, S. 435 f. – Das Telegramm ist in Kuo-fu ch'üan-shu nicht enthalten.

394 Sun Yat-sens Brief an Lenin vom Dezember 1922, vollständiger Text siehe oben S. 77 f. dieser Arbeit.

395 Dokumenty vnešnej politiki, Bd. VI, S. 435.

396 Ebenda, S. 436 (Hervorhebung d. Verf. dieser Arbeit). – In der zitierten sowjetischen Dokumentensammlung wird nur ein Teil des Schreibens wiedergegeben. Es fehlt derjenige Abschnitt, der sich auf Chiang Kai-sheks Moskau-Mission bezieht. Dieser ist der Forschung nur aus einer Kopie bekanntgeworden, die Louis Fischer von Karachan persönlich erhielt, vgl. Fischer, L., Russia's Road, S. 73, sowie Whiting, A. S., Soviet Policies, S. 243. – Das Schreiben ist in Kuo-fu ch'üan-shu nicht enthalten.

397 Hierzu und zum Folgesatz Dokumenty vnešnej politiki, Bd. VI, S. 436.

398 Kapica, M. S., Sovetsko-kitajskie otnošenija, S. 105.

nung in den USA her persönlich. Borodins bevorstehende Ankunft wurde ihm von Karachan in einem Schreiben vom 23. September 1923 angekündigt. Das Schreiben soll wegen seiner grundsätzlichen Bedeutung für die Beurteilung von Borodins Funktion in der sowjetrussischen Chinapolitik der Jahre 1923 bis 1927 im vollen Wortlaut angeführt werden. Karachan schrieb:

> »Lieber Dr. Sun,
> daß es in Kanton keinen ständigen und verantwortlichen Vertreter unserer Regierung gibt, wird in Moskau seit langem als bitter empfunden. Mit der Ernennung von M. M. Borodin ist nunmehr ein wichtiger Schritt in diese Richtung getan worden. Gen. Borodin ist eines der ältesten Mitglieder unserer Partei, der viele Jahre an der revolutionären Bewegung in Rußland teilgenommen hat. Bitte betrachten Sie den G. Borodin nicht nur als den *Vertreter der Regierung*, sondern auch als *meinen persönlichen Vertreter*, mit dem Sie genauso freundschaftlich reden können wie mit mir. Auf das, was er sagt, können Sie sich so verlassen, wie wenn ich es Ihnen persönlich gesagt hätte. Er ist mit der gesamten Situation vertraut, und außerdem hatten wir vor seiner Abreise nach dem Süden ein langes Gespräch. Er wird Ihnen meine Gedanken, Wünsche und Gefühle übermitteln.
> Ich hoffe, daß mit der Ankunft des Genossen B. in Kanton die Dinge viel schneller vorangebracht werden, als dies zu meinem aufrichtigen Bedauern bis jetzt der Fall war, wünsche Ihnen von Herzen Erfolg bei Ihrer Arbeit und verbleibe mit freundlichen Grüßen
> Ihr
> (Unterschrift)«[399]

Das Empfehlungsschreiben besitzt nicht zuletzt deswegen besondere Bedeutung, weil es beweist, daß Borodin in der KMT von vornherein als Beauftragter der sowjetischen *Regierung* tätig war. Genau dies wurde nämlich anläßlich der Veröffentlichung der in der Sowjetbotschaft in Peking im April 1927 beschlagnahmten Geheimdokumente von Moskau bestritten. Es war Rykov als damaliger Vorsitzender des Rats der Volkskommissare der RSFSR und der UdSSR, der sich am 10. April 1927 mit der Feststellung von Borodin distanzierte, dieser sei kein Vertreter der Sowjetunion, er habe nie Instruktionen von der sowjetischen Regierung erhalten, diese könne folglich auch nicht für seine Handlungen verantwort-

399 Nach einer Kopie des Originaltexts, die Louis Fischer von Karachan persönlich erhielt, englisch wiedergegeben in: Whiting, A. S., Soviet Policies, S. 244, sowie teilweise in: Fischer, L., Russia's Road, S. 79; russisch teilweise in: Mirovickaja, R. A., Michail Borodin, S. 24 (Hervorhebungen d. Verf. dieser Arbeit). – Da die von Fischer und Whiting vorgelegten Fassungen nicht völlig gleichlauten, muß angenommen werden, daß der ihnen zugrunde liegende Text russisch abgefaßt war. Die auf russisch verfügbaren Sätze wurden daher vom Verfasser dieser Arbeit aus dem Russischen übersetzt. – Zu den Umständen, unter denen Fischer in den Besitz des Empfehlungsschreibens kam, vgl. Fischer, L., The Soviets in World Affairs, Bd. I, S. VIII f.

lich gemacht werden.[400]

Karachans oben zitiertes Schreiben vom 23. September 1923 wurde seither bis in die jüngste Zeit hinein in der sowjetischen Literatur totgeschwiegen. Daß Karachan seinerzeit Louis Fischer eine Kopie einsehen ließ, mutet vor diesem Hintergrund nahezu unglaublich an. 1970 wurde sowjetischerseits zum ersten Mal wörtlich aus dem Schreiben zitiert[401] und damit dessen Authentizität bestätigt. Es kann kein Zweifel daran bestehen, daß Borodin, der in der Kantoner Öffentlichkeit zunächst nur als Vertreter der sowjetrussischen Nachrichtenagentur ROSTA auftrat,[402] neben seinem Regierungsauftrag weitgehende Vollmachten des EKKI der Komintern besaß, die es ihm gestatteten, seine Beratertätigkeit bei der KMT mit einem starken Einfluß auf die Entscheidungen der Führung der KPCh zu verbinden, um so die notwendige Koordination zu gewährleisten.

Aus Karachans Empfehlungsschreiben geht hervor, daß Borodin am 23. September bereits auf dem Weg nach Kanton war. In seiner Begleitung befanden sich die Offiziere German und Poljak.[403] German löste sich unterwegs von der Gruppe und erreichte Kanton noch im September.[404] Borodin und Poljak trafen in den ersten Oktobertagen,[405] wahrscheinlich am 6. Oktober,[406] dort ein.

An dieser Stelle soll nicht verschwiegen werden, daß der Verfasser bei dem Versuch, den Beginn der Tätigkeit Borodins in Kanton zu datieren, auf einen Umstand stieß, der sich anhand der gegenwärtig verfügbaren Quellen nur ungenügend aufklären läßt. Sowohl Borodins Witwe als auch zwei in der Sowjetunion erschienene historische Publikationen geben nämlich an, Borodin sei »im Frühling« bzw. »Anfang« 1923 nach Kanton bzw. China gefahren.[407] Die Veröffentlichungen vermerken übereinstimmend, er habe die Reise auf Einladung Sun Yat-sens unternommen. Gemeinsam

400 Izvestija vom 20. 4. 1927, zit. nach Eudin, X. J., North, R. C., Soviet Russia and the East, S. 299 f.

401 Mirovickaja, R. A., Michail Borodin, S. 24.

402 Sharman, L., Sun Yat-sen, S. 253.

403 Čerepanov, A. I., Zapiski, S. 23.

404 Ebenda, S. 39.

405 Jur'ev, M. F., Revoljucija, S. 15; Mirovickaja, R. A., Michail Borodin, S. 24; Kartunova, A. I., Sun' Jat-sen i russkie sovetniki, S. 181.

406 Documents on Communism, S. 144 (mit weiterer Quellenangabe).

407 Borodina, F. S., Sovetnik Sun' Jat-sena, S. 296; Tichvinskij, S. L., Sun' Jat-sen, S. 281 (Anm. 369); Sovetskaja istoričeskaja ėnciklopedija, Bd. 2, S. 623. – Die verfügbaren spärlichen biographischen Hinweise für das erste Halbjahr 1923 besagen, Borodin habe in dieser Zeit für die Redaktion von »Communist International« gearbeitet und im Juni dem Zentralrat der Profintern über die englische Arbeiterbewegung Bericht erstattet, vgl. Lazitch, B., and Drachkovitch, M. M., Biographical Dictionary, S. 34.

ist den drei Darstellungen aber auch, daß sie es bei diesen lapidaren Hinweisen bewenden lassen und keinerlei Angaben über Aufenthaltsdauer und Art der Tätigkeit machen. Ein Irrtum ist angesichts dieser Kongruenzen unwahrscheinlich. Außerdem gibt es zumindest einen bestätigenden Hinweis von einer anderen Seite: In einem 1957 in Peking erschienenen Aufsatz heißt es, Borodin habe um diese Zeit in der Pekinger Sowjetmission eine kraftvolle zweistündige Rede vor den Mitgliedern der örtlichen KPCh-Zelle gehalten.[408] Es bleibt die Schlußfolgerung, daß Borodin diese erste Chinareise unter streng konspirativen Umständen unternahm, die man aus unbekannten Gründen in der Sowjetunion auch heute noch nicht enthüllen zu können glaubt.

Die Hinweise auf ein Eintreffen Borodins in China Anfang 1923 lassen zwei hypothetische Deutungen zu. Zum einen könnte Borodin in Kenntnis seiner beabsichtigten Abordnung zu Sun Yat-sen die Absicht verfolgt haben, sich vor Ort einen persönlichen Eindruck von der Situation in China zu verschaffen, um dann nach Moskau zurückzukehren und auf der Grundlage der eigenen Beobachtungen im Narkomindel und im EKKI der Komintern die von ihm künftig in Kanton zu verfolgende taktische Linie mitzubestimmen. Die andere Möglichkeit wäre, daß er von Anfang 1923 an (als Komintern-Vertreter) ohne Unterbrechung bis zum Herbst in China weilte, um dann erst (als Vertreter der Sowjetregierung) seine offizielle Beraterfunktion bei der KMT wahrzunehmen. Die Wahrscheinlichkeit spricht für die erste Hypothese, denn es ist schwer vorstellbar, daß Borodin sich über ein halbes Jahr in China aufhielt, ohne irgendwelche Spuren zu hinterlassen. In beiden hypothetischen Fällen aber kann als sicher gelten, daß er in die chinesische Szenerie von Sneevliet eingeführt wurde, der Anfang 1923 seinen dritten Chinaaufenthalt angetreten hatte und sich mit der Ausarbeitung eines Plans zur Reorganisierung der KMT zu beschäftigen begann,[409] die eines der wichtigsten späteren Tätigkeitsfelder Borodins darstellte. Es ist durchaus vorstellbar, daß Sneevliet und Borodin die Reise nach China gemeinsam unternahmen.

Doch zurück von diesem Exkurs zu dem weniger obskuren Eintreffen Borodins in Kanton Anfang Oktober 1923. Wie Borodins Witwe Fanja Semenovna, die später als seine Sekretärin tätig war, zu Protokoll gab,[410]

408 Ch'i-wu lao-jen (Pseud.), Hui-i Li Ta-chao t'ung-chih, in: Chung-kuo kung-jen vom 12. 5. 1957, S. 22 f., zit. nach Bing, D., Sneevliet and the Early Years, S. 693, Anm. 79.

409 Bericht Sneevliets an das EKKI vom 31. 5. 1923, auszugsweise in: Kartunova, A. I., Komintern i nekotorye voprosy, S. 305; Briefe Sneevliets an Van Ravensteyn vom 26. 2. 1923 und an Radek und Safarov vom 30. 5. 1923, auszugsweise in: Muntjewerf, A. C., Was there a »Sneevlietian Strategy«?, S. 165 f. (Anm. 21, 25).

410 Borodina, F. S., Sovetnik Sun' Jat-sena, S. 286.

kam sie zur selben Zeit mit den beiden Söhnen in Kanton an. Čerepanov und Terešatov wurden Anfang Januar 1924 von Karachan angewiesen, nach Südchina zu reisen.[411] Sie fuhren zunächst mit dem Zug nach Schanghai, wo sie von S. L. Vil'de, einem Mitarbeiter des sowjetischen Konsulats und späteren Vizekonsul,[412] betreut wurden. Für die Weiterreise nach Kanton benutzten sie ein britisches Schiff; über Rundfunk erfuhren sie unterwegs tiefbewegt die Nachricht von Lenins Tod. Am 25. Januar kamen sie in Kanton an - gerade noch rechtzeitig, um die letzten Tage des I. Parteikongresses der KMT mitzuerleben, in dessen Aktivitäten sie sogleich einbezogen wurden. Smolencev war somit zu dieser Zeit das einzige Mitglied der ersten Militärberatergruppe, das in Peking zurückblieb.[413] Čerepanov läßt in seinen Aufzeichnungen klar erkennen,[414] daß er und seine drei Offizierskameraden in Kanton Borodin unterstellt waren. Dieser Zustand der direkten Weisungsgebundenheit gegenüber Borodin dauerte offenbar an, bis im Frühjahr 1924 P. A. Pavlov seinen Posten als Chef-Militärberater bei der KMT übernahm.

b. Chiang Kai-sheks Militärmission nach Sowjetrußland: eine Neubewertung anhand der Baranovskij-Protokolle

Als Borodin und Poljak in Kanton eintrafen, hielt sich bereits seit einem Monat eine von Sun Yat-sen entsandte Gruppe von Chinesen unter der Leitung von Chiang Kai-shek in Moskau auf.[415] Sie wurde von sowjetischer Seite in erster Linie als eine Militärdelegation (voennaja delegacija) angesehen. Sun hatte seit 1918 immer wieder den Gedanken erwogen, Mitarbeiter zu Gesprächen mit der sowjetischen Führung nach Moskau zu entsenden.[416] Als sich im zweiten Halbjahr 1922 eine engere Verbindung mit Sowjetrußland abzuzeichnen begann, mußte sich dieser Wunsch verstärken. Im Dezember des Jahres kündigte Sun in einem Schreiben an Lenin an, er werde in naher Zukunft einen bevollmächtigten Vertreter nach Moskau schicken, um über gemeinsame Aktionen zu beraten.[417]

411 Hierzu und zum restlichen Absatz Čerepanov, A. I., Zapiski, S. 23 - 25, 38 f.
412 Višnjakova-Akimova, V. V., Dva goda, S. 236.
413 Čerepanov, A. I., Zapiski, S. 23.
414 Ebenda.
415 Kartunova, A. I., V. K. Bljucher v Kitae, S. 13.
416 Siehe oben S. 58 und 66 dieser Arbeit.
417 Kartunova, A. I., Sun' Jat-sen - drug, S. 32; deutsche Übersetzung des Schreibens siehe oben S. 77 f. dieser Arbeit.

Der endgültige Beschluß über die Entsendung einer Mission wurde von Sun Ende Juli 1923 gefaßt.[418] Zu den Aufgaben der von dem damals 36-jährigen Chiang Kai-shek geleiteten Delegation gehörte es, das Partei- und Regierungssystem der Sowjetunion zu studieren. Chiang sollte aber auch, wie Sun in einem Schreiben an Karachan streng vertraulich mitteilte,

»Mittel und Wege diskutieren, wie unsere dortigen Freunde mir bei meiner Arbeit in diesem Lande helfen können. Insbesondere soll General Chiang mit Ihrer Regierung und Militärexperten einen Vorschlag für ein militärisches Vorgehen meiner Truppen in den Gebieten nordwestlich von Peking und darüber hinaus erörtern. General Chiang hat alle Vollmachten, für mich zu handeln«.[419]

Nicht nur dieser Passus, sondern auch die Tatsache, daß Chiang Kai-shek als kurz zuvor ernannter Stabschef in Suns Hauptquartier mit der Führung der Delegation beauftragt wurde, deuten auf deren überwiegend militärischen Charakter hin.
Neben Chiang gehörten der Delegation Shen Ting-i, Wang Teng-yün und Chang T'ai-lei an.[420] Shen Ting-i (auch: Shen Hsüan-lu) und Wang Teng-yün, der in einer sowjetischen Quelle als General bezeichnet wird,[421] gehörten der KMT an; Shen war außerdem Mitglied der KPCh. Der damals 25-jährige Chang T'ai-lei, einer der wichtigsten Verbindungsmänner zwischen Komintern und KPCh, war bereits mehrfach in Sowjetrußland gewesen, hatte am III. Komintern- Kongreß teilgenommen und in China für die Komintern-Vertreter Sneevliet und Dalin gedolmetscht;[422] im Sommer 1923 gehörte er dem ZK des chinesischen (kommunistischen) Sozialistischen Jugendverbands und dem EKKI der Kommunistischen Internationale an. Chiang besprach auf Suns Anweisung hin die Zusammensetzung der Delegation und andere deren Auftrag betreffende Fragen am 8. August in Schanghai u. a. mit Sneevliet, Chang Chi und Wang Ching-wei. Die Delegation verließ Schanghai am 16. August per Schiff und stieg in Dairen in die Südmandschurische Eisenbahn um. Über Changchun und Harbin erreichte sie am 25. August die Grenzstation Manchouli und kam am 2. September in Moskau an.

418 Hierzu und zum Folgesatz Chiang Kai-shek, A Summing up, S. 18; Hsiung S. I., The Life, S. 177; Domes, J., Vertagte Revolution, S. 88.

419 Brief Suns an Karachan vom 17. 9. 1923, Kopie des Originals im Archiv von Louis Fischer, zit. nach Whiting, A. S., Soviet Policies, S. 243.

420 Hierzu und zum restlichen Absatz Mao Szu-ch'eng (Hrsg.), Min-kuo shih-wu nien, S. 201 - 204; Chiang Kai-shek, A Summing up, S. 19; Kartunova, A. I., V. K. Bljucher v Kitae, S. 13 (Shen wird hier fälschlicherweise Sheng Yüan-yu, russ. Šen Juan'-ju, transkribiert); Domes, J., Vertagte Revolution, S. 774; Biographical Dictionary of Republican China, Bd. I, S. 111, 322.

421 Kartunova, A. I., V. K. Bljucher v Kitae, S. 13.

422 Siehe oben S. 64 und 82 f. dieser Arbeit.

Die Kenntnisse, die die Forschung von Chiangs Mission bisher besaß, sind oberflächlich und lückenhaft. Vor allem aber sind sie im eigentlichen Sinne einseitig, da sie sich nur auf Chiangs Angaben und einige zusätzliche Informationen aus KMT-Kreisen stützen können.[423] Diese Berichte, die hier im einzelnen nicht wiederholt werden sollen, besagen, daß Chiang und sein Gefolge sich mit der Organisation der RKP/B befaßten, militärische Einrichtungen wie die Militärakademie in Moskau, die Petrograder Marineakademie und die Kronstadter Marinebasis besichtigten, im EKKI der Kommunistischen Internationale zu Gast waren, Sowjets verschiedener Ebenen und Industrie- und Landwirtschaftsbetriebe besuchten. Wir wissen auch, daß Chiang, durch gleichlautende Empfehlungsschreiben Suns an Lenin, Čičerin und Trockij bestens eingeführt,[424] mit vielen führenden Persönlichkeiten des Partei-, Staats-, Militär- und Kominternapparats wie Trockij, Rudzutak, Čičerin, Kalinin, Ioffe, Kamenev, Zinov'ev und Radek - nach den Angaben zweier Verfasser auch Stalin - sprechen konnte. Wäre Lenin nicht todkrank gewesen, so wäre Chiang sicher auch von diesem empfangen worden. Chiang trat die Rückreise am 29. November an und traf am 15. Dezember in Schanghai ein.
Der äußere Verlauf der Reise ist somit in groben Zügen bekannt. Die Fragen beginnen dort, wo es um die Eindrücke geht, die Chiang aus der sowjetischen Metropole mit nach Hause nahm. Hierzu gibt es unterschiedliche Meinungen.[425] Eine Klärung erscheint gegenwärtig nicht möglich, da weder Chiangs nach der Rückkehr abgefaßter schriftlicher Erfahrungsbericht an Sun veröffentlicht vorliegt noch zuverlässige Informationen über die anschließend Mitte Januar 1924 erfolgte mündliche Berichterstattung bekanntgeworden sind. Chiangs eigene Angaben zu den Rapporten[426] lassen eher darauf schließen, daß deren Tendenz nicht nur negativ war.
Aber auch über Inhalt, Verlauf und Atmosphäre der Gespräche in Moskau und Petrograd fehlten bisher genauere Informationen. Daß nunmehr wenigstens hier ein erster Einblick möglich ist, verdanken wir der sowjetischen Historikerin Kartunova. In einer 1970 erschienenen Veröffentlichung zitiert sie ausführlich und wörtlich aus einem Protokoll, das der China-Referent des Narkomindel, M. Baranovskij, über drei der Moskauer Unterredungen angefertigt hatte.[427] Hiervon war eines der russischen

423 Zu diesem Absatz Mao Szu-ch'eng (Hrsg.), Min-kuo shih-wu nien, S. 204 - 217, passim; Chiang Kai-shek, A Summing up, S. 19; Hsiung S. I., The Life, S. 175 - 179; Tong Hollington K., Chiang Kai-shek, S. 43 f.; T'ang Leang-Li, The Inner History, S. 158.

424 Whiting, A. S., Soviet Policies, S. 243.

425 Hierzu im einzelnen Domes, Vertagte Revolution, S. 88 f.

426 Chiang Kai-shek, A Summing up, S. 19 und 23 f.

427 Kartunova, A. I., V. K. Bljucher v Kitae, S. 13 - 20 (nach Archivmaterialien aus CPA IML).

Revolution und den künftigen Parteibeziehungen zwischen RKP/B und KMT gewidmet, während die beiden anderen sich auf die militärische Lage in China und die Möglichkeiten sowjetischer Militärhilfe bezogen. Von Kartunova erfahren wir auch,[428] daß es sich bei dem von Chiang genannten Moskauer Gesprächspartner Kamenev nicht um das Politbüromitglied Lev Borisovič, sondern um den Oberkommandierenden der Roten Armee Sergej Sergeevič Kamenev handelt, und daß Chiang neben den durch die KMT-Literatur bekannten Gesprächspartnern auch mit dem Stellvertretenden Vorsitzenden des Revolutionären Kriegsrats der UdSSR (Revvoensovet SSSR) Ėfraim Markovič Skljanskij und mit Volksbildungskommissar Lunačarskij sprach. Aus dem Begleittext von Kartunova[429] wird im übrigen deutlich, in welch engen Grenzen sich die sowjetische Historiographie auf diesem Feld auch heute noch bewegen muß: Von Chiangs Gesprächspartnern, die dieser selbst erwähnt, werden (neben Ioffe) die prominenten Namen Trockij und Zinov'ev mit Schweigen übergangen.

Das erste der Baranovskij-Protokolle gibt ein Gespräch wieder,[430] das Chiang im September mit Jan Ėrnestovič Rudzutak führte. Dieser gehörte damals dem Politbüro des ZK der RKP/B als Kandidat an und bildete zusammen mit Stalin (Generalsekretär), Molotov und Zelenskij das Sekretariat des ZK. Chiang bat Rudzutak um eine Darstellung der Geschichte der russischen Revolution, damit die Kuomintang, die die russische KP stets »als ihre leibliche Schwester (svoej rodnoj sestroj)« betrachtet habe, hieraus Lehren für ihre eigene künftige Politik ziehen könne. Rudzutak begrüßte die Ankunft der Delegation, da die Kuomintang ihrem Geist nach der russischen KP sehr nahe stehe und es auch andere Umstände gebe, die die arbeitenden Massen Chinas und der Sowjetunion einander nahebrächten. So hätten beide Länder eine agrarische Struktur und eine viele tausend Werst lange gemeinsame Grenze. Die Ankunft der Delegation sei ein erster Schritt auf dem Wege, die natürlichen Beziehungen durch die Herstellung des bisher nicht vorhandenen Kontakts zwischen den arbeitenden Massen in beiden Ländern zu festigen. Rudzutak referierte sodann zweistündig über die russische Revolution, die NĖP, die Nationalitätenpolitik der bolschewistischen Partei, die Industrialisierung und den Aufbau der Roten Armee. Anschließend schlug er vor, die künftige Koordination der Tätigkeit von KMT und RKP/B einer Sonderkommission zu übertragen, die sich aus Vertretern der chinesischen Delegation und

428 Ebenda, S. 13.
429 Ebenda.
430 Zu diesem Absatz ebenda, S. 13 f.

der Komintern zusammensetzen solle. Außerdem empfahl er der KMT, einen ständigen Vertreter nach Moskau zu entsenden. Chiang dankte für die Informationen und erklärte sich mit beiden Vorschlägen einverstanden. Bei der Wiedergabe der Protokolle durch Kartunova fällt auf, daß in ihnen nirgendwo die Rede von der Entsendung eines ständigen Vertreters der RKP/B nach Kanton die Rede ist, wo doch Gespräche hierüber schon der Reziprozität wegen stattgefunden haben müßten. Kartunova räumt allerdings auch ein,[431] daß die Protokolle nicht vollständig wiedergegeben wurden.

Daß es Chiang nicht so sehr auf Parteibeziehungen wie auf militärische Beratung ankam, wird aus dem zweiten Baranovskij-Protokoll[432] ersichtlich. Es gibt ein Gespräch wieder, das Chiang Kai-shek in Anwesenheit aller übrigen Delegationsmitglieder am 9. September mit zwei Spitzenvertretern der militärischen Hierarchie, Ė. M. Skljanskij und S. S. Kamenev, führte und in dem er den aktiveren Part übernahm. Nach kurzer Begrüßung, bei der Skljanskij die KMT als Waffenbruder (brat po oružiju) bezeichnete, kam Chiang ohne Umschweife auf seine Wünsche zu sprechen:

»1. Die Delegation wünscht, daß der Revolutionäre Militärrat eine größtmögliche Anzahl von Leuten nach dem Süden Chinas schickt, die die chinesische Armee nach dem Vorbild der Roten Armee ausbilden sollen.
2. Die Delegation wünscht, daß der Revolutionäre Militärrat es den Vertretern Sun Yat-sens ermöglicht, sich mit der Roten Armee vertraut zu machen.
3. Die Delegation bittet um gemeinsame Erörterung eines Plans für militärische Aktionen in China«.[433]

Der zweite Punkt erwies sich als der unproblematischste. Skljanskij sicherte Chiang zu,[434] Petrovskij als Chef der Obersten Militärschulen (glavnych voennych učebnych zavedenij) werde die Delegation mit allen interessierenden Tätigkeitsbereichen der Roten Armee bekanntmachen.

Der unter Punkt 1 vorgebrachte Wunsch wurde von der sowjetischen Seite mit spürbarer Zurückhaltung aufgenommen. Skljanskij brachte vor,[435] man müsse zunächst die Erfahrungsberichte der ersten nach Südchina entsandten Leute (Čerepanov, Poljak, German, Terešatov, Smolencev)[436] abwarten. Der Revvoensovet verfüge zudem über nur wenige mit China vertraute und des Chinesischen mächtige Leute, so daß die Sowjetunion auch bei allem guten Willen keine große Anzahl von Offizieren nach Südchina

431 Ebenda, S. 13 (Anm. 18).
432 Ebenda, S. 14 - 17.
433 Ebenda, S. 15.
434 Ebenda.
435 Ebenda.
436 Siehe oben S. 100 ff. dieser Arbeit.

schicken könne. Da den Russen das Erlernen der chinesischen Sprache Schwierigkeiten bereite, sei es am besten, wenn man in Rußland militärische Sonderschulen (special'nye voennye školy) für Chinesen einrichte. Dies sei wesentlich einfacher, da etliche Chinesen bereits an sowjetischen Lehranstalten studierten, wie z. B. an der Kommunistischen Universität der Werktätigen des Ostens (KUTV), wo es rund dreißig chinesische Hörer gebe.[437] Chiang ging auf Skljanskijs Vorschlag ein. Das Thema wurde mit der gemeinsamen Feststellung abgeschlossen, die Gründung von Militärschulen für Chinesen in Rußland sei wünschenswert; als nächstes müsse das Einverständnis des Narkomindel eingeholt werden.

Das Protokoll bricht an dieser Stelle der Festlegung der Verhandlungsergebnisse zu Punkt 1 des chinesischen Wunschkatalogs in der Wiedergabe von Kartunova ab; Kartunova macht allerdings durch Punktation deutlich,[438] daß der Text des Originals weiterlief. Sie weist weiter in einer Anmerkung darauf hin,[439] daß die tatsächliche Entwicklung anders verlief, als am 9. September 1923 vereinbart; daß nämlich die Offiziere der KMT-Truppen im wesentlichen (v osnovnom) an der Whampoa-Militärakademie (künftig: Whampoa-MA oder einfach Whampoa) ausgebildet wurden. Sie gibt allerdings keine Gründe für diesen Trendwechsel an. Es muß daher offenbleiben, ob der Fortsetzungstext des Originalprotokolls Rückschlüsse auf potentielle Hinderungsgründe für die Verwirklichung der »russischen« Ausbildungskonzeption zuläßt.

Beim Übergang zum dritten Diskussionspunkt (Suns militärischer Plan) richtete die sowjetische Seite an die Chinesen einige Fragen,[440] die sich auf die militärische Lage in Kanton bezogen. Aus den Antworten ergab sich ein bedrückendes Bild. Die Sun zur Verfügung stehenden Truppen seien zahlenmäßig unzureichend, besäßen eine geringe (Kampf)moral und überhaupt keinen revolutionären Geist. Ständig müsse man befürchten, daß sie sich vom Gegner kaufen ließen. Selbst wenn es Sun gelänge, Peking zu erobern, könne er unter den gegenwärtigen Umständen wegen der Unzuverlässigkeit der Soldaten und wegen der feindseligen Aktionen der Ausländer, besonders der Engländer und Amerikaner, dennoch wieder zum

437 Die KUTV wurde im Frühjahr 1921 gegründet. Bei der Einrichtung der chinesischen Klasse im Herbst des Jahres hatten bereits etwa 35 Studenten inskribiert. Vgl. Sheng Yüeh, Sun Yat-sen University, S. 155. - Vgl. zur KUTV auch die neuere Arbeit von Kuan Su-chih, An Early Chinese Experience in Moscow's Advanced Education Centers, in: Issues & Studies, Bd. XI, Nov. 1975, Nr. 11, S. 48 ff., sowie Timofeeva, N. N., Kommunističeskij Universitet Trudjaščichsja Vostoka (KUTV) (1921 - 1925), in: Narody Azii i Afriki, Jg. 1976, Nr. 2, S. 47 - 57.

438 Kartunova, A. I., V. K. Bljucher v Kitae, S. 15.

439 Ebenda, Anm. 22

440 Zu diesem Absatz ebenda, S. 15 f.

Rückzug genötigt werden. Die Ausrüstung der Truppe sei mangelhaft. In Kanton gebe es - abgesehen von einer Gewehrfabrik - keine Rüstungsindustrie; die Pulverfabrik sei während des Putsches von Ch'en Chiungming im Vorjahr zerstört worden. Kanton sei daher auf Importe von Rüstungsgütern angewiesen, die jedoch durch die Engländer in Hongkong behindert würden.

Überhaupt bedeute die Festung Hongkong, so wurde von den chinesischen Delegationsmitgliedern weiter erklärt,[441] eine ständige Bedrohung Kantons. Sollte Suns Armee siegreich nach Norden marschieren, so sei zu befürchten, daß die Engländer die Warlords (der Protokolltext verwendet hier den chinesischen Terminus tu-chün) der Nachbarprovinzen zu einem Aufstand im Kantoner Hinterland veranlaßte. Auch würde die starke ausländische Kriegsflotte auf dem Yangtse Suns Armee am Überschreiten des Stroms hindern, um eine Niederlage Wu P'ei-fus abzuwenden.

Angesichts dieser Lage hätten der Generalstab der Armee des Südens und die Kuomintang vor der Abreise der Delegation beschlossen, das militärische Aktionsfeld nach Nordwest-China zu verlegen. Im Protokoll heißt es sodann wörtlich:

> »Zu diesem Zweck wurde auch die jetzige Delegation entsandt. Zu ihren Aufgaben gehört die Koordinierung des Plans für die neuen militärischen Operationen mit dem Revvoensovet, von dem die Delegation diesbezüglich Rat erbittet«.[442]

Das Baranovskij-Protokoll läßt somit deutlich erkennen, daß es das Hauptziel der Chiang-Mission war, die sowjetische militärische Führung für den neuen Plan zu gewinnen und hierfür deren Beratung sicherzustellen.

Chiang Kai-shek führte anschließend Skljanskij und Kamenev in einem zweistündigen Referat vor,[443] wie sich ihm die militärische Landkarte Gesamtchinas darstellte. Das von ihm entworfene Bild von Einflußbereich und Stärke der einzelnen Militärmachthaber sah - verkürzt und schematisiert - wie folgt aus:

- Sun Yat-sen: Einflußbereich Provinz Kuangtung, aber auch über viele Parteigänger nach Kuangsi, Yünnan, Kueichou, Hunan, Kiangsi und Szechuan hineinreichend; Truppenstärke 80 000 Mann;
- Wu P'ei-fu: Hauptquartier in Loyang, verfügt über ein unbeachtliches Territorium;

441 Zu diesem Absatz ebenda, S. 16.

442 Ebenda.

443 Zu diesem Absatz ebenda, S. 16 f. - Vgl. zur militärischen Landkarte Chinas in den Jahren 1918 bis 1920 oben S. 30 f. dieser Arbeit.

- Ts'ao K'un: mit Wu P'ei-fu verbündet; kontrolliert Chihli und Shantung; Wus und Ts'aos Truppenstärke zusammen 80 000 Mann;
- Chang Tso-lin: Einflußbereich Mandschurei; Truppenstärke 80 000 Mann.

Suns neuer Plan[444] richte sich auf die Bekämpfung von Wu P'ei-fu und Ts'ao K'un, und zwar durch das folgende Vorgehen:

a) Die in Shensi befindlichen Partisanen, die 1922 von Wu P'ei-fu zersprengt worden waren, werden zusammengefaßt und durch Einheiten aus dem Süden verstärkt, um so in Shensi ein Bollwerk gegen Wu P'ei-fu zu errichten;
b) Als zweite Kolonne wird eine neue Armee Sun Yat-sens nach dem Vorbild der Roten Armee in einem Gebiet aufgebaut, das sich im chinesisch-mongolischen Grenzbereich befindet und sich bis in die Nähe der Gegend südlich von Urga erstreckt;
c) Hilfsweise werden die in Zentralchina befindlichen sogenannten Banditen, die kürzlich auf der Eisenbahnstrecke Peking - P'u-k'ou einen Zug mit Ausländern überfallen hätten, für Partisanentätigkeit gegen Wu P'ei-fu und Ts'ao K'un eingesetzt: Sprengung von Gleiskörpern, Eisenbahnbrücken und -zügen usw. Zusätzlich müsse Propagandaarbeit unter den Truppen Wu P'ei-fus, unter Arbeitern und Bauern geleistet werden.

Die sowjetischen Militärs reagierten auf diesen Plan noch zurückhaltender als auf den Vorschlag zur Entsendung von Militärberatern nach Kanton.[445] Sie äußerten sich inhaltlich überhaupt nicht, sondern schlugen den Chinesen vor, den Plan schriftlich vorzulegen und hierbei u. a. die beabsichtigten Operationen zu detaillieren, die bestehende Dislozierung der Truppen anzugeben und die politische Lage in dem vorgesehenen neuen Operationsgebiet zu beschreiben. Das Protokoll vermerkt zum Gespräch vom 9. September nur noch, die Delegation habe weitere Angaben zum Zustand der Armee des Südens gemacht und Suns Auffassung von den Perspektiven der Revolution vorgetragen, die, wie Baranovskij lapidar vermerkt, »in der Durchführung des von ihm ausgearbeiteten neuen militärischen Plans bestanden«.

Aus der Wiedergabe des Protokolls durch Kartunova geht nicht hervor, ob die Chiang-Mission, wie gewünscht, dem Revvoensovet den Plan Suns schriftlich vorlegte und die erbetenen zusätzlichen Angaben machte. Die Chinesen wurden am 11. November in einem weiteren, zweiundeinhalbstündigen Gespräch mit einer klaren sowjetischen Stellungnahme zu dem

444 Kartunova, A. I., V. K. Bljucher v Kitae, S. 17.
445 Zu diesem Absatz ebenda.

Plan konfrontiert. Das Gespräch wurde ebenfalls von Baranovskij aufgezeichnet und liegt uns als drittes der bei Kartunova abgedruckten Protokolle vor.[446] An ihm nahmen von sowjetischer Seite wieder Skljanskij und Kamenev teil, von chinesischer Seite Chiang Kai-shek, Wang Teng-yün, Chang T'ai-lei und Shao Yüan-ch'ung. Letzterer hatte im Sommer 1923 KMT-Organisationen in Westeuropa inspiziert und sich auf Anordnung von Sun Yat-sen im November von dort aus nach Moskau begeben, um sich an der Arbeit der Chiang-Mission zu beteiligen.[447]

Die nun folgende Stellungnahme[448] des Revvoensovet kam einer totalen Absage an den militärischen Plan Sun Yat-sens gleich. Skljanskij führte unter Berufung auf die russischen Erfahrungen aus, die Kuomintang müsse zur Zeit

> »alle ihre Anstrengungen auf die *politische* Arbeit in China richten, weil andernfalls jedwede militärische Operation unter den gegenwärtig herrschenden Bedingungen zum Scheitern verurteilt sein wird. ... Deshalb muß die Partei vor allem ihre Mittel für die Propaganda einsetzen. ... Es ist richtig, daß man auch die militärische Arbeit nicht vergessen darf, aber zu militärischen Operationen im großen Maßstab kann man erst dann übergehen, wenn eine große *politische* Arbeit geleistet sein wird ...«[449]

Die Bevölkerung im Hinterland des Feindes müsse propagandistisch für die eigene Sache gewonnen werden, sie müsse beim Vorrücken der revolutionären Armee bereits bewaffnet und bereit sein, sich dieser anzuschließen; dadurch werde der militärische Teil der Tätigkeit wesentlich erleichtert. Dem russischen Beispiel folgend, müsse die KMT zunächst Vorbereitungsarbeit unter dem chinesischen Proletariat leisten.

Chiang wandte ein,[450] die politische Arbeit seiner Partei werde in den großen Industriezentren, wo sie vor allem geleistet werden müsse, von den ausländischen Imperialisten und der einheimischen Polizei behindert. Dennoch sei sie im Ergebnis des Sun-Ioffe-Kommuniqués[451] verstärkt worden, man halte aber gleichzeitig auch militärische Anstrengungen für notwendig. Es gebe Unterschiede zwischen der revolutionären Entwicklung in Rußland und China. In Rußland habe es die KP nur mit der zaristischen Regierung zu tun gehabt. In China hingegen sei die Arbeit der Revolutio-

446 Ebenda, S. 17 - 20.

447 Biographical Dictionary of Republican China, Bd. III, S. 94. - Im Baranovskij-Protokoll wird nur der Familienname Shao (Šao) genannt und mit dem Zusatz versehen, dieser sei der inoffizielle Vertreter Suns in England.

448 Zu diesem Absatz Kartunova, A. I., V. K. Bljucher v Kitae, S. 18.

449 Ebenda (Hervorhebung d. Verf.).

450 Zu diesem Absatz ebenda, S. 18 f.

451 Hierzu oben S. 38, 94 ff. dieser Arbeit.

näre bedeutend schwieriger, »weil ihnen die Imperialisten aller Länder des Erdballs Widerstand entgegensetzen«.
Skljanskij widersprach Chiang mit dem Hinweis,[452] auch die russischen Revolutionäre hätten es vor der Oktoberrevolution mit den Imperialisten zu tun gehabt. Wenn die KMT ihre Aufgaben erfüllen wolle, müsse sie nach der Losung »Näher an die Massen heran und zusammen mit ihnen!« vorgehen. Skljanskij wurde nun ganz deutlich. Er halte es, wie Baranovskij protokollierte,

»für notwendig, *in den nächsten Jahren* (in China) *nur politische Arbeit* zu leisten. Der Augenblick für militärische Operationen wird dann gekommen sein, wenn die inneren Bedingungen günstig genug sein werden. *Wenn man militärische Operationen so anfängt, wie dies im vorgelegten Entwurf vorgesehen ist, so würde dies ein Abenteuer bedeuten, das von vornherein zum Scheitern verurteilt wäre*«.[453]

Allerdings, lenkte Skljanskij nunmehr ein,[454] könne man sich gleichzeitig mit der politischen Arbeit militärisch vorbereiten. Der Revvoensovet halte zu diesem Zweck die Aufnahme von chinesischen Genossen in russische Kriegsschulen für möglich. Die Akademie des Generalstabs könne drei bis sieben, die Militärschule (Voennoe učilišče) 30 bis 40 Kursanten aufnehmen. Bei der Auswahl der Kursanten müßten folgende Kriterien beachtet werden: Insbesondere müßten die Kandidaten der Partei vollkommen ergeben und sorgfältig ausgesiebt (tščatel'no profil'trovannye) sein. In die Akademie könnten nur Altgediente (nicht unterhalb der Ebene von Regiments- oder Bataillonskommandeuren) aufgenommen werden; aber auch für die Aufnahme in die Militärschule müsse eine gewisse Ausbildung vorausgesetzt werden. Bei allen Abzuordnenden komme es nicht auf Quantität, sondern auf Qualität an, vor allem auf Hingabe an die Revolution und die Arbeiterklasse. Es sei besser, weniger zu schicken und dafür solche, die wahrhafte Revolutionäre und keine Feiglinge oder Verräter seien.
Chiang Kai-shek machte an dieser Stelle noch einmal den Versuch,[455] seine Gesprächspartner für den Gedanken zu erwärmen, mehr Abordnungen (komandirovki) an diejenigen Schulen vorzunehmen,[456] die im Ergebnis der Pekinger Gespräche zwischen einem Vertreter Suns und Karachan in Kanton eröffnet werden würden. Skljanskij antwortete hinhaltend,[457] man

452 Kartunova, A. I., V. K. Bljucher v Kitae, S. 19.
453 Ebenda (Hervorhebung d. Verf.).
454 Zu diesem Absatz ebenda.
455 Ebenda.
456 Es wird aus dem Protokoll nicht ganz deutlich, ob Chiang hier die Abordnung von sowjetischen Ausbildern oder chinesischen Kursanten meint.
457 Hierzu und zum Folgesatz Kartunova, A. I., V. K. Bljucher v Kitae, S. 19 f.

müsse zunächst einmal abwarten, ob die vorgesehene Ausbildung von 50 Kursanten[458] gute Ergebnisse zeitigen werde. In diesem Fall habe der Revvoensovet gegen weitere Abordnungen nichts einzuwenden.
Die chinesische Delegation bedankte sich anschließend dafür,[459] daß sie die Möglichkeit gehabt habe, Truppen der Roten Armee zu besichtigen. Sie lobte deren Disziplin und Bildungsstand und bezeichnete die Sowjetarmee als die mächtigste Armee der Welt, die ihre Stärke der Tatsache verdanke, daß sie sich auf die breiten Massen der Bevölkerung stütze. Skljanskij stimmte dem zu, nicht ohne die Chinesen sozusagen mit dem erhobenen Zeigefinger daran zu gemahnen, diese Verbindung von Armee und Volk sei eine der wichtigsten Aufgaben beim Aufbau der KMT-Streitkräfte. Zum Schluß des Gesprächs vom 11. November äußerte die Chiang-Delegation den Wunsch, vor der für 22. November vorgesehenen Rückreise noch einmal mit Kamenev und Skljanskij zusammenzutreffen.
Bei Kartunova findet sich noch ein Hinweis auf einen ungewöhnlich interessanten Vermerk,[460] den Baranovskij dem Protokoll der Sitzung vom 11. November über ein Gespräch hinzufügte, das er nach dieser Sitzung beiläufig mit Chang T'ai-lei geführt hatte. Er belegt, was weniger überrascht, daß die sowjetischen Funktionäre ein besonderes Vertrauensverhältnis zu dem kommunistischen Delegationsmitglied Chang unterhielten. Baranovskij fragte nämlich Chang nach der Wirkung aus, die das zweite Gespräch im Revvoensovet auf die Delegation gehabt habe. Aus Changs Antwort ergibt sich, daß die Chinesen in der Zeit zwischen der Darstellung des neuen militärischen Plans von Sun Yat-sen und dem zweiten Treffen mit Skljanskij recht nervös geworden waren, was sicher auf die erste zurückhaltende sowjetische Reaktion auf den Plan zu erklären ist. Chiang habe sogar noch am 10. November wegen nervöser Erschöpfung für zwei Wochen ein Sanatorium aufsuchen wollen. Diese Nervosität habe sich indes während des zweiten Gesprächs im Revvoensovet verflüchtigt. Nach den äußeren Anzeichen zu urteilen, habe sich die Delegation über die ablehnende Haltung der sowjetischen Militärs gegenüber dem Sun-Plan nicht (mehr? d. Verf.) gewundert. Chiang habe nach Schluß des zweiten Gesprächs geäußert, man brauche sich nicht mehr um ein Sanatorium und Ärzte zu bemühen. Nach Meinung Changs mußten sich die Delegationsmitglieder nach ihren Erfahrungen in der Sowjetunion unfreiwillig (nevol'no) überzeugen lassen, daß militärische Aktionen politisch vor-

458 Hiermit sind offenbar chinesische Kursanten gemeint, die für die Moskauer Militärschulen vorgesehen waren.
459 Zu diesem Absatz Kartunova, A. I., V. K. Bljucher v Kitae, S. 20.
460 Ebenda, Anm. 20.

bereitet werden müßten. In dieser Hinsicht sei der Besuch Rußlands nicht ohne Folgen geblieben. Es werde den Einfluß der militärischen Gruppierungen, die die im Sun-Plan vorgesehenen militärischen Aktionen befürworteten, in bedeutendem Maße schwächen. Baranovskijs Vermerk endet mit der Wiedergabe von Chang T'ai-leis Feststellung, die Chinesen seien mit dem Wiedersehen mit Skljanskij zufrieden gewesen. Es fragt sich natürlich, ob Changs Information den Tatsachen entsprach. Zum einen könnte er angesichts seiner bekannten Neigung, sich dem Moskauer Kurs bedenkenlos anzupassen,[461] Baranovskij das berichtet haben, von dem er meinte, daß dieser es am liebsten hören wollte. Zum anderen könnten die anderen Delegationsmitglieder, insbesondere Chiang selbst, ihm gegenüber aus demselben Grund ihre wahren Empfindungen verborgen haben.

Zur Beantwortung der wichtigen, bereits oben gestellten Frage,[462] mit welcher Tendenz Chiang nach seiner Rückkehr gegenüber Sun berichtete, können die Baranovskij-Protokolle somit nichts eindeutig Neues beitragen. Es sei in diesem Zusammenhang vermerkt, daß sowjetische Verfasser der Ansicht folgen, Chiang habe einen antisowjetischen Bericht gegeben;[463] dennoch habe die Chiang-Mission Moskaus Beziehungen zur Regierung Suns gefördert.[464] Wenn das letztere zutrifft, dann könnte die ebenfalls von sowjetischer Seite gemachte Angabe,[465] wonach Chang T'ai-lei einen eigenen, positiv gehaltenen Rapport an Sun schickte, eine Rolle gespielt haben.

Die Baranovskij-Protokolle gestatten aber eine Neubewertung der Frage, welche Absichten Sun mit der Entsendung der Chiang-Mission verfolgte und wie diese von sowjetischer Seite aufgenommen wurden. Aus den Protokollen geht deutlich hervor, daß militärische Information, Beratung und Ausbildung an erster Stelle der chinesischen Wunschliste standen. Im Ergebnis der Mission wurde der chinesische Wunsch nach Besichtigung von Institutionen der Roten Armee voll befriedigt, dem Begehren nach Entsendung zahlreicher sowjetischer Militärausbilder nach Kanton nur teilweise entsprochen und die Bitte um Beratung im Hinblick auf Suns Plan für die Eröffnung eines neuen Kriegsschauplatzes in Nordchina rundweg abgelehnt. Von diesem Ergebnis ausgehend ist festzustellen, daß die Chiang-Mission zweifelsohne beiden Seiten neue Erkenntnisse brachte. Moskau fand seine bereits früher erhaltenen Informationen[466] bestätigt, wonach es

461 Vgl. Chang Kuo-t'ao, The Rise, S. 251.
462 Siehe oben S. 110 dieser Arbeit.
463 Kapica, M. S., Sovetsko-kitajskie otnošenija, S. 97.
464 Chejfec, A. N., Sovetskaja diplomatija, S. 277.
465 Kapica, M. S., Sovetsko-kitajskie otnošenija, S. 97 f.
466 Vgl. hierzu z. B. den Bericht Sneevliets an das EKKI vom 31. Mai 1923, in dem dieser sich

Sun tatsächlich in erster Linie um Unterstützung seiner militärischen Pläne zur Erringung der Macht in ganz China ging. Sun seinerseits erfuhr über die Delegation, daß die sowjetische Führung eine solche Unterstützung für weder sinnvoll noch wünschenswert hielt, wenn sie nicht mit einer politisch-revolutionären Motivierung der KMT-Truppen und breiter Bevölkerungsschichten einherginge, wobei - dies lag zumindest nahe zu vermuten - gleichzeitig ein Minimum an sowjetrussischem Einfluß in China garantiert werden sollte. Hier deutete sich also schon ab ovo ein Dissens an, der später immer wieder zu Schwierigkeiten und schließlich zur Auflösung der Allianz führen sollte.
Ein Punkt der von Kartunova gegebenen Informationen zur Chiang-Mission, der von ihr schon einmal 1967 aufgegriffen worden war,[467] sei noch nachgetragen, weil er der Verifikation einer wichtigen von Chiang Kai-shek gemachten Aussage dient. Wie Kartunova berichtet[468] und von anderen sowjetischen Autoren bestätigt wird,[469] nahm die chinesische Delegation am 25. November, also vier Tage vor der Abreise, auf eine entsprechende Einladung hin an einer Sitzung des Präsidiums des EKKI der Komintern teil. Auf dieser Sitzung wurde - nach neuesten sowjetischen Angaben[470] auf Wunsch der chinesischen Delegation - das politische Programm der KMT diskutiert.[471]
Wie Chiang später berichtete,[472] trug er auf der Sitzung seine Überzeugung vor, daß die nationale Revolution im Sinne der Drei Volksprinzipien Sun Yat-sens in zwei oder drei Jahren in China siegen werde. Die Komintern verstehe die tatsächliche Lage in China nur ungenügend und solle sich durch die Entsendung von mehr Vertretern an Ort und Stelle ein realistischeres Bild verschaffen. Leider enthalten die neuen sowjetischen Materialien keine Angaben, anhand deren man den Chiang-Bericht verifizieren bzw. falsifizieren könnte. Immerhin aber bestätigen sie Chiangs Behauptung,[473] er habe eine für ihn enttäuschende Resolution der Kommunistischen Internationale gesehen. Von sowjetischer Seite wird hierzu festgestellt,[474] das Präsidium des EKKI habe am 28. November 1923 einen Sonderbeschluß »zur Frage der nationalen Befreiungsbewegung in China

über die ausschließliche Konzentration Suns auf die militärische Eroberung Kuangtungs beklagt, Kartunova, A. I., Komintern i nekotorye voprosy, S. 305.

467 Kartunova, A. I., Oktjabr'skaja socialističeskaja revoljucija, S. 26.

468 Hierzu und zum Folgesatz ebenda; Kartunova, A. I., V. K. Bljucher v Kitae, S. 20.

469 Novejšaja istorija Kitaja, S. 75.

470 Ebenda.

471 Ebenda, S. 75 f.

472 Chiang Kai-shek, A Summing up, S. 19.

473 Ebenda, S. 19 f.

474 Novejšaja istorija Kitaja, S. 76.

und der Kuomintang-Partei« gefaßt, der Chiang Kai-shek ausgehändigt worden sei.

Dieser Beschluß wurde von der Komintern als geheim behandelt und in der Sowjetunion erst 1969 veröffentlicht.[475] Es kann kaum daran gezweifelt werden, daß Chiang durch die Lektüre des 8-Punkte-Dokuments aufgebracht wurde. Er muß schon die Form des Beschlusses als groben Versuch einer Bevormundung empfunden haben. So heißt es gleich zu Beginn des Texts, das Präsidium des EKKI bringe »seine Überzeugung zum Ausdruck, daß die drei Prinzipien der Kuomintang ... von der Nationalpartei ... in folgender Weise ausgelegt werden«, wobei die darauffolgenden Interpretationsanweisungen in einem apodiktisch-belehrenden Stil vorgetragen werden, der mehrfach das Wort »muß« (dolžen, dolžna) verwendet.[476] Einleitend wird auch sogleich der Vorwurf erhoben,[477] die KMT habe bisher vor allem deswegen nicht siegen können, weil sie nur militärische Erfolge angestrebt und es versäumt habe, die arbeitenden Massen der Bauernschaft und der Stadtbevölkerung in ihren Kampf einzubeziehen. Es soll hier keine umfassende Textanalyse vorgenommen, sondern nur allgemein darauf hingewiesen werden, daß die Empfehlungen der Komintern im großen und ganzen - wie kaum anders zu erwarten - auf eine marxistische Einengung der Sunschen Ideen hinauslaufen.

So wurde in der Moskauer Lesart von Suns »Nationaler Grundlehre« (min-tsu chu-i) dem Kampf gegen das chinesische Bürgertum derselbe Stellenwert zuerkannt wie der Bekämpfung des ausländischen Imperialismus in China.[478] Die Deutung der »Grundlehre von den Volksrechten« (min-ch'üan chu-i) - im russischsprachigen Text des Beschlusses lapidar mit »demokratizm« wiedergegeben - erinnert insofern an die Lehre von der Diktatur des Proletariats, als von der Komintern gefordert wird, der Gedanke der Grundrechte und -freiheiten müsse als revolutionäres Prinzip verstanden und so gedeutet werden, daß er »den Interessen der arbeitenden Massen Chinas« diene, d. h. daß diese Freiheiten keinesfalls (ni v koem slučae) den Helfern des ausländischen Imperialismus und des chinesischen Militarismus eingeräumt werden dürften.[479] In ähnlicher Weise

475 Rezoljucija prezidiuma IKKI po voprosu o nacional'no-osvoboditel'nom dviženii i o partii Gomin'dan, in: Kommunist, Jg. 1969, Nr. 4, S. 12 - 14. - Der Resolutionstext befand sich zwar unter denjenigen Materialien, die Louis Fischer seinerzeit von Karachan zur Verfügung gestellt worden waren, er wurde indes nach Kenntnis des Verfassers dieser Arbeit bisher im Westen nicht veröffentlicht, vgl. hierzu Fischer, L., Russia's Road, S. 122 (besonders Anm. 5).

476 Hierzu und zum folgenden Kommunist, Jg. 1969, Nr. 4, S. 12 - 14.

477 Ebenda, S. 12.

478 Ebenda, S. 13. - Vgl. zur revidierten »Nationalen Grundlehre« Franke, W., Das Jahrhundert, S. 176 ff. - Vgl. hierzu auch oben S. 52 f. dieser Arbeit.

479 Kommunist, Jg. 1969, Nr. 4, S. 13.

wird Suns »Grundlehre von der Lebenshaltung des Volkes« (min-sheng chu-i) verfremdet. Dies beginnt im terminologischen Bereich: »min-sheng chu-i« wird im Beschluß als »staatlicher Sozialismus« (gosudarstvennyj socializm) übersetzt,[480] während Sun sein Prinzip in der revidierten Fassung der Grundlehren ausdrücklich von dem Begriff Sozialismus abgrenzt.[481] Der Beschluß fordert von der Kuomintang, im Rahmen von »min-sheng chu-i« die »Institution der großen und zahlreichen mittleren und kleinen Grundbesitzer zu vernichten« und deren Land an die Masse der Bauernschaft zu verteilen, die es brauche.[482] Sun hingegen strebte keine entschädigungslose Enteignung, sondern in erster Linie die Abschöpfung des Bodenwertzuwachses an.[483]

Das EKKI gibt in Punkt 7 des Beschlusses vom 28. November zu erkennen, welche Gegenleistung die Komintern für die Befolgung ihrer Ratschläge zu erbringen bereit wäre:

> »Ihrerseits hat die Kommunistische Internationale die Kommunistische Partei Chinas, die Arbeiterklasse und die arbeitende Bauernschaft hingewiesen und wird sie hinweisen auf die Notwendigkeit der allseitigen Unterstützung der Kuomintang, soweit diese beim Kampf gegen den ausländischen Imperialismus und den einheimischen Feudalismus die Befreiung der Arbeiterklasse, ihr Anwachsen und ihre Festigung fördern wird, soweit diese die Bauernschaft aus den feudal-despotischen Bedingungen der Bodennutzung und der Verwaltung im Lande befreien wird«.[484]

Der Beschluß endet mit dem Aufruf, die KMT müsse (dolžna) die Notwendigkeit der Bildung eines antiimperialistischen Bündnisses mit »dem Arbeiter-Bauern-Staat der UdSSR« (im Original kursiv hervorgehoben, d. Verf.) sowie der Annäherung an die revolutionäre Bewegung der Arbeiter und Bauern in Japan und an die nationale Befreiungsbewegung in Korea verstehen.

Insgesamt rechtfertigt der Charakter des Komintern-Beschlusses vom 28. November 1923 die Feststellung, daß Chiang Kai-shek sicher nicht die Unwahrheit sagte, als er etwa 30 Jahre später feststellte,[485] der Tenor des Beschlusses habe ihm seinerzeit gezeigt, daß die Komintern durch ihre Bindung an die Idee des Klassenkampfes »die wahre Natur der Nationalen Revolution Chinas nicht völlig verstanden« habe und daß er deswegen vollkommen enttäuscht gewesen sei. Eine andere Frage ist, ob diese Enttäu-

480 Ebenda.
481 Kuo-fu ch'üan-shu, S. 257 f. – Vgl. auch oben S. 49 dieser Arbeit.
482 Kommunist, Jg. 1969, Nr. 4, S. 14.
483 Kuo-fu ch'üan-shu, S. 269 ff.
484 Hierzu und zum Folgesatz Kommunist, Jg. 1969, Nr. 4, S. 14.
485 Chiang Kai-shek, A Summing up, S. 20.

schung dazu führte, daß er Sun Yat-sen nach seiner Rückkehr nach China von einem Bündnis mit der *Sowjetunion* abriet. Dies ist, auch im Hinblick auf seine eigene recht vage Darstellung des Berichterstattungsvorgangs,[486] eher unwahrscheinlich. Die Baranovskij-Protokolle, aus denen Chiangs Drängen auf einen massiveren Einsatz von sowjetischen Militärberatern deutlich wird, lassen eher die Vermutung zu, daß Chiang im Ergebnis seiner Reise stärker zwischen dem Nutzen einer militärischen Unterstützung durch die Rote Armee und dem Schaden zu unterscheiden begann, der der KMT durch die Befolgung der politischen Weisungen aus Moskau, wie sie in dem EKKI-Beschluß enthalten waren, entstehen könnte.

2. *Die politisch-militärische Ausgangslage in Kuangtung*

Sofort nach seinem Eintreffen in Kanton am 6. Oktober 1923 entfaltete Borodin eine rege Aktivität. Die notwendigen Vollmachten für sein Wirken im Führungszentrum der Kuomintang erhielt er am 18. Oktober durch eine von Sun Yat-sen handschriftlich ausgefertigte Urkunde folgenden Wortlauts:

> »Hiermit wird Borodin zum Instrukteur für die Organisation der Kuomintang ernannt (Wei-jen Pao Lo-t'ing wei kuo-min-tang tsu-chih chiao-lien-yüan tz'u chuang).
> Sun Wen«[487]

Die neuen sowjetischen Materialien bestätigen, daß Borodins Einfluß, zumindest zu Lebzeiten Sun Yat-sens, gar nicht hoch genug bewertet werden kann. Čerepanov, einer seiner engen Mitarbeiter, stellt fest, die gesamte sowjetische Hilfe an Sun Yat-sen sei von Borodin organisiert worden.[488] Er weist an anderer Stelle auf das Ungewöhnliche der Situation und die Vielfalt der Positionen Borodins hin:

> »Der politische Chef-Berater (glavnyj političeskij sovetnik) der national-revolutionären Kräfte Chinas war ein Ausländer ... Erinnern wir uns an die Posten, die Borodin damals bekleidete: hochgestellter Berater bei der Nationalregierung, Berater des Außenministeriums, Berater des Politbüros des ZEK der Kuomintang. Borodin hatte bei der Beratung wichtiger Fragen in der Sunyatsenschen Kuomintang ein entscheidendes Wort mitzureden, war auf allen Sitzungen anwe-

486 Ebenda, S. 23 f.
487 Nach dem Faksimile der Originalurkunde, abgedruckt in: Kartunova, A. I., Sun' Jat-sen i russkie sovetniki, S. 173.
488 Čerepanov, A. I., Zapiski, S. 39.

send, war an der Abfassung der grundlegenden politischen Dokumente beteiligt«.[489]

Es kann kein Zweifel daran bestehen, daß Borodin, dem bis Ende Januar 1924 nur German und Poljak als Militärberater zur Seite standen,[490] zunächst sein Hauptaugenmerk auf die Reorganisation der KMT richtete. Bereits eine Woche nach der Ausfertigung der Vollmachtsurkunde ernannte Sun auf Borodins Rat ein neunköpfiges »Provisorisches Zentrales Exekutivkomitee«, dem auch der Kommunist T'an P'ing-shan angehörte, und beauftragte dieses mit der Umgestaltung der Partei.[491] Borodin entwarf englischsprachige Fassungen für ein neues Parteistatut und ein Parteiprogramm, die von Liao Chung-k'ai ins Chinesische übersetzt wurden und dem Komitee als Vorlagen für seine eigenen im Dezember fertiggestellten ersten Entwürfe dienten.[492]

Moskaus Beitrag zur organisatorischen und programmatischen Reform der Kuomintang ist nicht Gegenstand dieser Arbeit. Von den vergleichsweise wenigen Mitteilungen zu diesem Thema, die in den sowjetischen Materialien enthalten sind und neue Einsichten ermöglichen, sollen dennoch einige wesentliche - soweit sie sich auf die Ausgangslage in Kuangtung beziehen - wiedergegeben werden. Sie sollen einen Eindruck davon vermitteln, wie sich die Position der KMT und die sozio-politische Situation in der Provinz *aus dem Blickwinkel der neueingetroffenen sowjetischen Berater* darstellte. Am 9. Oktober ließen sich Borodin, German und Poljak vom Vertreter des ZK der KPCh in Kanton, T'an P'ing-shan, und anderen chinesischen Kommunisten über die Gesamtsituation in Kuangtung informieren. T'an berichtete,[493] Sun Yat-sen sei die Seele und das Zentrum der KMT, um das sich unterschiedliche - oft einander entgegengesetzte - Elemente scharten: Monarchisten, Arbeiter, Kaufleute, Kapitalisten. Sie alle würden nur durch die Autorität Suns zusammengehalten: »Die Kuomintang besitzt überhaupt keine Organisation«.[494] Ein Ende Ok-

489 Derselbe, Pod znamenami, S. 316.

490 Vgl. oben S. 106, 108 dieser Arbeit. - Dieser Sachverhalt beleuchtet besonders einprägsam, in welch hohem Maße unser bisheriges Wissen durch die Auswertung des sowjetischen Materials korrigiert wird. So findet sich noch 1969 in einem Standardwerk zur Geschichte der KMT die Annahme, mit Borodin zusammen seien im Oktober 1923 etwa 40 russische Militär- und Zivilberater (darunter auch Bljucher) in Kanton eingetroffen, vgl. Domes, J., Vertagte Revolution, S. 89.

491 Hierzu und zum Folgesatz Documents on Communism, S. 144; Domes, J., Vertagte Revolution, S. 90 f.

492 Sun Chung-shan tui t'an-ho kung-ch'an-tang ch'eng-wen chih p'i-shih, zit. nach Brandt, C., Schwartz, B., Fairbank, J. K., Documentary History, S. 72, 494.

493 Kartunova, A. I., V. K. Bljucher v Kitae, S. 21.

494 Ebenda.

tober abgefaßter Bericht Borodins läßt erkennen,[495] daß dieser sich auf Grund der inzwischen selbst angestellten Recherchen T'ans Beurteilung im wesentlichen zu eigen gemacht hatte. Demnach waren ihm vom Leiter der Kantoner KMT-Organisation zehnfach überhöhte Mitgliederzahlen genannt worden.[496] Nach Borodins Ermittlungen bestand diese Organisation nur aus 3 000 Mitgliedern, die überdies mit der Partei nicht einmal eng verbunden und im Hinblick auf den Gegner - insbesondere Ch'en Chiung-ming - politisch nicht motiviert waren: »Die Kuomintang als organisierte Kraft hat vollkommen aufgehört zu existieren«.[497] In einem später geschriebenen Bericht Borodins zu diesem Thema heißt es,[498] die KMT habe vor der Reorganisierung nicht wie eine Partei funktioniert, sondern sie habe sich an denjenigen militärischen und politischen Gruppierungen festgesogen, die ihnen die größten Vorteile in Aussicht stellten.

Borodin hatte hinsichtlich der sozio-politischen Gesamtsituation in Kuangtung den Eindruck gewonnen,[499] daß die Bevölkerung der Provinz begann, die Sun-Regierung abzulehnen. Die etwa 350 000 Arbeiter und Heimarbeiter, so schrieb er in einem seiner Berichte,[500] hatten die Rückkehr Suns von Schanghai zunächst begeistert begrüßt, verhielten sich aber inzwischen indifferent. Das Bürgertum war durch die unübersichtliche militärische Lage verunsichert worden. Die Bauern schließlich betrachteten den Kampf zwischen Sun Yat-sen und Ch'en Chiung-ming als ein Unglück, verweigerten die Zahlung von Steuern und verwickelten sogar einzelne Truppeneinheiten im Hinterland in bewaffnete Auseinandersetzungen.

Wie Borodin an anderer Stelle berichtete,[501] verfügte das Banditentum über eigene Organisationen, die entweder Beziehungen zu einzelnen Warlords unterhielten oder von Politikern geführt wurden, die in den Städten eine politische Rolle spielten. Das Kompradorentum (kompradorstvo), so Borodin weiter, das von Hongkong aus unterstützt werde, beteilige sich ebenfalls am Machtkampf. Die »Gentry« (džentri) mit ihren »min-t'uan« - Dorfpolizei - halte die Bauernschaft unter Kuratel, die Universität von

495 Hierzu und zu den beiden Folgesätzen ebenda, S. 21 f.

496 In Borodins Bericht wird der Name dieses Leiters mit Tan Ča-kju angegeben, er selbst als ein alter konservativer, wenn auch Sun persönlich ergebener Kaufmann charakterisiert. Es handelt sich offenbar um den Millionär Ch'en Chia-keng (Tan Kah Kee), den Gründer der Amoy University; vgl. Biographical Dictionary of Republican China, Bd. I, S. 165 - 170.

497 Kartunova, A. I., V. K. Bljucher v Kitae, S. 21.

498 Čerepanov, A. I., Pod znamenami, S. 315.

499 Kartunova, A. I., V. K. Bljucher v Kitae, S. 21.

500 Hierzu und zu den beiden Folgesätzen ebenda, S. 21 f.

501 Hierzu und zum restlichen Absatz Čerepanov, A. I., Pod znamenami, S. 315.

Kuangtung sei in den Händen von Konterrevolutionären, die Kaufmannschaft hasse die KMT. Die Arbeitervereinigungen hielten sich abseits, weil sie fürchteten, mit der Politik in Berührung zu kommen. In den Städten wimmele es von Agenten Wu P'ei-fus, Chang Tso-lins und anderer Warlords. In allen Institutionen machten sich Spione des Imperialismus und der Warlords Nord- und Zentralchinas zu schaffen. Die Studenten gingen manchmal mit ihren Fahnen auf die Straßen und schlügen Lärm gegen die Militaristen und Imperialisten. Kanton - das sei, so beendete Borodin diesen besonders farbigen Bericht, ein babylonisches Durcheinander, in dem man völlig verloren gehen könne. Im selben Kontext vermerkte er mit einer Mischung aus Stolz und Resignation,[502] dies sei die Lage gewesen, in der die sowjetischen Berater in Kuangtung hätten »lavieren und arbeiten« müssen. Und Čerepanov kommentiert Borodins Rapport bestätigend,[503] dies sei in der Tat der allgemeine Hintergrund gewesen, vor dem er und seine Kameraden ihre Tätigkeit in China aufgenommen hätten.

Der organisatorische Zustand der KMT muß für Borodin, der vom Geist bolschewistischer Diszipliniertheit durchdrungen war, als extrem irregulär empfunden worden sein. Er konnte Sun Yat-sen offenbar rasch für eine *organisatorische* Straffung der Partei nach dem Vorbild der RKP/B gewinnen. Als zweites Ziel strebte er an, die Kuomintang *politisch-programmatisch* zu einer revolutionären Partei umzugestalten, und zwar im Sinne des »Geheimbeschlusses« des EKKI der Komintern vom 28. November 1923,[504], von dem er am 30. Dezember während eines Zwischenaufenthalts in Schanghai Kenntnis erlangte.[505]

Die neuen sowjetischen Archivmaterialien beweisen, daß Borodin sich diese für Chiang Kai-shek unannehmbaren[506] Thesen des EKKI-Beschlusses ohne Zögern zu eigen machte. Anfang 1924 teilte er Vojtinskij hierzu mit:

> »Es scheint, daß meine gesamte Tätigkeit hier im Geist der Thesen ausgeübt wurde. *Vielleicht habe ich nicht sofort diesen Ton angeschlagen*, aber allmählich wird es auch dahin kommen.
> ... wird es möglich sein, sie (die KMT-Führer, d. Verf.) im Geist der Thesen zu beeinflussen, besonders hinsichtlich ihrer eigenen ›Prinzipien‹ - Nationalismus, Demokratismus, Sozialismus - und ihres Verhältnisses zur politischen Partei und zu den ökonomischen Organisationen der Arbeiterklasse. Was das letztere anbetrifft, so verfolge ich die Politik des Drucks von außen«.[507]

502 Ebenda, S. 314.
503 Ebenda, S. 315.
504 Vgl. hierzu oben S. 120 ff. dieser Arbeit.
505 Kartunova, A. I., V. K. Bljucher v Kitae, S. 23.
506 Vgl. hierzu oben S. 120 ff. dieser Arbeit.
507 Mitteilung Borodins an Vojtinskij vom 4. Januar 1924, in: Kartunova, A. I., V. K. Bljucher v Kitae, S. 23 (Hervorhebung d. Verf.).

Die Formulierung, er habe vielleicht »nicht sofort diesen Ton angeschlagen«, läßt durchblicken, daß auch Borodin den Tenor des EKKI-Beschlusses als vergleichsweise rigid empfand.
Bei dem Versuch der Umwandlung der KMT in eine Partei des Klassenkampfes im Sinne der Moskauer Thesen sollte nach Borodins Plan Sun Yat-sen eine entscheidende katalysatorische Funktion übernehmen. Welche Rolle Sun zugedacht war, kommt ungeschminkt in einem weiteren Bericht zum Ausdruck, den Borodin nach Moskau schickte und der in einer neueren sowjetischen Publikation abgedruckt wurde:

> »Obwohl Sun versteht, daß ohne die Linken eine Reorganisierung der Kuomintang nicht möglich ist, ist er zur gleichen Zeit noch nicht bereit, mit den Rechten zu brechen. ... Aber gleichzeitig stelle ich mir eine Reorganisierung der Partei ohne Sun nicht vor. *Man muß seine Linksneigung (levizna) ausnutzen*, seine Autorität, seinen Wunsch, eine Partei zu schaffen, um alle wirklich revolutionären Elemente, die es im Lande gibt, zum Leben zu erwecken, sie um die in der Kuomintang unbedingt vorhandenen Linksströmungen zu gruppieren, und dann wird Sun mit dem ehemaligen organisatorischen Wirrwarr und der ideellen Labilität brechen und sich vollkommen an die wirklich national-revolutionäre Bewegung anschließen müssen«.[508]

Auch auf dem I. Parteikongreß der KMT (20. - 30. Januar 1924) lehnten sich mehrere Delegierte gegen das von Sun eingeleitete Bündnis mit der Sowjetunion und der KPCh auf, konnten sich aber nicht durchsetzen.[509] Der Kongreß verabschiedete schließlich - bei einigen Gegenstimmen - ein Parteistatut (chang-ch'eng),[510] das eine straffe Organisation nach dem Prinzip des »demokratischen Zentralismus« vorsah und im wesentlichen den Statuten der RKP/B[511] nachgebildet worden war. In den neugewählten Spitzengremien der Partei[512] konnten die Kommunisten einige wichtige Posten besetzen.

508 Ebenda, S. 22 f. (Hervorhebung d. Verf.).

509 T'ang Leang-Li, The Inner History, S. 177 - 179. Vgl. hierzu auch oben S. 96 f. (besonders Anm. 366 und 367) dieser Arbeit, sowie Čerepanov, Zapiski, S. 90 - 92.

510 Chung-kuo kuo-min-tang chang-ch'eng, vollständiger Text in: Tsou Lu, Chung-kuo kuo-min-tang shih kao, S. 389 - 401. - Eine Analyse des Statuts findet sich bei Domes, J., Vertagte Revolution, S. 93 - 95; vgl. zur Annahme des Statuts auf dem Kongreß T'ang Leang-Li, The Inner History, S. 176 f.

511 Ustav Rossijskoj Kommunističeskoj Partii (bol'ševikov), vollständige Texte in: KPSS v rezoljucijach i rešenijach, Bd. I, S. 461 - 469, 654 - 664; deutschsprachige Texte bei Brunner, G., Das Parteistatut der KPdSU 1903 - 1961, Köln 1965, S. 116 - 131. - Vgl. zur Geschichte des »demokratischen Zentralismus« die grundlegenden Ausführungen bei Meissner, B., in: Dennewitz, B., Meissner, B., Die Verfassungen der modernen Staaten, Erster Band, Hamburg 1947, S. 136 ff.

512 Tsou Lu, Chung-kuo kuo-min-tang shih kao, S. 401 f.; Domes, J., Vertagte Revolution, S. 96 (mit weiteren Quellenangaben).

Wenn somit Borodin zwar die Hauptaktivität auf die revolutionäre Umgestaltung der Kuomintang mit Hilfe der KPCh richtete, was Anfang Dezember 1923 zu ersten formellen Protesten aus den Reihen der KMT führte,[513] so spielten dennoch bei seinen Kontakten zu Sun militärische Probleme und die Frage der sowjetischen Militärhilfe von Anfang an eine wichtige Rolle. Bereits in seinem ersten Gespräch, das er mit Borodin nach dessen Ankunft in Kanton führte,[514] betonte Sun, alles hänge vom Erfolg des Nordfeldzugs ab. Er drückte die Hoffnung auf eine (baldige) Kontrolle Zentralchinas und der Mongolei aus; entsprechende Pläne hatte er ja bereits vordem gegenüber Karachan erwähnt[515] und Chiang in Moskau vortragen lassen.[516] Es war offenbar dasselbe erste Treffen, auf dem Borodin Sun einen Überblick über die politische Arbeit in der Roten Armee gab und damit Sun zu der Bemerkung veranlaßte: »Das gibt es bei uns in der Armee nicht. Wir müssen das alles schaffen«.[517]

Einem Bericht Borodins, aus dem wörtlich zitiert wird,[518] ist zu entnehmen, daß Sun am 9. Oktober anläßlich eines zu Ehren Borodins gegebenen Essens sich intensiv nach dem Stand der Rüstungsindustrie in der Sowjetunion erkundigte. Er fragte nach der Anzahl von Gewehren, die in den Fabriken hergestellt würden, interessierte sich allgemein für die Quantität der erzeugten Waffen, wollte wissen, ob Sowjetrußland Panzer und andere technische Waffen (drugoe techničeskoe vooruženie) produzieren könne und zeigte sich offensichtlich vom Wachstum der sowjetischen Rüstungsindustrie frappiert.

Was die damalige militärische Situation in Kuangtung angeht, so lassen die durch die neuen sowjetischen Materialien bekanntgewordenen Äußerungen Borodins und seiner Mitarbeiter der ersten Stunde erkennen, daß die sowjetischen Berater einen düsteren und zugleich verwirrenden Eindruck erhielten. Borodin selbst formulierte in einem seiner Berichte[519] recht plastisch, auf welche Stelle Kuangtungs man auch mit dem Finger zeige (ni tkneš' pal'cem), treffe man auf den Stab irgendeines Militaristen.

513 Sun Chung-shan tui t'an-ho kung-ch'an-tang ch'eng-wen chih p'i-shih, zit. nach Brandt, C., Schwartz, B., Fairbank, J. K., Documentary History, S. 72, 494; Domes, J., Vertagte Revolution, S. 90.

514 Erster Bericht Borodins aus Kanton, wiedergegeben bei Mitarevskij, N., World-wide Soviet Plots, S. 130 f., zit. nach: Documents on Communism, S. 144. – Die Authentizität des von Mitarevskij aufgeführten Dokuments wird durch die Angaben bestätigt, die in den Anmerkungen 419, 441 und 444 dieser Arbeit quellenmäßig belegt werden.

515 Siehe oben S. 109 dieser Arbeit.

516 Siehe oben S. 114 f. dieser Arbeit.

517 Čerepanov, A. I., Pod znamenami, S. 312.

518 Kartunova, A. I., Sun' Jat-sen i russkie sovetniki, S. 181.

519 Bericht Borodins, in der Wiedergabe undatiert, in: Čerepanov, A. I., Pod znamenami, S. 315.

An der Spitze der über die Provinz verstreuten 200 000 Soldaten stünden einige -zig (desjatki) Generäle, die entweder selbständig seien oder sich um die stärkeren unter ihnen scharten, wobei sie teilweise mit dem Banditentum gemeinsame Sache machten. Besonders eindrucksvoll ist ein (leider nicht mit einem Datum wiedergegebener) zeitgenössischer Bericht, der aus der Feder des Militärberaters V. Ja. Poljak stammt. Er spiegelt das Staunen, aber auch den Spott wider, mit dem zumindest manche sowjetische Berater auf die fremde chinesische Szenerie reagierten. In dem Bericht heißt es u. a.:

»Das, was die Streitkräfte des Südens darstellen, ist weit von dem entfernt, was man im europäischen Sinne unter diesem Begriff versteht. Die Organisation dieser Söldnerarmeen ... erinnert ... äußerlich an unsere Armee zu Beginn des Bürgerkriegs. *Genau genommen (v suščnosti) gibt es hier keine Regierungsarmee.* Mit geringen Ausnahmen werden alle Truppen von verschiedenen Generälen auf der Basis unterschiedlicher finanzieller Mittel aus Söldnern gebildet. Erst in letzter Zeit wurde für das sogenannte Hauptquartier (Sun Yat-sens, d. Verf.) in dessen Auftrag und auf dessen Kosten eine ganze Reihe von Abteilungen aufgestellt. Die Generäle werden ... unter diesen oder jenen Bedingungen von den verschiedenen Seiten gemietet. ... *Manchmal ist es sehr schwer festzustellen, warum ein General und seine Truppen auf der einen und nicht auf der anderen Seite kämpfen. ...*
Das (als Söldner, d. Verf.) geeignetste Element sind natürlich ›Banditen‹, an denen es, nebenbei gesagt, nicht mangelt. ...
Die Bewaffnung ist äußerst unterschiedlich, angefangen von vorsintflutlichen Systemen bis zum modernsten deutschen Gewehr. ...
Artillerie gibt es außerordentlich wenig, und auch diese ist, wie die Gewehre, von veralteter Bauart. Uns gelang es, eine deutsche Kanone, Modell 1913, zu sehen. Danach zu urteilen, wie alle Anwesenden mit Sun Yat-sen an der Spitze sich an ihrem Anblick ergötzten (eju ljubovalis'), muß man annehmen, daß dies das einzige anständige Exemplar ist.
...
Die Armee Sun Yat-sens wird auf annähernd 75 000 Mann beziffert. Die genaue Zahl ist auch dem Hauptquartier unbekannt, weil die Generäle diese Zahlen unmäßig aufbauschen, um möglichst viel Geld für den Unterhalt der Armee zu bekommen. Ich nehme dennoch an, daß die Zahl 60 000 der Wahrheit mehr oder weniger nahe kommt...«[520]

In der Tat kamen Poljaks erste Eindrücke von der militärischen Lage in Kuangtung auch insgesamt der Wahrheit sehr nahe. Die Macht der Militärregierung Suns im eigentlichen Sinne endete 1923/24 faktisch in den Randgebieten der Stadt Kanton.[521] Zwar wurde etwa ein Drittel der Ge-

520 Bericht Poljaks, in der Wiedergabe undatiert, in: Kartunova, A. I., V. K. Bljucher v Kitae, S. 24 (Hervorhebung d. Verf.).

521 Zur militärischen Lage in Kuangtung zu dieser Zeit siehe Li Chien-nung, The Political History, S. 458 ff.; T'ang Leang-Li, The Inner History, S. 147 ff.; Čerepanov, A. I., Zapiski, S. 27 f. – Zur Entwicklung in Kuangsi siehe Lary, D., Region and Nation, The Kwangsi

samtprovinz, das sich in Form eines Korridors in Zentral-Kuangtung von der Grenze nach Hunan bis zum Südchinesischen Meer erstreckte, von Armeen kontrolliert, deren Kommandeure sich Sun pro forma unterstellt hatten. Trotz ständiger Loyalitätsbeteuerungen führten sie aber dessen Befehle häufig gar nicht oder nur unzureichend aus. Sie betrugen sich im Hinblick auf die Methoden der Rekrutierung von Soldaten und der Requirierung von Abgaben in den von ihnen besetzten Gebieten im großen und ganzen genauso wie irgendein anderer Warlord. Sie beargwöhnten sich gegenseitig. Von wenigen Ausnahmen abgesehen waren die Führungspersönlichkeiten dieser Armeen an den Ideen des Sunyatsenismus uninteressiert.

Ost-Kuangtung befand sich, etwa vom Tung-chiang beginnend, in den Händen von Sun Yat-sens Hauptgegner Ch'en Chiung-ming; dasselbe galt für Südwest-Kuangtung einschließlich der Insel Hainan.

Die Lage in der Nachbarprovinz Kuangsi war zu dieser Zeit für Sun insofern nicht ungünstig, als im Norden der mit Sun verbündete General Shen Hung-ying gegen den Provinzgouverneur Lu Jung-t'ing kämpfte, während der Süden im wesentlichen von Militärs kontrolliert wurde, die mit Sun verbündet waren und ihre Kontrolle deswegen ungestört ausüben konnten, weil der an sich mit Provinzgouverneur Lu verbündete General Li Tsung-jen im entscheidenden Augenblick seine Neutralität verkündet hatte.

Wenn im folgenden auf die in Kuangtung stationierten, Sun Yat-sen »unterstellten« Armeen etwas näher eingegangen werden soll, dann vor allem deswegen, weil sich hierüber in den Memoiren des in den ersten Monaten der sowjetischen Präsenz in Kuangtung wichtigsten Militärberaters Aleksandr Ivanovič Čerepanov breite Ausführungen finden, die einen Schluß darauf zulassen, wie sich die militärische Ausgangslage *in den Augen der sowjetischen Berater* darstellte. Hierdurch soll gleichzeitig damit begonnen werden, eine von C. Martin Wilbur und Julie Lien-ying How als schmerzlich empfundene Lücke auszufüllen. Beide Autoren stellten in der Zusammenfassung zu ihrem Standardwerk fest: »The personal reactions between men, between individual Russian advisers and their Chinese associates, are historical factors about which we have very little information. Yet there are enough glimpses to show that the personal factor was involv-

Clique in Chinese Politics 1925 - 1937, Cambridge University Press 1974, S. 48 - 55. - Zu Wesen und Wandel des Warlord-Systems vgl. allgemein Pye, L. W., Warlord Politics, New York/Washington/London 1971; Chi Hsi-Sheng, The Chinese Warlord System: 1916 to 1928, Washington, D. C. 1969; Ch'i Hsi-sheng, Warlord Politics in China 1916 - 1928, Stanford, Cal. 1976.

ed both in the success and the defeat of the Russians in China«.[522]
Bei den der Sun-Regierung formal unterstellten, im Nord-Süd-Korridor der Provinz Kuangtung stationierten Armeen handelte es sich vor allem um die folgenden vier, wobei sich die Reihenfolge ihrer Aufzählung bei Čerepanov an ihrer Schlagkraft - die Skala beginnt mit dem stärksten und endet mit dem schwächsten Verband - orientiert:[523]

a) die *Yünnan-Armee* unter General Yang Hsi-min (gleichzeitig Oberbefehlshaber der Ostfront); Gesamttruppenstärke: 22 000 - 23 000
b) die *Kuangtung- Armee* unter General Hsü Ch'ung-chih (gleichzeitig Oberbefehlshaber der Südwestfront); Gesamttruppenstärke: bis zu 28 000
c) die *Hunan-Armee* unter General T'an Yen-k'ai; Gesamttruppenstärke: bis zu 14 000
d) die *Kuangsi-Armee* unter General Liu Chen-huan; Gesamttruppenstärke: 5 000 - 6 000.

Die *Yünnan-Armee*[524] bestand aus den folgenden Einheiten:
1. Korps: 1. und 2. Infanteriedivision (5 500 Infanteristen), kommandiert von Armeebefehlshaber Yang Hsi-min selbst, stationiert in Kanton.
2. Korps: 3. und 4. Infanteriedivision (8 000 Infanteristen), kommandiert von General Fan Shih-sheng, disloziert teils in Kanton und teils entlang der Eisenbahnstrecke Kanton-Kowloon. Das Korps verfügte über zwei Binnen- und fünf seetüchtige Schiffe.
3. Korps: 5. und 6. Infanteriedivision (5 000 Infanteristen), verteilt im Umkreis von bis zu 100 km östlich und nordwestlich (entlang der Eisenbahnstrecke nach San-shui) von Kanton. Die Yünnan-Armee war an der Ostfront stationiert und wurde von Čerepanov[525] - ungeachtet der überlegenen Truppenstärke der Kuangtung-Armee - als die schlagkräftigste und bestausgerüstete Armee bewertet. Čerepanov fand aber auch heraus, daß Yang Hsi-min und Fan Shih-sheng erbittert um mehr Einfluß in der Gesamtarmee rivalisierten, wobei Fan sich grundsätzlich wegen der stärkeren Disziplinierheit seines 2. Korps in einer günstigeren Lage befand. Fan trieb überdies in dem von seinem Korps besetzten Gebiet die Abgaben zentral qua Korps ein und machte seine Divisionskommandeure dadurch finanziell von sich abhängig. Die Divisionskommandeure des 1. Korps hingegen requirierten ihre Abgaben selbständig und fühlten sich auf diese Weise Yang nur nominell unterstellt. Dies ging so weit, daß der Komman-

522 Documents on Communism, S. 465.
523 Čerepanov, A. I., Zapiski, S. 28 f., 30, 34 f.
524 Ebenda, S. 28.
525 Zu diesem Absatz ebenda, S. 28 - 30.

deur der 2. Division bisweilen offen erkennen ließ, daß er Yang überhaupt nicht als Vorgesetzten ansah. Čerepanov charakterisierte die Rivalen Yang und Fan mit kräftigen Strichen: Yang Hsi-min als gekrümmt gehend, mit unordentlichem Haar, finsterem Gesicht, als ob er einen schweren Katzenjammer nicht ausgeschlafen habe, der sich nur durch seine Begabung für Intriganz halten konnte und der (wie viele andere Warlords auch) der KMT nur aus praktischen Gründen beitrat; Fan Shih-sheng hingegen als strahlend, gesund, hochgewachsen, übertrieben selbstsicher. Die Söldner der Yünnan-Armee fühlten sich in dem ihm fremden Kuangtung unwohl. Sie wurden von der Bevölkerung Kuangtungs als Eindringliche und Räuber gehaßt. Die Kuangtunger Warlords konnten sich nicht damit abfinden, daß die Yünnanesen wichtige Einkunftsquellen in den Griff bekommen hatten: Eisenbahnen, Spielkasinos, Bordelle, Steuern aus dem Spirituosen- und Tabakhandel. Das gemeinsame Erlebnis einer feindseligen Umgebung und eine strenge Disziplin innerhalb der Truppe, die bei geringsten Unbotmäßigkeiten zu Erschießungen führte, erhielt nach der Beurteilung Čerepanovs eine für damalige chinesische Verhältnisse beachtliche Geschlossenheit der Yünnan-Armee aufrecht.
Die *Kuangtung-Armee*[526] verfügte über 28 000 Gewehre, 122 Maschinengewehre, vier Gebirgsgeschütze und bestand aus den folgenden Einheiten:
1. Korps: selbständige 12., 13., 19. Brigade (4 700 Infanteristen). Der Korpskommandeur Liang Hung-k'ai[527] hatte ein gespanntes Verhältnis zu Hsü Ch'ung-chih und benahm sich äußerst selbständig. Die Kampfkraft der südlich von Kanton stationierten Brigaden wurde von Čerepanov gering bewertet.

2. Korps: Es wurde vom Befehlshaber der Kuangtung-Armee, General Hsü Ch'ung-chih, selbst kommandiert und bestand aus der 1., 2. und 3. Division, der selbständigen 7., 8. und 11. Brigade sowie aus vier selbständigen Regimentern. Der damals 44-jährige Hsü war ein alter Anhänger Sun Yat-sens und wurde im Juli 1924 in das neugebildete Spitzengremium der KMT, den Politischen Rat (cheng-chih hui-i oder cheng-chih wei-yüan-hui) berufen.[528] Nach Čerepanovs Darstellung hatte er noch bis kurz zuvor als Lebemann zur Jeunesse dorée (zolotaja molodež') Kantons gehört, war aber dann »vernünftig geworden« (ostepilsja) und entwickelte sich zu einem Meister der revolutionären Rhetorik, ohne sich allerdings – wie Čerepanov ironisch anmerkt – »mit überflüssiger Prinzipientreue zu bela-

526 Zum folgenden Bericht über die Kuangtung-Armee siehe Čerepanov, A. I., Zapiski, S. 30 - 34.
527 Bei Čerepanov findet sich irrtümlicherweise der Name Liao Hung-k'ai, ebenda, S. 30.
528 Domes, J., Vertagte Revolution, S. 102 f.

sten«.[529]
Die 1. Division (3 200 Infanteristen) bestand aus zwei Brigaden, wurde von dem späteren ZEK-Mitglied der KMT Li Chi-shen befehligt, war im Raum Wu-chou (Grenze zu Kuangsi) stationiert und galt als eine der besten Divisionen der Kuangtung-Armee. Die 2. Division (2 160 Infanteristen) war 3 km nordöstlich von Kanton disloziert; sie wurde von Chang Min-ta[530] kommandiert, einem KMT-Mitglied ohne militärische Vorbildung, und verfügte über zwei seetüchtige Schiffe. Die 3. Division (3 000 Infanteristen) bestand aus zwei Brigaden (vier Regimentern) und befand sich im Westen und Südwesten der Provinz. Die 7. Brigade (2 200 Infanteristen), die an der östlich von Kanton gelegenen Eisenbahnstation Shih-t'an lag, wird von Čerepanov als diszipliniert und vorzüglich ausgebildet geschildert, ihr Kommandeur hingegen, Hsü Ch'ung-chihs Bruder Hsü Chi, als eine farblose und willensschwache Figur. Als letzte Einheit des 2. Korps hebt Čerepanov die von Wu T'ieh-ch'eng befehligte selbständige Polizeibrigade hervor, die aus zwei Regimentern und einem Bataillon (1 300 Infanteristen und eine Kavallerieabteilung) bestand; Wu bekleidete gleichzeitig das Amt des Polizeichefs von Kanton. Čerepanov schildert Wu als einen ungewöhnlich kultivierten Menschen, der - als Jurist und ohne militärische Ausbildung - es verstanden habe, sich bei seinen Untergebenen Achtung zu verschaffen. Durch seine ungewöhnliche Intelligenz und Schläue habe er sich unter den Generälen hervorgetan. Nicht ohne eine gewisse Hochachtung stellt Čerepanov fest,[531] Wu habe sich geschickt als ein KMT-Linker geriert, um sich erst später, zur geeigneten Zeit, als ein Rechter zu decouvrieren.
3. Korps: ca. 4 000 Infanteristen, befehligt von General Li Fu-lin, disloziert auf der im Perlfluß (Chu-chiang) gegenüber Kanton gelegenen Insel Ho-nan und in den Gebieten südlich des Perlflusses. Dort sollte das Korps vor allem zur Banditenbekämpfung eingesetzt werden. General Li arrangierte sich indes mit den Banditen und wurde an deren Beute prozentual beteiligt. Die Kampfkraft des Korps wurde von Čerepanov als gering eingeschätzt. General Li Fu-lin hatte vor der Revolution von 1911 selbst eine einflußreiche Piratenbande angeführt und war dann von Sun Yat-sen für die Sache des T'ung-meng-hui gewonnen worden. Er gehörte Mitte der zwanziger Jahre nominell dem KMT-Komitee von Kanton an, unterstützte die Sun-Regierung aber nur halbherzig. Gelegentlich bekleidete er sogar

529 Čerepanov, A. I., Zapiski, S. 30.
530 Bei Čerepanov ist irrtümlicherweise von Chang Ming-te die Rede, ebenda, S. 33; vgl. hierzu Index to Su-lien yin-mou wen-cheng, S. 17.
531 Čerepanov, A. I., Zapiski, S. 33.

Regierungsämter, aber meist nur für kurze Zeit, weil sie ihm zu wenig Profit einbrachten. Er interessierte sich kaum für militärische Dinge, dafür umso mehr für kommerzielle.
Im Zusammenhang mit der Darstellung der Kuangtung-Armee in den Čerepanov-Memoiren erscheint es angebracht, auf eine Tatsache hinzuweisen, die erkennen läßt, daß der Memoirenschreiber sich um eine faire Beurteilung auch solcher chinesischer Persönlichkeiten bemüht, die später auf der anderen Seite der Barrikaden kämpften. Sie ist als ein positives Indiz im Hinblick auf die Glaubwürdigkeit der Einschätzungen Čerepanovs überhaupt zu werten. Bei der Charakterisierung von Li Chi-shen als Kommandeur der 1. Infanteriedivision des 2. Korps der Kuangtung-Armee erwähnt Čerepanov, Li habe im Jahre 1927 »ein gewaltiges Verbrechen an der Revolution« begangen,[532] womit die Unterdrückung der kommunistisch geführten Aufstände von Nanchang und Kanton gemeint ist. Dies hält ihn aber nicht davon ab, Lis Verdienste während der KMT-Feldzüge vor dieser Zeit ausführlich zu würdigen. Demnach gehörte Li zu denjenigen, die die Vorschläge der sowjetischen Berater ernst nahmen, dementsprechende Maßnahmen ergriffen und die politische Schulung in ihren Einheiten förderten. Dies alles habe, so faßt Čerepanov sein Urteil über Li Chi-shen zusammen,[533] dazu geführt, daß sich die Kampfkraft der Li unterstellten Verbände rasch gesteigert habe.
In einer Gesamtbewertung der Kuangtung-Armee kommt Čerepanov zu einem überwiegend negativen Ergebnis:[534] Sun Yat-sen habe fest damit gerechnet, daß sie von allen Armeen des Südens die Kanton-Regierung am wirkungsvollsten unterstützen werde; tatsächlich aber hätten die Kommandeure dieser Armee nur ihre persönlichen Interessen verfolgt.
Die *Hunan-Armee*[535] unter General T'an Yen-k'ai mit einer Gesamttruppenstärke von 14 000 Mann hatte kurz vor der Ankunft der sowjetischen Militärberater bei Kampfhandlungen gegen Verbände Wu P'ei-fus starke Verluste erlitten, war aber organisatorisch intakt geblieben. Dem Armeebefehlshaber T'an stand als engster Mitarbeiter Ch'eng Ch'ien zur Seite, der 1926 in das II. ZEK der KMT gewählt wurde und von Čerepanov zutreffend zum linken Parteiflügel gerechnet wird.
Die *Kuangsi-Armee*[536] unter General Liu Chen-huan mit ihren 5 000 - 6 000 Soldaten wird von Čerepanov als total chaotisch beschrieben. Viel

532 Ebenda, S. 31.
533 Ebenda.
534 Ebenda, S. 30.
535 Zur Einschätzung der Hunan-Armee durch Čerepanov siehe ebenda, S. 35.
536 Zu diesem Absatz ebenda.

Wahres sei an einer Anekdote gewesen, die seinerzeit die Runde gemacht habe: In dieser Armee gebe es mehr Offiziere als Soldaten, mehr Gewehre als Patronen. Die sieben Infanteriedivisionen der Armee waren teils an der Ostfront (nördlich der Bahnstation Shih-lung), teils auf den befestigten Inseln in der Hu-men-Bucht des Perlflusses disloziert. Insgesamt habe man die Armee nur als ein Anhängsel der Yünnan-Armee betrachten müssen.

Was die Gesamttruppenstärke der Armeen des Südens angeht, so bleibt festzuhalten, daß Chiang Kai-shek in Moskau eine Höchstzahl nannte (80 000),[537] V. Ja. Poljak in Kanton die Minimalziffer von etwa 60 000 für realistisch hielt,[538] während A. I. Čerepanov im Rückblick auf eine mittlere Schätzzahl von ungefähr 70 000[539] kommt.

Die Anzahl von Flugzeugen, Schiffen und schweren Waffen, die der Sun-Regierung über die Armeen des Südens zur Verfügung stand, war unbedeutend.[540] Die Luftwaffe bestand aus ganzen vier Flugzeugen des Baujahrs 1916 und zwei Wasserflugzeugen. Die Flugzeuge waren abgenutzt, es fehlte an Ersatzteilen. Dennoch, so betont Čerepanov, sei die Luftwaffe die einzige der Regierung gegenüber völlig loyale Einheit gewesen, weil sie Suns persönlichem Referenten unterstand. Die Marine verfügte über einen reparaturbedürftigen Kreuzer, neun Kanonenboote, zwei Transportschiffe und einige kleinere Fahrzeuge. Eines der Kanonenboote und die beiden Transporter unterstanden einem General Ou-yang Ling, der die Schiffe vor allem zum Opiumhandel benutzte und Sun lediglich nominell zugeordnet war. Alle Schiffe waren ungenügend gepanzert. Die Artilleriegeschütze verfügten über einen ungenügenden Richtbereich, das Bedienungspersonal war schlecht ausgebildet.

In einer zusammenfassenden Beurteilung der deprimierenden militärischen Situation, die die sowjetischen Berater 1923/24 in Kuantung vorfanden, äußert sich Čerepanov sarkastisch über die mit Sun verbündeten Armeen des Südens.[541] Er stuft deren Führer als Warlords ein, die sich nur deswegen in Kuangtung zusammengefunden hatten, weil sie ihre Futterkrippen (kormuški) gemeinsam gegen den Zugriff der Warlords des Nordens und gegen Ch'en Chiung-ming verteidigen wollten. Ihre Lage und ihre Absichten beschreibt er bildhaft so:

> »Die Militaristen fühlten sich in Kanton ... wie Passagiere in einem Bahnhof, die auf einen günstigen Zug warten. Jeder von ihnen war bemüht, genügend Kräfte

537 Baranovskij-Protokoll, siehe oben S. 114 dieser Arbeit.
538 Kartunova, A. I., V. K. Bljucher v Kitae, S. 25.
539 Čerepanov, A. I., Zapiski, S. 28 - 35.
540 Zu diesem Absatz ebenda, S. 35 f.
541 Ebenda, S. 36.

zu sammeln, um die Konkurrenten in Kanton zu zermalmen oder ›seine‹ Provinz zurückzuerobern«.[542]

Im übrigen waren sie in Čerepanovs Sicht nur daran interessiert, sich die Steuereinnahmen zu sichern, die nach dem folgenden Schlüssel unter ihnen aufgeteilt wurden:

Yünnan-Armee	3 190 000 Dollar
Kuangtung-Armee	1 060 000 Dollar
Kuangsi-Armee	100 000 Dollar
Marine	370 000 Dollar
übrige Truppeneinheiten	1 000 000 Dollar

Es kann kaum bezweifelt werden, daß diese militärische Lagebeschreibung ein einigermaßen realistisches Bild zeichnet. Insofern ist es auch nur allzu gut vorstellbar, daß die Führer der Armeen des Südens sich gegenüber den Russen im Prinzip mißtrauisch verhielten. Hiervon zeugt ein wörtlich wiedergegebener Bericht eines Korrespondenten der sowjetischen Nachrichtenagentur ROSTA,[543] der erkennen läßt, welche Schwierigkeiten der Russe überwinden mußte, um Ende 1924 bei General Fan Shih-shen, dem Kommandeur des 2. Korps der Yünnan-Armee, zu einem Gespräch vorgelassen zu werden.

Weniger selbstverständlich erscheint allerdings - und damit soll die Darstellung der Ausgangslage in Kuangtung abgeschlossen werden -, daß die neueingetroffenen sowjetischen Offiziere auch bei den Dienststellen der Sun-Regierung auf ähnlichen Argwohn stießen. Dies geht unter anderem aus einem zeitgenössischen Bericht eines Militärberaters hervor, in dem es hieß:

> »Versuche, irgendwelches Material (über die militärische Lage, d. Verf.) aus offiziellen Quellen zu erhalten, endeten unausweichlich in einem Mißerfolg. Die Versprechungen von offiziellen Personen, uns mit der Armee in Verbindung zu bringen, blieben Versprechungen. *Man kann mit Sicherheit sagen, daß sie uns aus irgendwelchen Überlegungen heraus aus dem Weg gehen.* Möglicherweise wollen sie uns nicht mit ihrer Armee vertraut machen aus Angst, daß wir über die wirkliche Lage der Dinge nach Moskau berichten«.[544]

542 Hierzu und zur folgenden Aufstellung ebenda.

543 Ebenda, S. 36 - 38.

544 Bericht von V. J. Poljak, undatiert, in: Kartunova, A. I., V. K. Bljucher v Kitae, S. 25 (wohl nach CPA IML); Hervorhebung d. Verf. dieser Arbeit.

3. *Borodin als »Militärberater der ersten Stunde«*

Der einzige Sowjetrusse, der in dieser Atmosphäre des Argwohns der ersten Zeit überhaupt in der KMT militärisch beratend wirksam werden konnte, war Borodin selbst - formell kein Militärberater. Dies geht zumindest aus den Memoiren Čerepanovs hervor, der sich bei der Darstellung der Ereignisse der ersten Monate auf einen zeitgenössischen Bericht Borodins stützt, ohne diesen zu zitieren.[545] Zweifelsohne konnte Borodin nur deswegen Einfluß nehmen, weil er direkten Zugang zu Sun Yat-sen hatte. Er nutzte die Möglichkeit des engen Kontakts zu Sun auch dazu, Vorstellungen der KPCh-Führung durchzusetzen. Dies ergibt sich ebenfalls aus den Čerepanov-Memoiren, wo es heißt:

> »Da der rechte Flügel der Kuomintang die Vorschläge der Kommunisten und überhaupt die Zusammenarbeit mit diesen mit Mißtrauen betrachtete, sah sich M. M. Borodin gemeinsam mit den Vertretern des ZEK der KPCh manchmal dazu genötigt, die Vorschläge der Kommunistischen Partei *unmittelbar über Sun Yat-sen* durchzubringen«.[546]

Mit der KPCh-Führung hatte Borodin täglich Kontakt, und zwar vor allem mit Ch'en Tu-hsiu als dem Generalsekretär und T'an P'ing-shan als dem ZK-Bevollmächtigten für die kommunistische Tätigkeit im ZK der Kuomintang.[547] Als Borodins engster Mitarbeiter und Vertrauter unter den chinesischen Kommunisten aber fungierte der damals 25-jährige Chang T'ai-lei, der ihm vor allem dabei half, die Sprachbarriere zu überwinden; Chang seinerseits arbeitete eng mit seinem ehemaligen Klassenkameraden Ch'ü Ch'iu-pai zusammen.

Die erste Gelegenheit, militärisch beratend einzugreifen, bot sich Borodin, nachdem die KMT-Führung am 12. November durch die Nachricht beunruhigt worden war, daß Ch'en Chiung-mings Truppen zum Angriff übergegangen waren, die an der Eisenbahnstrecke nach Kowloon gelegene Ortschaft Shih-lung eingenommen und die Regierungstruppen nach Kanton zurückgeworfen hatten.[548] Nach einer Sitzung des Provisorischen ZEK vom selben Tag teilte Borodin Sun mit, was er für den Hauptgrund der militärischen Niederlagen der Regierungstruppen hielt: die unzureichende Aufklärungsarbeit der KMT unter den Bauern. Dies führe dazu, daß bis-

545 Čerepanov, A. I., Zapiski, S. 38 - 94. - Daß Čerepanov hier - ohne Quellenangabe - einen Bericht Borodins wiedergibt, findet sich bei Mirovickaja, R. A., Michail Borodin, S. 33.
546 Čerepanov, A. I., Zapiski, S. 64; Hervorhebung d. Verf. dieser Arbeit.
547 Hierzu und zum Folgesatz ebenda.
548 Zu diesem Absatz ebenda, S. 51 - 54.

her die Bauernschaft sich entweder passiv verhalten oder sogar den Feind unterstützt habe. Sun habe dieser Einschätzung zugestimmt. Am Folgetag hielt das Provisorische ZEK eine von Liao Chung-k'ai geleitete Sitzung der zwölf Gebietskomitees der KMT ab, auf der Borodin eine von Liao Satz für Satz übersetzte Rede hielt. Die Ratschläge, die er den versammelten Parteimitgliedern erteilte, um das Kriegsglück zu wenden, waren sowohl politischer als auch militärischer Natur:

1) Die KMT müsse drei Dekrete erlassen, um die für sie wesentlichen Bevölkerungsschichten für die Unterstützung der Partei und ihrer Armee zu gewinnen:

a) ein Dekret über die Verteilung von Land (nadelenie zemlej) an die Bauern von Kuangtung;

b) ein Dekret über eine Sozialgesetzgebung für die Arbeiter, verbunden mit einer Flugblattaktion;

c) ein Dekret, das sich an das industrielle Kleinbürgertum (melkaja promyšlennaja buržuazija) wende, um dieses vom Nutzen der beabsichtigten Landumverteilungs- und Sozialgesetzgebung zu überzeugen, da diese Gesetzgebungsvorhaben eine Erhöhung der Kaufkraft, der Nachfrage nach Gütern und somit auch eine Steigerung der Industrieproduktion und des Handelsumsatzes mit sich bringen werde.

2) Um der unmittelbaren militärischen Bedrohung Kantons durch die Truppen Ch'en Chiung-mings zu begegnen, seien unverzüglich KMT-Freiwilligenabteilungen zu bilden. Diese müßten von KMT-Offizieren befehligt werden, die sich nicht unmittelbar im Fronteinsatz befänden.

Borodins Rede, so berichtet Čerepanov, sei von den Versammelten begeistert aufgenommen worden, besonders natürlich von den linken, aber auch von einigen rechten KMT-Führern.[549] Auf den Folgesitzungen vom 15. und 16. November erhob sich hingegen seitens einiger Komitees Widerstand gegen die vorgeschlagenen Dekrete. Einige der Gegner befürchteten, sie würden die Sowjetisierung Kuangtungs (sovetizacija Guanduna) einleiten, andere argwöhnten, die Partei sollte bolschewisiert werden (sdelalas' bol'ševistskoj). Obwohl Borodin sich bemühte, solche Argumente in einer weiteren Rede zu widerlegen, gelang es den KMT-Rechten dennoch, die formelle Annahme der inzwischen im Entwurf vorliegenden Dekrete durch deren Überweisung an Kommissionen vorerst zu verhindern. Sun selbst sprach sich gegenüber Borodin zugunsten einer Inkraftsetzung derjenigen Dekrete aus, die die Sozialgesetzgebung für die Arbeiter und das Kleinbürgertum betrafen, eine Landumverteilung hielt er indessen für ver-

549 Zu diesem Absatz ebenda, S. 54.

früht. Im Hinblick auf die Einschätzung der neueren sowjetischen Sun-Historiographie soll hier darauf hingewiesen werden, daß Čerepanov wohl Liao Chung-k'ai kritisiert, weil dieser die prozeduralen Manöver der Rechten nicht durchschaut habe,[550] indes kein abschätziges Wort über Sun selbst verliert, dem er dasselbe hätte vorwerfen können. Die Bewertung Suns ist in der Tat einer der Punkte, an denen die Grenzen der in militärischen Dingen um Objektivität bemühten Berichterstattung Čerepanovs sichtbar werden.

Borodins politische Pläne zur Verbesserung der Lage an der Front blieben somit vorerst blockiert. Hingegen begann man sofort damit, seine militärischen Vorschläge in die Praxis umzusetzen. Wie Čerepanov sich von Borodin berichten ließ,[551] hatten sich bis zum 15. November bereits 540 KMT-Mitglieder freiwillig an die Front gemeldet. Auf der Versammlung der Partei-Gebietskomitees wurde einstimmig beschlossen, alle Freiwilligen dem KMT-Hauptquartier zuzuweisen und sofort mit der militärischen Ausbildung zu beginnen, um so den Grundstock einer »nationalen Division« (nacional'noj divizii) zu bilden. Denjenigen Parteimitgliedern, die sich nicht freiwillig zur Truppe gemeldet hatten und nicht wehrdiensttauglich waren, wurde nahegelegt, die Patenschaft über eine im Fronteinsatz befindliche Einheit zu übernehmen und sich darum zu kümmern, daß diese mit allem Notwendigen versorgt würde.

Am 18. November, eine Woche nach Beginn der Offensive Ch'en Chiung-mings, erschien die Lage der Kanton-Regierung nahezu hoffnungslos.[552] Man erwartete stündlich den entscheidenden gegnerischen Angriff von Norden und gleichzeitig Südosten her. Borodin berichtete Čerepanov, er habe sich in den Nachmittagsstunden dieses Tages gerade im Hauptquartier aufgehalten, als man nur noch darüber diskutierte, wohin Sun im Falle der zu erwartenden Niederlage fliehen sollte. Sun erklärte, er wolle weder nach Hongkong noch nach Schanghai gehen, wo er von britischer Seite Schwierigkeiten zu erwarten habe, sondern er ziehe einen Aufenthalt in Japan vor. Hierauf lud Borodin ihn ganz offiziell (vpolne oficial'no) ein, von Japan aus über Vladivostok nach Moskau zu reisen. Dieser nahm die Einladung erfreut an, setzte aber sogleich hinzu, er würde sich auch gern in Berlin aufhalten. Sun Yat-sens ausweichende Antwort auf das sowjetische Exilangebot steht in einem gewissen Widerspruch zu dem allgemein von der sowjetischen Historiographie entworfenen Bild, wonach Sun auch schon damals die Sowjetunion als den einzigen wahren Freund

550 Ebenda.
551 Zu diesem Absatz ebenda, S. 52 f.
552 Zu diesem Absatz ebenda, S. 56 f.

angesehen habe; diesen Eindruck versucht S. A. Dalin sogar schon für den Zeitpunkt Sommer 1923 zu erwecken.[553] Die Erwähnung Berlins als eines erwünschten Aufenthaltsorts in diesem Kontext stützt vielmehr die vom Verfasser dieser Arbeit bereits oben entwickelte These,[554] wonach Sun bis Ende 1924 mindestens ebenso sehr auf deutsche wie auf sowjetische Hilfe hoffte.

Sun Yat-sen brauchte seine Fluchtpläne nicht in die Tat umzusetzen. Am Abend desselben Tages, an dem er sie erwog, wendete sich das Kriegsglück. In einer Gegenoffensive, die vor allem die Yünnan-Armee Yang Hsi-mins (und hier wiederum das von Fan Shih-sheng befehligte Korps) vortrug, wurden Ch'en Chiung-mings Truppen zurückgeworfen.[555] Nach Čerepanovs Darstellung bewährte sich hierbei ein taktischer Schachzug Suns,[556] der statt seiner selbst General Yang Hsi-min zum Oberkommandierenden aller ihm loyalen Armeen des Südens eingesetzt hatte. Er hoffte dabei, daß dessen Armee als die am höchsten subventionierte[557] auch am besten kämpfen werde. Durch die Übertragung des Oberkommandos auf General Yang wurde Sun zugleich in die Lage versetzt, sich verstärkt in die gerade angelaufene Parteireform einzuschalten.

Am 19. November fand in einer Atmosphäre allgemeiner Erleichterung eine Sitzung des Provisorischen ZEK der Kuomintang statt,[558] auf der auch Borodin anwesend war. Die Teilnehmer bestätigten die Endfassung des Entwurfs für das neue Parteiprogramm, beschlossen die Bildung von KMT-Gebietskomitees bei Suns Hauptquartier und stimmten der Ausarbeitung von Entwürfen der von Borodin angeregten Dekrete über die Landverteilung und die Sozialgesetzgebung zu. Auf Grund eines weiteren Beschlusses fuhren Liao Chung-k'ai und Borodin kurz darauf (vskore) nach Schanghai, um die dort darniederliegende Parteiarbeit zu aktivieren; Borodin kehrte vor dem 15. Januar 1924 nach Kanton zurück und beteiligte sich an den Vorbereitungen zum I. KMT-Kongreß.[559] Ein letzter Tagesordnungs-

553 Dalin, S. A., Velikij povorot, S. 284 f.; siehe auch oben S. 73 dieser Arbeit.
554 Siehe oben S. 53 ff. dieser Arbeit.
555 Čerepanov, A. I., Zapiski, S. 55, 58.
556 Ebenda, S. 55.
557 Hierzu oben S. 136 dieser Arbeit.
558 Zu diesem Absatz Čerepanov, A. I., Zapiski, S. 58 f.
559 Ebenda, S. 69 f. (implizit). – Zu Borodins Tätigkeit in Schanghai in den Organisationen der KMT und der KPCh um die Jahreswende 1923/24, die nicht zum Thema dieser Arbeit gehört, vgl. ebenda, S. 60 – 66. – Zur Beteiligung Borodins und der sowjetischen Militärberater an der Vorbereitung und der Arbeit des I. KMT- Kongresses vgl. ebenda, S. 70, 78 – 83, 89 f. Čerepanov zitiert wörtlich aus einem ausführlichen Gedächtnisprotokoll, das Borodin über ein Gespräch mit Sun vom 23. Januar 1924 anfertigte. Im Verlauf dieses Gesprächs gelang es Borodin, Sun davon zu überzeugen, daß an dem »linken« Entwurf eines »Manifests« (hsüan-yen) festgehalten werden müsse. Borodin nahm auch an einer

punkt ging auf Borodins Vorschlag vom 13. November 1923[560] zurück und beschäftigte sich mit der Aufstellung einer KMT-Freiwilligendivision. Gleichzeitig wurde die Gründung einer Kriegsschule diskutiert. Man beschloß, sich vorerst auf Abendkurse über politisches Grundwissen (politgramota) und militärische Fragen zu beschränken.

In der Tat waren dies offenbar die beiden einzigen militärisch bedeutsamen Beschlüsse, die seit dem Eintreffen der sowjetischen Berater im Zusammenhang mit deren Tätigkeit vor Dezember 1923 von der KMT-Führung gefaßt wurden. Zumindest läßt sich aus den bisher bekannten Quellen und dem neuen sowjetischen Material nichts anderes erschließen. Daß man in der Frage der Einrichtung einer Militärakademie so viel Zurückhaltung übte, geht nachweislich[561] darauf zurück, daß man erst Chiang Kai-sheks ausführlichen Bericht über die Ergebnisse seiner Reise nach Sowjetrußland und die entsprechenden Empfehlungen abwarten wollte. Dieser hatte ja in Moskau gerade auch über dieses Problem verhandelt.[562] Chiang aber, der am 15. Dezember 1923 nach Schanghai zurückgekehrt war, fuhr nicht sofort nach Kanton, sondern begab sich zunächst nach seinem Heimatort in Chekiang.[563] Erst nach mehrfachem heftigen Drängen der KMT-Spitze verstand er sich am 16. Januar 1924 dazu, die Weiterreise nach Kanton anzutreten.

Sitzung der kommunistischen Fraktion des Kongresses vom 25. Januar teil, auf der über die berühmt gewordene Erklärung Li Ta-chaos vom 28. Januar beschlossen wurde; er empfahl den Chinesen, diese Erklärung unbedingt in Suns Anwesenheit abzugeben. Wortlaut des »Manifests« bei Tsou Lu, Chung-kuo kuo-min-tang shih kao, S. 377 - 388; deutsch in: Sun Yat-sen, Reden und Schriften, S. 261 - 280. Wortlaut der Erklärung Li Ta-chaos vom 28. Januar 1924 in: Ko-ming wen-hsien, Bd. IX, S. 37 - 40 (1 243 - 1 246 der durchlaufenden Paginierung), mit faksimiliertem Text in Lis Handschrift auf S. 41 - 48 (1 247 - 1 254 der durchlaufenden Paginierung); Wang Chien-min, Chung-kuo kung-ch'an-tang shih kao, Bd. I, Taipei 1965, S. 100 - 102; auszugsweise Übersetzungen bei T'ang Leang-Li, The Inner History, S. 178 f.; Domes, J., Vertagte Revolution, S. 92; Čerepanov, A. I., Zapiski, S. 90 f.; Chiang Kai-shek, A Summing up, S. 26 f.

560 Siehe oben S. 138 dieser Arbeit.

561 Loh Pichon P. Y., The Early Chiang Kai-shek, S. 90 (mit weiteren Quellenhinweisen).

562 Siehe oben S. 112 f. dieser Arbeit.

563 Hierzu und zum Folgesatz Loh Pichon P. Y., The Early Chiang Kai-shek, S. 89 - 91 (mit weiteren Quellenhinweisen).

4. Das Haupttätigkeitsfeld in Kanton: die Whampoa-Akademie

An konkreten militärischen Unternehmungen im Bereich der Stadt Kanton waren die sowjetischen Berater vor allem in dreifacher Weise beteiligt: am Aufbau und Betrieb der Militärakademie von Whampoa sowie an der Planung von Maßnahmen gegen den »Kaufleute-Aufstand« vom Oktober 1924 und die Yang/Liu-Revolte vom Juni 1925. Hierbei bildete Whampoa sowohl das zeitlich erste Tätigkeitsfeld als auch den mit Abstand wichtigsten Aktionsbereich; letzteres wird auch von einem der Berater ausdrücklich festgestellt.[564] Wegen dieser besonderen Bedeutung soll der sowjetischen Tätigkeit an der Whampoa-Militärakademie (Huang-p'u lu-chün chün-kuan hsüeh-hsiao, wörtl.: Huang-p'u-Heeresoffizierschule) der folgende eigene Abschnitt gewidmet werden.

Auf die Geschichte der Akademie kann in diesem Rahmen nicht systematisch eingegangen werden. Statt dessen sei auf zwei neuere amerikanische Arbeiten verwiesen,[565] die an die bewundernswert prägnante und im wesentlichen auch heute noch gültige ältere Darstellung von MacFarquhar[566] anschließen. Auf einzelne Vorgänge wird jeweils dann Bezug genommen, wenn es für das Verständnis derjenigen Bewertungen notwendig erscheint, die den neuen sowjetischen Materialien entstammen und im folgenden erörtert werden. Soweit die Anfänge der Akademie betroffen sind, deren sowjetische Beurteilung in diesem Abschnitt vor allem behandelt wird, so sind wir im Hinblick auf Augenzeugenberichte in der Memoirenliteratur - wie auch schon bei der bisher dargestellten sowjetischen Einschätzung der Ereignisse in Kuangtung - auf A. I. Čerepanov angewiesen. Für die Zeit bis zum Sommer 1925 ist er der einzige Memoirenschreiber, der aus eigener Anschauung über Whampoa berichten kann. Sodann treten E. V. Teslenko[567] (für eine kurze Zeit im Juni/Juli 1925) und V. V. Višnjakova-Akimova[568] (ab März 1926) hinzu. Ergänzt wird die Memoirenliteratur durch einen Artikel aus der Feder des Beraters S. N. Naumov, den dieser Ende 1926 an Ort und Stelle recherchierte,[569] und zahlreiche

564 Čerepanov, A. I., Pod znamenami, S. 314; derselbe, Zapiski, S. 114.

565 Gillespie, E. R., Whampoa and the Nanking Decade (1924 - 1936), unveröff. Diss., The American University, Washington, D. C. 1971; Landis, R. B., Institutional Trends at the Whampoa Military School: 1924 - 1926, unveröff. Diss., University of Washington 1969.

566 MacFarquhar, R. L., The Whampoa Military Academy, Papers on China, Harvard University East Asia Regional Studies Seminar, Nr. 9, Harvard University 1955.

567 Teslenko, E. V., Ot Guančžou do Uchanja, in: Sovetskie dobrovol'cy, S. 97 - 100.

568 Višnjakova-Akimova, V. V., Dva goda v vosstavšem Kitae, 1925 - 1927, Vospominanija, Moskau 1965, S. 172 ff.

569 Naumov, S. N., Škola Vampu (Iz vospominanij), in: Sovetskie dobrovol'cy, S. 126 ff. - Es

Hinweise in der übrigen sowjetischen Literatur, die auf zeitgenössischen Berichten basieren.
Unterstellt man, daß Čerepanov in seinem Bericht über die Gründung der Akademie[570] alles das wiedergibt, was ihm seinerzeit bekannt wurde, dann ergibt sich zwangsläufig, daß er (gleich seinen drei Kameraden) nichts vom wahren Charakter des Tauziehens ahnte, das zwischen Februar und April 1924 in der KMT-Führung hierum stattfand. Demnach wurde nämlich den Militärberatern nicht mitgeteilt, daß Chiang Kai-shek bereits am 24. Januar formell zum Vorsitzenden eines achtköpfigen »Vorbereitungskomitees für die Militärakademie« (chün-hsiao ch'ou-pei wei-yüan-hui wei-yüan-chang) ernannt worden war und daß Sun - offenbar einem Vorschlag von Chiang und Wang Po-lin folgend - vier Tage später das Gelände für die Akademie bestimmte: die Insel Whampoa (Huang-p'u), auch Ch'ang-chou genannt, von Kanton aus etwa 25 km stromabwärts gelegen und in einer Stunde mit dem Dampfboot zu erreichen.[571] Es blieb den Militärberatern offenbar auch verborgen, daß Chiang am 21. Februar die direkte Mitarbeit im Vorbereitungskomitee einstellte und daß zwei Tage darauf seine Funktion im Komitee vertretungsweise (tai-li) von Liao Chung-k'ai übernommen wurde.[572] In keiner der Memoiren findet sich überhaupt ein Hinweis auf das Vorbereitungskomitee, das immerhin zwischen dem 8. Februar und dem 8. Mai 32 Sitzungen abhielt,[573] wohl aber wird es in einer quellenmäßig allgemein gut abgesicherten neueren sowjetischen Sekundärdarstellung erwähnt.[574]
Am 21. Februar 1924 reiste Chiang-Kai-shek nach Chekiang ab und ließ sich erst nach zwei Monaten auf Grund wiederholt vorgetragener Bitten mehrerer führender Persönlichkeiten der Parteispitze einschließlich Sun Yat-sens dazu herbei, nach Kanton zurückzukehren.[575] Pichon P. Y. Loh stellt in überzeugender Weise die These auf, Chiang habe auf diese Weise den durch den Aufenthalt in Sowjetrußland gewonnenen Informations-

handelt sich hier um die überarbeitete Fassung eines Artikels, den Samuil Naumovič Naumov unter dem Pseudonym S. Kalačev in der Nr. 1 (10), S. 161 - 187, des Jahrgangs 1927 der Hauszeitschrift »Kanton« der sowjetischen Berater in Kanton veröffentlichte, vgl. Nikiforov, V. N., Sovetskie istoriki, S. 170, 380.

570 Čerepanov, A. I., Zapiski, S. 99 ff.

571 MacFarquhar, R. L., The Whampoa Military Academy, S. 151 f.

572 Mao Szu-ch'eng (Hrsg.), Min-kuo shih-wu nien, S. 232. - Beide Vorgänge und Daten werden von Liao Chung-k'ai bestätigt, vgl. Jur'ev, M. F., Revoljucija, S. 36. Liao berichtet allerdings im Gegensatz zu Chiang, dieser sei abgereist, ohne Sun oder dem ZEK hiervon vorher Mitteilung zu machen, ebenda.

573 Mao Szu-ch'eng (Hrsg.), Min-kuo shih-wu nien, S. 231. - Zur Tätigkeit des Vorbereitungskomitees im einzelnen siehe Landis, R. B., Institutional Trends, S. 23 f.

574 Jur'ev, M. F., Revoljucija, S. 35 f.

575 Hierzu im einzelnen Loh Pichon P. Y., The Early Chiang Kai-shek, S. 91 - 96.

vorsprung und das damit verbundene hohe Ansehen in militärischen Fragen benutzt, um die KMT-Führung unter Druck zu setzen mit dem Ziel, seine eigenen Vorstellungen über die Besetzung von Spitzenpositionen durchzusetzen und sich maximale Vollmachten für die Führung der Akademie einräumen zu lassen.[576] Von sowjetischer Seite wird diese These bestätigt: Chiang habe sich nach seiner Rückkehr aus der UdSSR die Reputation eines Kenners des sowjetischen Militärwesens erworben, und dies sei - zusätzlich zu der (hochangesehenen) schon früher in Japan erhaltenen militärischen Ausbildung - dafür ausschlaggebend gewesen, ihm als Militärfachmann der KMT den Vorsitz des Vorbereitungskomitees (und später die Leitung) der Militärakademie anzuvertrauen.[577]
Welche Rolle spielten nun die vier sowjetischen Militärberater bei diesen Vorgängen? Man ist versucht, diese Frage mit einem einzigen Wort zu beantworten: keine. Weder in den Memoiren noch in den sonstigen sowjetischen Materialien findet sich ein Hinweis darauf, daß die Militärberater vor Aufnahme des Unterrichts Anfang Mai in Whampoa-Aktivitäten eingeschaltet wurden. In Čerepanovs Bericht über seine erste Begegnung mit Sun Yat-sen,[578] die er auf »kurz nach dem Kongreß« (also Februar oder März) datiert, ist von keinerlei Diskussionen über die Akademie die Rede. Auf dem Treffen, an dem außerdem Borodin, Ch'ü Ch'iu-pai, Terešatov, German und Poljak teilnahmen, wies Sun nach Čerepanov nur ganz allgemein darauf hin, die erste Aufgabe bestehe darin, zur Vorbereitung des Nordfeldzugs eine Armee nach sowjetischem Muster zu schaffen. Er hoffe hierbei, daß die sowjetischen Militärberater die im Kampf gegen ausländische Interventen erworbene Erfahrung an die Kadetten, die künftigen Offiziere der revolutionären Armee, weitergeben würden. Čerepanovs Aufzeichnung über sein erstes Treffen mit Chiang Kai-shek[579] wird nicht datiert, kann aber nach dem Kontext erst nach der Ernennung Chiangs zum Leiter der Akademie, also nach dem 2. Mai,[580] stattgefunden haben. An ihm nahmen sowjetischerseits außerdem Borodin, Terešatov und Poljak teil, chinesischerseits außerdem die Generäle Wang Po-ling und Ho Ying-ch'in. Auch dieser Bericht läßt nicht erkennen,

576 Ebenda, S. 89 f. (Belege für die These auf den S. 89 - 96).
577 Jur'ev, M. F., Revoljucija, S. 35.
578 Čerepanov, A. I., Zapiski, S. 97 - 99.
579 Ebenda, S. 101 f.
580 Nach der faksimilierten Ernennungsurkunde wurde Chiang am 2. Mai 1924 mit der Leitung beauftragt, vgl. die identischen Faksimiles in: Hu Pu-yu, A Brief History, erste Seite des Bildteils, sowie in: Pictorial Story of the Republic of China, S. 9; nach Chiangs Tagebuch erfolgte die Ernennung am 3. Mai, Mao Szu-ch'eng (Hrsg.), Min-kuo shih-wu nien, S. 256.

daß über konkrete Fragen der militärischen Kooperation gesprochen wurde; es handelte sich ganz offensichtlich um einen rein protokollarischen Vorgang. Aus Čerepanovs Darstellung geht hervor, daß er Wang und Ho, die zu den wichtigsten Führungspersönlichkeiten der Akademie gehörten, bei dieser Gelegenheit zum ersten Mal sah.

Die sowjetischen Militärberater wurden also von den Vorbereitungen für Whampoa ausgeschlossen. Sie wurden darüber hinaus über die entsprechenden Vorgänge auch schlecht oder falsch informiert, wie sich aus Čerepanovs Darstellung ergibt.[581] So erfuhren sie erst nach Chiang Kaisheks Abreise (21. Februar) von Borodin, Chiang sei irgendwohin (kudato) gefahren. Čerepanov berichtet weiter:

> »Man sagte uns nicht die Wahrheit, weil man offensichtlich die Autorität der künftigen Leitung (der Akademie, d. Verf.) in unseren Augen nicht untergraben wollte«.[582]

Diesen Vorwurf richtet Čerepanov - sicher unbewußt - implizit auch gegen Borodin. Denn es kann kaum bezweifelt werden, daß dieser in die kritische Entwicklung eingeweiht war, die im Zusammenhang mit der Gründung der Akademie zwischen Februar und April 1924 in der Führungsspitze der KMT stattfand. Diese Annahme ist zwar bis heute im einzelnen nicht belegbar. Sie läßt sich aber einmal allgemein mit dem Hinweis auf Borodins einflußreiche Position als formell ernannter Berater der KMT-Führung rechtfertigen. Zum anderen kann nachgewiesen werden, daß Borodin bereits im Dezember 1923 an der Diskussion über die Besetzung der Führungspositionen der künftigen Militärakademie beteiligt war. In einem Brief Liao Chung-k'ais an Chiang Kai-shek vom 28. 12. 1923 heißt es hierzu:

> »Was den Leiter der Politischen Abteilung (der Akademie, d. Verf.) anbetrifft, so wurde Tai Chi-t'ao auf diesen Posten berufen, obwohl das ZEK auf Empfehlung Borodins sofort mich bevollmächtigt hatte«.[583]

Hier finden sich die ersten Hinweise auf eine Neigung Borodins, Angelegenheiten der militärischen Beratung an sich zu ziehen, ohne die sowjetischen Militärberater an den entsprechenden Meinungsbildungs- und Entscheidungsprozessen zu beteiligen. Dies konnte in der hier beschriebenen Pionierzeit noch nicht als eine Überschreitung von Kompetenzen

581 Hierzu und zum Folgesatz Čerepanov, A. I., Zapiski, S. 99.
582 Ebenda.
583 Jur'ev, M. F., Revoljucija, S. 37, Anm. 70 (Jur'ev zitiert aus einer 1963 in Peking erschienenen Sammlung von Liao Chung-k'ais Werken). - Der Brief findet sich auch auszugsweise in: Mao Szu-ch'eng (Hrsg.), Min-kuo shih-wu-nien, S. 219.

empfunden werden, denn noch war in Kanton kein sowjetischer Chef-Militärberater eingetroffen. Borodin neigte aber offenbar auch später zu einem solchen Verhalten und beschwor hierdurch allem Anschein nach im Sommer 1925 ein ernsthaftes Zerwürfnis mit dem damaligen Chef-Militärberater Bljucher herauf.[584]

Die Erklärungen, die Čerepanov über Chiangs Motive für die Abreise vom 21. Februar 1924 abgibt,[585] zeugen von einer Ahnungslosigkeit, die für eine Publikation des Jahres 1971 nur dann nicht erstaunlich ist, wenn man davon ausgeht, daß Čerepanov hier diejenigen Vermutungen zum besten gibt, die er und seine drei Kameraden in Ermanglung besseren Wissens während ihrer Chinazeit anstellten. Čerepanov nennt zwei Motivationen:

a) Chiang verließ Kanton deswegen, weil er noch nicht erkannt hatte, welcher Schatz ihm und der Großbourgeoisie mit der Whampoa-Akademie in den Schoß gefallen war; wegen seines Mißtrauens gegenüber den Kommunisten witterte er zunächst einen Hinterhalt.
b) Chiang sei wie gewöhnlich feige gewesen und habe zunächst befürchtet, daß die übrigen in Kuangtung befindlichen Warlords in ihrer Abneigung gegen das Whampoa-Projekt die Kadetten entwaffnen und dann mit ihm selbst abrechnen würden; bei dieser Hypothese beruft sich Čerepanov ausdrücklich auf eine Einschätzung, die der damalige Polizeichef von Kanton, Wu T'ieh-ch'eng, gegenüber Borodin traf.

Eine andere Deutung versucht Višnjakova-Akimova, indem sie als einzigen Grund für Chiangs Abreise angibt, dieser sei in Hysterie verfallen, als er bemerkt habe, daß nicht genügend Geldmittel für den Aufbau der Akademie zur Verfügung standen.[586] In der sonst so gründlich angelegten Arbeit von M. F. Jur'ev wird nur das nackte Datum von Chiangs Abreise verzeichnet, ohne nach Gründen zu suchen.[587] Allerdings zitiert Jur'ev eine Aussage Liao Chung-k'ais, wonach Chiang Kanton ohne vorherige Benachrichtigung Sun Yat-sens und des ZEK der KMT verließ.[588] Chiang hingegen verzeichnet in seinem Tagebuch, er habe vor seiner Abreise am 21. Februar mit Sun gesprochen und das ZEK davon unterrichtet, daß er sich aus der Vorbereitungstätigkeit für die Organisation der Akademie

584 Dienstliche Aufzeichnung von Captain Ratay, wörtlich wiedergegeben und kommentiert bei Wilbur, C. M., Notes, in: The China Quarterly, Nr. 35 (Juli - Sept. 1968), S. 39. - Siehe auch unten S. 167 f.

585 Zum Folgenden Čerepanov, A. I., Zapiski, S. 99.

586 Višnjakova-Akimova, V. V., Dva goda, S. 183. - Hierbei ist zumindest richtig, daß Chiang sich nach seiner Abreise Sorgen um die Finanzierung machte, vgl. Loh Pichon P. Y., The Early Chiang Kai-shek, S. 95 f.

587 Jur'ev, M. F., Revoljucija, S. 36.

588 Ebenda.

zurückziehe (tz'u ch'ou-pan chün-hsiao chih).[589] Hier steht Aussage gegen Aussage. Eine einigermaßen zuverlässige Bewertung des Vorgangs ist ohne die Auswertung zusätzlicher Quellen nicht möglich.

Wenn Čerepanovs Angaben über die Abstinenz der Militärberater bei den Vorbereitungsarbeiten für Whampoa zutreffen, dann kann die von F. F. Liu in seinem Standardwerk über die neuere chinesische Militärgeschichte aufgestellte These ad acta gelegt werden, wonach in einer Sitzung des »Vorbereitungskomitees« vom 6. Februar »Chiang and the Soviet advisers differed substantially on important points concerning the curriculum and management of the academy«.[590] Denn sollte es wirklich Meinungsverschiedenheiten in der genannten oder anderen Sitzungen gegeben haben, dann nicht mit *den sowjetischen Beratern*, sondern allenfalls mit Borodin allein. Hierfür liegen allerdings weder Dokumente noch belegbare Aussagen vor, wenn eine solche Annahme auch von der Sache her naheliegt. Die wahren Beweggründe für Chiangs vorübergehenden Rückzug aus der Arena sind eher dort zu suchen, wo - wie bereits angedeutet[591] - Pichon P. Y. Loh sie vermutet.

Was Chiang mit seiner vorübergehenden Verweigerung auch und sicher nicht zuletzt erlangen wollte, war eine gewisse Garantie dafür, daß der sowjetische (und der kommunistisch-chinesische) Einfluß in der Akademie in gewissen Grenzen gehalten würde. Hierbei muß aus Mangel an Quellenbelegen vorerst noch offen bleiben, ob sich Chiangs antisowjetische bzw. antikommunistische Grundeinstellung vor allem während seines Aufenthalts in der Sowjetunion herausbildete, wie er dies selbst behauptet,[592] oder erst als Folge der direkten Kontakte mit Borodin in Kanton zum Durchbruch kam. Den ersten greifbaren Beweis dafür, daß Chiang eine solche Einstellung wirklich besaß, stellt der Brief dar, den er am 14. März 1924 von seinem »Exil« in Chekiang aus an Liao Chung-k'ai schrieb. In dem Schreiben, in dem er Liao - als den amtierenden Hauptverantwortlichen für den Aufbau der Militärakademie - massiv gegen Sowjetrußland und die KPCh zu beeinflussen suchte, heißt es:

589 Mao Szu-ch'eng (Hrsg.), Min-kuo shih-wu nien, S. 232.

590 Liu F. F., A Military History, S. 9 (ohne Quellenangabe). - Bei Liu finden sich auch andere unrichtige Angaben wie die Behauptung, die Arbeit des Vorbereitungskomitees sei nach Chiangs Abreise »abrupt zum Stillstand gekommen« und die Russen hätten nach Chiangs Rückkehr »auf Befehl von Galen und Borodin« ihre Forderungen vorübergehend eingeschränkt. Das Vorbereitungskomitee tagte indes weiter (siehe oben S. 143 dieser Arbeit), und Galin (Bljucher) traf erst im Oktober 1924 in Kanton ein.

591 Siehe oben S. 143 dieser Arbeit.

592 Chiang Kai-shek, A Summing up, S. 19 - 24.

»Nach meiner Beobachtung kann man sagen, daß die russische (kommunistische, d. Verf.) Partei überhaupt nicht aufrichtig ist (shu wu ch'eng-i). ... Die russische Partei verfolgt in China nur einen Kurs, nämlich die Kommunistische Partei Chinas (als ihr Werkzeug) an die Macht zu bringen. ... Ihr sogenannter Internationalismus und ihre sogenannte Weltrevolution sind nichts anderes als cäsarischer Imperialismus (k'ai-sa chih ti-kuo chu-i). Man hat nur die Bezeichnung geändert, um die Menschen in die Irre zu führen, nichts weiter«.[593]

Die Authentizität des Schreibens, dessen hier zitierte Passagen im Tenor an die antisowjetische Polemik der KPCh in den sechziger und siebziger Jahren erinnern, wurde inzwischen in der sowjetischen Literatur bestätigt.[594] Čerepanov erwähnt Chiangs Schreiben vom 14. März in seinen Memoiren mehr am Rande.[595] Er scheint dessen Inhalt aber weder während seines Aufenthalts in China noch zum Zeitpunkt der Abfassung seiner Erinnerungen genau gekannt zu haben, denn er behauptet, Chiang habe Liao in dem Schreiben einen »Sklaven Rußlands« genannt. Chiang hatte diese Bezeichnung aber auf die chinesischen Kommunisten angewandt.[596] Außerdem datiert Čerepanov das Schreiben unrichtigerweise auf Mai 1924.[597] Schließlich fällt auf, daß er ausdrücklich betont, Borodin habe »selbstverständlich« hiervon nichts gewußt. Dies muß aus den bereits angeführten Gründen bezweifelt werden.
Čerepanovs ungenaue Angaben über das Chiang-Schreiben an Liao finden sich im Kontext einer Charakterisierung der Gesamtpersönlichkeit Chiang Kai-sheks. Die Grenzen der objektiven Berichterstattung bei Čerepanov wurden bereits im Zusammenhang mit der Beschreibung Sun Yat-sens durch diesen erwähnt.[598] Die Persönlichkeitsskizze von Chiang läßt diese Grenzen noch deutlicher hervortreten. Nach der hier angegebenen Kurzbiographie[599] entstammte Chiang Schanghaier Gangsterkreisen und wandte sich nach erfolgloser Betätigung als Börsenmakler dem politischen Spekulantentum zu, indem er durch demagogisch geschickte Vorspiegelung von Loyalität gegenüber Sun Yat-sen politische Macht zu gewinnen trachtete. Čerepanov überschüttet Chiang in seiner Darstellung mit Schimpfwörtern wie »Henker«, »prinzipienloser Karrierist« und »Doppelzüngler«. Die hier gezeichnete Karikatur Chiangs nimmt regelrecht absurde Züge

593 Mao Szu-ch'eng (Hrsg.), Min-kuo shih-wu nien, S. 243 f., passim. Die englische Übersetzung in Chiang Kai-shek, A Summing up, S. 23 f., ist ungenau.
594 Jur'ev, M. F., Revoljucija, S. 36 f. Hier werden Passagen des Schreibens wörtlich zitiert, und zwar nach einer 1963 in Peking erschienenen Ausgabe von Liao Chung-k'ais Werken.
595 Hierzu und zu den Folgesätzen Čerepanov, A. I., Zapiski, S. 101.
596 Mao Szu-ch'eng (Hrsg.), Min-kuo shih-wu nien, S. 244.
597 Hierzu und zum Folgesatz Čerepanov, A. F., Zapiski, S. 101.
598 Siehe oben S. 139 dieser Arbeit.
599 Die Kurzbiographie findet sich bei Čerepanov, A. I., Zapiski, S. 100 f.

an, wo sie dessen militärische Ausbildung einfach unterschlägt, die in der faireren Chiang-Skizze bei Višnjakova-Akimova[600] zumindest kurz erwähnt wird.

Hier führte dem pensionierten Generalleutnant der Haß auf einen Mann die Feder, den er ex post - Čerepanov erwähnt selbst, er habe im Frühjahr 1924 nichts über Chiang gewußt[601] - als den von Anbeginn an Hauptverantwortlichen für das Scheitern der sowjetischen Beratermission hinstellen möchte. Čerepanov erzählt das Märchen vom guten Sun und vom schlimmen Chiang, dessen »böse Augen sich ruhelos hin- und herbewegten«.[602] Man kann nicht einmal völlig ausschließen, daß er hier seine ehrliche Meinung wiedergibt,[603] denn folgendes ist denkbar: Als Soldat, der nicht an der Spitze der Hierarchie der sowjetischen Militärberater stand, war er weder damals noch später in der Lage, die Kompliziertheit der Beziehungen zwischen Sun und Chiang und das Raffinement des politischen Ränkespiels in der KMT-Führung zu durchschauen - ganz im Unterschied zu Borodin. Dieser hielt sich, wie bereits erkennbar wurde, nicht lange bei der Bewunderung für Sun auf, sondern suchte ihn auf dem Schachbrett der sowjetischen Chinapolitik als wichtige Figur optimal einzusetzen.

Nach Čerepanovs Darstellung begann also die Tätigkeit der sowjetischen Militärberater in Whampoa erst mit der Aufnahme des Lehrbetriebs, also Anfang Mai 1924. Im März und April waren rund 3 000 politisch aktive und idealistische Studienbewerber aus fast allen Provinzen in Kanton eingetroffen.[604] Eine von Sun Yat-sen eingesetzte Prüfungskommission (chün-hsiao ju-hsüeh shih-yen wei-yüan-hui) unter dem Vorsitz des anfangs noch abwesenden Chiang Kai-shek filterte aus diesen 470 als geeignet heraus; sie bildeten zusammen mit weiteren 143 im September aufgenommenen Bewerbern den ersten Kurs.[605] Insgesamt wurden in Whampoa und den Zweigschulen Ch'ao-chou und Wuhan bis Mitte 1927 in fünf Halbjahreskursen rund 8 800 Kadetten ausgebildet.[606] Sie rekrutierten sich aus mindestens 20 Provinzen, wobei im Durchschnitt Hunan und Kuangtung mit zusammen etwa 40 % der Kursanten am stärksten vertreten wa-

600 Višnjakova-Akimova, V. V., Dva goda, S. 187.
601 Čerepanov, A. I., Zapiski, S. 100 f.
602 Ebenda, S. 101.
603 Zu Rechtfertigungsmotiven, die Čerepanovs Distanzierung von Chiang zugrunde liegen können, vgl. unten S. 202 dieser Arbeit.
604 Landis, R. B., Institutional Trends, S. 27.
605 Mao Szu-ch'eng (Hrsg.), Min-kuo shih-wu nien, S. 246; Landis, R. B., Institutional Trends, S. 27.
606 Gillespie, E. R., Whampoa, S. 38 (Tabelle).

ren.[607] Der Anfangskurs begann in den ersten Maitagen und endete am 30. Oktober 1924.

Anfang Mai besetzte Sun Yat-sen als nomineller Akademiedirektor,[608] dem sowjetischen Vorbild aus der Bürgerkriegszeit folgend, die beiden gleichberechtigten de-facto-Führungspositionen: Er ernannte am 3. Mai Chiang Kai-shek zum Kommandanten der Akademie (lu-chün chün-kuan hsüeh-hsiao hsiao-chang)[609] und am 9. Mai Liao Chung-k'ai zum Vertreter der KMT in der Akademie (lu-chün chün-kuan hsüeh-hsiao chung-kuo kuo-min-tang tai-piao).[610] Sodann wurden sechs Abteilungen aufgebaut, von denen man die drei ersten als die wichtigsten ansah:[611]

1. Unterrichtsabteilung (chiao-shou pu)
Leiter (chu-jen): Wang Po-ling,
Stellv. Leiter (fu chu-jen): Yeh Chien-ying,
sowie 15 Instrukteure (chiao-kuan);

2. Ausbildungsabteilung (chiao-lien bzw. hsün-lien pu)
Leiter: Li Chi-shen,
Amtierender Leiter: Ho Ying-ch'in als Chef-Instrukteur,
Stellv. Leiter: Teng Yen-ta,
Chef-Instrukteur (tsung chiao-kuan): Ho Ying-ch'in;

3. Politische Abteilung (cheng-chih pu)
Leiter: Tai Chi-t'ao,
Stellv. Leiter: Chou En-lai;

4. Verwaltungsabteilung (kuan-li pu)

5. Heeresbedarfsabteilung (chün-hsü pu)

6. Medizinische Abteilung (chün-i pu).

Die hochrangigen Ausbildungsoffiziere hatten ihre militärischen Kenntnisse in Japan erworben, die der mittleren Ränge an der Militärakademie Paoting, die unteren Chargen an weniger prominenten chinesischen Kriegsschulen.[612] Das numerische Verhältnis des Lehr- und Verwaltungspersonals zu den Kadetten war zur Zeit des ersten Kurses optimal: Auf 613 Kadetten kamen 436 Personalangehörige.[613] Später verschlechterte sich diese Proportion genauso wie das Niveau der Ausbilder.[614]

607 Hierzu und zum Folgesatz die Tabellen bei Landis, R. B., Institutional Trends, S. 29, sowie bei Gillespie, E. R., Whampoa, S. 38.

608 MacFarquhar, R. L., The Whampoa Military Academy, S. 153.

609 Mao Szu-ch'eng (Hrsg.), Min-kuo shih-wu nien, S. 256.

610 Ebenda.

611 Zum Folgenden Ko-ming wen-hsien, Bd. X, S. 37 f. (1 465 f. der durchlaufenden Paginierung); vgl. hierzu auch Landis, R. B., Institutional Trends, S. 91; MacFarquhar, R. L., The Whampoa Military Academy, S. 153 - 155.

612 Liu F. F., A Military History, S. 13 f.; Landis, R. B., Institutional Trends, S. 90.

613 Ebenda.

614 Ebenda, S. 90, 96.

Die Anfangsfinanzierung der Whampoa-Akademie wurde fast vollständig von der Sowjetunion übernommen. Hierzu hatte Borodin schon 1929 Louis Fischer mitgeteilt, die Akademie sei mit einer sowjetischen Dotation von drei Millionen Rubel aufgebaut worden.[615] MacFarquhar errechnete später unter Zugrundelegung dieser Zahl und bei Berücksichtigung von bekanntgewordenen chinesischen Zuwendungen eine sowjetische Anfangsfinanzierung in Höhe von 90 % der Gesamtaufwendungen.[616] In den neueren sowjetischen Publikationen[617] findet sich übereinstimmend der pauschale Hinweis, die mit dem Aufbau und Betrieb der Whampoa-Akademie in den Jahren 1924/25 verbundenen Ausgaben seien gänzlich von der Sowjetregierung getragen worden. Übersieht man großzügig die auf MacFarquhar zurückgehende kleine Einschränkung, die sich auf das Jahr 1924 bezieht, so müssen diese sowjetischen Angaben mangels entgegenstehender Nachweise aus Taipei und Peking zunächst einmal so akzeptiert werden.

Nachdem die organisatorischen und personellen Entscheidungen über die neue Akademie ohne ihre Mitwirkung gefallen waren, traten die sowjetischen Militärberater ihren Dienst an. Daß sie dies mit gemischten Gefühlen taten, ergibt sich aus einem Bericht Čerepanovs. Dieser schildert, wie er und seine Kameraden zum ersten Mal die Insel Whampoa betraten und nach der Besichtigung der Unterrichts- und Wohngebäude das Übungsfeld inspizierten:

> »Als wir über den kleinen natürlichen Platz gingen, lächelten wir ungewollt: Vor uns her, wie einst vor Turgen'ev, ›hüpfte, von der Sonne vergoldet, im Gänsemarsch eine Spatzenfamilie, behende, lustig, selbstgefällig‹. Genau dieselben wie in Moskau! Wenn schon Spatzen hier leben, dann werden wir auch nicht zugrunde gehen! Traurige Gedanken (›Wohin hat es uns bloß verschlagen?‹) verflogen sogleich: ›Wir werden noch kämpfen, zum Teufel noch mal!‹«[618]

Zunächst ging es indes weniger um heroische Schlachten als darum, sich in das bestehende chinesische Organisationssystem einzupassen. Die Funktion des Leitenden Beraters (staršij sovetnik) an der Akademie übernahm zunächst Poljak.[619] Später, nach Pavlovs Ankunft – also wohl im Juni 1924 – ging sie auf Čerepanov über. Poljak war anfangs in der Unterrichtsabteilung tätig und arbeitete daher unmittelbar mit General Wang Po-ling zusammen. Čerepanov und Terešatov bildeten im Exerzieren, im Schießen

615 Fischer, L., Russia's Road, S. 120. – In einer neueren sowjetischen Publikation wird die Summe von 900 000 Rubeln genannt, vgl. Voennaja pomošč' SSSR, S. 20.
616 MacFarquhar, R. L., The Whampoa Military Academy, S. 151, 166 (Anm. 29).
617 Novejšaja istorija Kitaja, S. 79; Mirovickaja, R. A., Pervoe desjatiletie, S. 30.
618 Čerepanov, A. I., Zapiski, S. 102.
619 Hierzu und zum restlichen Absatz ebenda, S. 117, 125; derselbe, Pod znamenami, S. 318.

und in militärischer Taktik aus. Hierbei waren sie General Ho Ying-ch'in als dem Chef-Instrukteur der Ausbildungsabteilung (und gegebenenfalls amtierenden Leiter der Abteilung), nicht dem Abteilungsleiter Li Chishen selbst oder dessen Stellvertreter Teng Yen-ta zugeteilt.
Es ist beeindruckend, wie Čerepanov sich bemüht, die Generäle Wang und Ho als die damals engsten chinesischen Partner der sowjetischen Militärberater in Whampoa insgesamt in einem möglichst ungünstigen Licht erscheinen zu lassen. Da Čerepanov bei der Schilderung der sachlichen Zusammenarbeit an anderer Stelle betont,[620] Ho habe die Anregungen der Sowjetrussen befolgt und an die Untergebenen weitergeleitet, liegt es nahe zu vermuten, daß es Wangs und Hos erst später deutlicher erkennbare Loyalität gegenüber Chiang Kai-shek[621] war, die den Memoirenschreiber dazu veranlaßte, bei der Charakterisierung beider als Gesamtpersönlichkeiten dem Leser einen nur negativen Eindruck zu suggerieren.
Čerepanovs Personenbeschreibung entartet bisweilen zur abschätzigen Karikatur und kommt an anderen Stellen westlichen Klischeevorstellungen vom ewig lächelnden und daher undurchsichtigen Chinesen entgegen.[622] So habe der damals etwa 33 Jahre alte General Wang Po-ling die Angewohnheit besessen, »ständig die Zähne zu fletschen und die rechte Hand mit gespreizten und halbgekrümmten Fingern in Richtung seines Gesprächspartners auszustrecken«. Insofern habe er an einen in die Enge getriebenen Kater erinnert, der aus Angst mit den Pfoten in Richtung der angenommenen Gefahr schlägt. Als ein »berüchtigter Konservativer und Zauderer« habe er ständig etwas längst Veraltetes und Überflüssiges zu verteidigen gesucht.
Ebenso plastisch, aber noch stärker abwertend, schildert Čerepanov den damals 34-jährigen General Ho Ying-ch'in, seinen direkten chinesischen Partner, mit dem er täglich Kontakt hatte.[623] Demnach saß Ho stets gerade »wie ein Brett« am äußersten Rand des Stuhls, wobei er die Handflächen akkurat auf die Knie legte. Mit seinem Bürstenhaarschnitt (»pod bobrik«), seiner Goldrandbrille, seinen »zu einem Lächeln breitgezogenen Lippen« erinnerte er an einen Musterschüler. In Wirklichkeit aber sei er ein Iuduška Golovlev gewesen. Damit vergleicht Čerepanov Ho mit einer der widerwärtigsten Gestalten der russischen Literatur, Porfirij Golovlev, mit Spitznamen Iuduška (Diminutivform von Iuda = Judas) genannt. Sie ent-

620 Čerepanov, A. I., Zapiski, S. 119.
621 Sommer, W., Zur Rolle deutscher Berater, S. 273; MacFarquhar, R. L., The Whampoa Military Academy, S. 155.
622 Zu diesem Absatz Čerepanov, A. I., Zapiski, S. 102.
623 Zu diesem Absatz ebenda, S. 102, 125.

stammt Saltykov-Ščedrins Roman »Gospoda Golovlevy« und wird dort mit allen Zügen des Brutalen, Zerstörerischen, charakterlich Abnormen ausgestattet. Sieben Jahre später bescheinigt der deutsche Militärberater General Wetzell Ho Ying-ch'in »mangelnde Fähigkeit und Tatkraft«.[624] Ein westlicher Historiker[625] bezeichnet Hos Kriegsführung während der antikommunistischen Einkreisungsfeldzüge der dreißiger Jahre als administrativ-bedächtig, bürokratisch und vorsichtig; ein anderer meint,[626] Ho sei wohl »nicht allzu kompetent« gewesen. Keiner dieser Beobachter wirft ihm allerdings niedrige Gesinnung vor. Versuche des Verfassers dieser Arbeit, Ho Ying-ch'in 1970 in Taiwan zu dessen Sicht der Zusammenarbeit mit den sowjetischen Militärberatern in den zwanziger Jahren zu befragen, blieben erfolglos.

Von Anbeginn ihrer Tätigkeit in Whampoa an stießen die sowjetischen Militärberater nach Čerepanovs Bericht auf verdeckten Widerstand, der ihnen von den Offizieren »aus den militaristischen Armeen« und von denjenigen KMT-Leuten entgegengesetzt wurde, die den Ideen Suns nur Lippendienst leisteten.[627] Hierbei unterscheidet Čerepanov zwischen dem Lehrpersonal (prepodavatel'skij sostav) und den Ausbildungsleitern (stroevye komandiri). Die Mitglieder des Lehrpersonals, üblicherweise Absolventen japanischer und chinesischer Militärakademien, seien an der Sache wenig interessiert gewesen und hätten Karriere machen wollen. Die Ausbildungsleiter hingegen seien einfacher und bescheidener gewesen und hätten gern mit den Sowjetrussen kooperiert.

Bei der Zusammenarbeit zwischen Russen und Chinesen wirkte sich in der Anfangsphase besonders die Sprachbarriere hemmend aus: Die sowjetischen Berater besaßen weder genug englische noch chinesische Kenntnisse, um sich ohne Dolmetscher befriedigend verständlich machen zu können; sie waren auch außerstande, den von Chinesen gehaltenen Unterricht kontrollierend zu verfolgen.[628] Eine weitere Schwierigkeit bestand nach Čerepanov darin, daß die chinesischen Dozenten ständig fürchteten, das Gesicht zu verlieren (poterjat' lico), wenn die Kadetten erfahren würden, daß das Curriculum im wesentlichen von den sowjetischen Beratern entwickelt wurde.[629] So habe zum Beispiel Ho Ying-ch'in größten Wert darauf gelegt, sich die sowjetischen Empfehlungen nur hinter ver-

624 Akte »Deutsche Beraterschaft in China«, Bundesarchiv-Militärarchiv, WO 2-44/3, Bl. 131, zit. nach Sommer, W., Zur Rolle deutscher Berater, S. 274.
625 Ebenda, S. 275, 294.
626 MacFarquhar, R. L., The Whampoa Military Academy, S. 155.
627 Hierzu und zum restlichen Absatz Čerepanov, A. I., Zapiski, S. 115 f.
628 Ebenda, S. 117 f.
629 Hierzu und zum restlichen Absatz ebenda, S. 119 f.

schlossenen Türen erteilen zu lassen, wobei er die Haltung eines beflissenen Schülers eingenommen und die Lektionen mit Ausrufen wie »Sehr richtig!« (pu ts'o) oder »Ausgezeichnet!« (ting hao) quittiert habe. Anschließend habe er eiligst die Ausbildungsoffiziere und -feldwebel zusammenrufen lassen, um das soeben Gelernte »mit dem Aplomb eines zünftigen Professors« vorzutragen. Die Berater hätten auf diese Empfindlichkeiten zunächst Rücksicht genommen und sich im Hintergrund gehalten. Erst mit der Zeit hätten sie sich das Recht erkämpft, direkt als Ausbilder in Erscheinung zu treten.

Es gelang ihnen auch, sich gegen den Widerstand von General Wang Poling mit der Empfehlung durchzusetzen, daß wegen der Kürze der Zeit der praktischen Ausbildung Vorrang einzuräumen sei.[630] Sodann war es nötig, den Unteroffizieren, Zugführern und Kompanieführern klarzumachen, daß das bisher übliche Dozieren durch die Demonstration ersetzt werden mußte, wobei der Ausbilder selbst die entsprechende Übung vorzudemonstrieren habe und großer Wert auf die individuelle Ausbildung jedes einzelnen Kadetten zu legen sei. Daß es möglich war, sich gegenüber Wang Po-ling in der Frage des praxisnahen Trainings durchzusetzen, begründet Čerepanov wie folgt: Die Militärberater hatten sich über Borodin direkt an Chiang Kai-shek gewandt, der keinerlei Einwendungen erhob. In diesem Zusammenhang trifft Čerepanov eine überraschende Feststellung:

> »Offensichtlich ... akzeptierte Chiang Kai-shek in Fragen der Organisation und des Unterrichts sowohl in der Schule als auch später, bei der Aufstellung der ersten Regimenter der National-revolutionären Armee, unsere Vorschläge fast vorbehaltlos«.[631]

Nachdem dies von Wang Po-ling erkannt worden sei, habe er sich gegenüber den Sowjetrussen nachgiebiger verhalten.

Bei der Ausbildung im Schießen und in Taktik (Sicherung der Kampfhandlungen, Aufklärung, Beobachtung u. a.) gingen die Berater nach sowjetischen Regeln vor,[632] allerdings unter Berücksichtigung der einfacheren chinesischen Bewaffnung: neben Gewehren zwei bis vier Maschinengewehre und eine kleine Kanone pro Regiment. Für die Schießausbildung ließen sie primitive Zielvorrichtungen anfertigen. Im taktischen Bereich wurden das offensive Vorgehen mit dem Ziel der Umfassung (ochvat) des Feindes und ein möglichst aktives Verteidigungsverhalten unter Einbeziehung des Gegenangriffs geübt. Solche taktischen Grundsätze standen teil-

630 Hierzu und zum restlichen Absatz ebenda, S. 118 - 120.
631 Ebenda, S. 118.
632 Zu diesem Absatz ebenda, S. 120 f.

weise im Widerspruch mit den traditionellen chinesischen Prinzipien der Kriegsführung, die, wie General Stilwell feststellte,[633] durch eine »fundamentally defensive attitude« gekennzeichnet waren. Dennoch stellten sich nach Čerepanovs Angaben binnen kurzem spürbare Erfolge des sowjetrussischen Wirkens ein. Diese waren offensichtlich nicht zuletzt dadurch bedingt, daß die Berater sich durch persönliche Demonstration von Übungen (so z. B. des Vorgehens im Sprung) und durch Treffsicherheit beim Schießen bei den Kadetten hohes Ansehen erwarben. Wie Čerepanov berichtet, gingen mit der Zeit auch die chinesischen Ausbildungsoffiziere dazu über, praktische Fertigkeiten und improvisiertes Vorgehen von den Beratern zu übernehmen.

Zu einer Zusammenarbeit mit dem Lehrpersonal kam es hingegen erst, nachdem die Berater dessen Geringschätzung des Ausbildungspersonals abbauen konnten.[634] Dieser Prozeß begann, als Chiang Kai-shek die Berater damit beauftragte, am Ostufer des Perlflusses ein geeignetes Gelände auszusuchen, auf dem für den Fall der Notverlegung der Whampoa-Akademie auf das Festland ein Brückenkopf errichtet werden könnte. Zur Rekognoszierung luden die Berater neben den Regimentskommandeuren (als »Ausbilder«) auch die Mitglieder der Unterrichtsabteilung (als »Theoretiker«) ein. Bei dem Streit, der sogleich zwischen den beiden Gruppen um den optimalen Standort des Brückenkopfes entstand, brachten es die Berater durch geschicktes Taktieren zuwege, daß die »Theoretiker« sich von der Richtigkeit des Vorschlags der »Ausbilder« überzeugen lassen mußten. Dies habe, so berichtet Čerepanov, dazu geführt, daß zunächst einige und zuletzt alle »Theoretiker« sich an der Gestaltung des taktischen Unterrichts beteiligt hätten. Wann diese Entwicklung eintrat, läßt sich den Memoiren nicht entnehmen.

Die Darstellung der Schwierigkeiten, mit denen die sowjetischen Militärberater in Whampoa bei dem Versuch zu kämpfen hatten, ihre Konzeption durchzusetzen, erscheint glaubwürdig. Auch wenn man berücksichtigt, daß sich der sowjetische Einfluß mit der Zeit verstärkte, müssen hingegen pauschale Angaben in der sowjetischen Sekundärliteratur der neueren Zeit als grobe Übertreibungen angesehen werden, wonach »der gesamte Lehrbetrieb von der Erstellung der Curricula bis zur Unterrichtung jedes einzelnen Kursanten« den Beratern obgelegen habe.[635] Der wirkliche An-

633 Sommer, W., Zur Rolle deutscher Berater, S. 281 (mit weiterem Quellenhinweis).
634 Zu diesem Absatz Čerepanov, A. I., Zapiski, S. 121.
635 Mirovickaja, R. A., Pervoe desjatiletie, S. 30. Diese Formulierung wurde zum Teil wörtlich in eine grundlegende Darstellung der neuesten Geschichte Chinas übernommen, die 1972 in Moskau erschien, vgl. Novejšaja istorija Kitaja, S. 79.

teil der Berater an den Aktivitäten in Whampoa, der je nach Tätigkeitsfeld und zeitlicher Periode unterschiedlich war, ist auch heute noch nicht eindeutig zu bestimmen, weil dokumentarisch nur unzureichend zu belegen.
Die Akademie wurde offiziell am 16. Juni 1924 eröffnet. Nach dem Bericht von Čerepanov,[636] der an der Zeremonie teilnahm, waren aus diesem Anlaß Sun Yat-sen, Liao Chung-k'ai, Borodin, Wang Ching-wei und Hu Han-min von Kanton nach Whampoa gekommen. In einer langen Rede betonte Sun die Bedeutung der Akademie als Keimzelle einer revolutionären Armee, die der KMT zum Sieg verhelfen solle. Hierbei habe man von der russischen Oktoberrevolution zu lernen. Sun sagte in diesem Zusammenhang:

»Weil wir diese Lehren gezogen haben, deswegen wird heute diese Schule eröffnet. Was sind diese Lehren? Obwohl in der russischen Revolution im allgemeinen die Mitglieder der revolutionären Partei die Avantgarde im Kampf gegen den russischen Zaren bildeten, so baute man dennoch sofort eine revolutionäre Armee (ko-ming chün) auf, als die Revolution günstig verlief. Weil es dann eine revolutionäre Armee gab, die bei der Fortsetzung des Kampfes die Stütze der revolutionären Armee bildete (tso ko-ming chün ti hou-yüan), gelang es trotz vieler großer Hindernisse in kurzer Zeit, zu einem ruhmreichen Erfolg zu kommen«.[637]

Wie Čerepanov berichtet,[638] ergriffen nach Sun Wang Ching-wei, Hu Hanmin und Liao Chung-k'ai das Wort. Bei der Schilderung ihrer Reden wendet der Memoirenschreiber - wie fast immer bei der Beschreibung prominenter KMT-Persönlichkeiten - die Technik der Schwarz-Weiß-Malerei an: »Wie üblich« hätten Wang Ching-wei »manieriert« und Hu Han-min »moralisierend« gesprochen und ihre Zuhörer fast zum Einschlafen gebracht. Mit großem Interesse sei hingegen die »lebhafte und scharfsinnige« Rede Liao Chung-k'ais aufgenommen worden. An anderer Stelle vermerkt Čerepanov,[639] Wang und Hu hätten es damals meisterhaft verstanden, sich hinter revolutionärer Rhetorik zu verbergen und dadurch ihre Umwelt zu täuschen. Damit führt er selbst seine abschätzige Bewertung der Reden vom 16. Juni 1924 ad absurdum und macht so erneut die Grenzen der Authentizität seiner Erinnerung deutlich.
Es ist auch heute noch nicht im einzelnen feststellbar, wann genau und wie lange welche sowjetischen Militärberater als Lehrer oder Ausbilder in Whampoa tätig waren. Immerhin aber läßt sich der sowjetischen Memoiren- und Sekundärliteratur entnehmen,[640] daß Poljak nach dem Tode sei-

636 Čerepanov, A. I., Zapiski, S. 103.
637 Kuo-fu ch'üan-shu, S. 993.
638 Hierzu und zu den beiden Folgesätzen Čerepanov, A. I., Zapiski, S. 114.
639 Ebenda, S. 122 f.
640 Perevertajlo, A. S., Sovetskie dobrovol'cy v Kitae v 1923 - 1927 gg., S. 7; Čerepanov, A. I., Zapiski, S. 125.

ner Frau im Sommer 1924 in die Heimat zurückkehrte und daß N. A. Ševaldin (Deckname: Pribylev) als Infanterieberater, T. A. Besčastnov als Artillerieberater und E. A. Jakovlev als Pionier-Berater (inženernyj sovetnik) am Aufbau der Akademie beteiligt waren. Besčastnov und Jakovlev trafen Anfang Oktober 1924 ein;[641] Pribylevs Ankunft läßt sich zeitlich nicht festlegen. Mira Sachnovskaja (Čubareva), die im Sommer 1924 nach Kanton kam,[642] hielt zumindest im Frühjahr 1926 neben ihrer Tätigkeit als Stabschef der sowjetischen Beratergruppe in Südchina an der Akademie Vorlesungen.[643] Sie war damals der einzige weibliche Absolvent der Militärakademie des sowjetischen Generalstabs. Višnjakova-Akimova schildert sie als Amazone, die viel rauchte, Männerkleidung trug und sich nicht scheute, ihre Lehrtätigkeit in Whampoa auch in hochschwangerem Zustand auszuüben. Čerepanov erwähnt an einer Stelle,[644] er selbst sei zu Beginn des »Kaufleute-Aufstands«, also im Oktober 1924, zum Stellvertretenden Leiter der Akademie ernannt worden. Diese Funktion bekleidete er aber allem Anschein nach nur vorübergehend, nämlich so lange, wie die akute Bedrohung Kantons andauerte.
Auch zum Inhalt der Lehr- und Ausbildungstätigkeit der sowjetischen Militärberater läßt sich - von den oben wiedergegebenen Mitteilungen Čerepanovs[645] einmal abgesehen - wenig Konkretes in Erfahrung bringen. In der sowjetischen Sekundärliteratur heißt es hierzu,[646] die Kadetten hätten sich über die Berater mit der Organisation der Roten Armee und den Methoden ihrer Kampfausbildung, mit der marxistisch-leninistischen Militärtheorie und mit der Strategie und Taktik der Roten Armee im russischen Bürgerkrieg bekanntgemacht. Vorlesungen über den Unterschied zwischen westlich-bürgerlicher und sowjetischer Militärtheorie stießen, wie der Berater Samuil Naumovič Naumov (Deckname: S. Kalačev) berichtet,[647] bei den Hörern auf lebhaftes Interesse. Solche Vorlesungen wurden erstmals im März 1926 von Andrej Sergeevič Bubnov gehalten, der sich zu dieser Zeit auf einer Inspektionsreise in China befand. Bubnov trug damals als Leiter der »Politischen Verwaltung der Roten Arbeiter- und Bauernarmee« (Političeskoe upravlenie Raboče-krest'janskoj Krasnoj armii, abgekürzt: PURKKA) des Revvoensovet die Hauptverantwortung für die

641 Višnjakova-Akimova, V. V., Dva goda, S. 182; Čerepanov, A. I., Zapiski, S. 135 f.
642 Ebenda, S. 130; Višnjakova-Akimova, V. V., Dva goda, S. 182.
643 Hierzu und zu den beiden Folgesätzen Višnjakova-Akimova, V. V., Dva goda, S. 205 f.
644 Čerepanov, A. I., Pod znamenami, S. 318.
645 Siehe oben S. 151 f., 154 f. dieser Arbeit.
646 Perevertajlo, A. S., Sovetskie dobrovol'cy v Kitae v 1923 - 1927 gg., S. 7.
647 Hierzu und zum Folgesatz Naumov, S. N., Škola Vampu, S. 132. - Vgl. zu dieser Quelle oben Anm. 569 dieser Arbeit.

politische Arbeit in den sowjetischen Streitkräften.[648] An der Vorbereitung seiner Vorlesungen arbeiteten neben einigen Chinesen, die des Russischen kundig waren, die sowjetischen Militärberater G. I. Gilev, M. I. Dratvin und Naumov mit.[649] Am Unterricht über Revolution und Bürgerkrieg in Rußland sowie über die Sowjetarmee beteiligten sich außer dem ständigen sowjetischen Beraterpersonal für die einzelnen Waffengattungen, das an der Akademie stationiert war, andere Sowjetrussen, die zu diesem Zweck von Kanton nach Whampoa hinunterfuhren. Auch eine kurzzeitige Abordnung sowjetischer Militärberater nach Whampoa fand bisweilen statt: Im Sommer 1925 waren E. V. Teslenko (Deckname: Tereščenko) und V. N. Panjukov (Deckname: Komi) vor ihrem Dienstantritt bei den entsprechenden Einheiten der Armeen des Südens für wenige Wochen an der Militärakademie tätig;[650] Teslenko lehrte auf dem Gebiet der praktischen Kampfausbildung und der Taktik.

Zum Schluß des Abschnitts über Whampoa seien noch einige Bemerkungen über die politische Ausbildung angefügt. Obwohl die Herausbildung eines politischen Bewußtseins bei den künftigen Eliteoffizieren der Armee des Südens eines der wichtigsten Anliegen darstellte, das Sun Yat-sen gleich nach Borodins Ankunft diesem gegenüber zum Ausdruck gebracht hatte,[651] und obwohl eine Politisierung der Kadetten zu den vordringlichen Aufgaben auch der sowjetischen Berater gehörte, gelang es erst mit dem Beginn des vierten Kurses im September 1925,[652] eine eigene Klasse für Politik einzurichten.[653] Bis dahin beschränkte sich der politische Unterricht offenbar auf gelegentliche Vorträge, die Sun selbst, Liao Chung-k'ai und andere KMT-Führer wie Hu Han-min und Wang Ching-wei hielten,[654] sowie auf die Schulung, die im Rahmen der KMT-Zellen der Akademie betrieben wurde.[655] Wenn die sowjetischen Militärberater diesen Zustand auch als unbefriedigend empfanden, so hielten sie sich dennoch anfänglich sehr zurück, um nicht »den rechten KMT-Leuten einen Trumpf in die Hände zu spielen, die nicht abgeneigt waren, die Berater des ›Exports des

648 Bubnov wurde im Januar 1924 auf diesen Posten berufen, vgl. Erickson, J., The Soviet High Command, S. 168. - Zur PURKKA allgemein vgl. ebenda, S. 191, sowie Schapiro, L., Die Geschichte der Kommunistischen Partei der Sowjetunion, Berlin 1961, S. 280.

649 Hierzu und zum Folgesatz Naumov, S. N., Škola Vampu, S. 132 f.

650 Teslenko, E. V., Ot Guančžou do Uchanja, S. 97, 100; Perevertajlo, A. S., Sovetskie dobrovol'cy v Kitae v 1923 - 1927 gg., S. 14, 22.

651 Siehe oben S. 128 dieser Arbeit.

652 Gillespie, E. R., Whampoa, S. 38.

653 Naumov, S. N., Škola Vampu, S. 131.

654 Čerepanov, A. I., Zapiski, S. 121; MacFarquhar, R. L., The Whampoa Military Academy, S. 160.

655 Čerepanov, A. I., Zapiski, S. 124.

Kommunismus‹ zu beschuldigen«.[656]
In der Tat scheint es nicht zuletzt die Frage der Lehrinhalte gewesen zu sein, die einundeinhalb Jahre lang die Einführung eines regulären, intensiven politischen Unterrichts verhinderte, die Frage vor allem, in welchem Verhältnis sunistisches und kommunistisches Gedankengut gelehrt werden sollte. Die sowjetischen Militärberater überließen es zunächst ausschließlich Borodin, diese Frage mit Sun Yat-sen und Liao Chung-k'ai zu diskutieren.[657] Sie förderten indes, wie sich aus Čerepanovs Bericht implizit ergibt,[658] die Bildung von KMT-Zellen, die mehr und mehr von Kommunisten dominiert wurden; von den 613 Kadetten des ersten Kurses gehörten 39 der KPCh an. Diese indirekte Methode der Politisierung von Whampoa-Kursanten führte schon sehr früh zu gewissen Erfolgen. Hiervon zeugt ein im Juni oder Juli 1924 abgefaßter Bericht Pavlovs, in dem es heißt:

> »Obwohl die politische Arbeit in der Schule erst kürzlich angefangen hat, ist es schon gelungen, Kuomintang-Zellen (jačejki) zu bilden und eine kulturell-aufklärende Arbeit aufzubauen. Das ist gut. Die Studenten interessieren sich aktiv für Fragen der Politik, das Parteileben in der Schule wird anscheinend lebendig sein«.[659]

Auch Bljucher äußerte sich (offenbar Ende 1924) nicht unzufrieden:

> »Die Schule rechtfertigt ihre Existenz. Sie bringt Offiziere mit guten politischen Kenntnissen hervor, mit einer besseren theoretischen und Fachausbildung als bei Kursanten anderer Schulen«.[660]

Zu dieser Zeit hatte die agitatorische Aktivität der chinesischen Kommunisten unter den Kadetten weitere Erfolge zu verzeichnen: Etwa 100 der insgesamt 449 Teilnehmer des zweiten Kurses gehörten der Gesellschaft »Der Funke« (huo-hsing she) an, die von den KPCh-Mitgliedern Chou I-ch'ün und Li Lao-kung gegründet worden war; Chou wurde in das KMT-Komitee der Akademie gewählt.[661] »Der Funke« gehörte zusammen mit der »Liga der militärischen Jugend« (ch'ing-nien chün-jen lien-ho-hui) zu denjenigen Vereinigungen, die kommunistischerseits ins Leben gerufen wurden. Diesen versuchte eine ebenfalls an der Akademie bestehende »Vereinigung zum Studium des Sunyatsenismus« (Sun-wen-chu-i hsüeh-hui) entgegenzuwirken, die von den Kommunisten als »rechts« betrachtet wur-

656 Ebenda, S. 121 f.
657 Ebenda, S. 124.
658 Ebenda.
659 Čerepanov, A. I., Pod znamenami, S. 124.
660 Ebenda, S. 319.
661 Jur'ev, M. F., Revoljucija, S. 42; Gillespie, E. R., Whampoa, S. 38.

de.[662] Auf Anordnung Chiang Kai-sheks wurden im Januar 1925 alle KPCh-Mitglieder aus der Vereinigung ausgeschlossen. Insgesamt aber, so stellt Čerepanov anerkennend fest, hätten die Kommunisten »eine bedeutende Arbeit zur Erziehung der Truppen« geleistet und seien »in Whampoa energisch und zugleich vorsichtig, unter Berücksichtigung der allgemeinen Stimmung der Hauptmasse« vorgegangen.[663]

Nach sowjetischer Darstellung war es auch dem starken Drängen der chinesischen Kommunisten und langwierigen Verhandlungen mit den Leitungsmitgliedern von Whampoa, vor allem mit General Teng Yen-ta, zu verdanken, daß überhaupt eine reguläre Politik-Klasse eingerichtet wurde.[664] Diese Angaben werden bis zu einem gewissen Grad in einer von der KMT herausgegebenen Geschichte der Militärakademie bestätigt, wo es für April 1925 heißt, die »Liga der militärischen Jugend«, die sich gegenüber der »Gesellschaft zum Studium des Sunyatsenismus« feindlich verhalten habe, sei immer wieder an Chiang Kai-shek, Wang Ching-wei und Borodin mit Vorschlägen herangetreten.[665] Wie Naumov berichtet, gab Chiang schließlich im Herbst 1925 sein Einverständnis für die Einrichtung der Politik-Klasse.[666] Sie wurde selbständig neben den damals bereits bestehenden Klassen (Infanterie, Artillerie, Pioniere, Kavallerie, Ökonomie) etabliert und von 500 der insgesamt 2 650 Kadetten des vierten Kurses besucht.

Nach Naumovs Angaben beteiligten sich an der Ausarbeitung des Lehrplans für die Politik-Klasse neben Chou En-lai, der sowohl die Politische Abteilung der Akademie stellvertretend leitete als auch dem KPCh-Provinzsekretariat für Kuangtung angehörte, die sowjetischen Militärberater I. Ja. Razgon (Deckname: Ol'gij), A. I. Čerepanov, Stepanov, V. P. Rogačev und I. K. Mamaev.[667] Kurz darauf begann sich auch die Politische Abteilung insgesamt auf ihre politische Erziehungsarbeit zu besinnen, die bis Anfang 1926 lediglich als »eine Art Polit-Sekretariat des Leiters der Schule« fungiert hatte.[668]

Die sowjetischen Angaben über den Lehrplan der Politik-Klasse, der mit Beginn des vierten Whampoa-Kurses (September 1925) in Kraft trat, dekken sich im großen und ganzen mit den aus anderen Quellen[669] bekannt-

662 Hierzu und zum Folgesatz Domes, J., Vertagte Revolution, S. 130.
663 Čerepanov, A. I., Zapiski, S. 124.
664 Naumov, S. N., Škola Vampu, S. 131.
665 Chung-yang lu-chün chün-kuan hsüeh-hsiao shih kao, Nanking 1936, Abschnitt VI, S. 23.
666 Hierzu und zum Folgesatz Naumov, S. N., Škola Vampu, S. 129 - 131.
667 Ebenda, S. 131.
668 Kalačev, S., Vampu (k 4-mu vypusku Vampu - oktjabr' 1926 g.), in: Kanton, Jg. 1927, Nr. 1 (10), S. 179, zit. nach Jur'ev, M.F., Revoljucija, S. 41 f.
669 Hierzu Landis, R. B., Institutional Trends, S. 174 ff.

gewordenen Informationen. Naumov[670] nennt die folgenden Themen, die sich - weniger vollständig und teilweise verkürzt - auch bei Čerepanov[671] wiederfinden:

1. Die drei Prinzipien Sun Yat-sens
2. Geschichte und Organisation der Kuomintang
3. Die nationale Revolution in China
4. Der Kampf gegen den Imperialismus in China
5. Die internationale politische und wirtschaftliche Lage
6. Die politische und wirtschaftliche Lage Chinas und der UdSSR
7. Geschichte und Theorie des Sozialismus
8. Geschichte der weltrevolutionären Bewegung
9. Politische Ökonomie (in einer Kurzfassung)
10. Die Bauernbewegung in China
11. Die Gewerkschaftsbewegung in China
12. Die Jugendbewegung in China
13. Fragen der Agitation und Propaganda
14. Die politische Arbeit in der Armee.

Es ist unschwer zu erkennen, daß es sich bei dieser Themenauswahl um eine einigermaßen ausgewogene Mischung handelt zwischen dem, was eine rein sunistische Erziehung einerseits und eine pure Indoktrination im Sinne von Komintern-RKP/B-KPCh andererseits erfordert hätte. Das Curriculum ist sicher als ein kompromißhaftes Ergebnis zähen Ringens zu werten. Insofern spiegelt auch der politische Lehrinhalt von Whampoa das Nebeneinander von und zugleich die Auseinandersetzung zwischen (überwiegend sowjetisch gefärbtem) Kommunismus und (überwiegend nationalchinesisch inspiriertem) Sunyatsenismus wider.

Anfang 1926 bestand der Lehrkörper für das Fach Politik bereits aus 40 Personen.[672] Soweit chinesische Kommunisten als Kursanten oder Lehrer (Chou En-lai, Chang T'ai-lei, Yeh Chien-ying, Yün Tai-ying) in Whampoa tätig waren, wurden sie vor allem im Bereich des politischen Unterrichts aktiv. Dies führte dazu, daß die Politische Abteilung der Schule bei Chiang Kai-sheks antikommunistischer Aktion vom 20. März 1926 unter »verstärkte Bewachung« (usilennaja ochrana) gestellt wurde. Dennoch, so stellt Naumov fest,[673] sei auch danach der Einfluß der Kommunisten (und damit - implizit - der sowjetischen Berater) noch genügend stark gewesen.

670 Naumov, S. N., Škola Vampu, S. 132.
671 Čerepanov, A. I., Zapiski, S. 122.
672 Hierzu und zum Folgenden Naumov, S. N., Škola Vampu, S. 134, 136; Jur'ev, M. F., Revoljucija, S. 41.
673 Naumov, S. N., Škola Vampu, S. 136.

5. *Numerische Stärke und Leitungsstruktur der Militärberaterschaft*

In wohl keinem derjenigen Bereiche, die für die Gewichtung der Tätigkeit der Militärberater von zentraler Bedeutung sind, haben die sowjetischen Publikationen die Forschung um so viele neue Erkenntnisse bereichert wie dort, wo die Frage zu beantworten ist, wer wann die Leitungsfunktionen ausübte und wann wieviele Berater in China tätig waren. Hier herrscht bisher in der westlichen Literatur allgemeine Unklarheit, die gelegentlich auch in neueren seriösen Veröffentlichungen zu abwegigen Annahmen geführt hat. Hierfür sollen drei Beispiele gegeben werden.
In einer 1969 erschienenen Darstellung zur Geschichte der Kuomintang findet sich die aus einem Standardwerk der fünfziger Jahre übernommene Behauptung, im Oktober 1923 seien zusammen mit Borodin »etwa 40 sowjetische Militär- und Zivilberater« in Kanton eingetroffen, unter ihnen »vor allem General Galen (alias Wassilij Blücher) als Chef einer Militärmission«.[674] Galen sei auch im Frühjahr 1924 führend am Aufbau der Whampoa-Militärakademie beteiligt gewesen.[675] In Wahrheit traf Bljucher (Deckname: Galin) im Oktober 1924 in Kanton ein, und er war nicht der erste Chef der Militärmission.[676]
Eine ebenfalls 1969 erschienene amerikanische Dissertation übernimmt die offenbar zum ersten Mal 1956 von F. F. Liu aufgestellte Behauptung, hinter dem Decknamen Kisanko oder Kisanka (richtig: Kisan'ka) verberge sich der im Frühjahr 1926 in China eingetroffene Chef der PURKKA, A. S. Bubnov, der sodann die Leitung der sowjetischen Militärberater im Süden übernommen habe.[677] In Wahrheit wurde der Deckname Kisan'ka von N. V. Kujbyšev benutzt, der auf Druck Chiang Kai-sheks als Chef-Militärberater abgelöst werden mußte und im März 1926 auf demselben Schiff, das auch Bubnov benutzte, nach Sowjetrußland zurückreiste.[678]
Im Standardwerk von Erickson zur sowjetischen Militärgeschichte aus dem Jahre 1962 findet sich die legendäre Zahl von »1,000 military and political advisers«,[679] und Fairbank/Reischauer/Craig sprechen 1965 gar von »some thousand Russian military representatives«, die sich 1925 in

674 Domes, J., Vertagte Revolution, S. 89.
675 Ebenda, S. 99.
676 Kartunova, A. I., V. K. Bljucher v Kitae, in: Narody Azii i Afriki, Jg. 1967, Nr. 5, S. 145; Čerepanov, A. I., Pod znamenami, S. 317.
677 Landis, R. B., Institutional Trends, S. 111; Liu F. F., A Military History, S. 23.
678 Višnjakova-Akimova, V. V., Dva goda, S. 239 f., 386; Mirovickaja, R. A., Pervoe desjatiletie, S. 36 f.
679 Erickson, J., The Soviet High Command, S. 229.

China aufgehalten hätten.[680] In Wahrheit waren in der Periode der stärksten Präsenz der Jahre 1925/26 nach glaubwürdigen sowjetischen Angaben der National-revolutionären Armee (NRA) des Südens weniger als 60 und den Nationalarmeen im Norden etwa 65 Militärberater gleichzeitig attachiert; hinzu kam lediglich der Stab des Militärattachés an der sowjetischen Botschaft in Peking, der zum Beispiel im Frühjahr 1925 nur aus dem Militärattaché Gekker selbst bestand.[681]

Der Verfasser will mit seinen drei Beispielen nicht Kritik um der Kritik willen üben. Er möchte vor allem anhand dieser besonders einprägsamen Fälle die von ihm in der Einleitung gemachte Anmerkung[682] unterstreichen, wonach es sich die westliche Forschung nicht mehr leisten kann, bei der Beschäftigung mit den sowjetisch-chinesischen Beziehungen der zwanziger Jahre die seit Ende der fünfziger Jahre in Sowjetrußland erschienenen Publikationen zu ignorieren. Wäre diese Literatur in den ersten beiden der angeführten Beispiele berücksichtigt worden, so hätten die genannten Fehler vermieden werden können: Daß Bljucher erst im Oktober 1924 in Kanton ankam, findet sich bereits 1964 in der ersten Auflage von Čerepanovs »Zapiski voennogo sovetnika v Kitae«,[683] und daß der Deckname Kisan'ka von Kuibyšev benutzt wurde, läßt sich schon in einer 1961 in Moskau erschienenen Veröffentlichung nachlesen.[684] Als Erickson und Fairbank/Reischauer/Craig ihre Bücher publizierten, waren die sowjetischen Materialien mit den genauen Zahlen zwar noch nicht erschienen. Die Verfasser hätten jedoch immer noch besser daran getan, die - wenn auch in einem irrigen Zusammenhang genannte - Zahl von etwa 40 Beratern in Südchina zu übernehmen, die sich im Standardwerk von Wilbur/How findet,[685] anstatt die Mär von Legionen von Beratern ohne irgendeinen Quellenverweis in die Welt zu setzen.

Die Frage nach der Leitungsstruktur der Militärberaterschaft und nach dem Befehlsstrang, in den diese einbezogen war, läßt sich auch heute noch nicht in allen Punkten zweifelsfrei beantworten. In keiner der neueren sowjetischen Publikationen gibt es hierzu systematische Ausführungen. Insbesondere zum Zuordnungsverhältnis der Militärberater zu Borodin,

680 Fairbank, J. K., Reischauer, E. O., Craig, A. M., A History of East Asian Civilisation, Bd. II, London 1965, S. 682.

681 Mirovickaja, R. S., Pervoe desjatiletie, S. 30, 55; Blagodatov, A. V., Zapiski, S. 22. - Nach Kazanin befanden sich Anfang 1927 bei der NRA etwa 50 sowjetische Militärberater, vgl. Kasanin, M., China in the Twenties, Moskau 1973, S. 185.

682 Siehe oben S. 15 und 17 dieser Arbeit.

683 Čerepanov, A. I., Zapiski voennogo sovetnika v Kitae, Iz istorii Pervoj graždanskoj revoljucionnoj vojny (1924 - 1927), Moskau 1964, S. 119.

684 Sovetskie dobrovol'cy, S. 63, 158.

685 Documents on Communism, S. 150.

zur Botschaft in Peking und zu den entsprechenden Dienststellen in Moskau sucht man in der sowjetischen Literatur vergeblich nach exakten Angaben. Diese Zurückhaltung erklärt sich mit hoher Wahrscheinlichkeit daraus, daß man in der Sowjetunion auch heute noch Hemmungen hat, die Unwahrheit einer Erklärung Aleksej I. Rykovs vom 10. April 1927 auf direktem Wege zu bestätigen. Rykov führte damals im Rechenschaftsbericht auf dem XIII. Sowjetkongreß der RSFSR in einer Reaktion auf die vier Tage zuvor erfolgte Durchsuchung der sowjetischen Botschaft in Peking aus:

> »Die Sowjetunion hat kein einziges Kriegsschiff in einen chinesischen Hafen entsandt und wird keines entsenden, sie hat keinen einzigen Angehörigen der Roten Armee (krasnoarmeec) auf chinesischem Territorium, um sich in die inneren Angelegenheiten Chinas einzumischen«.[686]

Aus diesem Zusammenhang heraus ist es wohl auch zu erklären, daß die Herausgeber den ersten Sammelband von Memoiren sowjetischer Militärberater, der 1961 erschien, mit dem Titel »Sowjetische *Freiwillige* über den ersten Bürgerkrieg in China«[687] versahen. Den darauffolgenden Publikationen zum Thema ist indes zu entnehmen, daß die Militärberater, formell gesehen, nach China *versetzt* wurden, auch wenn dies in der Regel mit Willen oder auf Wunsch des betroffenen Rotarmisten geschah. Es kann kein Zweifel daran bestehen, daß die Militärberater bei ihrer Tätigkeit in China in einen Befehlsstrang eingeordnet waren, der in Moskau endete, und daß sie der üblichen militärischen Disziplinargewalt unterlagen.

Die Militärberater waren sich der zwiespältigen Natur ihres Einsatzes durchaus bewußt. So berichtet Čerepanov,[688] er und seine Kameraden hätten eines Tages in der »Pravda« die Antwort des Vorsitzenden des Rates der Volkskommissare der UdSSR auf die »indiskrete« (neskromnyj) Frage eines ausländischen Journalisten gelesen, der wissen wollte, ob sowjetische Kommandeure als Berater in chinesischen Armeen tätig seien. Hierzu bemerkt Čerepanov:

> »Es wäre absurd gewesen, unsere Anwesenheit in China zu verneinen, aber man mußte auch die schwierige internationale Situation der damaligen Zeit berücksichtigen, daher war die Antwort überaus diplomatisch formuliert«.

686 Otčet pravitel'stva RSFSR, doklad tov. A. I. Rykova, in: Pravda vom 12. 4. 1927, S. 3.

687 Sovetskie dobrovol'cy o pervoj graždanskoj revoljucionnoj vojne v Kitae, Vospominanija, Moskau 1961. – Hervorhebung d. Verf.

688 Zu diesem Absatz Čerepanov, A. I., Severnyj pochod, S. 31.

Der sowjetische Regierungschef erklärte umständlich, nach dem Ende des russischen Bürgerkriegs seien viele Kommandeure demobilisiert worden, für die man keine Arbeit habe finden können. Auf Bitten Sun Yat-sens und in Übereinstimmung mit der zwischen Staaten üblichen Praxis, ausländische Fachleute einzuladen, habe es der Rat der Volkskommissare Reserveoffizieren gestattet, in China tätig zu werden, sofern sie dies gewünscht hätten. Wie Čerepanov berichtet, wurde diese Erklärung von sowjetischen Militärberatern, die sich in China befanden, »nicht ohne herzhaften Humor« (ne bez teplogo jumora) aufgenommen. Die Berater hätten sich seither scherzhafterweise gegenseitig als »Arbeitslose« (bezrabotnye) bezeichnet.

Wenn auch insofern die Rechtsstellung der Militärberater als geklärt gelten kann, so ist es dennoch auf Grund einer starken Zurückhaltung der sowjetischen Autoren in allen das Gesamtgefüge der Organisation betreffenden Fragen nicht möglich, Leitungsstruktur und Befehlsstränge in allen Einzelheiten, für alle Zeiträume und mit letzter Klarheit darzustellen. Die Erkenntnisse, die hierzu in dieser Arbeit vorgeführt werden, beruhen auf Schlußfolgerungen, die aus zwei Kategorien von Materialien gezogen werden:

a) aus einzelnen Dokumenten, die im April 1927 in der sowjetischen Botschaft beschlagnahmt wurden und vom Verfasser nach eingehender Überprüfung als authentisch angesehen werden, und
b) aus Einzelangaben, die in der neueren sowjetischen Literatur verstreut aufzufinden sind.

Im Folgenden soll zunächst die Frage beantwortet werden, wer wann die Spitzenposition in der Militärberaterschaft bei der Kanton-Regierung einnahm. Diese Position wird in der neueren sowjetischen Memoiren- und Sekundärliteratur bisweilen als »Chef-Militärberater« (glavnyj voennyj sovetnik),[689] bisweilen als Leiter der »Südchina-Gruppe« (načal'nik Južnokitajskoj gruppy)[690] bezeichnet. In zeitgenössischen, für den internen Gebrauch bestimmten sowjetischen Dokumenten ist einmal - im Juli 1925 - von »Leiter der Militärabteilung« (Načal'nik Voennogo Otdela),[691] ein an-

689 Kartunova, A. I., V. K. Bljucher v Kitae, in: Narody Azii i Afriki, Jg. 1967, Nr. 5, S. 145; Čerepanov, A. I., Pod znamenami, S. 317.

690 Višnjakova-Akimova, V. V., Dva goda, S. 207.

691 Protokol zasedanija Voennago Soveta I ijulja, S. 1, Faksimile des russischen Originals in: Su-lien yin-mou wen-cheng hui-pien, Bd. I, unpaginiert (Faksimile Nr. 8 in der Zählung d. Verf.). - Das Dokument wurde auch von David J. Dallin für echt gehalten, vgl. Dallins entsprechenden Vermerk auf dem Faksimile, das aus dem U. S. Department of State stammt (Record Group 59: General Records of the Department of State, State Decimal File, 1910-29, File No. 893.00B/351). Die fehlerhafte Orthographie von »Voennago« geht sicher auf einen Schreibfehler zurück; der Genetiv von »voennyj« erscheint im Doku-

deres Mal - im Januar 1926 - von Leiter der »Südchina-Gruppe von militärisch-politischen Funktionären« (južno-kitajskaja Gruppa voennopolitičeskich rabotnikov)[692] die Rede. Anhand verstreuter Einzelangaben in der neueren sowjetischen Literatur, die durch Hinweise in den zeitgenössischen sowjetischen Dokumenten ergänzt werden, läßt sich die wechselnde Besetzung des Leitungspostens ziemlich zuverlässig rekonstruieren.[693]

Von	bis	Chef-Militärberater	Amt.Chef-Militärberater
Mai 1924	18. Juli 1924	P.A. Pavlov (Deckname: Govorov)	
18. Juli 1924	Oktober 1924		Ajtykin (?)[694] (Deckname: Brailovskij)
Oktober 1924	1. Juli 1925	V.K. Bljucher (Deckname: Galin)	
1. Juli 1925	31. Okt. 1925		V.P. Rogačev
1. Nov. 1925	23. März 1926	N.V. Kujbyšev (Deckname: Kisan'ka)	
24. März 1926	Mai 1926		V.A. Stepanov
Mai 1926	Mai 1927	V.K. Bljucher	

ment orthographisch richtig. - Der Verfasser dankt Professor C. Martin Wilbur für die Beschaffung einer Kopie des State-Department-Exemplars des Dokuments aus der Bibliothek des East Asian Institute, Columbia University. - Das Faksimile dieses Dokuments ist auch enthalten in: The Soviet in China Unmasked, S. 11, 13.

692 Načal'nik južno-Kitajskoj Gruppy, »13« janvarja 1926 g., tov. SUVOROVU, Raport, S. 1, 5. Faksimile des russischen Originals in: Su-lien yin-mou wen-cheng hui-pien, Bd. I, unpaginiert (Faksimile Nr. 6 in der Zählung d. Verf.). - Das Dokument wurde auch von David J. Dallin für echt gehalten, vgl. Dallins entsprechenden Vermerk auf dem Faksimile, das aus dem U. S. Department of State stammt (Record Group 59: General Records of the Department of State, State Decimal File, 1910-29, File No. 83900B/3531). Der Verfasser dankt Professor C. Martin Wilbur für die Beschaffung einer Kopie des State-Department-Exemplars des Dokuments aus der Bibliothek des East Asian Institute, Columbia University.

693 Mirovickaja, R. A., Pervoe desjatiletie, S. 27; Višnjakova-Akimova, Dva goda, S. 181, 207, 239 f., 250; Jur'ev, M. F., Revoljucija, S. 39; Kartunova, A. I., Sun' Jat-sen i russkie sovetniki, S. 172, 182 f.; Čerepanov, A. I., Zapiski, S. 124, 130, 134, 147; Su-lien yin-mou wen-cheng hui-pien, Bd. I, unpaginiert, Textfaksimile Nr. 8 in der Zählung d. Verf., S. 1

Die Chef-Militärberater in Südchina waren - genauso wie diejenigen bei den Nationalarmeen des Nordens - dem Militärattaché bei der sowjetischen Botschaft in Peking unterstellt. Dieser Sachverhalt wird von dem Militärberater Blagodatov ausdrücklich festgestellt. Blagodatov berichtet von dem damaligen Militärattaché N. M. Voronin, dieser habe die schwere und verantwortungsvolle Aufgabe zu erfüllen gehabt,

»die Tätigkeit der Militärberater über die Leiter der Gruppen (načal'niki grupp) zu leiten«,

wobei es sich bei den Gruppenchefs um so angesehene Heerführer der Roten Armee gehandelt habe wie Putna, Bljucher, Kujbyšev und Primakov.[695] Blagodatov bestätigt mit dieser Angabe die inhaltliche Authentizität eines Satzes, der sich im Text eines Statuts für die »Südchina-Gruppe von militärisch-politischen Funktionären« findet. In dem Text, der nach Angaben des damaligen Pekinger Polizeipräsidenten zu den 1927 in der Sowjetbotschaft beschlagnahmten Dokumenten gehörte, heißt es unter Abschnitt IV, Punkt 3:

»Der Leiter der Gruppe erhält seine Befehle vom Militärattaché der Botschaft in Peking; auf politischem Gebiet wird er im Benehmen mit dem Politischen Chefberater bei der Kanton-Regierung tätig«.[696]

(Einzelheiten zu diesem Dokument siehe oben Anm. 691 dieser Arbeit); ebenda, Bd. III, Abschn. »Kuang-tung shih-hsiang lei«, S. 16; Documents on Communism, S. 186; Kartunova, A. I., V. K. Bljucher v Kitae, S. 42, Anm. 49.

694 Daß Ajtykin zumindest in der ersten Zeit nach Pavlovs Tod als Chef-Militärberater amtierte, ist eine Vermutung des Verfassers, die sich auf einen zeitgenössischen Bericht über eine Sitzung des Militärrats vom 25. Juli 1924 stützt, vgl. Kartunova, A. I., Sun' Jat-sen i russkie sovetniki, S. 183.

695 Blagodatov, A. V., Zapiski, S. 34.

696 Chung-kuo nan-pu su-lien chün-shih cheng-chih kung-tso t'uan-t'i tsu-chih ta-kang, in: Su-lien yin-mou wen-cheng hui-pien, Bd. I, Abschn. »Cheng-chih lei«, S. 18 a; Regulations Relating to the South-China Group of Military-Political Workers, in: Soviet Plot in China, S. 57. - Ein Faksimile des russischen Originaltexts stand dem Verfasser nicht zur Verfügung. Die deutsche Übersetzung stellt eine Interpolation der chinesischen bzw. englischen Übersetzungstexte dar. Der Verfasser hält das Statut für authentisch. Ein starkes formales Indiz für die Echtheit besteht darin, daß ein solches Statut im Verzeichnis der Anlagen zu einem als russischsprachiges Faksimile vorhandenen Schreiben (Položenie o Južno-Kitajskoj Gruppe) von Kujbyšev vom 13. 1. 1926 aufgeführt ist, das als echt angesehen werden muß; vgl. zu diesem Schreiben oben Anm. 692 dieser Arbeit. Die inhaltlichen Vorbehalte, die David J. Dallin gegen die Authentizität des Statuts geltend gemacht hat, können als ausgeräumt gelten (vgl. zu diesen Vorbehalten Documents on Communism, S. 486). Dallin stand seinerzeit nur der englische Text zur Verfügung, und sein Haupteinwand, der Begriff »sovetizm« könne in einem sowjetischen Dokument nicht verwendet worden sein, trifft zu. Der chinesische Text indes verzichtet auf diesen Begriff und führt statt

Der zweite Teil des Satzes berührt den Bereich der Kooperation des jeweiligen Chef-Militärberaters mit Borodin. Dieser Bereich und die damit zusammenhängenden Fragen der Kompetenzabgrenzung liegen auch heute, nach dem Erscheinen der neueren sowjetischen Publikationen, noch weitgehend im dunkeln. Man kann indes davon ausgehen, daß es hier gelegentlich zu Spannungen kam. Ein Hinweis, der in diese Richtung geht, wurde bereits erwähnt:[697] Nach dem Bericht eines amerikanischen Nachrichtenoffiziers war es eine Auseinandersetzung mit Borodin, die Bljucher im Juli 1925 veranlaßte, Kanton den Rücken zu kehren, um sich bei Karachan in Peking über Borodin zu beschweren.[698] Der Vorgang habe zur Bildung eines Militärrats der sowjetischen Berater geführt, der nominell von Rogačev, dem neuen Amtierenden Chef-Militärberater, de facto aber von Borodin kontrolliert worden sei. Wenn diese Angaben auch nicht belegt sind, so ist zumindest richtig, daß nach dem Faksimile eines russischsprachigen Sitzungsprotokolls, das als authentisch angesehen werden kann, am 1. Juli 1925 ein »Militärrat« (Voennyj Sovet) eine Sitzung abhielt, an der ein Teil der in Kanton stationierten Militärberater (Bljucher, Rogačev, Nilov, Čerepanov, Stepanov I, Uger, Zil'bert, Terešatov) sowie - an erster Stelle genannt - Borodin teilnahmen.[699] Das Protokoll, in dem unter Punkt 1 von dem bevorstehenden Urlaubsantritt Bljuchers die Rede ist, trägt den handschriftlichen Bestätigungsvermerk Borodins. In der sowjetischen Literatur hingegen wird durchgehend die Ansicht vertreten, Bljucher sei aus gesundheitlichen Gründen abgereist; Čerepanov zitiert zum Beleg dessen aus einem von Karachan verfaßten Dokument vom 23. Juli 1925.[700]

dessen den unverdächtigen Terminus »Sowjetstaat« (su-lien kuo-chia) auf, vgl. Su-lien yin-mou wen-cheng hui-pien, Bd. I, Abschn. »Cheng-chih lei«, S. 17 a.

697 Siehe oben S. 145 f. dieser Arbeit.

698 Wilbur, C. M., Notes, in: The China Quarterly, Nr. 35 (Juli - Sept. 1968), S. 39. - Die Umstände von Bljuchers Ablösung werden später eingehend behandelt, siehe unten S. 220 - 226.

699 Hierzu und zum Folgesatz das Faksimile des russischsprachigen Originaldokuments in: Su-lien yin-mou wen-cheng hui-pien, Bd. I, unpaginiert (Faksimile Nr. 8 in der Zählung d. Verf.); vgl. zu den Fragen der Authentizität dieses Protokolls oben Anm. 691 dieser Arbeit.

700 Kartunova, A. I., V. K. Bljucher v Kitae, in: Narody Azii i Afriki, Jg. 1967, Nr. 5, S. 145; dieselbe, V. K. Bljucher v Kitae, S. 39; Čerepanov, A. I., Severnyj pochod, S. 122 f.; Dušen'kin, V., Proletarskij maršal, Moskau 1973, S. 91. - In einer umfangreicheren Bljucher-Biographie desselben Verfassers wird die Unterbrechung von Bljuchers China-Aufenthalt genauso wenig erwähnt wie in einer weiteren sowjetischen Biographie, vgl. Dušen'kin, V., Ot soldata do maršala, Žizn' i boevoj put' maršala Sovetskogo Sojuza V. K. Bljuchera, 2. erg. u. verb. Aufl., Moskau 1961, S. 126 f., sowie Kondrat'ev, N., Maršal Bljucher, Moskau 1965, S. 258.

Es gibt indes andere Hinweise, die auf Schwierigkeiten bei der Kompetenzabgrenzung zwischen den im militärischen und im politischen Bereich tätigen Führungspersönlichkeiten schließen lassen. So ist bis heute die Frage unbeantwortet geblieben, auf welche Weise und weshalb die ursprüngliche »Militärabteilung« und der später entstandene »Militärrat« in der zweiten Hälfte des Jahres 1925 oder Anfang 1926 in der »Gruppe von militärisch-politischen Funktionären« aufgingen.[701] Auf Unsicherheiten hinsichtlich der Aufgabenverteilung deutet auch eine Bemerkung des Militärberaters Blagodatov hin, der über die bei seiner Ankunft in Peking vorgefundene Situation schreibt:

> »In Moskau hatte man uns versichert, daß wir am Ort, in Peking, genaue Anweisungen über den Zweck unserer Tätigkeit in der Armee erhalten würden. Bis dahin nämlich war unklar, was man von uns verlangte: nur Instrukteure in militärischen Angelegenheiten zu sein oder auch noch Politfunktionäre?«[702]

Ob Blagodatov von der Pekinger Botschaft derartige unmißverständliche Instruktionen erhielt, geht aus den Memoiren nicht hervor.
Schließlich findet sich in den Erinnerungen Čerepanovs ein praktisches Beispiel dafür, daß Borodin sich über einen Befehl hinwegsetzte, den der Amtierende Chef-Militärberater in Kanton, Kujbyšev (Kisan'ka), im März 1926 über den damals Amtierenden Militärattaché in Peking, Al'bert Ja. Lapin (Seifullin), Čerepanov auf telegraphischem Wege erteilt hatte.[703] In dem Telegramm hieß es, Čerepanov habe Bubnovs (Ivanovskijs) Rückkehr aus Kanton in Peking abzuwarten. Čerepanov erhielt indes die Weisung, bei Borodin vorzusprechen, der sich zu dieser Zeit ebenfalls in Peking befand. Borodin teilte Čerepanov mit, dieser werde zum Leiter einer Reisegruppe ernannt, der außer Borodin selbst (mit Frau und den beiden Söhnen) einige Chinesen angehörten, darunter auch T'an P'ing-shan. Čerepanov habe dieser Gruppe, da der übliche Reiseweg nicht benutzt werden könne, über Kalgan, die Wüste Gobi, Urga, Verchneudinsk nach Vladivostok und von dort per Schiff nach Kanton zu begleiten. Čerepanov führte diese Weisung aus. Der Vorfall, der vom Memoirenschreiber selbst nicht kommentiert wird, deutet darauf hin, daß es Borodin - offenbar durch direkte Intervention bei Botschafter Karachan - möglich war, in den zwischen dem Chef-Militärberater bei der KMT-Regierung und dem Militärattaché bestehenden Befehlsstrang einzugreifen.
Die Rekonstruktion der personellen Besetzung des Militärattachépostens in Peking bereitet noch mehr Schwierigkeiten als diejenige der Besetzung

701 Siehe hierzu oben S. 165 f. dieser Arbeit.
702 Blagodatov, A. V., Zapiski, S. 35.
703 Hierzu und zum Rest des Absatzes Čerepanov, A. I., Severnyj pochod, S. 60 - 64.

der Position des Chef-Militärberaters in Südchina. Die Auswertung verstreuter Einzelhinweise ergibt folgendes Bild:[704]

Von	bis	Militärattaché
Sommer 1922	Sommer[705] 1925	Anatolij Il'ič G e k k e r
Sommer[705] 1925	Dez. (?)[706] 1925	N.M. V o r o n i n
Dez. 1925	Febr. 1926	Aleksandr Il'ič E g o r o v
Febr. 1926	Sept. (?)[707] 1926	Al'bert Janovič L a p i n (Deckname: Seifullin)
Sept.[708] 1926	April 1927	Roman Vojcechovič L o n g v a

704 Soweit nicht in den Anmerkungen 705 - 708 dieser Arbeit auf einzelne Quellen verwiesen wird, stützt sich die anschließende Tabelle auf die folgenden Quellen: Chejfec, A. N., Sovetskaja diplomatija, S. 140 (vgl. hierzu auch oben S. 37 dieser Arbeit); Blagodatov, A. V., Zapiski, S. 21 f., 38, 72; Čerepanov, A. I., Zapiski, S. 9 f., 15, 17; Klimov, A. Ja., Vo 2-j Nacional'noj armii, S. 14; Čerepanov, A. I., Severnyj pochod, S. 16, 32, 60; Višnjakova-Akimova, V. V., Dva goda, S. 54; Soviet Plot in China, S. 44; Su-lien yin-mou wen-cheng hui-pien, Bd. I, unpaginiert, Faksimile Nr. 6 in der Zählung d. Verf. (vgl. zu diesem Dokument oben Anm. 692 dieser Arbeit), handschriftlicher Vermerk Egorovs für Seifullin vom 7. 2. 1926 auf S. 1 des Dokuments; ebenda, Bd. II, Abschn. »Chün-shih lei«, S. 2a, 27a/b, 28a; ebenda, Bd. II, Abschn. »Mi-t'an lei«, S. 75a, 80b; ebenda, Bd. III, Abschn. »Kuang-tung shih-hsiang lei«, S. 46b, 47a; ebenda, Bd. III, Abschn. »Kuo-min-chün shih-hsiang lei«, S. 50a; ebenda, Bd. VII, S. 81b, 109a, 146b; ebenda, Bd. VIII, S. 94b.

705 Der Schluß, daß die Ablösung Gekkers durch Voronin im Sommer 1925 erfolgte, wird vom Verfasser aus einer Angabe Blagodatovs gezogen, vgl. Blagodatov, A. V., Zapiski, S. 22. - Eine Kurzbiographie Gekkers findet sich ebenda, S. 20 f.

706 Aus der neueren sowjetischen Literatur läßt sich eine Tätigkeit Voronins als Militärattaché nur bis September 1925 nachweisen, vgl. Blagodatov, A. V., Zapiski, S. 38. Daß Voronin diesen Posten bekleidete, bis er im Dezember von Egorov übernommen wurde (hierzu ebenda, S. 72), ist eine Annahme des Verfassers dieser Arbeit. - Mißverständlich erscheint eine Angabe von Frau Višnjakova-Akimova, die den Anschein erweckt, als sei Egorov im Sommer 1925 (während Višnjakovas Aufenthalt in Peking) als Militärattaché tätig gewesen, vgl. Višnjakova-Akimova, V. V., Dva goda, S. 53. Hier ist der Darstellung des im militärischen Bereich tätigen Blagodatov größere Glaubwürdigkeit einzuräumen.

707 Explizit läßt sich nur nachweisen, daß Lapin zwischen Februar und Mitte Juni 1926 als Militärattaché tätig war, am Anfang offenbar nur amtierend oder kommissarisch; vgl. hierzu besonders Čerepanov, A. I., Severnyj pochod, S. 32, sowie Documents on Communism, S. 266. Am 12. Januar 1926 hatte er die Leitung der I. Abteilung des Büros des Militärattachés übernommen, Su-lien yin-mou wen-cheng hui-pien, Bd. II, Abschn. »Chün-

Es ist nicht auszuschließen, daß außer den in der vorstehenden Tabelle genannten Personen auch andere kurzzeitig die Funktion des Militärattachés - amtierend oder kommissarisch - wahrnahmen. Nach Čerepanovs Bericht[708a] regte der häufige Wechsel in der Besetzung einen Berater Ende Februar 1926 dazu an, auf einer ausgelassenen privaten Party eine selbstverfertigte Parodie auf eine russische Opernarie vorzutragen, die mit den Worten begann: »Ach würd' mir doch die Ehr' zuteil, als Militärattaché zu wirken...« Gekker, Egorov, Lapin und Longva bekleideten nach ihrer Rückkehr aus China führende Positionen im sowjetischen Generalstab oder Volkskommissariat für Verteidigung; Egorov gehörte zu den ersten fünf 1935 ernannten Marschällen. Die vier Genannten fielen genauso wie die Chef-Militärberater Bljucher und N. V. Kujbyšev (Kisan'ka) und die meisten in China tätig gewesenen Militärberater dem stalinistischen Terror der enddreißiger Jahre zum Opfer.[709]

Wie das System von sowjetischen zentralen Dienststellen aussah, bei denen der vom Militärattaché bzw. Botschafter in Peking nach Moskau verlaufende Berichts- und Befehlsstrang endete, und wie sich deren Zusammenspiel gestaltete, läßt sich auch heute noch nicht ermitteln. Die Verfasser der neueren sowjetischen Publikationen geben hierüber so gut wie keine Auskunft. Aus Einzelheiten ist aber immerhin zu erkennen, daß die folgenden Organe beteiligt waren:

a) der *Revvoensovet der UdSSR*, dem Anfang 1924 die Exekutivfunktionen des Kriegskommissariats übertragen worden waren.[710] Blagodatov

shih lei«, S. 27a. Daß er bis zum Eintreffen Longvas im September 1926 als Militärattaché tätig war, ist eine Annahme des Verfassers. - Biographische Angaben zu Lapin, der einer lettischen Familie entstammte, finden sich bei Blagodatov, A. V., Zapiski, S. 13 - 15; eine authentisch erscheinende Kaderakte Lapins von Februar 1926, die zu den im April 1927 in der Pekinger Sowjetbotschaft beschlagnahmten Papieren gehört, wurde in Su-lien yin-mou wen-cheng hui-pien, Bd. II, Abschn. »Chün-shih lei«, S. 27 a/b, publiziert.

708 Der Zeitpunkt von Longvas Dienstantritt ergibt sich übereinstimmend aus der neueren sowjetischen Literatur und einem der authentisch erscheinenenden Dokumente, die 1927 in der sowjetischen Botschaft in Peking beschlagnahmt wurden; vgl. Višnjakova-Akimova, V. V., Dva goda, S. 54, sowie Su-lien yin-mou wen-cheng hui-pien, Bd. II, Abschn. »Chün-shih lei«, S. 28a. Der aus einer polnischen Familie stammende Longva reiste als Vier-Sterne-Generalstabsoffizier mit einem Paß des Narkomindel nach China ein und war bereits vor seiner endgültigen Versetzung nach Peking mit der Steuerung des Einsatzes sowjetischer China-Berater befaßt: Er gehörte der von Bubnov geleiteten China-Mission vom Frühjahr 1926 an und nahm z. B. am 4. 8. 1926 an einer Sitzung der »Kommission für die Arbeit in China« teil, vgl. hierzu Višnjakova-Akimova, V. V., Dva goda, S. 54, sowie Soviet Plot in China, S. 24.

708a Čerepanov, A. I., Severnyj pochod, S. 33.

709 Hierzu u. a. Višnjakova-Akimova, V. V., Dva goda, S. 55.

710 Erickson, J., The Soviet High Command, S. 172.

berichtet,[711] daß der damalige Vorsitzende des Revvoensovet, Michail V. Frunze, gegen Frühsommer 1925 seinen Sonderbeauftragten P. P. Karatygin nach China entsandte, um die Ursache von Mängeln bei der Tätigkeit der sowjetischen Berater aufzuspüren, die in den Reihen der Nationalarmeen des Nordens tätig waren.

b) der *Generalstab der Roten Armee*, über den offenbar die Rekrutierung der Berater lief.[712]

c) der *militärische Nachrichtendienst GRU*.[713]

d) die *PUR bzw. PURKKA*,[714] deren Leiter Andrej S. Bubnov im Frühjahr 1926 an der Spitze einer »Sonderkommission für die Arbeit in China« (special'naja kommissija po rabote v Kitae) stand. Die Kommission unternahm eine Inspektionsreise nach China, die sie nach Peking und Kanton führte.[715]

e) eine *China-Kommission*, der Vertreter verschiedener Ressorts angehörten. Sie fungierte allem Anschein nach als Koordinationsgremium. Dies kann indes nur für den Zeitpunkt Sommer 1926 als sicher gelten, da ihre Existenz überhaupt nur durch das Protokoll einer Sitzung vom 4. August dieses Jahres bekannt geworden ist.[716] Das Protokoll, das als eines der in der sowjetischen Botschaft in Peking beschlagnahmten Dokumente veröffentlicht wurde, erscheint vom Inhalt her authentisch. Ihm zufolge nahmen an der Sitzung neben Bubnov und Außenkommissar Čicerin unter anderem Iosif S. Unšlicht (Mitglied des Revvoensovet), Genrich G. Jagoda (Stellvertretender Leiter der OGPU), Jan K. Berzin[717] (Leiter der GRU) und Roman V. Longva (Chef der Verwaltung des Generalstabs) teil.

711 Blagodatov, A. V., Zapiski, S. 36, 43. 45.

712 Čerepanov, A. I., Zapiski, S. 10.

713 Ebenda, siehe auch oben S. 101 f. dieser Arbeit.

714 Die PUR wurde am 8. September 1925 in PURKKA umbenannt, vgl. Erickson, J., The Soviet High Command, S. 191; siehe auch oben S. 157 dieser Arbeit.

715 Mirovickaja, R. A., Pervoe desjatiletie, S. 36, 50; Višnjakova-Akimova, V. V., Dva goda, S. 239; Čerepanov, A. I., Severnyj pochod, S. 16, 82 ff.

716 Das russischsprachige Original ist nicht zugänglich. Der Verfasser stützt sich auf eine englische und eine chinesische Übersetzung: »Minutes of a meeting of the Soviet Commission for Chinese Affairs held on August 4, 1926«, in: Soviet Plot in China, S. 24 ff., sowie »I chiu liu nien pa yüeh szu jih Mo-szu-k'o tui hua hui-i pi lu«, in: Su-lien yin-mou wen-cheng hui-pien, Bd. III, Abschn. »Kuo-min-chün shih-hsiang lei«, S. 37a ff. - Die Namensliste der Teilnehmer ist in den beiden Fassungen nicht identisch; besonders in der chinesischen Fassung sind - wie dies auch sonst oft in der zugrunde liegenden Ausgabe der Fall ist - einige Namen bis zur Unkenntlichkeit verstümmelt. Hierfür mag hauptursächlich sein, daß es sich bei der Vorlage offenbar um ein handschriftliches Protokoll bzw. eine Kopie desselben handelte.

717 Berzins Name wird im Protokoll - wie auch alle anderen Namen - ohne Vorname und Patronymikon aufgeführt. Daß es sich hier um Jan Karlovič Berzin handelt, schließt der Verfasser aus einer Angabe von Čerepanov, vgl. Čerepanov, A. I., Zapiski, S. 10; siehe auch oben S. 101 f. dieser Arbeit.

Die hochrangige Besetzung der unter e) genannten Kommission läßt erkennen, welch große Bedeutung man in Moskau zu dieser Zeit der Tätigkeit der Berater in China - wenige Monate vor deren unfreiwilligem Abzug - beimaß.

6. *Einfluß und Tätigkeitsbereich der Militärberater*

Im folgenden Abschnitt soll untersucht werden, in welchen Bereichen die Militärberater tätig waren und welchen Einfluß sie ausüben konnten. Der Einsatz im Rahmen der Whampoa-Akademie bleibt hierbei in den Einzelheiten außer Betracht; er wurde wegen seines initialen Charakters und seiner besonderen Bedeutung bereits oben ausführlich behandelt.[718] Unberücksichtigt bleiben auch - wie überhaupt in dieser Arbeit - die Aktivitäten bei der Kuominchün des Nordens, die im Frühjahr 1925 einsetzten. Hierzu sind inzwischen sowjetischerseits Memoirenpublikationen[719] und sonstige Literatur in einem so beachtlichen Umfang veröffentlicht worden, daß deren Aufarbeitung eine eigene Studie erfordern würde.
Zur Frage des Einflusses läßt sich ganz allgemein folgendes feststellen. Er erweiterte sich seit dem Frühjahr 1924 ständig und erreichte nach der Ablösung Bljuchers als Chef-Berater (Juli 1925) in der zweiten Jahreshälfte 1925 *de iure* einen Höhepunkt. Dies drückte sich darin aus, daß sowjetische Offiziere aus ihren Beraterfunktionen heraustraten und formell in Führungspositionen des chinesischen Generalstabs einrückten, wobei gleichzeitig der faktische Einfluß auf die Planung und operative Leitung des Zweiten Ostfeldzugs zurückging. Zwar wurden sie auf Druck des rechten KMT-Flügels Anfang 1926 dazu genötigt, diese Positionen wieder zu räumen. Auch erzwang Chiang Kai-shek im Zusammenhang mit seinem Staatsstreich vom 20. März 1926 die Abberufung der Führungsspitze der Militärberaterschaft: Chef-Berater N. V. Kujbyšev (Kisan'ka), der die sowjetische Kontrolle der chinesischen Armeeführung besonders rigoros angestrebt hatte, sein Stellvertreter I. Ja. Razgon (Ol'gin) und der ehemalige Amtierende Chef-Berater V. P. Rogačev mußten am 24. März Kanton

718 Siehe oben II, 4 (S. 142 ff.) dieser Arbeit.
719 Zur sowjetischen Memoirenliteratur siehe Blagodatov, A. V., Zapiski; Borodin, T. S., Vospominanija artillerijskogo sovetnika; Klimov, A. Ja., Vo 2-j Nacional'noj armii; Naumov, S. N., V armii Fen Juj Sjana; Primakov, V. M., Zapiski volontera; Višnjakova-Akimova, V. V., Dva goda, passim. Von chinesischer Seite liegt vor: Feng Yü-hsiang chün-chiang tzu-chuan, Wo ti hui-i.

verlassen. Entgegen anfänglichen Befürchtungen auf sowjetischer Seite, diese Ereignisse könnten zu einer langen Unterbrechung der Militärberatertätigkeit führen, kam es indes bald zu einem Arrangement mit Chiang Kai-shek. Moskau erklärte sich hierbei u. a. mit einer drastischen Reduzierung der KPCh-Präsenz in der NRA einverstanden. Nach der von Chiang angeregten Rückkehr Bljuchers als Chef-Berater (Mai 1926) resultierte diese Entwicklung in einer erneuten *de facto*-Verstärkung des Einflusses der sowjetischen Berater, insbesondere bei der technisch-operativen Vorbereitung und Durchführung des Nordfeldzugs; der frühere Grad der politisch-strategischen Mitwirkung wurde allerdings nie wieder erreicht.

Die Tätigkeit der Berater spielte sich neben der Ausbildung in der Whampoa-Akademie sowohl in den militärischen Führungsgremien der Nationalregierung (Militärrat, Generalstab) als auch auf der Ebene einzelner Einheiten (Armeen bzw. Korps, Divisionen, Regimenter) sowie im Rüstungssektor ab. Sie vollzog sich sowohl permanent (Unterricht in Whampoa, allgemeine organisatorische und technische Beratung) als auch zeitlich auf einzelne militärische Unternehmungen begrenzt. Im letzteren Bereich - dies läßt sich anhand der neueren sowjetischen Publikationen nachweisen - beteiligten sich die Berater an allen Aktionen von größerer Bedeutung, die zwischen Sommer 1924 und Frühjahr 1927 durchgeführt wurden: an der Bekämpfung des Kaufleute-Aufstands (Oktober 1924), am 1. Ostfeldzug (Frühjahr 1925), an der Niederwerfung der Revolte der KMT-Generäle Yang Hsi-min und Liu Chen-huan (Frühsommer 1925), am 2. Ostfeldzug (Herbst 1925) sowie am Nordfeldzug (ab Juni 1926).

Beide Untersuchungsgegenstände - Einfluß und Tätigkeitsbereich - stehen in einem engen Sachzusammenhang. Eine getrennte Darstellung würde die Gefahr ständiger Wiederholungen implizieren. Der Verfasser hat sich daher entschlossen, bei der Untersuchung der Tätigkeitsfelder nach Schwerpunkten vorzugehen, die in ihrer historischen Abfolge behandelt werden. Die hierbei erzielten Ergebnisse dienen gleichzeitig als Indizien, anhand derer in Abständen immer wieder Schlüsse auf die Intensität des Einflusses der Berater gezogen werden sollen.

a. Die Anfangsphase (bis Sommer 1924)

Generell läßt sich bei einer Bewertung der Intentionen der sowjetischen Militärberater nachweisen,[720] daß die Berater nicht einfach den Chinesen ihre Dienste zur Verfügung stellten, sondern daß sie Anstrengungen unternahmen, ihren Einfluß in der Armee auszubauen, um schließlich - dies gilt zumindest für Kujbyšev - die völlige Kontrolle zu erlangen.
Während der ersten Phase der Beratungstätigkeit, die bis zum Sommer 1924 reichte, blieben diese Bestrebungen so gut wie erfolglos. Die Aktivität der Berater bestand im wesentlichen aus dem Unterricht in Whampoa, der Anfang oder Mitte Mai von Poljak, Čerepanov und Terešatov aufgenommen wurde.[721] Zu dieser Zeit war der Posten des Chef-Militärberaters noch unbesetzt. Pavel Andreevič Pavlov, der ihn als erster bekleidete, traf offensichtlich in der zweiten Maihälfte in Kanton ein.[722] Er hatte sich zuletzt als Korpskommandeur bei der Bekämpfung des Basmatschenaufstands in Buchara bewährt.[723] Nachdem der damals Einunddreißigjährige in Moskau von Michail V. Frunze, dem neuernannten Stabschef der Roten Armee, persönlich mit seinem neuen Auftrag vertraut gemacht worden war, reiste er im April nach China ab.[724] Sein Eintreffen in Kanton, wo er den Decknamen Govorov benutzte, führte im militärischen Beraterstab zu einer Neuverteilung der Funktionen: Poljak und Terešatov waren von nun an direkt in Pavlovs Stab tätig.[725] Wenig später, nach dem Tod seiner Frau, kehrte Poljak nach Sowjetrußland zurück und übergab seine Funktion als Leitender Berater (staršij sovetnik) in Whampoa an Čerepanov. Zu den ersten Amtshandlungen Pavlovs gehörte die Anweisung an die Berater, künftig ihren Dienst uniformiert - und nicht wie bisher in Zivil - zu versehen.
Das wenige, was über Pavlovs etwa zweimonatige Tätigkeit in Kuangtung aus sowjetischen Quellen zu ermitteln ist,[726] deutet in der Tat darauf hin, daß diese sich - abgesehen von der Überwachung des Unterrichts in

720 Hierzu das Protokoll einer Sitzung der Militärberater vom 16. (?) Juli 1924, wiedergegeben bei Kartunova, A. I., Sun' Jat-sen i russkie sovetniki, S. 184; Su-lien yin-mou wen-cheng hui-pien, Bd. III, Abschn. »Kuang-tung shih-hsiang lei«, S. 30; Documents on Communism, S. 197.

721 Siehe oben S. 149, 151 dieser Arbeit.

722 Jur'ev, M. F., Revoljucija, S. 39; Čerepanov, A. I., Zapiski, S. 124.

723 Bykov, D., Komkor Pavlov, Moskau 1965, S. 65 - 67.

724 Ebenda, S. 5, 68; Erickson, J., The Soviet High Command, S. 173.

725 Hierzu und zu den beiden Folgesätzen Čerepanov, A. I., Zapiski, S. 117, 124 f., sowie oben S. 151 dieser Arbeit. - Zum Decknamen Govorov vgl. Kartunova, A. I., Sun' Jat-sen i russkie sovetniki, S. 172, 182.

726 Hierzu Čerepanov, A. I., Zapiski, S. 128 ff.; Bykov, D., Komkor Pavlov, Moskau 1965, S. 69 ff.

Whampoa - im wesentlichen auf die Vorlage einiger Pläne beschränkte. Pavlovs Vorschläge zielten vor allem auf eine Politisierung der Streitkräfte und auf die Einführung des Kommissar-Systems nach sowjetischem Vorbild[727] ab; durch die letztere Maßnahme sollte wie im russischen Bürgerkrieg die Kontrolle über politisch unzuverlässige Offiziere gewährleistet werden. Im einzelnen handelte es sich um die folgenden Anregungen:[728]

1. In den verbündeten Armeen ist ein politischer Apparat aufzubauen; in die Korps und Divisionen sind verantwortliche Vertreter der KMT zu entsenden. In der Whampoa-Akademie werden in Kurzlehrgängen »militärisch-politische Funktionäre« (voenno-političeskie rabotniki) ausgebildet. Alle Armeeangehörigen werden in einer breitangelegten propagandistischen Kampagne mit den Kriegszielen - vor allem für den Kampf gegen Ch'en Chiung-ming - vertraut gemacht. Die Leitung der gesamten politischen Arbeit in den Streitkräften ist einem Mitglied des ZEK der KMT zu übertragen.
2. Die Offizierskorps aller verbündeter Armeen sind einheitlich auszubilden. Zu diesem Zweck müssen alle Offiziere einen dreimonatigen Ausbildungskurs durchlaufen, wobei das Schwergewicht auf die politische Erziehung und auf die Vereinheitlichung der taktischen Methoden unter den Bedingungen des Bürgerkriegs zu legen ist. Aus jeder verbündeten Armee ist eine Einheit auszuwählen, die besonders sorgfältig ausgebildet wird.
3. Es ist ein »Festungsbezirk Kuangtung« nach dem Vorbild der sowjetischen Bezirke im Bürgerkrieg zu bilden und mit allen verfügbaren Mitteln für die Verteidigung vorzubereiten.
4. Es müssen Panzerstreitkräfte gebildet werden.
5. Im feindlichen Hinterland muß eine breite Bauernbewegung ins Leben gerufen werden.
6. Eine militärische Zensur ist einzuführen.

Nach Čerepanovs Bericht[729] machte Pavlov diese Vorschläge auf einer Sitzung des Militärrats vom 15. Juli. Dieses Gremium war zuvor auf Pavlovs Anregung hin und mit Borodins Unterstützung gebildet worden. Es umfaßte die folgenden Mitglieder: Sun Yat-sen (Vorsitz), Hu Han-min (als Stabschef, von Pavlov ironisch mit dem Epitheton »dekorativ« versehen), Liao Chung-k'ai, Chiang Kai-shek (als Leiter der Whampoa-Akademie), Yang Hsi-min (als Oberbefehlshaber der Ostfront), Hsü Ch'ung-chih (als

727 Vgl. Erickson, J., The Soviet High Command, S. 41 f.
728 Bykov, D., Komkor Pavlov, Moskau 1965, S. 73 f.; Čerepanov, A. I., Zapiski, S. 129.
729 Zu diesem Absatz ebenda, S. 128, 130. - Čerepanov spricht von einem »Verteidigungsrat« (Sovet oborony). Aus einem zeitgenössischen Dokument ergibt sich indes, daß die sowjetischen Berater das Gremium als »Militärrat« (Voennyj sovet) bezeichneten, vgl. Kartunova, A. I., Sun' Jat-sen i russkie sovetniki, S. 183.

Kommandeur der Kuangtung-Armee), T'an Yen-k'ai (als Kommandeur der Hunan-Armee), Liu Chen-huan (als Kommandeur der Kuangsi-Armee), Wu T'ieh-ch'eng (als Polizeichef von Kanton, mit beratender Stimme) sowie Pavlov selbst (als Militärberater). Der Militärrat billigte Pavlovs Vorschläge und setzte Kommissionen ein, die die Vorschläge im Detail ausarbeiten und die Ergebnisse auf der folgenden Sitzung des Rats vorlegen sollten. Um die auf Autonomie bedachten Generäle der verbündeten Armeen nicht vor den Kopf zu stoßen, verzichtete Pavlov darauf, dem Militärrat seine weitergehenden Absichten für eine totale Reorganisierung der Armeen mit dem Ziel der Bildung einer einheitlichen Streitmacht sofort bekanntzugeben.

Gegenüber Sun Yat-sens Plan für einen Nordfeldzug verhielt sich Pavlov - genauso wie Borodin - zunächst abwartend und eher skeptisch.[730] Dieser Plan sah folgende Operationen vor: Einheiten unter dem Befehl von Ch'eng Ch'ien und Chu P'ei-te stoßen über P'ing-shih und I-chang (Grenzgebiet Kuangtung/Hunan) nach Hunan vor, erhalten dort von zwei KMT-freundlichen Divisionen unter dem Kommando von Teng Hsi-ch'ing Unterstützung, erobern Changsha, vereinigen sich anschließend mit vier im Grenzgebiet Hunan/Hupei operierenden KMT-freundlichen Brigaden und greifen schließlich Hankou an. Zur gleichen Zeit marschieren Truppen unter dem Befehl von General T'an Yen-k'ai über Nan-ching (Grenzgebiet Kuangtung/Kiangsi) nach Kiangsi ein mit dem Ziel, Nanchang einzunehmen. Pavlov bezweifelte, daß die Sun unterstehenden Streitkräfte ausreichen würden, um diesen Plan zu verwirklichen und gleichzeitig die in Ost-Kuangtung befindlichen starken Streitkräfte Ch'en Chiung-mings zu vernichten. Zumindest wollte er sicher gehen, daß die im Grenzbereich Hunan/Hupei operierenden vier Brigaden wirklich auf Suns Seite in die Kämpfe eingreifen würden und schickte daher Terešatov zur Rekognoszierung nach Hankou. Erst nach dessen Rückkehr beabsichtigte er, zu Suns Plänen für den Nordfeldzug abschließend Stellung zu nehmen.

Dies war der Stand der Beratungstätigkeit, als Pavlov durch einen Unfall ums Leben kam. Auf einer Inspektionsfahrt an die Ostfront in die Nähe von Shih-lung stürzte er am 18. Juli 1924 beim Überwechseln von einem Boot auf ein Schiff vom Steg und ertrank im Fluß Tung-chiang.[731] Mit-

730 Zu Suns Plan und dessen Beurteilung durch Pavlov siehe Čerepanov, A. I., Zapiski, S. 131 - 134. - Zu Borodins Haltung siehe Fischer, L., The Soviets in World Affairs, Bd. 2, S. 640 f.

731 Zu diesem Absatz Kartunova, A. I., Sun' Jat-sen i russkie sovetniki, S. 182; Višnjakova-Akimova, V. V., Dva goda, S. 181; Čerepanov, A. I., Zapiski, S. 134; Bykov, D., Komkor Pavlov, Moskau 1965, S. 75; Blagodatov, A. V., Zapiski o kitajskoj revoljucii 1925 - 1927 gg., 2. erg. Aufl., Moskau 1975, S. 133 (Anmerkung).

ursächlich für den tödlichen Ausgang des Unfalls war offenbar eine ihm eigene Potomophobie. Bei einer Untersuchung der Leiche im deutschen Krankenhaus auf der Insel Honan wurde als Todesursache Erstickung festgestellt.

Es scheint, daß Pavlovs Tod Sun Yat-sen und andere Führungspersönlichkeiten der KMT stark beeindruckte und daß die so eingetretene Emotionalisierung zu verbesserten Beziehungen zu den sowjetischen Militärberatern führte. Suns Reaktion auf die Todesnachricht war spontan und außergewöhnlich: Am folgenden Tag suchte er in Begleitung von Wang Ching-wei und Hu Han-min Borodin in dessen Residenz auf, um zu kondolieren.[732] Es war das erste Mal, daß Sun Borodin einen Besuch abstattete, seitdem dieser in Kanton eingetroffen war. Sun wurde mit den Militärberatern Ajtykin (Deckname: Brailovskij) und Nilov bekannt gemacht; Nilov berichtete ihm über die Umstände von Pavlovs Tod. Die starke chinesische Anteilnahme zeigte sich auch anläßlich der Trauerfeierlichkeiten.[733] Bei der Ankunft des Sarges fanden sich am Kantoner Bahnhof unter anderem der Provinzgouverneur und die Kommandeure der einzelnen Armeen ein. Das Zeremoniell der eigentlichen Trauerfeier entsprach dem für höchste chinesische Würdenträger vorgesehenen. Die Feier fand am 23. Juli auf einem Platz in Kanton statt, wo der Sarg auf einem mit der KMT-Fahne geschmückten Katafalk aufgestellt war. Alle Armeen hatten ihre Vertreter entsandt. Die Angehörigen der Whampoa-Akademie waren vollständig erschienen, desgleichen die Mitglieder der Kantoner Organisationen der KPCh und des (kommunistischen) Sozialistischen Jugendverbands. Zuletzt erschien Sun Yat-sen in Begleitung von Angehörigen des ZEK der KMT und ließ Außenminister Wu Ch'ao-shu in seinem Namen eine Trauerrede verlesen, in der es unter anderem hieß:

> »Der Himmel bringt Talente hervor, damit sie der Menschheit dienen. General Pavlov, kühn, edelmütig, war ein solches Talent und der Held vieler Kämpfe. Er kam, um China zu helfen. Nicht nur als Soldat, sondern auch als Gelehrter begann er, seine Pläne vorzutragen, die seine Begabung verrieten. Welch eine Tragödie, daß er zu einer Zeit starb, als alle hofften, er werde noch lange seine Ratschläge erteilen, Hilfe leisten und seine außerordentliche Arbeit zu Ende führen! Unsere Trauer ist ebenso groß wie die Welt des Wassers ausgedehnt ist, in der er versank«.[734]

732 Zu Suns Besuch bei Borodin vgl. Kartunova, A. I., Sun' Jat-sen i russkie sovetniki (offenbar nach einem Dokument des CPA IML).

733 Zum Folgenden siehe den Bericht von Pavlovs ehemaligem Adjutanten: Bykov, D., Komkor Pavlov, Moskau 1965, S. 75 – 77.

734 Text der Rede ebenda, S. 76, sowie nach einem Augenzeugenbericht (offenbar nach CPA IML) bei Kartunova, A. I., Sun' Jat-sen i russkie sovetniki, S. 182 f. – Bykov gibt irrtümlicherweise an, Suns Rede sei von diesem selbst vorgetragen worden. – Die Rede ist in Kuo-fu ch'üan-shu nicht enthalten.

In einem ähnlichen Tenor waren die Beileidstelegramme gehalten, die Sun an den Vorsitzenden des Rats der Volkskommissare der UdSSR und an die Witwe des Verstorbenen schickte.[735] Nach der Feier wurde der Sarg, von einer Ehrenformation begleitet, in einem Trauerzug durch die größten Straßen Kantons zum Fluß geleitet, wo ihn ein Boot zur Überführung in das Krematorium übernahm.[736]

An der Sitzung des chinesischen Militärrats vom 25. Juli 1924, die unter Suns Vorsitz stattfand, nahmen Ajtykin und Smolencev teil.[737] Sun begrüßte Ajtykin als Pavlovs Nachfolger. Er versicherte den Sowjets, er habe in Pavlov einen sehr guten Freund verloren, freue sich jedoch, daß dessen Posten wieder besetzt worden sei. Dies könne man als einen Beweis für die fortgesetzte Annäherung zwischen China und Rußland betrachten. Suns anschließende Ausführungen wurden vom sowjetischen Protokollanten der Sitzung wie folgt wiedergegeben:

> »Nach Suns Angaben werden sie (die KMT-Füher, d. Verf.) sich von der Erfahrung Sowjetrußlands leiten lassen und es nachahmen«.[738]

Diese vielversprechenden Worte Sun Yat-sens kontrastierten mit der damaligen Wirklichkeit insofern, als Sun persönlich sich zwar sicher schon vordem eine engere militärische Zusammenarbeit gewünscht hätte, diese jedoch bisher wegen des oben bereits erwähnten Mißtrauens der chinesischen Militärs gegenüber den sowjetischen Offizieren[739] auf den Unterricht in Whampoa und die Vorschläge Pavlovs beschränkt geblieben war. Die distanzierte Haltung in militärischen Fragen koinzidierte mit einem wachsenden Unbehagen, das Führungspersönlichkeiten der KMT angesichts des verstärkten und von konfrontativen Erscheinungen begleiteten Vordringens der chinesischen Kommunisten innerhalb der Kuomintang empfanden. Wie aus dem Protokoll eines Gesprächs zwischen Hsieh Ch'ih und Chang Chi (letzterer hatte zunächst zu den wichtigsten Förderern des »Blocks von innen« gehört),[740] zwei von Suns engen Mitarbeitern, mit Borodin vom 25. Juni 1924 hervorgeht,[741] wurde seitens der KMT hierfür in scharfen Worten die Sowjetunion verantwortlich gemacht.

735 Text des Telegramms an den Vorsitzenden des Rats der Volkskommissare nach Bykov, D., Komkor Pavlov, Moskau 1965, S. 77, sowie Čerepanov, A. I., Zapiski, S. 134 f., und Kartunova, A. I., Sun' Jat-sen in russkie sovetniki, S. 183; Text des Telegramms an Pavlovs Witwe in Informacionnyj bjulleten', Nr. 162, 15. 8. 1924, Kanton, zit. nach Kartunova, A. I., Sun' Jat-sen i russkie sovetniki, S. 183.

736 Bykov, D., Komkor Pavlov, Moskau 1965, S. 76 f.

737 Auszüge aus dem Protokoll (offenbar nach CPA IML) bei Kartunova, A. I., Sun' Jat-sen i russkie sovetniki, S. 183.

738 Ebenda.

739 Siehe hierzu oben S. 136 dieser Arbeit.

740 Siehe zu Chang Chis entsprechenden Aktivitäten oben S. 88 und 94 dieser Arbeit.

741 Hsieh Ch'ih Chang Chi yü o-jen Pao Lo-t'ing t'an-hua chi yao, in: Ko-ming wen-hsien, Bd.

Bis zum Juni 1924 waren insgesamt 25 sowjetische Berater in Kanton eingetroffen,[742] darunter neben den vier Angehörigen der ersten Gruppe (Čerepanov, German, Poljak, Terešatov) der Luftwaffenberater D. Uger (Deckname: Remi), der Infanterieberater N. A. Ševaldin (Deckname: Pribylev), Mira F. Čubareva (Sachnovskaja) und deren Mann Sachnovskij (Nilov), I. Vorob'ev (Deckname: Šalfeev), Ajtykin (Deckname: Brailovskij) und Mel'nikov; auch P. I. Smolencev war inzwischen von Peking aus nach dem Süden versetzt worden.[743] Ihre Bemühungen, in die Organisationsweise der Armeen selbst Einblick zu gewinnen und dort konkrete Beratungsfunktionen zu übernehmen, hatten bis dahin praktisch keinen Erfolg gehabt. Dies läßt sich anhand des Protokolls einer Sitzung der Militärberater in Kanton vom 16. Juli 1924 belegen.[744] Auf dieser wurde nach einem Lagebericht Ajtykins aus der bisherigen Tätigkeit Bilanz gezogen. Die Diskussion läßt erkennen, daß man in der Frage des Einflusses in den Streitkräften ganz am Anfang stand. So wurde die soeben - und offenbar erstmals - ergangene Einladung an Uger und Mel'nikov zur Besichtigung militärischer Einrichtungen im Protokoll als ein Anzeichen dafür gewertet, daß die Beraterschaft »allmählich, aber doch« in die Armee eindringe (V armii my ... vnedrjaemsja).[745]

b. Beteiligung an der Niederschlagung des »Kaufleute-Aufstands« (Juli bis Oktober 1924)

Die Einladung von Uger und Mel'nikov stand bereits im Zusammenhang mit Maßnahmen, die die KMT-Führung wegen des zu erwartenden bewaffneten Aufstands des Kantoner Großbürgertums zu treffen begann. Ursachen und Verlauf des Aufstands, der in der chinesischen Historiographie als »shang-t'uan shih-pien« (wörtl. »Zwischenfall mit den Kaufleute-Milizen«) bezeichnet wird,[746] sind bekannt[747] und sollen hier

IX, S. 81 - 85 (1286–1291 der durchlaufenden Paginierung), sowie in: Wang Chien-min, Chung-kuo kung-ch'an-tang shih kao, Bd. I, Taipei 1965, S. 125 - 128.

742 Diese Zahl findet sich bei Mirovickaja, R. A., Pervoe desjatiletie, S. 30.

743 Die Liste wurde aus verstreuten Einzelangaben zusammengestellt. Siehe Čerepanov, A. I., Zapiski, S. 130 f.; ders., Severnyj pochod, S. 138, 141, 193; Višnjakova-Akimova, V. V., Dva goda, S. 170, 205; Kartunova, A. I., Sun' Jat-sen i russkie sovetniki, S. 172, 182 - 184. - Kartunova gibt an, Uger sei der Deckname von Remi gewesen. Der umgekehrten Version von Višnjakova-Akimova und Čerepanov ist als derjenigen von Augenzeugen der Vorzug zu geben.

744 Das Protokoll findet sich (offenbar nach CPA IML) auszugsweise bei Kartunova, A. I., Sun' Jat-sen i russkie sovetniki, S. 184 f.

745 Ebenda, S. 184.

746 Vgl. z. B. Li Chien-nung, Chung-kuo chin pai nien, Bd. II, S. 643.

747 T'ang Leang-Li, The Inner History, S. 185 - 189; Jur'ev, M. F., Revoljucija, S. 42 - 65; Li

nicht erneut dargestellt werden. Es sei nur darauf hingewiesen, daß gegen Ende Juli 1924 die Kaufleute-Miliz (shang-t'uan) bereits etwa 50 000 Man umfaßte.[748] Sie stellte somit, wie ein seinerzeit beteiligter sowjetischer Militärberater feststellt,[749] »ungeachtet ihres ironischen Spitznamens ›Papiertiger‹ eine durchaus ernstzunehmende Streitmacht« dar.
Mel'nikov und Borodin wurden am 26. Juli 1924 von Sun Yat-sen mit dessen Vorstellungen zur Verteidigung Kantons vertraut gemacht.[750] Sun hielt hierbei den Aufbau einer Luftwaffe für besonders wichtig und erklärte, er setze in dieser Hinsicht seine ganze Hoffnung auf Mel'nikov. Dieser nahm aus dem Gespräch den Eindruck mit, daß sich die Sun-Regierung militärisch sehr unsicher fühlte. Am Folgetag fuhren Uger und Mel'nikov in Begleitung des Chefs der Luftwaffe, die damals aus vier Motorflugzeugen des Jahrgangs 1916 und zwei Wasserflugzeugen bestand,[751] von Kanton nach Whampoa, um ein geeignetes Gelände für einen Flugplatz zu erkunden. Sie kamen zu dem Ergebnis, daß der Flugplatz nicht dort, sondern in Kanton gebaut werden müsse.
Am selben Tag erhielt Uger eine Urkunde ausgehändigt, in der er zum Chefingenieur bei Suns Hauptquartier ernannt wurde.[752] Dieser Vorgang bedeutete die erste formelle Übernahme eines Dienstpostens im eigentlichen Militärbereich durch einen sowjetischen Berater.
Am 28. Juli kam es erstmals zu einem Gespräch Ugers und Mel'nikovs mit Wu T'ieh-ch'eng,[753] dem Polizeichef von Kanton und Kommandeur einer Polizeibrigade im Verband der Kuangtung-Armee.[754] Nach der Besichtigung eines Panzerfahrzeugs, das die Sowjets als veraltet einstuften, wurden Sun Yat-sens vorläufige Weisungen im Hinblick auf Ugers künftige Tätigkeit als Chefingenieur bekanntgegeben. Demnach sollte Uger zunächst sämtliche Rüstungswerkstätten und -materiallager inspizieren, um die Möglichkeiten der Panzerung von Fahrzeugen zu prüfen; er sollte im übrigen selbst entscheiden, ob er sein Büro beim Hauptquartier oder bei Wu T'ieh-ch'engs Kommandostab einrichten wolle.

Chien-nung, The Political History, S. 464 - 466; Domes, J., Vertagte Revolution, S. 104 - 107 (mit weiteren Quellenangaben).

748 Ebenda, S. 104.

749 Čerepanov, A. I., Pod znamenami, S. 318.

750 Zu diesem Absatz vgl. zeitgenössische sowjetische dienstliche Aufzeichnungen, wiedergegeben (offenbar nach CPA IML) bei Kartunova, A. I., Sun' Jat-sen i russkie sovetniki, S. 185.

751 Čerepanov, A. I., Zapiski, S. 35; vgl. auch oben S. 135 dieser Arbeit.

752 Zeitgenössische sowjetische dienstliche Aufzeichnung, wiedergegeben (offenbar nach CPA IML) bei Kartunova, A. I., Sun' Jat-sen i russkie sovetniki, S. 185.

753 Zu diesem Absatz vgl. die zeitgenössische sowjetische dienstliche Aufzeichnung, wiedergegeben (offenbar nach CPA IML) bei Kartunova, A. I., Sun' Jat-sen i russkie sovetniki, S. 185.

754 Zu Wu T'ieh-ch'engs Persönlichkeit und Position siehe oben S. 133 dieser Arbeit.

Gelegentlich dieser Gespräche bat Wu T'ieh-ch'eng Uger um Hilfe bei der Ausarbeitung eines Plans für den zu erwartenden Kampf gegen die shang-t'uan.[755] Zeitgenössischen sowjetischen Aufzeichnungen läßt sich entnehmen,[756] daß die Militärberaterschaft, die als »Militärabteilung« (voennyj otdel) bezeichnet wird, bereits einen solchen Plan ausgearbeitet hatte, aus dem Uger nunmehr Wu T'ieh-ch'eng einen Teil vortrug. Wu akzeptierte die sowjetischen Vorstellungen und leitete die hierin vorgesehenen Vorbereitungsmaßnahmen ein.

Nach einem anderen sowjetischen Verfasser entwickelten die Berater auf Vorschlag von Sun Yat-sen einen Plan für die Niederschlagung des Kaufleute-Aufstands.[757] Hierbei bleibt unklar, ob Sun den Sowjets seine Bitte vor oder nach Ugers Gespräch mit Wu T'ieh-ch'eng vortrug. In einer dienstlichen Aufzeichnung der Berater, die zeitlich etwa Mitte August einzuordnen ist, heißt es hierzu lediglich:

> »Borodin legte Sun den von uns (der Militärabteilung, Anm. d. sowj. Verf.) ausgearbeiteten Plan vor und schlug ihm vor, einige vorbereitende Maßnahmen für den Fall des Streiks durchzuführen. Sun erklärte sich grundsätzlich (principial'no) mit dem Plan einverstanden«.[758]

Der Plan selbst liegt uns nicht vor. Andeutungen über seinen Inhalt lassen erkennen,[759] daß die Berater zwei Gesichtspunkte in den Vordergrund stellten:

a) Sun müsse versuchen, die Kantoner Bevölkerung für sich zu gewinnen, und u. a. Wirtschaftsreformen durchführen. Sun habe diesen Vorschlag sehr ernst genommen und in diesem Zusammenhang einen sowjetischen Finanzexperten angefordert; dieser traf – in der Person von V. M. Štejn (Deckname: Al'skij) – allerdings erst im Juli 1925 in Kanton ein.[760]
b) Es sei unbedingt eine Vereinigung aller Sun in Kanton unterstehenden militärischen Verbände herbeizuführen.

Am 18. August gab Sun auf Vorschlag Borodins den Befehl, einen Panzerzug nach dem Modell der 1918/19 in Rußland konstruierten Züge zu bauen.[761]

Als die shang-t'uan schließlich am 10. Oktober 1924 zum Angriff übergingen, wurde die geplante Konzentration der Kräfte verwirklicht. Sun setzte

755 Zu diesem Absatz Kartunova, A. I., Sun' Jat-sen i russkie sovetniki, S. 186.
756 Ebenda.
757 Mirovickaja, R. A., Pervoe desjatiletie, S. 31.
758 Kartunova, A. I., Sun' Jat-sen i russkie sovetniki, S. 186.
759 Mirovickaja, R. A., Pervoe desjatiletie, S. 31 f.
760 Ebenda, S. 36.
761 Kartunova, A. I., Sun' Jat-sen i russkie sovetniki, S. 186 f.

- nach Borodins Angaben auf dessen Vorschlag hin - ein »Revolutionskomitee« (ko-ming wei-yüan-hui) als neues Spitzenorgan der KMT ein, dem unter seinem Vorsitz Hsü Ch'ung-chih, Liao Chung-k'ai, Wang Ching-wei, Chiang Kai-shek, Ch'en Yu-jen und T'an P'ing-shan angehörten.[762] Borodin konnte augenscheinlich auf die Zusammensetzung des Revolutionskomitees insofern Einfluß nehmen, als Sun offenbar vor allem unter seinem Druck und gegen Chiangs ausdrücklichen Rat Hu Han-min nicht als stimmberechtigtes Mitglied in das Komitee aufnahm.[763] Dem Revolutionskomitee wurden alle in Kanton damals verfügbaren Truppen unterstellt. Čerepanov beziffert deren Stärke wie folgt:[764]

a) Whampoa-Kadetten (800 Mann),
b) Arbeiter- und Bauernmilizen (kung-t'uan chün sowie nung-min tzu-wei chün) (zusammen 320 Mann),
c) Kadetten der Hunan-Militärakademie (220 Mann),
d) Kadetten der Yünnan-Militärakademie (tien-chün kan-pu hsüeh-hsiao hsüeh-sheng) (500 Mann),
e) zwei Panzerzüge (chia-ch'e tui) (250 Mann) und
f) die Polizeitruppen (wei-tui) des Generals Wu T'ieh-ch'eng (ca. 2 000 Mann).

Čerepanov kommt somit auf eine Gesamtstärke von etwa 4 000 Mann, während man bisher in der Literatur[765] eher von 3 000 Mann ausging. Die akute Bedrohung durch den Kaufleute-Aufstand hatte auf diese Weise dazu geführt, daß die KMT erstmals über eine eigene Streitmacht verfügte, die man als Nukleus einer Parteiarmee ansehen kann. Wie der neueren sowjetischen Literatur zu entnehmen ist,[766] wurde die Schaffung einer KMT-eigenen Eingreif-Division (udarnaja divizija) bereits im April 1924 geplant.

762 Mao Szu-ch'eng (Hrsg.), Min-kuo shih-wu nien, S. 317; Fischer, L., The Soviets in World Affairs, Bd. 2, S. 641. - Mirovickajas unbelegte Angabe, dem Komitee hätten u. a. auch Borodin und Wu T'ieh-ch'eng angehört, erscheint wenig glaubwürdig; vgl. Mirovickaja, R. A., Pervoe desjatiletie, S. 31, sowie Domes, J., Vertagte Revolution, S. 106, Anm. 95. Borodin selbst gab allerdings gegenüber Louis Fischer an, er habe dem Komitee angehört, vgl. Fischer, L., The Soviets in World Affairs, Bd. 2, S. 641.

763 Documents on Communism, S. 156, 171; Chiangs Brief an Sun vom 9. 10. 1924, in: Mao Szu-ch'eng (Hrsg.), Min-kuo shih-wu nien, S. 312; Suns Brief an Chiang vom 9. oder 10. 10. 1924, in: Kuo-fu ch'üan-shu, S. 845, auch in: Sun' Jat-sen, Izbrannye proizvedenija, S. 502 f., sowie (auszugsweise) bei Tichvinskij, S. L., Sun' Jat-sen, S. 321.

764 Čerepanov, A. I., Zapiski, S. 140. - Die chinesischen Bezeichnungen der Truppenteile nach Mao Szu-ch'eng (Hrsg.), Min-kuo shih-wu nien, S. 321. - Chiang führt in seinem Tagebuch zusätzlich zu den von Čerepanov genannten Truppen eine Luftwaffenabteilung (fei-chi tui) und das Arsenal (ping kung-ch'ang) an, nennt dafür aber nicht die Kadetten der Hunan-Militärakademie, ebenda.

765 Vgl. z. B. Domes, J., Vertagte Revolution, S. 106.

766 Mirovickaja, R. A., Pervoe desjatiletie, S. 31.

Der Oberbefehl über die dem Revolutionskomitee unterstellten Truppen wurde Chiang Kai-shek übertragen.[767] Dies wird von Čerepanov ausdrücklich bestätigt, der hierzu das interessante Detail beisteuert, der mit den shang-t'uan sympathisierende General Yang Hsi-min habe sich gegen Chiangs Ernennung mit den Worten gewandt: »Wenn Chiang Kai-shek sich an der Unterdrückung der aufständischen ›Papiertiger‹ beteiligt, werde ich die Whampoa-Schule entwaffnen und Chiang selbst erschießen«.[768] Chiang setzte Čerepanov als seinen Vertreter in der Funktion des Leiters der Whampoa-Akademie ein und übertrug ihm alle Weisungsvollmachten.[769] Čerepanovs Kommentar, Chiang habe dies aus Angst vor Yang Hsi-min getan und sei überhaupt nur durch den schnellen Ablauf der Unterdrückung des Aufstands und - möglicherweise - durch entsprechende Anweisungen seiner »Gebieter aus Schanghai« (chozjaev iz Šanchaja) an der Flucht gehindert worden,[770] vermag wenig zu überzeugen.
Den bis dahin mangelhaft bewaffneten KMT-Verbänden[771] kam der Umstand zu Hilfe, daß kurz vor Ausbruch der Kämpfe mit den shang-t'uan die erste sowjetische Lieferung von Kriegsmaterial in Kanton eintraf: Am 7. Oktober ging das sowjetische Kanonenboot »Vorovskij« in Whampoa vor Anker, das 800 Gewehre und mehrere Millionen Schuß Munition sowie eine Anzahl Geschütze und Granaten an Bord hatte.[772] Mit dem Schiff traf eine neue Gruppe sowjetischer Militärberater ein: der ehemalige Kriegskamerad Čerepanovs und Artillerist T. A. Besčastnov, G. I. Gilev, Bljuchers späterer Adjutant Gmira, I. J. Zenek (Deckname: Zebrovskij), Pollo (oder auch Pallo), I. Zil'bert, F. G. Macejlik, V. P. Rogačev und V. A. Stepanov.[773] Die Neuankömmlinge wurden zunächst zu einem zweiwö-

767 Ebenda.
768 Čerepanov, A. I., Zapiski, S. 140.
769 Ebenda.
770 Ebenda, S. 140 f.
771 Die Angaben über die Bewaffnung der Whampoa-Akademie zu dieser Zeit sind nicht einheitlich. Eine chinesische kommunistische Arbeit nennt die Anzahl von 30 Mauser-Gewehren, vgl. Pyn Min, Istorija, S. 119; eine KMT-Arbeit gibt 500 Gewehre an, vgl. Chang Ch'i-yün, Tang shih kai-yao, Bd. 2, Taipei 1953, S. 464, zit. nach Domes, J., Vertagte Revolution, S. 105.
772 Angaben zur Menge des von der »Vorovskij« geladenen Kriegsmaterials finden sich in je einer sowjetischen und einer KMT-Quelle. Beide Arbeiten geben 800 Gewehre an; die KMT-Quelle spricht von 4 Millionen, die sowjetische Quelle von 9 Millionen Schuß Gewehrmunition; Geschütze und Granaten werden nur in der sowjetischen Arbeit erwähnt. Vgl. Wang Po-ling u. a., Huang-p'u chien-chün shih-hua, Chungking 1943, S. 166, zit. nach Liu F. F., A Military History, S. 14; Voennaja pomošč' SSSR, S. 19 f. - Vgl. auch Suns Begrüßungsadresse anläßlich der Ankunft des Schiffes in: Sun' Jat-sen, Izbrannye proizvedenija, S. 505.
773 Hierzu und zum Folgesatz Čerepanov, A. I., Zapiski, S. 135 f.; Teslenko, E. V., Ot Guančžou do Uchanja, S. 121.

chigen Aufenthalt in der Whampoa-Akademie abkommandiert, wo sie mit der komplizierten Situation in Kuangtung vertraut gemacht wurden.
Čerepanov bestätigt Chiang Kai-sheks Angaben[774] darüber, daß der Angriff der KMT-Truppen auf den westlichen Kantoner Stadtteil Hsi-kuan, wo sich die shang-t'uan verbarrikadiert hatten, am Abend des 14. Oktober eingeleitet wurde und daß an den folgenden Operationen neben den eigentlichen KMT-Verbänden Truppenteile der 2. Division (General Chang Min-ta), des 3. Korps (General Li Fu-lin) und der Polizeibrigade (Wu T'ieh-ch'eng) der Kuangtung-Armee sowie einzelne Einheiten der Yünnan-, Hunan- und Kuangsi-Armeen beteiligt waren; zusätzlich führt er die 1. Division der Kuangtung-Armee auf.[775] Zu der in der Literatur strittigen Frage,[776] in wessen Hände die militärische Gesamtleitung gelegen habe, heißt es in der sowjetischen Literatur übereinstimmend,[777] die Operationen seien unter dem Oberbefehl des am 14. Oktober aus Nord-Kuangtung zurückgekehrten Sun Yat-sen durchgeführt worden.
Von den aus den Whampoa-Kadetten gebildeten vier Kompanien griffen laut Čerepanov nur zwei in die Kämpfe ein.[778] Auf der in Whampoa liegenden »Vorovskij« wurden Granathülsen von Feldkanonen auf das Kaliber der chinesischen Gebirgsgeschütze umgeschliffen. Am 15. Oktober gab Wu T'ieh-ch'eng den Befehl, Hsi-kuan unter Artilleriebeschuß zu nehmen; nach sowjetischen Angaben wurden insgesamt sechs (sic!) Granaten verschossen. Die shang-t'uan zogen sich hierauf aus Kanton zurück. Die Mehrzahl ihrer Truppen ergab sich, die restlichen setzten sich entweder nach der Kantoner ausländischen Konzession Shameen (Sha-mien) oder nach Hongkong ab. Die Verluste der Sun unterstellten Verbände schätzt Čerepanov auf 150 bis 200 Tote und Verwundete.
Die vom Kaufleute-Aufstand ausgegangene akute Bedrohung Kantons mußte bei Sun zu einer gewissen Ernüchterung im Hinblick auf dessen Pläne für einen schnellen Fortschritt des Nordfeldzugs führen. Sun hatte noch am 11. Oktober beabsichtigt, sämtliche auf der »Vorovskij« eingetroffenen Waffen zu den im Gebiet von Shao-kuan (Nord-Kuangtung) dislozierten Truppen zu dirigieren,[779] die er dort auf den Nordfeldzug vorbereitete. Zwei Tage darauf sah er sich angesichts der bedrohlichen Situation in Kanton gezwungen, dorthin zurückzukehren. Der Kaufleute-Auf-

774 Mao Szu-ch'eng (Hrsg.), Min-kuo shih-wu nien, S. 321.
775 Čerepanov, A. I., Zapiski, S. 141.
776 Hierzu Documents on Communism, S. 155 f
777 Čerepanov, A. I., Zapiski, S. 141; Jur'ev, M. F., Revoljucija, S. 64.
778 Hierzu und zum restlichen Absatz Čerepanov, A. I., Zapiski, S. 141 f.
779 Suns Brief an Chiang Kai-shek vom 11. 10. 1924, in: Sun' Jat-sen, Izbrannye proizvedenija, S. 503; das Schreiben ist in Kuo-fu ch'üan-shu nicht enthalten.

stand mußte in der KMT-Führung als ein Signal dafür gewertet werden, daß es notwendig war, zunächst die gesamte Provinz Kuangtung zu erobern, wollte man nicht das Risiko des Verlustes ihrer territorialen Basis eingehen. Genau dies entsprach auch den Gedankengängen Borodins und der sowjetischen Berater.[780]

c. Die Beraterschaft unter Bljuchers erstem China-Kommando (Oktober 1924 bis Juli 1925)

Die nun folgende Periode der sowjetischen Militärberatung wurde wesentlich von der Führungspersönlichkeit Vasilij Konstantinovič Bljuchers (1889 - 1938) geprägt, der vom Herbst 1924 bis zum Sommer 1925 - und später erneut vom Frühjahr 1926 bis zum Sommer 1927 - an der Spitze der Berater stand. In China benutzte er gewöhnlich den in Anlehnung an den Vornamen seiner Frau Galina Pavlovna gewählten[781] Decknamen Galin (in der chinesischen Transkription Chia Lun oder Chia Lan),[782] aber auch andere Pseudonyme wie zum Beispiel Ural'skij.[783]
Bljucher hatte sich während des russischen Bürgerkriegs als Divisionskommandeur einen Namen gemacht und war 1918 als erster sowjetischer Soldat mit dem »Orden des Roten Banners« ausgezeichnet worden.[784] Im Frühjahr 1921 hatte ihn der Revvoensovet in die Fernostrepublik[785] abkommandiert, wo er bis zum Juli 1922 als Kriegsminister und Oberkommandierender der Streitkräfte Dienst tat. Anschließend übernahm er für

780 Fischer, L., The Soviets in World Affairs, Bd. 2, S. 640 f.; vgl. auch oben S. 177 dieser Arbeit.

781 Kondrat'ev, N., Maršal Bljucher, S. 254. - Bei jener Galina, die Bljucher in China ständig begleitete, handelte es sich nicht um Bljuchers Frau Galina Pavlovna, sondern - eine zufällige Namensgleichheit - um eine in Harbin aufgewachsene jüngere Russin namens Galina Kol'čugina, die von den Beratern als Bljuchers »zweite Frau« bezeichnet wurde, vgl. Kazanin, M. I., V štabe Bljuchera, S. 55.

782 In zeitgenössischen Aufzeichnungen findet sich gewöhnlich die Transkription Chia Lun in einer ersten Variante (vgl. z. B. Rede Bljuchers vom 16. März 1925, in: Ching-shen chiao-yü ti-i chi, Huang-p'u hsün-lien chi, o.O. o.J., S. 507), manchmal auch Chia Lan (so z. B. in einem handschriftlichen Brief Sun Yat-sens an Chiang Kai-shek, abgedruckt in: Chung yang lu-chün chün-kuan hsüeh-hsiao shih kao, Nanking 1936, ti-wu p'ien, S. 2); in der später erschienenen Literatur erscheint auch die Umschrift Chia Lun in einer zweiten Variante (vgl. z. B. Pei-fa chan-shih, Bd. I, Taipei 1968, S. 241).

783 Kartunova, A. I., V. K. Bljucher v Kitae, S. 181, Dok. Nr. 3, Anm. 3.

784 Zu den biographischen Angaben in den beiden folgenden Absätzen Kondrat'ev, N., Maršal Bljucher, S. 223, 225, 249 f., 253 f., 264, 282, 290, 292; Dušen'kin, V. V., Ot soldata do maršala, Žizn' i boevoj put' maršala Sovetskogo Sojuza V. K. Bljuchera, 2. erg. u. verb. Aufl., Moskau 1961, S. 18 - 105, passim; Mereckov, K. A., Na službe narodu, Stranicy vospominanij, Moskau 1968, S. 121; Who Was Who, S. 73.

785 Vgl. zur Fernostrepublik oben S. 29 f. dieser Arbeit.

einundeinhalb Jahre das Kommando des in Petrograd stationierten 1. Infanteriekorps; während dieser Zeit wurde er in das VCIK gewählt. Vor seiner Abkommandierung nach Kanton war er kurze Zeit in der Obersten Marineinspektion tätig. Zwei Jahre nach der Rückkehr von seinem zweiten Chinaaufenthalt im Sommer 1927 übernahm er den Oberbefehl der »Sonderarmee Fernost«. 1935 wurde er zu einem der ersten fünf Marschälle der Sowjetunion ernannt - zusammen mit Egorov, der 1925/26 eine Zeitlang den Posten des Militärattachés in Peking innegehabt hatte.[786] Am 22. Oktober 1938 wurde er verhaftet und am 9. November im Moskauer Lefortovo-Gefängnis erschossen. Nach neueren sowjetischen Angaben[787] warfen ihm die Untersuchungsoffiziere des NKVD absurderweise vor, er habe seit 1921 für Japan spioniert. Die Authentizität dieser Anschuldigung wird im Prinzip durch eine Auskunft bestätigt, die der Verfasser von Sun K'o erhielt.[788] Demnach gab Stalin im Frühjahr 1939 Sun auf dessen Frage nach Bljuchers Schicksal zur Antwort, Bljucher sei liquidiert worden, weil er sich während seiner Zeit im sowjetischen Fernen Osten mit zahlreichen japanischen Mädchen abgegeben habe, die sämtlich im Dienst des japanischen Geheimdienstes gestanden hätten. Bljuchers Rehabilitierung erfolgte auf dem XX. Kongreß der KPdSU.

Als Bljucher Ende Oktober 1924 in Kanton eintraf, fand er eine politisch-militärische Lage vor, die sich von der Anfang des Jahres bestehenden und oben bereits skizzierten kaum unterschied.[789] Zwar war der Kaufleute-Aufstand soeben niedergeschlagen worden. Noch immer aber kontrollierten die KMT und die mit ihr verbündeten Armeen nur ein gutes Drittel von Kuangtung, und nach wie vor drohte seitens der Armee Ch'en Chiung-mings ein Angriff aus dem Osten.

Das inzwischen vorliegende neue sowjetische Material läßt kaum Zweifel daran, daß es vor allem Bljuchers militärische Fähigkeiten und deren energischer Einsatz waren, die den entscheidenden Durchbruch in der sowjetisch-chinesischen Kooperation bewirkten und den Kurswert der sowjetischen Offiziere in den Augen der Chinesen derartig in die Höhe trieben, daß sich die Generäle um die Jahreswende 1924/25 »um unsere Berater prügelten«,[790] wie in einer der Memoirenpublikationen salopp formuliert wird. Es ist vor allem der sowjetischen Historikerin Kartunova zu

786 Vgl. zu den Daten von Egorovs Pekinger Dienstzeit oben S. 170 dieser Arbeit.
787 Kondrat'ev, N., Maršal Bljucher, S. 292.
788 Interview des Verfassers dieser Arbeit mit Sun K'o am 18. 12. 1970 in Taipei.
789 Siehe oben S. 129 f. dieser Arbeit.
790 Višnjakova-Akimova, V. V., Dva goda, S. 182. - Dies wird im großen und ganzen auch durch einen Bericht der Kalgan-Gruppe der Militärberater bestätigt, vgl. Documents on Communism, S. 357.

verdanken,[791] wenn für die hier behandelte Periode der Beratertätigkeit der sowjetische Einfluß auf die militärischen Entscheidungen der KMT dokumentarisch so eingehend belegt werden kann wie für keine andere. Sie ist die einzige Periode, für die für immerhin einen Zeitraum von einundeinhalb Monaten (Anfang November bis Mitte Dezember 1924) - wenn auch lückenhaft - wörtliche Auszüge aus dem Tagebuch der Kantoner Militärberatergruppe[792] veröffentlicht vorliegen und für die uns außerdem mehrere ausführliche zeitgenössische Berichte des Chef-Militärberaters[793] - teilweise im vollen Wortlaut - zur Verfügung stehen.
Bljucher verfügte zumindest während der ersten Zeit über einen sehr weiten Handlungsspielraum, da Borodin Kanton im November 1924 für einige Monate verließ.[794] Die dem neuen Chef-Militärberater unterstellten sowjetischen Offiziere, von denen keiner Bljucher bisher persönlich kannte, fühlten sich, wie Čerepanov berichtet,[795] am Anfang dadurch gekränkt, daß dieser sich von ihnen, den »alten Hasen« (starožily), nur berichten ließ, sich mit ihnen aber nicht beriet, bevor er Entschlüsse faßte. Doch von den ersten Tagen des Ostfeldzugs an hätten sie das »gewaltige militärische Talent und die echte Sehergabe« Bljuchers anerkannt. Nach Čerepanovs Schilderung besaß Bljucher stark technokratische Züge. Der Krieg, so habe er immer gesagt, sei insgesamt (und auch jede einzelne Operation) vor allem Mathematik, Berechnung; und in der Vorausberechnung sei er ein Meister gewesen.
Mit Sun Yat-sen traf Bljucher offenbar nur einmal zusammen, und zwar auf der »Vorovskij«.[796] Das lange Gespräch, über dessen Inhalt nichts bekanntgeworden ist, soll nach sowjetischen Angaben von Sun mit den Sätzen beendet worden sein:

> »Bleiben Sie bei uns und helfen Sie unserer Sache mit Ihrer Erfahrung. Ich glaube Ihnen und bin von Ihnen überzeugt.«[797]

791 Kartunova, A. I., V. K. Bljucher v Kitae 1924 - 1927 gg., Moskau 1970.
792 Iz dnevnika Upravlenija Voennogo Otdela v Kantone 5 nojabrja - 18 dekabrja 1924 g., in: Kartunova, A. I., V. K. Bljucher v Kitae, S. 50 - 67.
793 Dokladnaja zapiska V. K. Bljuchera glavkomandujuščemu Kantonskoj armii generalu Sjuj Čun-čži 5 dekabrja 1924 g., in: ebenda, S. 67 - 71; Obščaja svodka perspektiv bližajšej raboty, Iz priloženija k dokladu ot 10 janvarja 1925 g., in: ebenda, S. 72 - 75; Voenno-političeskaja obstanovka, Iz priloženija k dokladu ot 10 janvarja 1925 g., in: ebenda, S. 75 - 95; Kantonskij ukreplennyj rajon, Iz priloženija k dokladu ot 10 janvarja 1925 g., in: ebenda, S. 95 - 97; Razdely iz mašinopisnoj rukopisi V. K. Bljuchera »Guandun (Očerk voennych sobytij, dekabr' 1924 g. - ijul' 1925 g.)«, in: ebenda, S. 100 - 161.
794 Ebenda, S. 181 (Dok. Nr. 2, Anm. 15).
795 Čerepanov, A. I., Zapiski, S. 148 f. (auch zum restlichen Absatz).
796 Maršal V. K. Bljucher, Chabarovsk 1937, S. 32, zit. nach Kondrat'ev, N., Maršal Bljucher, S. 254.
797 Ebenda.

Etwa zwei Wochen nach Bljuchers Ankunft, am 13. November, brach Sun in Begleitung von Wang Ching-wei zu Einigungsgesprächen mit Tuan Ch'i-jui, Feng Yü-hsiang und anderen Machthabern des Nordens nach Peking auf, wo er am 12. März 1925 starb. Nach Suns Abreise - so empfand es zumindest Bljucher - wurde

> »der monolithische Charakter (monolitnost') der Regierung noch illusorischer; der als sein Stellvertreter zurückgelassene Hu Han-min konnte nicht genügend Autorität ausüben. Die von Borodin geschaffene leitende verantwortliche Fünfergruppe (die Namen der Angehörigen dieser Gruppe werden von Bljucher nicht genannt, D. H.) hielt seit Suns Abreise nur einmal eine Sitzung ab und fiel von selbst auseinander.«[798]

Für Bljucher bedeutete die Schwäche der KMT-Führung zugleich eine Chance, seine eigenen militärischen Vorstellungen durchzusetzen. Eine Analyse seiner Tätigkeit in den Folgemonaten zeigt, daß vor allem die folgenden Punkte auf der Agenda standen:

1) Schaffung eines einheitlichen Oberkommandos für alle Sun unterstellten und mit ihm verbündeten Truppeneinheiten;
2) Planung und Durchführung eines Ostfeldzugs zur Vernichtung der Einheiten Ch'en Chiung-mings;
3) Planung der Verteidigung Kantons;
4) Einführung eines Politkommissar-Systems in der Armee;
5) Verbesserung der Kampfmoral der Soldaten.

Die unter 1) und 2) genannten Aufgaben gehörten für Bljucher insofern zusammen, als er ein einheitliches Oberkommando in erster Linie zu dem Zweck anstrebte, den Ostfeldzug erfolgreich durchzuführen.

Nach den vorliegenden Quellen leitete Bljucher seine konkrete Beratertätigkeit damit ein, daß er dem Kommandeur der Kuangtung-Armee, General Hsü Ch'ung-chih, am 5. November 1924 einen Antrittsbesuch machte. Der Aktenvermerk, der sowjetischerseits über die Begegnung angefertigt wurde,[799] läßt das starke Interesse erkennen, das General Hsü an einer Einstellung von Beratern hatte: Er schlug Bljucher vor, in seiner Armee tätig zu werden, forderte Berater für alle Waffengattungen und einen Ingenieur für das Arsenal an; den Bljucher begleitenden P. I. Smirnov (Deckname: Svetlovskij) ersuchte er auf der Stelle um die Übernahme der Führung der Marine. Am 15. November nahm Bljucher seine Tätigkeit in Hsüs Stab auf, indem er vor einem gemeinsamen Mittagessen mit allen Divisionskommandeuren einen einstündigen Vortrag über die russische Revolution und die Aufgaben einer revolutionären Armee hielt.[800] Am

798 Voenno-političeskaja obstanovka, S. 81.
799 Iz dnevnika Upravlenija Voennogo otdela, S. 50.
800 Ebenda, S. 50 f.

Folgetag besichtigte er in Begleitung von fünf sowjetischen Offizieren gemeinsam mit Hsü das außerhalb Kantons gelegene Arsenal, um einen Überblick über den technologischen Stand und die Produktionskapazität der Waffen- und Munitionsfabrik zu gewinnen.[801] Aus den damaligen Tagebucheintragungen der sowjetischen Beratergruppe wird auch ersichtlich,[802] daß die Berater sich systematisch darum bemühten, teils im direkten Gespräch und teils über chinesische Kommunisten als Mittelsmänner Interna über politische und militärische Vorgänge in der KMT und der Armee in Erfahrung zu bringen. Die Rolle eines solchen Informanten spielte in diesen Tagen u. a. P'u T'ao-ming (Pu Shih-i),[803] KPCh-Mitglied und KUTV-Absolvent, der unter dem Decknamen Proletariev als Dolmetscher für die sowjetischen Berater arbeitete; P'u wechselte 1936 zur KMT über und bekleidete später bis zu seinem Tod im Jahre 1964 hohe Ämter auf Taiwan.

Über den im Aufgabenkatalog unter Punkt 4 rubrizierten Bereich der Einführung des Politkommissar-Systems in den Streitkräften konferierte Bljucher in erster Linie mit Liao Chung-k'ai. So billigte er in einem Gespräch vom 18. November Liaos Vorschlag,[804] von den Absolventen der Whampoa-MA 50 bis 60 für das an der Akademie neugebildete Regiment als Politkommissare einzuplanen; bis dahin waren 16 Kommissare für ein Regiment vorgesehen (einer für die Regimentsebene, drei für die Bataillonsebene, zwölf für die Kompanieebene). Bljucher regte an, außerdem je fünf Absolventen in die Fliegerschule, zum Schutz Sun Yat-sens und für den Panzerzug abzukommandieren.

Anhand derartiger Vorhaben, die in der sowjetischen Literatur nur selten in so konkreter Weise angesprochen werden, wird die zentrale Rolle deutlich, die die Whampoa-MA nach dem Willen der sowjetischen Berater bei der Politisierung der Armee durch Ausbildung von Politkommissaren, aber auch in jeder anderen geeigneten Weise zu spielen hatte. In dem Bericht, den Bljucher im September 1925 über die Entwicklung in Kuangtung verfaßte, heißt es hierzu u. a.:

> »Alle politischen Vorgänge, die sich im Lande ereignet hatten, spiegelten sich in der Schule wider. Der politische Einfluß überschreitet schon gegen Oktober (1924, D. H.) die Grenzen der Insel (Whampoa, D. H.) und wirkt sich bei allen politischen Vorgängen in Kanton aus.
> Kein einziger bedeutsamer politischer Vorgang in Kanton, keine öffentliche Ma-

801 Ebenda, S. 53 f. – Hier Einzelheiten zum Leistungsvermögen der Rüstungsfabriken.
802 Ebenda, S. 51 ff.
803 Zu P'u T'ao-ming vgl. ebenda, S. 51, 53, 180 (Dok. Nr. 1, Anm. 3); Sheng Yüeh, Sun Yat-sen University, S. 2, 56, 158, 237.
804 Iz dnevnika Upravlenija Voennogo otdela, S. 55.

nifestation, keine Versammlung fand ohne Beteiligung der Kadetten statt. ... Die an der Schule gebildete Politische Abteilung (politotdel) entfaltet neben der Tätigkeit unter den Studenten eine breite politische Tätigkeit auch in den Schulen der anderen Armeen. . .«[805]

Daß insbesondere die letztgenannte Aktivität, die mit Hilfe der chinesischen Kommunisten und linker KMT-Mitglieder betrieben wurde, schon damals auf Widerstand stieß, läßt sich demselben Bericht Bljuchers entnehmen, wo es an anderer Stelle heißt:

»Die politische Aktivität von Whampoa unter den Truppen, die sich gegen die bestehende Ordnung in den Armeen der Militaristen (sic!) richtete, rief eine heftige Reaktion in den anderen Armeen hervor und konnte nur Beunruhigung sowohl unter den Yünnan-Befehlshabern als auch unter den Kantoner Generälen erzeugen. In den Armeen dieser Generäle wurden Maßnahmen zur Beendigung der ›bolschewistischen Agitation von Whampoa‹ getroffen.« [806]

Hier zeichnen sich bereits deutlich die Anfänge einer Widerstandsbewegung ab, die dann in Chiang Kai-sheks Staatsstreich vom 20. März 1926 kulminierte.

Zu Chiangs Verhalten gegenüber den Beratern und deren Versuchen, die Armee zu politisieren, äußert sich Kartunova widersprüchlich. Zum einen zitiert sie aus einem Bericht Bljuchers vom März 1925, in dem es heißt:

»Die Beziehung von General Chiang Kai-shek zu uns Instrukteuren war völlig befriedigend . . . .«[807]

Zum anderen aber stellt sie fest, Chiang habe gegen das Institut der Kommissare Einwendungen erhoben, so daß diese Frage auf Bljuchers Vorschlag hin dem ZEK der KMT vorgelegt worden sei.[808] Dieses habe schließlich dem Plan der Entsendung von Parteivertretern in die Armee zugestimmt. Die in Bljuchers Stab bestehende Politische Kommission entwarf sodann eine »Ordnung für die Militärkommissare« - den Terminus »Militärkommissar« (Abkürzung: voenkom) gebrauchte man damals synonym für »Politkommissar« (Abkürzung: politkom) -, die vom ZEK bestätigt, der Whampoa-MA zugestellt und danach auch von Chiang Kai-shek formell akzeptiert wurde.

Die »Ordnung für die Militärkommissare« wurde von den sowjetischen Historikern bisher nicht vorgelegt. Andeutungen Kartunovas[809] läßt sich entnehmen, daß sie den Kommissaren nicht nur Befugnisse auf dem Ge-

805 Razdely iz mašinopisnoj rukopisi V. K. Bljuchera »Guandun, S. 115 f.
806 Ebenda, S. 117.
807 Kartunova, A. I., V. K. Bljucher v Kitae, S. 35.
808 Hierzu und zum Folgenden ebenda, S. 34 f.
809 Ebenda, S. 35.

biet der Verwaltung und Bewirtschaftung, sondern auch ein Kontrollrecht von Befehlen im Bereich der operativen Truppenführung einräumte. Damit wurden die Kommissare praktisch auf die gleiche Ebene wie die kommandierenden Offiziere gestellt. Konflikte mit diesen, die hieraus zwangsläufig entstehen mußten und die den sowjetischen Beratern von deren eigenen Erfahrungen im russischen Bürgerkrieg her vertraut waren,[810] sollten nach der Absicht der Initiatoren der Ordnung zunächst vermieden werden. Zu diesem Zweck wurde die Ordnung mit der Maßgabe nach Whampoa weitergereicht, die Kommissare sollten »die administrativen Rechte vorsichtig wahrnehmen und sich nur in Ausnahmefällen einmischen«;[811] Hauptaufgabe sei vorerst die politische Aufklärung der Soldaten. Wenn es dennoch von Anfang an zu Reibereien zwischen Kommandeuren und Kommissaren kam, so war dies nicht zuletzt darauf zurückzuführen, daß viele Truppenführer sich nicht so rasch mit der Tatsache abfinden konnten, daß ihnen Akademieabsolventen fast gleichberechtigt beigeordnet wurden, die gestern noch ihre Schüler gewesen waren. Nach sowjetischen Angaben wuchs jedoch deren Autorität während der bald einsetzenden Kampfhandlungen, und die Institution der Politkommissare wurde schließlich auch von denjenigen als nützlich anerkannt, die sich zunächst ihrer Einführung in die Armee widersetzt hatten.
Die initiatorische Funktion der sowjetischen Berater bei der Politisierung der Armee wird von Bljucher selbst ausdrücklich hervorgehoben, der - offenbar im Hinblick auf die Aktivität in Whampoa - konstatierte:

»Die beachtliche Verstärkung der politischen Arbeit und ihre Vielfältigkeit wurden in hohem Maße von allen russischen Beratern gefördert, in der ersten Zeit sogar geleitet. Ihre Leitung übten die russischen Berater sowohl unmittelbar durch die Zellensekretäre (offenbar der KPCh, D. H.) als auch über den Leiter der Politabteilung (Tai Chi-t'ao, de facto aber sehr oft Chou En-lai, D. H.) aus.«[812]

Die Bemühungen um die Einführung des Kommissar-Systems standen in engem Zusammenhang mit dem sowjetischen Bestreben, die Kampfmoral der chinesischen Truppen zu heben und sie politisch zu motivieren (Punkt 5 des oben angeführten Aufgabenkatalogs).[813] Wie sehr es Bljucher persönlich hierum zu tun war, läßt sich anhand des Tagebuchs der sowjetischen Militärberaterschaft nachweisen. Ende November 1924 besichtigte er in Begleitung von Hsü Ch'ung-chih die im Vorort Huang-hua kang gelegene Gedenkstätte für die 72 Revolutionäre, die während des Kantoner Auf-

810 Erickson, J., The Soviet High Command, S. 41 f., 81 f.
811 Hierzu und zum Folgenden Kartunova, A. I., V. K. Bljucher v Kitae, S. 35.
812 Ebenda (ohne weitere Quellenangabe).
813 Siehe oben S. 189 dieser Arbeit.

stands gegen die Mandschuherrschaft vom April 1911 gefallen waren.[814] Dies regte Bljucher zu der Idee an, man könne im Falle der Notwendigkeit der Verteidigung Kantons die Truppen vor dem Kampf hierher führen, um sie auf die Ideale der Revolution einzuschwören.[815] Hsü stimmte dem lebhaft zu. In einem Gespräch mit Liao Chung-k'ai vom 1. Dezember schlug Bljucher vor, auch die Vereidigung der Absolventen des ersten Whampoa-Kurses in Huang-hua kang vorzunehmen, und wies hierbei auf die »gewaltige psychologische Wirkung und die entsprechenden politischen Folgen der Tradition der Eidabnahme« hin. Liao begrüßte diesen Gedanken begeistert und versprach, ihn mit Chiang Kai-shek und den Mitgliedern des ZEK zu erörtern.

Seit Mitte November 1924 drängte Bljucher die KMT-Führung, eine Offensive gegen Ch'en Chiung-ming einzuleiten. Aus Gründen, die weiter unten zu erläutern sind, konnte er sich zunächst nicht durchsetzen. Er beschäftigte sich daher vorerst mit einer Alternativplanung, die in diesen Tagen von chinesischer Seite vorgenommen wurde und von der Hypothese ausging, daß Ch'ens Armee ihrerseits einen Angriff auf Kanton vortragen würde (Punkt 3 von Bljuchers oben angeführtem Aufgabenkatalog).[816] Hsü Ch'ung-chih bat ihn schon am 19. November um einen derartigen Plan zur Verteidigung Kantons.[817] Bljucher unterbreitete nach einer gemeinsam mit Hsü unternommenen Inspektion des Verteidigungsgürtels um die Stadt am 5. Dezember seine Vorschläge[818] für den Ausbau der Verteidigungsstellungen; am 10. Januar 1925 reichte er unter Bezugnahme auf Ideen, die sein Vorgänger Pavlov im Juli 1924 vor dem damaligen Verteidigungsrat entwickelt hatte, Ergänzungen nach.[819]

Die gemeinsame chinesisch-sowjetische Verteidigungsplanung blieb auf dem Papier stehen, denn Ende Januar 1925 gingen die der KMT unterstellten und mit ihr verbündeten Verbände zur Offensive über: Der Erste Ostfeldzug (ti-i tz'u tung-cheng) begann. Es können inzwischen auf Grund des sowjetischerseits vorgelegten umfangreichen Materials kaum noch Zweifel daran bestehen, daß der Beschluß über die Einleitung dieser militärischen Operation vor allem auf Bljuchers hartnäckiges Drängen hin zustande kam.

814 Iz dnevnika Upravlenija Voennogo otdela, S. 61. - Zum Aprilaufstand vgl. Wu Yu-chang, The Revolution of 1911, Peking 1962, S. 102 - 106. Hier auch eine Abbildung der Gedenkstätte von Huang-hua kang.

815 Hierzu und zu den drei Folgesätzen Iz dnevnika Upravlenija Voennogo otdela, S. 61 f.

816 Siehe oben S. 189 dieser Arbeit.

817 Iz dnevnika Upravlenija Voennogo otdela, S. 57.

818 Vollständiger Text der Vorschläge siehe Dokladnaja zapiska V. K. Bljuchera glavnokomandujuščemu Kantonskoj armii, S. 67 - 71.

819 Obščaja svodka perspektiv bližajšej raboty, S. 72; Kantonskij ukreplennyj rajon, S. 95 - 97.

Der Prozeß, der zur Entscheidung über den Beginn des 1. Ostfeldzugs führte, und die maßgebliche sowjetische Einflußnahme auf denselben lassen sich anhand der neuen sowjetischen Materialien erstmals ziemlich lückenlos rekonstruieren. Auf Bljuchers Drängen hin fanden in der zweiten Novemberhälfte eine Reihe von militärischen Konferenzen statt, an denen außer Bljucher Hu Han-min (als Suns Stellvertreter und Gouverneur), Yang Hsi-min (als Kommandeur der Yünnan-Armee) und Hsü Ch'ung-chih (als Kommandeur der Kuangtung-Armee) teilnahmen.[820] Auf ihnen forderte Bljucher die Einleitung des Feldzugs gegen Ch'en Chiung-ming. Die chinesischen Gesprächspartner stimmten ihm prinzipiell zu, hielten die Operation aber zum gegenwärtigen Zeitpunkt in der Praxis für undurchführbar, und zwar vor allem aus den folgenden Gründen:[821]

a) Unzulänglichkeit der Mittel;
b) die vermutete Unzuverlässigkeit des Kommandeurs des 3. Korps der Yünnan-Armee, Fan Shih-sheng, dem man einen Überfall auf Kanton zutraute für den Fall, daß die Stadt wegen des Ostfeldzugs von Truppen stark entblößt werden würde, sowie des Kommandeurs der 2. Yünnan-Division, Liao Ch'eng-ch'ao.

Von Liao Chung-k'ai und Hsü Ch'ung-chih erhielt Bljucher im Einzelgespräch zusätzliche Informationen über die Ursachen der vorherrschenden Skepsis.[822] Demnach wollte jeder General die Kriegsführung in einer Offensive einem anderen Kommandeur überlassen, um sie nicht selbst übernehmen zu müssen; viele Militärführer hatten dagegen Bedenken, daß sie durch die Teilnahme am Feldzug von denjenigen Gegenden abgeschnitten werden könnten, die ihre Pfründe bildeten; man fürchtete die Armee Ch'en Chiung-mings, deren Stärke nicht zuletzt darin bestand, daß sie im damaligen Stationierungsgebiet aus einheimischen Hakkas bestand, die im vertrauten Gelände für einen Partisanenkrieg bestens gerüstet waren. Bljucher mußte Ende November erkennen,[823] daß seine Initiative wegen dieser vielfältigen Bedenken im ersten Anlauf gescheitert war. Schon zwei Wochen später unternahm er den nächsten Vorstoß. In einem Gespräch mit Hsü Ch'ung-chih vom 17. Dezember drängte er erneut auf den Beginn eines Ostfeldzugs und schlug gleichzeitig die Bildung eines Militärrats (russ.: Voennyj sovet; chin.: chün-shih wei-yüan-hui) bei der Kuomintang zum Zweck der Vereinheitlichung der Kommandogewalt vor.[824] Hsü be-

820 Hierzu und zum Folgesatz Obščaja svodka perspektiv bližajšej raboty, S. 81 f.
821 Ebenda.
822 Iz dnevnika Upravlenija Voennogo otdela, S. 55 f., 65.
823 Zum restlichen Absatz siehe ebenda, S. 66.
824 Obščaja svodka perspektiv bližajšej raboty, S. 89 f.; Iz dnevnika Upravlenija Voennogo otdela, S. 67.

stätigte in seiner Antwort, daß die zuvor existente einheitliche Kommandozentrale der verbündeten Armeen in der Tat nicht mehr vorhanden war, und zwar nicht zuletzt auf Grund der Meinungsverschiedenheiten mit Fan Shih-sheng. Hsü erklärte aber immerhin, er beabsichtige, die Frage des Ostfeldzugs der Partei zur Entscheidung vorzulegen.

Beginnend mit dieser Unterredung behandelte Bljucher die Etablierung eines Militärrats als oberstes Leitungsorgan und die Vorbereitung einer Offensive gegen Ch'en Chiung-ming (Punkte 1 und 2 des oben angeführten Aufgabenkatalogs)[825] als untrennbar miteinander verbunden in der Weise, daß er die Einleitung des Ostfeldzugs nur über ein solches Spitzenorgan für möglich hielt. In den Folgetagen gelang es ihm, Hu Han-min, Liao Chung-k'ai und Hsü Ch'ung-chih für die Idee eines Militärrats (hinfort: MR) zu gewinnen.[826] Am 18. Dezember konnte er sich mit Hu Hanmin als dem Vertreter Sun Yat-sens darauf einigen, daß der zu bildende MR beim ZK (Sic! Gemeint ist das ZEK, D. H.) der Partei die Funktion eines vereinigten Oberkommandos übernehmen würde. Übereinstimmung wurde auch in den Verfahrensfragen erzielt: Zunächst sollte eine Konferenz unter Beteiligung aller Generäle und Divisionskommandeure einberufen werden, auf der die bestehenden Meinungsverschiedenheiten ausgeräumt, ein Beschluß über die bedingungslose Unterordnung unter die Befehle der Regierung gefaßt und ein Oberkommando gewählt werden sollten.

Die Militärkonferenz fand am 22. Dezember statt.[827] Auf ihr wurde General Yang Hsi-min zum Oberbefehlshaber der Ostfront gewählt und ein Beschluß des Inhalts gefaßt, daß Yangs Befehlen unbedingter Gehorsam zu leisten sei. Man beauftragte Yang, jeweils einen Verteidigungsplan für Kanton und einen Plan für den Angriff auf Swatou (Shan-t'ou) auszuarbeiten. General Fan Shih-sheng erschien auf der Konferenz nicht, ließ aber durch seinen Stabschef erklären, er werde die Befehle der Regierung ausführen. Auf einer Sitzung vom 24. Dezember, an der nur Bljucher, Hu Han-min und Liao Chung-k'ai teilnahmen, einigte man sich schließlich darauf, einen Militärrat in der folgenden Zusammensetzung zu bilden:

Hu Han-min	Hsü Ch'ung-chih	Bljucher
Liao Chung-k'ai	Chiang Kai-shek	Yang Hsi-min.

Gleichzeitig wurde festgelegt, daß Yang Hsi-min an die Beschlüsse des MR gebunden sein sollte. Durch ein solchermaßen geschicktes Vorgehen hatte es Bljucher im Zusammenwirken mit Hu, Liao und Hsü – sämtlich

825 Vgl. oben S. 189 dieser Arbeit.
826 Zu diesem Absatz Obščaja svodka perspektiv bližajšej raboty, S. 89 f.
827 Zu diesem Absatz ebenda, S. 90.

Mitglieder des dem ZEK praktisch übergeordneten Politischen Rats (cheng-chih wei-yüan-hui) - erreicht, daß erstmals eine formelle und zugleich institutionell abgesicherte Kontrolle der verbündeten Armeen durch die KMT etabliert werden konnte.
Auf der ersten Sitzung des MR trug Bljucher einen Katalog von Aufgaben vor, die von Yang Hsi-min übernommen werden sollten.[828] Er wurde vom MR verabschiedet und sah die Ausarbeitung folgender Pläne vor:
a) eines Plans zur Verteidigung an der Ostfront;
b) eines Plans für eine eigene Offensive an der Ostfront;
c) eines Plans für die Zusammenfassung von Armeen und einzelnen Einheiten zu Verbänden.

Bei der Detaillierung der zu erstellenden Pläne sollten eine Reserve von 5 000 - 6 000 Soldaten im Raum Kanton und eine Spezialeinheit der Marine für die Durchführung von Landeoperationen an der Küste in Ch'en Chiung-mings Hinterland vorgesehen werden, außerdem eine breitangelegte politische Agitation im zivilen und militärischen Bereich, besonders unter Ch'en Chiung-mings Soldaten und den Bauern im frontnahen Gebiet. Das agitatorische Vorhaben trug deutlich den Stempel Bljuchers. Der von Bljucher vorgelegte Entwurf einer Satzung des MR wurde angenommen.[829]
Auf der 2. Sitzung des MR vom 30. Dezember, an der u. a. auch General Liu Chen-huan (Kommandeur der Kuangsi-Armee) und Außenminister Wu Ch'ao-shu (C. C. Wu) teilnahmen, lagen Yang Hsi-mins Pläne bereits vor.[830] Yang wollte den Ostfeldzug mit drei Angriffsspitzen vortragen, wobei die Kuangtung-Armee die Nordspitze, die Kuangsi-Armee die zentrale Spitze und die Yünnan-Armee die Südspitze bilden sollten. Eine Prüfung der Marschrouten ergab, daß Yang für seine eigene Armee eine Route vorgesehen hatte, die wegen des kürzesten Wegs nach Swatou und des dichtesten Straßennetzes die bei weitem günstigste darstellte. Da es sich bei der Yünnan-Armee jedoch um die schlagkräftigste Einheit handelte,[831]

828 Ebenda.
829 Kartunova, A. I., V. K. Bljucher v Kitae, S. 28. - Das Statut findet sich weder in den sowjetischen noch in den chinesischen Materialien, die dem Verfasser vorlagen. Überhaupt wird die Existenz eines MR schon Ende 1924 von der bisher vorliegenden westlichen Literatur nicht zur Kenntnis genommen. So gehen Wilbur/How davon aus, daß ein MR erst am 6. Juli 1925 eingerichtet wurde, vgl. Documents on Communism, S. 162, 183. Domes erwähnt, daß die Bildung eines MR am 22. Juni 1925 beschlossen wurde, vgl. Domes, J., Vertagte Revolution, S. 120. Das zeitlich am meisten zurückliegende bekannte Statut des MR stammt vom 5. Juli 1925 und findet sich im vollen Originaltext in: Ko-ming wen-hsien, Bd. XX, S. 1 562 f. (3 818 f. der durchlaufenden Paginierung).
830 Zu diesem Absatz Obščaja svodka perspektiv bližajšej raboty, S. 90 f. - Čerepanov übernimmt, ohne zu zitieren, bei seiner Darstellung dieser Vorgänge fast wörtlich den Text der angeführten Anlage zum Bericht Bljuchers, vgl. Čerepanov, A. I., Zapiski, S. 162.
831 Siehe oben S. 131 f. dieser Arbeit.

war Bljucher entschlossen, Yangs Absicht zu vereiteln und die Yünnanesen auf eine schwierigere Route festzulegen. Bljucher versuchte, diesem Ziel auf Umwegen näherzukommen. Er schlug vor, die weitere Erörterung des Offensivplans zurückzustellen, und regte in der nun folgenden Diskussion des Verteidigungsplans an, eine Umschichtung der Truppen vorzunehmen, wobei die Yünnan-Armee in einem Raum nördlich des Flusses Tung-chiang disloziert werden sollte, die als Ausgangsstellung für die mittlere bzw. nördliche Angriffspitze anzusehen war. Der Vorschlag wurde allgemein unterstützt, stieß aber auf den Widerstand von Liu Chen-huan. Bljucher konnte dennoch auf dieser Sitzung einen wichtigen Erfolg insofern verbuchen, als der MR beschloß, den Ostfeldzug einzuleiten, falls Ch'en Chiung-ming in der zweiten Januarhälfte 1925 sich weiterhin passiv verhalten würde.

Auch auf einer weiteren Sitzung des MR, die am 3. Januar 1925 stattfand, konnte sich Bljucher in einem wichtigen Bereich durchsetzen: Der Rat beschloß auf seinen Antrag hin, T'an Yen-k'ai und dessen Hunan-Armee, die im Sinne des Nordfeldzugs in Richtung Hunan vorzustoßen versuchte, keine weiteren Einheiten aus dem Raume Kanton zuzuführen, sondern diese Truppen für die Auseinandersetzung mit Ch'en Chiung-ming bereitzuhalten.[832]

Zum heftigsten Zusammenstoß und zur Entscheidung in der Frage des 1. Ostfeldzugs kam es auf der 5. Sitzung des MR vom 18. Januar.[833] Zu Beginn wurden die Teilnehmer mit zwei ungünstigen Meldungen von der Front vertraut gemacht: Zum einen war T'an Yen-k'ais Hunan-Armee geschlagen worden, und die Truppen des (wenn auch formell mit Sun Yatsen verbündeten) Yünnan-Warlords T'ang Chi-yao rückten bedrohlich auf Kuangtung vor; zum anderen war Ch'en Chiung-ming nun doch zur Offensive übergegangen und marschierte in Richtung auf den Fluß Tungchiang. Zur allgemeinen Überraschung nahmen Yang Hsi-min und Liu Chen-huan diese Nachrichten zum Anlaß, vom Beginn eines Ostfeldzugs abzuraten. Außerdem erbaten sie die Zustimmung zu dem Wunsch, ihre Truppen nach Kuangsi bzw. nach West- und Nord-Kuangtung zu verlegen, wobei die verbleibende Kuangtung-Armee Kanton gegen Ch'en Chiungming auf der Linie des Tung-chiang verteidigen sollte.

Nach der neueren sowjetischen Literatur[834] – ein Originalbericht Bljuchers liegt zu dieser Sitzung leider nicht vor – war Bljucher der einzige Sitzungs-

832 Obščaja svodka perspektiv bližajšej raboty, S. 86.
833 Zu diesem Absatz Kartunova, A. I., V. K. Bljucher v Kitae, S. 28 – 30.
834 Zu diesem Absatz ebenda; Čerepanov, A. I., Zapiski, S. 168, 170 (mit einer Skizze des Bljucher-Plans auf S. 171); Kondrat'ev, N., Maršal Bljucher, S. 256 f.

teilnehmer, der gegen diese auf eine totale Revision der vorausgegangenen Beschlüsse des MR abzielenden Vorschläge opponierte. Bljucher bezeichnete die angeblich von T'ang Chi-yao ausgehende Bedrohung als nicht sonderlich gefährlich und bestand entschieden darauf, an der ursprünglichen Planung festzuhalten, wonach zunächst Ch'en Chiung-ming vernichtet werden müsse. Er griff Yang Hsi-min direkt an und warf ihm vor, er als Oberkommandierender behindere den Prozeß der Vereinigung der militärischen Kräfte unter der Führung der KMT. Er beschwor die Sitzungsteilnehmer, Yangs und Lius Vorschlägen die Zustimmung zu verweigern, andernfalls würden sie als Führungsmitglieder der Partei Sun Yat-sen in den Rücken fallen. Schließlich stellte er den Antrag, die Vorschläge ohne Diskussion als unbrauchbar zu verwerfen und statt dessen folgendes zu beschließen:

1. Die Verteidigungsplanung wird bestätigt; der Ostfeldzug wird spätestens am 1. Februar eingeleitet.
2. Die Offensive gegen Ch'en Chiung-ming wird nach einem neuen, von Bljucher ausgearbeiteten Plan durchgeführt, der folgendes vorsieht:

a) Die nördliche Angriffsspitze wird von Yünnan-Truppen unter dem Kommando von Fan Shih-sheng gebildet und stößt auf der Linie Po-lo, Ho-yüan, Lung-ch'uan und Hsin-ning vor.
b) Liu Chen-huan marschiert mit Kuangsi-Verbänden als zentrale Angriffsspitze auf die Festung Hui-chou zu.
c) Die südliche Spitze setzt sich aus Kuangtung-Truppen zusammen, verstärkt durch zwei Whampoa-Regimenter, und wird von Hsü Ch'ung-chih befehligt.

Bljuchers Plan wurde schließlich nach dessen Konzession, man könne die Festung Hui-chou ja umgehen, wenn sie nicht einzunehmen sei, vom MR angenommen. Anatolij Il'ič Gekker, damals Militärattaché in Peking, stellte in einer für Karachan bestimmten Aufzeichnung vom 19. März 1925 fest:

> »Im Ergebnis einer einundeinhalbmonatigen Einwirkung unseres Militärberaters, des Gen. Bljucher, auf die Generalität in Kanton gelang es, die letztere für den Gedanken zu gewinnen, daß es notwendig ist, unverzüglich zum Angriff gegen General Ch'en Chiung-ming überzugehen. Gegen Ende Januar wurde der Beschluß über den Angriff gefaßt.«[835]

Soweit der Bljucher-Plan für den Ersten Ostfeldzug (31. Januar bis 23. März 1925) realisiert werden konnte, hatten die sowjetischen Berater – dies läßt sich auch bei einer sehr kritischen Analyse der sowjetischen Me-

835 Kartunova, A. I., V. K. Bljucher v Kitae, S. 30.

moiren[836] feststellen - an seiner Durchführung maßgeblichen Anteil. An der ersten Operation des Feldzugs, durch die die südliche Angriffsspitze unter Hsüs Kommando in der Zeit vom 2. bis 11. Februar 1925 die Bahnstrecke Kanton-Kowloon bis zur Grenze des britischen Pachtgebiets freikämpfte, waren sieben Berater direkt beteiligt.[837] Sie verteilten sich wie folgt auf die Einheiten bzw. Verbände:

1. Verband unter dem Kommando von Chiang Kai-shek
Milit. Berater: V. A. Stepanov
Polit. Berater: Šnejder

a) 1. Whampoa-Regiment (1 250 Mann)
   Kommandeur: Ho Ying-ch'in
   Berater: A. I. Čerepanov (hauptverantwortlich)
   T. A. Besčastnov (Artillerist)
   Nikulin (Kavallerist)
b) 2. Whampoa-Regiment (1 250 Mann)
   Berater: Pallo (hauptverantwortlich)
   N. G. Vasil'ev (Pionier)
c) 16. selbständiges Regiment der Kuangtung-Armee (1 000 Mann)
   (kein Berater).

2. Verband unter dem Kommando von Chang Min-ta

a) 2. Infanterie-Division der Kuangtung-Armee (2 000 Mann)
   Berater: Sachnovskij
b) 7. Infanterie-Brigade (2 000 Mann)
   Berater: I. Zil'bert

3. Einheit: 16. Infanterie-Brigade der Kuangtung-Armee unter dem Kommando von Li Fu-lin (kein Berater).

Im Rahmen des Verbands der Südspitze beteiligten sich am Feldzug außer den erwähnten Einheiten u. a. auch die 1. Brigade und die Polizeibrigade der Kuangtung-Armee unter Wu T'ieh-ch'eng, auf sowjetischer Seite zusätzlich zu den bereits genannten Beratern der Nachrichtenoffizier M. I.

836 Zum Ersten Ostfeldzug liegen nur Memoiren aus der Feder Čerepanovs vor, vgl. Čerepanov, A. I., Zapiski, S. 174 - 230. In der Dokumentation von Kartunova über Bljuchers Tätigkeit in China wird der Feldzug aus unbekannten Gründen ausgespart, so daß hier zwischen dem 10. Januar und dem 28. Mai 1925 eine Lücke klafft, vgl. Kartunova, A. I., V. K. Bljucher v Kitae, S. 97.

837 Zu dieser Operation Čerepanov, A. I., Zapiski, S. 168, 174 - 181. - Vgl. zum Verlauf des Feldzugs die KMT-Darstellung in: Military Campaigns, S. 1 (mit Skizze auf S. 2). Bei der Darstellung der Einzelheiten des Feldzugs bleibt allerdings die Teilnahme von Einheiten der Kuangtung-Armee unerwähnt. Hierdurch wird der Eindruck erweckt, als sei der Feldzug praktisch allein von den von Chiang Kai-shek geführten Whampoa-Truppen durchgeführt worden. Ein ähnliches Bild zeichnet Domes, der ebenfalls Hsü Ch'ung-chih und dessen Kuangtung-Verbände nicht aufführt, vgl. Domes, J., Vertagte Revolution, S. 107.

Dratvin, Bljuchers Adjutant I. Vorob'ev (Deckname: Šalfeev), der Pionier Gmira und natürlich Bljucher selbst.[838] Es ist anzunehmen, daß während des Ersten Ostfeldzugs sowjetische Berater nur im Verband der Südspitze tätig waren; zumindest gibt es in den sowjetischen Materialien keinen Hinweis auf Aktivitäten in der zentralen und der nördlichen Angriffsspitze. Die Berater wurden nach dem Abschluß des Feldzugs per Schiff von Swatou nach Kanton zurücktransportiert.

Der Erste Ostfeldzug führte zur Eroberung großer Teile von Südost-Kuangtung durch Truppen der Kanton-Regierung. Hieran hatte allerdings praktisch nur die Südspitze Anteil, die nach der Besetzung der Kanton-Kowloon-Eisenbahnstrecke in einem Abstand von etwa 10 bis 50 km parallel zur Südküste nach Osten marschierte, um sich nach der Einnahme von Swatou (7. März) nach Nordwesten zu wenden und nach einer siegreichen Schlacht bei Mien-hu (13. März) über Hsing-ning bis nach Mei-hsien (22. März) vorzustoßen. Die beiden übrigen Angriffsspitzen kämpften aus den bereits erwähnten Gründen nicht wirklich und rückten zögernd nur etwa 70 km in Richtung Osten bis Po-lo und zur Festung Hui-chou vor, wobei Hui-chou sich den Kuangsi-Truppen kampflos ergab.

Čerepanov korrigiert implizit die bisher in der Literatur allgemein verbreitete Darstellung, wonach die Planung und Durchführung der Operation der Südspitze in der Hand Chiang Kai-sheks lag. Er läßt erkennen, daß zumindest die Rahmenplanung für die einzelnen Operationen von Hsü Ch'ung-chih als dem Kommandeur der Kuangtung-Armee gemeinsam mit Bljucher vorgenommen wurde. Hierfür nennt er mehrere konkrete Beispiele. So plante Bljucher gemeinsam mit Hsü das weitere Vorgehen nach der Einnahme von Tan-shui (18. Februar) und riet mit Erfolg zu einer Verstärkung der bisherigen Verbände durch Zuführung weiterer Einheiten.[839] Nach Bljuchers und Hsüs Eintreffen in Haifeng (23. Februar) schlug Bljucher vor, ungeachtet der von Nordwesten auf die eigenen Nachschubwege vorrückenden Truppen des feindlichen Generals Lin Hu den Vormarsch beschleunigt fortzusetzen, um zunächst die Stützpunkte Chieh-yang, Swatou und Ch'ao-an (Ch'ao-chou) einzunehmen und dann auf dem Rückmarsch die Begegnung mit Lin Hus Verbänden im Raum Chieh-yang zu suchen;[840] etwa nach diesem Schema entwickelten sich dann auch die weiteren Operationen. Wie Bljucher den Beratern am 11. März berichtete, hatte er Mühe gehabt, Hsü Ch'ung-chih und Chiang Kai-shek von der

838 Dies ergibt sich aus verstreuten Einzelangaben bei Čerepanov, A. I., Zapiski, besonders S. 194, 207, 220, 229.

839 Ebenda, S. 197.

840 Ebenda, S. 205.

Richtigkeit eines Plans zu überzeugen, wonach der Gegner im Raum Ho-p'o anzugreifen sei.[841] Bljuchers Empfehlung, den Hauptangriff bei Mien-hu am 13. März vorzutragen, wurde hingegen von Hsü und Chiang widerspruchslos akzeptiert.[842] Chiang billigte auch Einzelvorschläge Bljuchers und Čerepanovs, die sich auf das operative Vorgehen in der entscheidenden Schlacht von Mien-hu bezogen,[843] sowie Bljuchers Plan, für die Verfolgung der weichenden Truppen Lin Hus eine Stoßeinheit (udarnaja gruppa) unter Chiangs Kommando zu bilden.[844]

Als zweitwichtigster Berater fungierte der Chiang Kai-shek direkt attachierte V. A. Stepanov. Auch für dessen erfolgreiche Tätigkeit finden sich bei Čerepanov konkrete Beispiele. So hatte Stepanov entscheidenden Anteil an der Planung von Einzeloperationen in der Schlacht von Mien-hu und in den Kämpfen um An-liu-hsü.[845] Seine energische Intervention verhinderte die Durchführung von Chiangs ursprünglichem Vorhaben, den Vormarsch auf Hsing-ning abzubrechen und alle verfügbaren Kräfte den heranrückenden feindlichen Truppen entgegenzuwerfen.[846]

Čerepanovs Bericht enthält jedoch auch Beispiele[847] dafür, daß

a) die Chinesen entschieden, ohne die Berater vorher zu hören,
b) die Chinesen Vorschläge der Berater ablehnten,
c) Chiang Kai-shek vorgab, gemäß einer Empfehlung seines Beraters verfahren zu sein, in Wirklichkeit aber einen anderslautenden Befehl gegeben hatte,[848] und
d) die Berater deswegen nicht gegen ein chinesisches Vorhaben argumentierten, obwohl sie es für unzweckmäßig hielten, weil »die Methode der Zusammenarbeit zwischen Berater und Kommandeur damals erst erprobt wurde«.[849]

Dort, wo Čerepanov Kritik am Verhalten chinesischer Spitzenmilitärs übt, läßt er, wie dies auch schon zuvor der Fall war, Chiang Kai-shek mit Abstand im ungünstigsten Licht erscheinen. Anhand zahlreicher Einzelbeispiele bemüht er sich nachzuweisen, daß Chiang oft zögernd und ängstlich prozedierte,[850] daß er bisweilen zu panikartigen Reaktionen neigte[851]

841 Ebenda, S. 208 f.
842 Ebenda, S. 209 f.
843 Ebenda, S. 216 f.
844 Ebenda, S. 219 f.
845 Ebenda, S. 215 f., 220.
846 Ebenda, S. 221.
847 Hierzu ebenda, S. 191 f., 194, 198, 216, 224.
848 Ebenda, S. 216.
849 Ebenda, S. 192.
850 So beim Vorrücken auf Tan-shui, nach der Eroberung von Tan-shui und beim Vormarsch auf P'ing-shan, ebenda, S. 186, 188, 195 f.
851 So z. B. beim feindlichen Gegenangriff nach der Besetzung von Tan-shui, ebenda, S. 194 f.

und daß er - zumindest in zwei Fällen - seinem Berater Stepanov wissentlich die Unwahrheit sagte.[852] Den Vorwurf des Zauderns richtet er teilweise auch gegen Chang Min-ta, während er Hsü Ch'ung-chih von der Kritik ausnimmt.

Auch wenn der Wahrheitsgehalt der über Chiang gemachten Angaben im einzelnen nicht überprüfbar ist, so wirkt dennoch Čerepanovs Charakterisierung schon deswegen überzogen, weil sie praktisch keinen positiven Satz enthält.[853] Fragt man nach den Ursachen für die Einseitigkeit des entworfenen Bildes, so wird sicher ganz allgemein eine Rolle spielen, daß Čerepanov sein Urteil über Chiang an die von der sowjetischen Historiographie gegebene negative Darstellung anpassen möchte. Darüber hinaus gibt es wahrscheinlich auch noch einen ganz persönlichen Grund, der ihn zu einer solch totalen Distanzierung veranlaßt. Man muß nämlich davon ausgehen, daß zumindest in Chiang Kai-sheks Sicht sich die Zusammenarbeit mit Čerepanov so schlecht nicht gestaltet haben kann. Wie anders wäre es wohl sonst zu erklären, daß Chiang nicht nur damit einverstanden war, daß Čerepanov 1938 als Chef-Militärberater nach China kam, sondern daß er diesen nach dessen eigenem Zeugnis bei der Ankunft »äußerst erfreut« begrüßte?[854]

Dort, wo Čerepanov Kritik an der allgemeinen Haltung der chinesischen militärischen Führung übt, bezieht sich diese auf Verhaltensweisen, die mehr oder weniger generell der Warlord-Kriegsführung eigen waren und die auch während des Ersten Ostfeldzugs weiterwirkten. Zum einen handelt es sich um den Mangel an Angriffsgeist, wie er bei politisch nicht motivierten und teilweise zwangsrekrutierten Soldaten üblicherweise anzutreffen ist. Hierzu heißt es bei der Beschreibung der Attacke einer KMT-Einheit vor P'ing-shan:

> »Der Kampf entwickelte sich in der für Söldnerarmeen ›klassischen‹ Manier: Man legt sich hin, schießt, solange Patronen vorhanden sind, und dann läuft jeder irgendwohin.«[855]

Zum anderen geht es um das Bestreben der Generäle, immer als erste eine Stadt einzunehmen, um sich Einnahmen zu sichern. Hierzu äußert sich Čerepanov wie folgt:

852 Ebenda, S. 199, 216.

853 Die einzige Ausnahme bildete die Feststellung, Chiang Kai-shek habe sich »aufrichtig gefreut«, als er die sowjetischen Berater nach seinem Rückzug aus Tan-shui wiedersah, ebenda, S. 195. Vgl. zu Čerepanovs Motiven auch oben S. 148 f. dieser Arbeit.

854 Čerepanov, A. I., Itogi Uchanskoj operacii, S. 134, 137.

855 Čerepanov, A. I., Zapiski, S. 199.

»Das störte zeitweilig das Zusammenwirken der Einheiten im Kampf. In den großen Siedlungszentren wie P'u-ning, Chieh-yang und Ch'ao-chou ernannte der General sofort nach der Besetzung seinen ›Verwalter‹ und begann, Abgaben einzutreiben. Jeder dieser ›Helden‹ war bemüht, nach vorn zu stoßen, ohne dabei das Risiko einer Niederlage einzukalkulieren. Dies erzeugte eine gegenseitige finstere Feindschaft zwischen den Kommandeuren der Einheiten. Der Kommandeur der 7. Brigade mochte den Kommandeur der 2. Division nicht leiden, der seinerseits Chiang Kai-shek haßte. Und der letztere mochte General Hsü Ch'ung-chih nicht ertragen u. ä. Alles das komplizierte die Aufgabe der operativen Truppenführung.«[856]

Von dieser abwertenden Beurteilung nehmen sowohl Bljucher als auch Čerepanov die Whampoa-Regimenter aus. Insbesondere das von Ho Ying-ch'in geführte 1. Regiment scheint im Hinblick auf den Kampfgeist den sowjetischen Erwartungen voll entsprochen zu haben. So hielt Bljucher nach der siegreichen Schlacht von Mien-hu am 16. März 1925 in Ho-p'o vor diesem Regiment eine flammende Rede, in der er u. a. sagte:

»Die russischen Genossen haben mit eigenen Augen gesehen, wie das 1. Instrukteur-Regiment mit Tapferkeit gekämpft hat. Eine solche Leistung kann man nur bei der besten Infanterieeinheit der russischen Roten Armee finden.«[857]

Und Čerepanov äußert sich rückblickend - ebenfalls im Zusammenhang mit einer Bewertung der Schlacht von Mien-hu - in ähnlicher Weise:

»An der beispiellosen Tapferkeit, Standhaftigkeit und Festigkeit der Soldaten, Unteroffiziere, Offiziere, Zugführer, Kompanieführer und Politfunktionäre des 1. Regiments zerbrach der sieben- bis achtmal überlegene Feind. Die revolutionäre Idee triumphierte über die militaristische Reaktion.«[858]

An der Kampfmoral und der militärischen Tüchtigkeit der Whampoa-Truppen konnten die Berater somit ablesen, daß ihre Ausbildung Früchte zu tragen begann. Zum anderen ist davon auszugehen, daß der persönliche Einsatz einiger Berater auf dem Ersten Ostfeldzug, der bisweilen offenbar unter Lebensgefahr erfolgte, seine Wirkung auf die Chinesen nicht verfehlte. Für einen solchen Einsatz finden sich in Čerepanovs Darstellung mehrere Belege. So demonstrierten Nikulin und Čerepanov im feindlichen Feuerhagel, mit welcher Technik man die Stadtmauer von Tan-shui überwinden konnte.[859] Im selben Gefecht erstürmten ungeachtet des gegnerischen Beschusses Stepanov, Dratvin und Besčastnov mit einem Maschinengewehr einen Hügel, um eine bedrohliche Situation

856 Ebenda, S. 206 f.
857 Ching-shen chiao-yü ti-i chi, Huang-p'u hsün-lien chi, o.O. o.J., S. 507.
858 Čerepanov, A. I., Zapiski, S. 217.
859 Ebenda, S. 190.

zu retten.[860] Bei einer anderen Gelegenheit machten die Soldaten von Einheiten, die für eine Attacke bestimmt waren, keine Anstalten vorwärtszustürmen. Čerepanov beschreibt seine eigene Reaktion wie folgt:

»›Leg dich hinter das Maschinengewehr‹, sagte ich zu Nikulin, ›gib dem Angriff Feuerschutz, und ich führe eine der Kompanien zum Angriff.‹ Ich ging zu einem der Züge und versuchte, in meinem dürftigen Chinesisch, mehr durch Gesten, die Aufgabe zu erklären. Sie blieben liegen, verstanden mein ›Chinesisch‹ nicht. Da beschloß ich, einen nach dem anderen die Soldaten aufzuheben, beginnend mit dem Zugführer. Schließlich verstanden sie mich. Die Soldaten begannen, sich zu erheben, schrien, gaben anderen Zeichen, und binnen kurzem setzte sich der gesamte Zug entschlossen, wie in der Ausbildung, wie eine Wand nach vorn in Bewegung. Der Feind nahm den Kampf nicht an und begann, sich zurückzuziehen.«[861]

So ist es nur allzu verständlich, wenn Karachan in einem Schreiben vom 1. März 1925 voller Stolz über die Leistungen der Militärberater berichtete:

»Die von unseren Instrukteuren geführten Einheiten, besonders die Whampoa-Schule und die KMT-Division, gingen allen voran und versetzten dem Gegner an den schwierigsten Stellen Schläge. Aus Kanton kommen im Namen des ZEK der KMT Telegramme, in denen alle Kantoner Generäle ihr Entzücken und ihre Begeisterung über unsere Kommandeure (komandnyj sostav) zum Ausdruck bringen. Unsere Genossen gehen gewöhnlich allen voran, und der Genosse Bljucher ist - entgegen der chinesischen Gewohnheit, wonach es dem General gebührt, im äußersten Falle 100 Werst von den Kampfhandlungen entfernt zu sitzen - ständig an der Front präsent, und in einem der kritischen Momente übernahm er es sogar, einen Panzerzug zu befehligen. Das hebt die Stimmung bei den Chinesen sehr stark.«[862]

Andererseits schlug Bljucher in einem Vortrag, den er inmitten des Ersten Ostfeldzugs vor seinen Beratern über deren Funktion hielt,[863] auch skeptische Töne an. Er beklagte es, daß noch nicht alle Berater in die ihnen zustehenden Positionen in der Armee eingerückt seien. Man wisse nicht, ob die chinesische Seite die Verdienste der Berater immer gebührend würdigen werde. Die Generäle müßten mit Nachdruck davon überzeugt werden, daß es richtig sei, die sowjetischen Ratschläge zu befolgen. Die Berater sollten allerdings die chinesischen Kommandeure nicht ersetzen, sondern diese während der Kämpfe erziehen, und zwar nur anhand positiver Beispiele. Daher dürften die Berater die operativen und taktischen Fragen nicht aus der Hand geben.

860 Ebenda, S. 194.
861 Ebenda, S. 199. - Der Vorfall ereignete sich am 20. Februar beim Vormarsch auf P'ingshan.
862 Čerepanov, A. I., Pod znamenami, S. 320 f.
863 Čerepanov, A. I., Zapiski, S. 197.

Der Erste Ostfeldzug stellte eine erste Bewährungsprobe sowohl für die sowjetisch-chinesische Kooperation unter Kriegsbedingungen als auch für die Effizienz der nach sowjetischem Modell ausgebildeten Einheiten in der Praxis dar. Es läßt sich im großen und ganzen feststellen, daß beide Proben bestanden wurden: Der Feldzug erhöhte das Prestige der Berater und der Whampoa-Regimenter in beträchtlichem Maße. Hinzu kam, daß die zügige und siegreiche Offensive der südlichen Angriffsspitze in China aufhorchen ließ und der KMT, die bis dahin wegen ihres mangelnden militärischen Durchsetzungsvermögens weithin als quantité négligeable angesehen wurde, erstmals einen gewissen Respekt verschaffte. Bljucher selbst beurteilte diese Entwicklung folgendermaßen:

> »Dr. Suns militärische Mißerfolge in der Vergangenheit nötigten viele in China dazu, die Kuomintang als eine Gruppe von Menschen zu betrachten, die unfähig waren und keine Macht für die Beeinflussung des gesellschaftlichen Verlaufs der Ereignisse besaßen. Diesen Standpunkt vertraten nicht nur die Gegner der Kuomintang, sondern auch deren Sympathisanten. Der Sieg über Ch'en Chiung-ming und die Zerschlagung der in Kuangtung mächtigsten militärischen Gruppierung ließ die Lebensfähigkeit der Partei und die hinter ihr stehende reale Macht erkennen.«[864]

Trotz dieses Achtungserfolgs zeigte sich sehr bald, daß die KMT nicht einmal ihren eigenen Regierungssitz fest in der Hand hatte: Im Juni 1925 mußte sie Kanton dem Zugriff der »verbündeten« Armeen Yang Hsi-mins und Liu Chen-huans gewaltsam entreißen. Schon bei der Vorbereitung des Ersten Ostfeldzugs war Yangs und Lius Unlust deutlich geworden, sich an einem konsequenten militärischen Vorgehen gegenüber Ch'en Chiung-ming zu beteiligen.[865] Während des Feldzugs kämpften die Yünnan- und Kuangsi-Truppen - wenn überhaupt - nur halbherzig,[866] und Fan Shih-shengs Yünnan-Einheiten setzten sich schon Ende Februar nach Kuangsi ab.[867] Ende März fielen den Whampoa-Truppen bei der Besetzung Hsingnings Dokumente in die Hände, die von einer geheimen Verbindung zwischen Yang Hsi-min einerseits und Ch'en Chiung-mings General Lin Hu andererseits zeugten und die Absicht einer gemeinsamen Attacke gegen die südliche Angriffsspitze unter Hsü Ch'ung-chih erkennen ließen.[868] Desgleichen erhielt die KMT-Führungsspitze von Gesprächen Liu Chen-huans mit dem Yünnan-General T'ang Chi-yao Kenntnis, die über die Möglichkeiten eines vereinten Vorgehens gegen die Kanton-Regierung ge-

864 Kartunova, A. I., V. K. Bljucher v Kitae, S. 30.
865 Vgl. hierzu oben S. 196 dieser Arbeit.
866 Ebenda, S. 200; vgl. auch Čerepanov, A. I., Zapiski, S. 179 f., 182.
867 Ebenda, S. 204.
868 Li Chien-nung, The Political History, S. 495; Čerepanov, A. I., Zapiski, S. 231.

führt wurden.[869] T'ang hatte sich nach Sun Yat-sens Tod (12. März) selbstherrlich zum neuen »Generalissimus« der Kanton-Regierung proklamiert, war aber mit diesem Anspruch von der KMT-Regierung am 26. März zurückgewiesen worden.[870]

Als Ende April Nachrichten über ein siegreiches Vorrücken T'ang Chiyaos in Richtung Kuangtung Liu Chen-huan dazu veranlaßten, Vertreter T'angs von Honkong nach Kanton zu holen, um dort mit ihnen und Yang Hsi-mins Stabschef zu verhandeln,[871] begann die KMT-Führung über Gegenmaßnahmen zu beraten. Es zeigte sich indes bald, daß es ihr wegen der vorhandenen Spannungen zwischen einzelnen Spitzenpersönlichkeiten an der Geschlossenheit mangelte, die angesichts der kritischen Lage erforderlich gewesen wäre. Bljucher äußerte sich in seinem Rechenschaftsbericht vom September 1925 hierüber sehr offen. Zu den Beziehungen zwischen Hu Han-min, dem amtierenden Generalissimus, und Liao Chung-k'ai, dem Gouverneur von Kuangtung, die beide dem fünfköpfigen Ständigen Ausschuß (ch'ang-wu wei-yüan-hui) des ZEK angehörten, heißt es dort, Liao habe auf Bljuchers Frage, was er von Hu halte, geantwortet, dieser sei ein Dummkopf (durak) und ein altes Weib (baba).[872] Was Hu im Falle eines Aufstands der Yünnan- und Kuangsi-Truppen tun werde, wisse Liao nicht. Deswegen müßte man nach Liaos Ansicht einen Plan entwerfen und Hu zwingen, diesen durchzuführen. In Bljuchers Bericht heißt es dann weiter:

> »So gab es innerhalb der Regierung und der Generalität in diesen bedrohlichen Zeiten weder Vollkommenheit (soveršenstvo) noch die notwendige, dem Augenblick angemessene Entschlossenheit. Nur der linke Flügel (die Kommunisten) entwickeln ein Maximum an Aktivität, und der auf ihrer Seite stehende Liao Chung-k'ai bereitet sich mit der Unterstützung der russischen Berater auf die Organisation der Abwehr der aus dem Westen heraufziehenden konterrevolutionären Gefahr vor.«[873]

Anhand der sowjetischen Materialien läßt sich nachweisen, daß Bljucher die Planung und Durchführung des Präventivschlags gegen Yang und Liu entscheidend beeinflussen konnte, und zwar in einem noch stärkeren Maße, als dies während des Ersten Ostfeldzugs erfolgt war. Am 25. April entsandte die KMT-Regierung Bljucher, Liao Chung-k'ai und Chiang Kai-

869 Ebenda; Li Chien-nung, The Political History, S. 495; T'ang Leang-Li, The Inner History, S. 198.

870 Domes, J., Vertagte Revolution, S. 115 (mit weiterer Quellenangabe).

871 Čerepanov, A. I., Zapiski, S. 232.

872 Hierzu und zu den beiden Folgesätzen Razdely iz mašinopisnoj rukopisi V. K. Bljuchera »Guandun, S. 126 f.

873 Ebenda, S. 127.

shek per Schiff nach Swatou, damit diese zusammen mit dem dort befindlichen Hsü Ch'ung-chih das künftige Vorgehen besprechen sollten.[874] Auf See kam es am 27. April zu einer lebhaften Diskussion. Chiang Kai-shek vertrat die Ansicht, die im Bereich Kanton stationierten regierungstreuen Truppen der Kuangtung-Armee seien zu verstreut und schwach, als daß man es auf eine offene militärische Auseinandersetzung ankommen lassen könne. Er schlage daher vor, vorerst Ost-Kuangtung als Basis zu betrachten, Süd-Fukien zu besetzen, in diesen Gebieten neue Armeeeinheiten zu bilden und dann gestärkt Kanton wiederzuerobern. Bis dahin müsse man mit T'ang Chi-yao ein Abkommen treffen, um zumindest teilweise einen Einfluß auf Kanton aufrechtzuerhalten. Liao Chung-k'ai stimmte Chiang grundsätzlich zu.[875]

Bljucher wandte sich gegen diesen Plan und kritisierte den ihm zugrunde liegenden »freiwilligen Verzicht auf einen Kampf«.[876] Man dürfe Kanton nicht aufgeben:

> »Der Verlust Kantons bedeutet den Verlust der Basis der Partei, den Verlust des politischen Zentrums der revolutionären Bewegung und die Niederlage der linken revolutionären Gruppe der Kuomintang. Die Übergabe Kantons in die Hände des Feindes wird zur Zerstörung der Arbeiter- und Bauernorganisationen führen, die die einzig zuverlässige Basis des ZK der Partei darstellen. ... Wenn wir Kanton aufgeben, verlieren wir dadurch viel, wir gewinnen aber nichts, indem wir im Ostteil Kuangtungs und im Süden der Provinz Fukien bleiben. Dort befindet sich die national-revolutionäre Bewegung noch im Anfangsstadium.«

Hinzu komme, daß Kanton auch finanziell eine optimale Basis sei. Er schlage daher vor, Kanton unter allen Umständen zu halten. Dies sei nur mit Waffengewalt möglich und in der Weise, daß man die Yünnan- und Kuangsi-Truppen schlage, bevor T'ang Chi-yao die Grenze von Kuangtung erreiche.

Chiang und Liao stimmten Bljuchers Argumentation zu,[877] blieben aber dabei, daß man über zu schwache Kräfte verfüge, um die Yünnan-Armee zu besiegen, und daß es schwierig sein werde, Hsü für einen solchen Plan zu gewinnen. Am Ende setzte sich Bljucher durch. Es wurde beschlossen, »nicht auf dem Wege einer kompromißhaften Vereinbarung mit T'ang

874 Zu diesem Absatz ebenda, S. 127 f.

875 Bei Čerepanovs Darstellung der Diskussion fällt auf, daß nur Chiang eine kapitulationistische Haltung vorgeworfen wird. Es kann kaum ein Zweifel daran bestehen, daß Čerepanov, der Bljuchers Bericht vom 22. September 1925 gekannt haben dürfte, unter Mißachtung der historischen Wahrheit den Glanz von Liaos positivem Image nicht verdunkeln wollte, vgl. Čerepanov, A. I., Zapiski, S. 232. Čerepanov geht sogar so weit zu behaupten, Liao habe Bljucher unterstützt, ebenda.

876 Zu diesem Absatz Razdely iz mašinopisnoj rukopisi V. K. Bljuchera »Guandun, S. 129 f.

877 Zu diesem Absatz ebenda, S. 130 f.

Chi-yao, sondern auf dem Wege des bewaffneten Kampfes« vorzugehen. Die Regierung solle hierfür gewonnen, Hu Han-min und Hsü Ch'ung-chih müßten hierzu gezwungen werden; nötigenfalls sei auch ohne Hsüs Zustimmung wie beschlossen zu prozedieren. Wie Bljucher vermerkt, seien Chiang und Liao trotz dieses Beschlusses pessimistisch geblieben, und zwar aus Furcht vor der »Unbesiegbarkeit« der Yünnanesen: »Die Angst vor einer Niederlage war bei ihnen nach wie vor vorhanden, und das machte sich bei allen folgenden Sitzungen und bei allen Aktionen der Regierung während dieses Konflikts bemerkbar«.
Bljucher fand beim Eintreffen in Swatou eine allgemein resignierte Stimmung vor, so, als ob man Kanton bereits abgeschrieben hätte.[878] Auf der Militärkonferenz, die am 28. April im Stab der Kuangtung-Armee unter Teilnahme von General Hsü Ch'ung-chih stattfand, trugen Bljucher und Liao die Thesen vor, auf die sie sich unterwegs mit Chiang geeinigt hatten. General Hsü, der gerade die Vorbereitungen für den Fukien-Feldzug abgeschlossen hatte, brachte eine Reihe von Argumenten gegen einen Kampf um Kanton vor, konnte sich aber nicht durchsetzen. Die Konferenz beschloß, Kanton müsse unbedingt in den Händen der KMT verbleiben. Der Beschluß sah weiter vor, die gegnerischen Streitkräfte müßten in der Weise liquidiert werden, daß zunächst die im Raum Kanton befindlichen Yünnan- und Kuangsi-Verbände (ca. 20 000 Mann) aufzureiben seien, bevor diese sich mit der Armee T'ang Chi-yaos (mit Verbündeten etwa 48 000 Mann) vereinigen könnten. Die in Ost-Kuangtung dislozierten Regierungstruppen seien unter dem Oberkommando von Chiang Kai-shek am 5. Mai in Richtung auf Kanton in Marsch zu setzen, um sich bei der Ankunft mit den im Südwesten und Norden der Stadt stationierten regierungstreuen Truppen (Regierungstruppen einschließlich Hunan-Verbände insgesamt etwa 28 000 Mann) zum gemeinsamen Angriff auf Kanton zu vereinigen. Chiang und Hsü wurden mit der Ausarbeitung eines militärischen Gesamtplans beauftragt. Der Beschluß sah vor, daß auch Bljucher nach seiner Rückkehr in Kanton einen solchen Plan entwerfen sollte. Die beiden Entwürfe sollten auf einer weiteren Konferenz in Swatou am 4. Mai geprüft, der beste angenommen werden. Zu dieser zweiten Konferenz kam es allerding erst am 13. Mai.
Bljucher und Liao Chung-k'ai, die am 29. April nach Kanton zurückreisten, hatten dort gegen eine in der KMT-Führung um Hu Han-min um sich greifende Bereitschaft anzukämpfen, sich mit Yang Hsi-min und Liu Chen-huan friedlich zu einigen.[879] Erst als das beabsichtigte Doppelspiel

878 Zu diesem Absatz ebenda, S. 131 - 135.
879 Zu diesem Absatz ebenda, S. 137 - 142.

der beiden Generäle deutlicher erkennbar wurde,[880] ließ sich die Parteispitze davon überzeugen, daß Yang und Liu in der Tat ein Zusammengehen mit T'ang Chi-yao anstrebten. Sie beschloß am 9. Mai, dies mit Waffengewalt zu verhindern.

Am 10. Mai unterbreitete Bljucher Hu Han-min seinen Plan für die bevorstehende militärische Operation.[881] Der Plan sah sechs Varianten der Lage vor, die bis zum ersten bewaffneten Zusammenstoß mit dem Gegner vorhanden sein könnte, und bezog alle Wahrscheinlichkeiten des gegnerischen Verhaltens ein. Insbesondere war er darauf gerichtet, Niederlagen der im Großraum Kanton stationierten regierungstreuen Einzelverbände solange zu vermeiden, bis Chiang Kai-sheks Hauptstreitmacht aus Ost-Kuangtung eingetroffen sein würde. Der Plan wurde von Hu Han-min und den anderen KMT-Führern ohne Einschränkung akzeptiert. Inzwischen war es Bljucher und Liao Chung-k'ai in mühevollen Verhandlungen gelungen, den Generälen T'an Yen-k'ai (Kommandeur der Hunan-Armee) und Chu P'ei-te, die sich beide mit ihren Einheiten in Nord-Kuangtung aufhielten, die Zustimmung zu einem gemeinsamen Vorgehen zumindest gegen die Kuangsi-Armee abzuringen; im Hinblick auf die Yünnan-Armee verhielten sich beide aus Furcht vor deren Stärke vorsichtiger, sagten aber ihre Loyalität zu.

Am 10. Mai 1925 reiste die gesamte Generalität der KMT-Regierung von Kanton nach Swatou, am 11. folgten Liao Chung-k'ai, Bljucher und Chu P'ei-te.[882] In Swatou war inzwischen - aus Peking kommend - Wang Ching-wei eingetroffen, über den es bei Bljucher heißt,[883] er als Vorsitzender des Politbüros der KMT habe im Hinblick auf die zu treffende Entscheidung das letzte Wort gehabt. An der am 13. Mai abgehaltenen Konferenz nahmen Wang Ching-wei, Liao Chung-k'ai, Bljucher, General Hsü Ch'ung-chih, General Chiang Kai-shek, General Chu P'ei-te, die Stabschefs der Hunan-Armee sowie einige Divisionskommandeure teil. Das Hauptreferat wurde von Bljucher gehalten, der sowohl die Lage in Kanton analysierte als auch seinen Operationsplan vortrug. Die abschließende Diskussion führte zu einem Beschluß, in dem der ursprünglich beabsichtigte Fukien-Feldzug verworfen und die Absicht bekundet wurde, »bis zur völligen Vernichtung der Kräfte des Feindes um Kanton zu kämpfen«.[884] Bljucher

880 Zu den Einzelheiten des auffälligen Verhaltens von Yang und Liu siehe ebenda, S. 141 f., sowie Čerepanov, A. I., Zapiski, S. 233 f.

881 Zu diesem Absatz Razdely iz mašinopisnoj rukopisi V. K. Bljuchera »Guandun, S. 141 - 143.

882 Zu diesem Absatz ebenda, S. 143 f.

883 Ebenda, S. 143.

884 Ebenda, S. 144.

empfahl, sämtliche Regierungstruppen aus Ost-Kuangtung nach Kanton abzuziehen, konnte sich aber gegen Hsü Ch'ung-chihs Argumentation nicht durchsetzen. Es wurde beschlossen, rund 8 000 Mann der Kuangtung-Armee unter Hsüs Kommando in Ost-Kuangtung zu belassen, während die restlichen Kuangtung-Einheiten (ca. 11 000 Mann) zusammen mit den beiden Whampoa-Regimentern als sogenannte Ost-Gruppierung (vostočnaja gruppa) unter Chiang Kai-sheks Oberbefehl den Marsch in Richtung Kanton anzutreten hätten.

Die Konferenz beschloß weiter - nach Čerepanovs Bericht entsprechend dem Plan Bljuchers -,[885] für die Durchführung der gesamten Operation vier Gruppierungen (Gesamtstärke der Kampftruppen: ca. 30 000 Mann) zu bilden,[886] und zwar in folgender Weise:

1. Ost-Gruppierung (ca. 11 000 Mann)
Kommandeur: Chiang Kai-shek
Einheiten:
a) die beiden Whampoa-Regimenter
b) die 4. Division
c) die 1. Brigade der 1. Division
d) die Brigade Wu T'ieh-ch'engs
e) die 6. Brigade der 3. Division;

2. Nord-Gruppierung (ca. 14 500 Mann)
Oberkommandierender: T'an Yen-k'ai
Einheiten:
a) die Hunan-Armee unter T'an Yen-k'ai (ca. 10 500 Mann)
b) die Truppen Chu P'ei-tes (ca. 3 500 Mann);

3. West-Gruppierung (ca. 8 500 Mann)
Kommandeur: Liang Hung-k'ai
Einheiten: verschiedene Einheiten der Kuangtung-Armee;

4. Süd-Gruppierung (3 500 - 4 000 Mann)
(kein einheitlicher Oberbefehl)
Einheiten:
a) Truppen des 3. Korps, die unter dem Kommando von Li Fu-lin auf der dem Festlandsteil Kantons gegenüberliegenden Insel Honan (Honam) disloziert waren (2 000 - 2 500 Mann)

885 Čerepanov, A. I., Zapiski, S. 236. - Bljucher erwähnt in seinem eigenen Bericht nicht ausdrücklich, daß die Aufstellung der vier Gruppierungen Teil seines Plans war. Aus dem Gesamtzusammenhang heraus ist dies jedoch als wahrscheinlich anzusehen, vgl. Razdely iz mašinopisnoj rukopisi V. K. Bljuchera »Guandun, S. 144.

886 Zu der in diesem Absatz dargestellten Gefechtsgliederung in vier Gruppierungen ebenda, S. 144 f.; Čerepanov, A. I., Zapiski, S. 236.

b) Kadetten der Whampoa-MA, die auf der Insel Whampoa und in den Forts von Hu-men im Delta des Perlflusses stationiert waren.

In enger Verbindung mit der Süd-Gruppierung sollten einige kleinere Einheiten operieren, die sich in Kanton befanden und beim Ausbruch der ersten Feindseligkeiten nach Honan oder Whampoa überzusetzen hatten (insgesamt 880 Mann). Hierzu gehörten die Kadetten der Hunan-Militärakedemie, Sun Yat-sens ehemalige Leibgarde und ein Polizeibataillon Wu T'ieh-ch'engs. Die Einheiten wurden von Wu T'ieh-ch'eng kommandiert; die oberste Befehlsgewalt behielt Bljucher sich selbst vor.

Die gesamte de-facto-Leitung der geplanten Operation wurde auf der Swatou-Konferenz vom 13. Mai 1925 Bljucher übertragen.[887] Dieser überraschende und für Bljucher äußerst schmeichelhafte Beschluß wurde im Ergebnis von Diskussionen darüber gefaßt, wie man das für die Durchführung des Plans unverzichtbare Oberkommando (glavnoe kommandovanie) optimal etablieren sollte. Ein zunächst aufgetauchter Gedanke, es in die Hände eines »National-revolutionären Militärrats« zu legen, dem alle Armeekommandeure angehören sollten, wurde mit dem schlüssigen Argument verworfen, daß die Kommandeure bei ihren Armeen bleiben müßten. Sodann einigte man sich darauf, die oberste Führung dem von Hu Han-min geleiteten Hauptquartier (ta-pen-ying) - der eigentlichen KMT-Regierung - zu übertragen, bei dem ein Generalstab und ein Operativer Rat aus Vertretern der Armeen zu bilden sei. Nachdem ein Konsensus darüber hergestellt worden war, daß Hu Han-min sich für die Übernahme der faktischen Kommandogewalt nicht eignete, schlug Bljucher vor, Hsü Ch'ung-chih die Führung des Stabs anzuvertrauen. Hsü lehnte ab, desgleichen taten andere vorgeschlagene Kandidaten; sie alle scheuten offenbar die mit dieser Aufgabe verbundene besondere Verantwortung. Schließlich wurde der Posten Bljucher angetragen. Dieser beschrieb den ungewöhnlichen Vorgang vier Monate später mit folgenden Worten:

> »Die Konferenz bittet den Chefberater einmütig, sich bei Hu Han-min aufzuhalten und sowohl die Arbeit des Stabs als auch die Operation der Armeen selbst zu leiten. Hierbei werden auf der Konferenz sogar Vorstellungen geäußert, wonach die Kommandeure der Gruppierungen zur Führung des Chefberaters und seinen Weisungen noch größeres Vertrauen haben würden als zu einem chinesischen General und wonach sie die Befehle des Hauptquartiers mit größter Genauigkeit ausführen würden«.[888]

Doch das durch den vorbildlichen Einsatz während des Ersten Ostfeldzugs gestiegene Prestige der sowjetischen Militärberaterschaft wurde nicht nur

887 Razdely iz mašinopisnoj rukopisi V. K. Bljuchera »Guandun, S. 147.
888 Ebenda.

- wie hier - in einem erhöhten Vertrauen zum Chef-Militärberater offenkundig. Es wirkte sich auch auf die Beziehungen der chinesischen Spitzenmilitärs zu den Beratern überhaupt aus. So geschah es, wie Bljucher ausdrücklich vermerkt, auf der Swatou-Konferenz vom 13. Mai zum ersten Mal, daß »die chinesische Generalität sich mit der Bitte an den Chefberater wandte, die russischen Offiziere auf alle Gruppierungen zu verteilen.«[889]

Einen lückenlosen Überblick darüber, wie diese Verteilung während des Vorgehens gegen Yang Hsi-min und Liu Chen-huan im einzelnen aussah, gestattet die Materiallage auch heute noch nicht. Es kann indes als gesichert gelten, daß der West-Gruppierung kein sowjetischer Berater zur Verfügung stand[890] und daß der Militärberater F. G. Macejlik in der Nord-Gruppierung bei Chu P'ei-te tätig war.[891] Die Namen der Anfang Mai 1925 für diejenigen Verbände vorgesehenen Berater, die unter Chiang Kai-sheks Kommando von Ost-Kuangtung durch das Tal des Tung-chiang auf Kanton vorrücken sollten, liegen uns - in einem ins Chinesische übersetzten zeitgenössischen sowjetischen Dokument - vollständig aufgelistet und nach militärischen Rängen geordnet vor. Es handelt sich um die folgenden:[892]

V. A. Stepanov	General	(Infanterie)
A. I. Čerepanov	General	(Infanterie)
V. P. Rogačev	General	
I. Zil'bert	General	
T. A. Besčastnov	General	(Artillerie)
E. A. Jakovlev	General	(Pionierw.)
P. I. Smirnov (Deckn. Svetlovskij)	Admiral	(Marine)
Nikulin	Oberst	(Kavallerie)
Pallo	Oberst	

889 Ebenda.

890 Čerepanov, A. I., Zapiski, S. 263.

891 Iz pis'ma V. K. Bljuchera sovetskomu voennomu sovetniku pri generale Čžu Pėj-dė F. Macejliku, S. 99. - Vgl. zu Macejlik auch Čerepanov, A. I., Severnyj pochod, S. 134.

892 Su-lien p'ai chu Kuang-tung ts'an-yü Tung-chiang chan-shih chün-kuan hsing-ming piao, in: Su-lien yin-mou wen-cheng hui-pien, Bd. III, Abschn. »Kuang-tung shih-hsiang lei«, S. 53a/b. - Die Liste ist auf den 2. Mai 1925 datiert. Die russischen Namen sind durch die Transkription ins Chinesische zum Teil stark verstümmelt worden, vgl. z. B. Ta-la-t'e-wen (Dratvin), Pien-szu-ch'a-szu-t'e-no-fu (Besčastnov), Chi-li-pei-erh-t'e (Zil'bert), Kai-mi-erh (Gmira). Ihre Reskription war in den meisten Fällen nur anhand der neuen sowjetischen Materialien möglich. Vgl. hierzu Višnjakova-Akimova, V. V., Dva goda, S. 14 f., 41, 44, 93; Čerepanov, A. I., Zapiski, S. 136, 172, 177; Kartunova, A. I., V. K. Bljucher v Kitae, S. 53, 180 f.

N. G. Vasil'ev	Oberst	(Pionierw.)
M. I. Dratvin	Oberst	(Nachrichtenw.)
G. I. Gilev	Oberst	(Artillerie)
Moiseev	Oberstl.	
Michajlov	Hauptm.	
Gmira	Hauptm.	
Vorob'ev	Hauptm.	
(Deckn.: Šalfeev)		
Rudakov	Hauptm.	
Čalov-Šiman	Hauptm.	
Šnejder[893]	ohne Rang	(Politberater).

Wie sich aus Čerepanovs Aufzeichnungen ergibt, wurden in dieser Liste aufgeführte Berater im Laufe des Mai und Anfang Juni sowohl der Ost- als auch der Süd-Gruppierung zugeteilt. So waren V. A. Stepanov als militärischer und Šnejder als politischer Berater bei Chiang Kai-sheks Ost-Gruppierung tätig,[894] während Čerepanov, Rogačev, Gilev, Vorob'ev, Vasil'ev und Smirnov zur Süd-Gruppierung versetzt wurden.[895] Čerepanov erwähnt außerdem die sowjetischen Flugzeugführer A. Kravcov und Ch. Pakov sowie deren Navigatoren O. Bazenau und D. Tal'berg, deren tapferer Einsatz - mit nur einem vorhandenen Flugzeug - für die Aufklärung und Nachrichtenübermittlung von großer Bedeutung gewesen sei.[896]
Die Kämpfe setzten am 7. Juni ein; am 12. begann der konzentrische Vormarsch der vier Gruppierungen auf Kanton; am 14. befand sich die Stadt völlig in der Hand der Regierungstruppen.[897] Vor dem entscheidenden Kampf, in dem 30 000 Mann Regierungstruppen 25 000 Mann feindlichen Truppen gegenüberstanden,[898] erließ Bljucher am 10. Juni eine - offenbar an die sowjetischen Berater gerichtete - Direktive, in der es hieß:

»Der Feind ist umzingelt, unser Sieg ist zu hundert Prozent garantiert. Geht kühner vor und achtet darauf, daß die Kommandeure in erforderlicher Weise den Feind beobachten, damit er nicht entweichen kann.«[899]

893 Wie sich der Bevollmächtigte der Bayer & Co. AG. Leverkusen für den südchinesischen Raum erinnert, der Šnejder im Herbst 1924 in Kanton traf, sprach dieser fließend deutsch. Die entsprechende Aufzeichnung des Bevollmächtigten, Herrn A. R. Kroeger, vom 6. 11. 1971 befindet sich im Besitz des Verfassers dieser Arbeit.

894 Iz pis'ma-direktivy V. K. Bljuchera sovetskomu voennomu sovetniku pri Vostočnoj gruppe V. A. Stepanovu, S. 97; Čerepanov, A. I., Zapiski, S. 245.

895 Ebenda, S. 262 - 264.

896 Ebenda, S. 261.

897 Military Campaigns, S. 3 f.; Domes, J., Vertagte Revolution, S. 117 - 119; T'ang Leang-Li, The Inner History, S. 201 ff.

898 Čerepanov, A. I., Zapiski, S. 235 f.

899 Ebenda, S. 263.

Die Anweisung wurde offensichtlich in einem hohen Maße befolgt, wie aus dem Resultat der gesamten Operation ersichtlich ist: Von den gegnerischen Kampftruppen wurden rund 70 % (17 000) gefangengenommen.[900]

Auch bei dieser Operation kam es zwischen den Beratern und den chinesischen Offizieren bisweilen zu Meinungsverschiedenheiten in taktischen Fragen. In den beiden Fällen, die von Čerepanov im Detail beschrieben werden, konnte sich jeweils V. A. Stepanov gegenüber Chiang Kai-shek durchsetzen.[901]

Das vorliegende Material enthält auch einen Hinweis auf Differenzen zwischen Bljucher und Chiang in operativer Hinsicht. So heißt es in einer Direktive Bljuchers an V. A. Stepanov vom 28. Mai:

> »In einem seiner Telegramme teilte Chiang Kai-shek mit, er halte seine Gruppierung in den bevorstehenden Zusammenstößen nicht für entscheidend; die Hauptrolle müßten seiner Meinung nach die Hunan-Armee, die Whampoa-Schule und die Einheiten von General Li Fu-lin spielen. Gegen diese für den Feldzug gefährliche Stimmung Chiang Kai-sheks muß man ankämpfen und ihm in den Kopf einhämmern (bit' emu v golovu), daß genau seiner Gruppierung diese verdienstvolle entscheidende Rolle zufällt und daß alle übrigen seinen Erfolg nur unterstützen.«[902]

Insgesamt aber konnte die sowjetische Militärbereitschaft ihren Einfluß während der Operation gegen Yang Hsi-min und Liu Chen-huan im Vergleich zum Ersten Ostfeldzug wesentlich verstärken. Dies läßt sich an den folgenden Indizien ablesen:

1. Bljucher agierte erstmals als de-facto-Stabschef und war mit der gesamten operativen Führung beauftragt.[903]
2. Erstmals äußerte die chinesische Seite den Wunsch, daß die Berater auf alle an der Operation beteiligten Großverbände verteilt werden sollten.[904]
3. Mehrere sowjetische Offiziere traten aus ihrem Beraterstatus heraus und übernahmen erstmals direkt Führungspositionen bei einzelnen Einheiten, so Bljucher, Gilev und Vorob'ev im Verband der Süd-Gruppierung.[905]

900 Ebenda, S. 266.
901 Ebenda, S. 258 - 260.
902 Iz pis'ma-direktivy V. K. Bljuchera sovetskomu voennomu sovetniku pri Vostočnoj gruppe V. A. Stepanovu, S. 98.
903 Siehe oben S. 211 dieser Arbeit.
904 Siehe oben S. 212 dieser Arbeit.
905 Čerepanov, A. I., Zapiski, S. 263 f.; Razdely iz mašinopisnoj rukopisi V. K. Bljuchera »Guandun, S. 145.

Bljucher verfolgte bei seiner Einflußnahme auf die chinesische Willensbildung nicht nur die Absicht, der KMT ganz allgemein durch die Rückeroberung Kantons die eigentliche Machtbasis zu erhalten. Es ging ihm auch - und wahrscheinlich sogar mehr - darum, eine Entmachtung der Linken in der KMT-Führung zu verhindern. Eine solche hatte sich als reale Möglichkeit abgezeichnet, als Mitte April ein zwischen Yang Hsi-min, Liu Chen-huan und T'ang Chi-yao geschlossenes Abkommen bekannt geworden war, wonach in Kanton eine Koalition zwischen T'ang (vorgesehen als Generalissimus), Yang (vorgesehen als Oberbefehlshaber der Kuangtung-Streitkräfte) und Hu Han-min (vorgesehen als Provinzgouverneur von Kuangtung) angestrebt werden sollte.[906] Bljucher hatte entsprechende Bedenken gegen eine Entwicklung, die im Zusammenhang mit dem Verlust Kantons zur Machtergreifung der KMT-Rechten führen könnte, am 27. April gegenüber Liao Chung-k'ai und Chiang Kai-shek - den er somit eindeutig als Linken ansah - geäußert und vor einer Preisgabe Kantons gewarnt.[907]

Bljuchers Nachfolger als Chef-Militärberater, N. V. Kujbyšev, bewertete die militärische Rolle der sowjetischen Berater bei der Durchführung der Operation gegen Yang Hsi-min und Liu Chen-huan Ende 1925 in einem Bericht an den Militärattaché in Peking wie folgt:

> »Die Regierungstruppen konnten letzten Endes die revoltierenden Truppen besiegen. Dies mußte dem entschiedenen Vorgehen der Regierungstruppen zugeschrieben werden. Doch dieser Sieg lag nicht im Vermögen der chinesischen Truppen, sondern war der Unterstützung der vielen sowjetischen Berater zu verdanken.«[908]

In den zwei Wochen, die Bljucher nach der Eroberung Kantons bis zur Abgabe seines Amtes als Chef-Militärberater verblieben, widmete er sich vor allem der Bildung eines Militärrats (chün-shih wei-yüan-hui) als oberstes Leitungsorgan aller KMT-Streitkräfte. Hierdurch sollten endlich die beiden wichtigsten Maßnahmen durchgeführt werden, die Bljucher von Anbeginn an angestrebt hatte, aber wegen des Widerstands von vor allem Yang Hsi-min und Liu Chen-huan nicht verwirklichen konnte:

a) die Zentralisierung der Befehlsgewalt über alle der KMT zur Verfügung stehenden Truppen und

906 Ebenda, S. 136.
907 Siehe oben S. 206 f. dieser Arbeit.
908 Su-lien yin-mou wen-cheng hui-pien, Bd. III, Abschn. »Kuang-tung shih-hsiang lei«, S. 16 b. - Vgl. zur sowjetischen Einschätzung der Operation und der Beteiligung der Berater auch Mirovickaja, R. A., Pervoe desjatiletie, S. 32.

b) die Errichtung der Parteikontrolle über die Armee.

Der zu gründende Militärrat (künftig: MR) hatte einen von Bljucher als »erster Militärrat« bezeichneten[909] Vorgänger, der - wie oben ausführlich erörtert[910] - am 24. Dezember 1924 gegründet, dann aber mit dem Beginn des Ersten Ostfeldzugs wieder aufgelöst worden war.

Die neuen sowjetischen Materialien gestatten erstmals einen Einblick in die Überlegungen, die von der Beraterschaft im Zusammenhang mit der Bildung des neuen MR angestellt wurden. Die Berater waren geteilter Meinung darüber, ob angesichts des wenig kooperativen und vor allem auf die Stärkung seiner Kuangtung-Armee abzielenden Verhaltens von General Hsü Ch'ung-chih die Etablierung des Rats überhaupt zweckmäßig sei. Eine Minderheit befürchtete, daß der MR entgegen den sowjetischen Intentionen eingesetzt werden könnte,

> »indem man das Anwachsen der Whampoa-Streitkräfte durch die Forderung nach einer allgemeinen Erhöhung der Streitkräfte verzögert, und daß General Hsü den geschaffenen zentralen Versorgungsapparat, wohin auch die aus der Sowjetunion eintreffenden Waffen gelangen, im Interesse der Kanton-Armee ausnutzt, indem er eine proportionale Verteilung der Waffen auf alle Einheiten fordert, wodurch im Hinblick auf die Übergabe der Waffen an die gewünschten Einheiten (želannym častjam) unsere Hände gebunden werden.«[911]

Auch die mehrheitliche Meinung der Berater ging davon aus, daß die Zentralisierung der Befehlsgewalt in einem MR in erster Linie dazu dienen sollte, die Whampoa-Streitkräfte auszubauen.[912] Ohne eine Zentralisierung könnten die insgesamt vorhandenen Mittel für Whampoa nur in Relation zu den dort wirklich vorhandenen Streitkräften in Anspruch genommen werden. Die Funktion, die dem MR sowjetischerseits zugedacht war, wird besonders deutlich in einer Aufzeichnung beschrieben, die Bljucher drei Monate später zu Papier brachte:

> »Die Umverteilung der Geldmittel im Interesse der Parteitruppen konnte durch Zentralisierung oder durch offenen Zugriff der Whampoa-Streitkräfte auf neue Einkunftsquellen gesichert werden. Der letztere war ... politisch unvorteilhaft, weil er zur Isolierung von Whampoa zu einem Zeitpunkt führen konnte, als die Streitkräfte noch nicht zureichten, um die herrschende Lage in den Griff zu bekommen. Deswegen war die Zentralisierung in Form des Militärrats damals eine notwendige Maßnahme. Dies schloß selbstverständlich nicht die Möglichkeit aus, immer einen Plan bereit zu halten, wonach die Mittel für Whampoa gewaltsam besorgt werden würden, wenn es nicht möglich sein würde, unsere Absichten über den Militärrat zu verwirklichen.«[913]

909 Razdely iz mašinopisnoj rukopisi V. K. Bljuchera »Guandun, S. 151.
910 Siehe oben S. 195 dieser Arbeit.
911 Razdely iz mašinopisnoj rukopisi V. K. Bljuchera »Guandun, S. 150.
912 Hierzu und zum Folgesatz ebenda.
913 Ebenda.

Die meisten Berater waren allerdings optimistisch bei der Beantwortung der Frage, wie »die Interessen der parteitreuen Einheiten - und in erster Linie die von Whampoa - ... durch eine solide Mehrheit ihrer Verfechter im Militärrat« gewahrt werden könnten.[914] Die Mehrheit könne nämlich dadurch gesichert werden, daß die personelle Besetzung des MR durch einen Beschluß des Politbüros vorgenommen würde. Ein solches Verfahren werde dazu führen, daß die weniger parteitreuen Mitglieder im MR eine Minderheit bildeten, die sich den Mehrheitsbeschlüssen beugen müßte. Die Diskussion in der Militärberaterschaft endete damit, daß die Mehrheitsmeinung zum Beschluß erhoben wurde:

> »Deswegen wurde beschlossen, die Zentralisierung durchzuführen, um sie zum Vorteil der der Partei nahestehenden Streitkräfte zu benutzen ....«[915]

Das von den Beratern mehrheitlich vertretene prozedurale Konzept wurde verwirklicht. Am 22. Juni 1925 beschloß das ZEK die Bildung eines MR,[916] dessen Mitglieder sodann vom Politischen Rat (cheng-chih wei-yüan-hui) - von den Beratern seinerzeit einfach als Politbüro (politbjuro) bezeichnet - wie folgt ernannt wurden:[917]

Wang Ching-wei (Vors.)	Hu Han-min	Chu P'ei-te
Hsü Ch'ung-chih	T'an Yen-k'ai	Bljucher
Liao Chung-k'ai	Chiang Kai-shek	Wu Ch'ao-shu.

Wie Bljucher ausdrücklich feststellt, war mit dieser Zusammensetzung die feste Bindung des MR an den Politischen Rat gesichert.[918] Hsü Ch'ung-chih hatte demnach nur Wu Ch'ao-shu auf seiner Seite. Dieser sei überhaupt nur in den MR aufgenommen worden, weil seine Mitgliedschaft im ersten MR,[919] die auf Sun Yat-sens Anordnung hin zustande gekommen war, ihm in chinesischer Sicht eine Anwartschaft auf Aufnahme auch in den neuen MR verschaffte.

Beim MR, der gemäß seinem Organisationsgesetz von der Partei »geführt, kontrolliert und verwaltet« wurde,[920] richtete man die folgenden Organe

914 Zu diesem Absatz ebenda.

915 Ebenda.

916 Domes, J., Vertagte Revolution, S. 120.

917 Razdely iz mašinopisnoj rukopisi V. K. Bljuchera »Guandun, S. 151. - Die KMT-Historiographie läßt die Mitgliedschaft Bljuchers im MR unerwähnt, vgl. Domes, J., Vertagte Revolution, S. 122. Bljuchers Angaben erscheinen indes schon deswegen glaubhaft, weil aus einem zeitgenössischen Dokument hervorgeht, daß auch Rogačev als amtierender Nachfolger Bljuchers dem MR angehörte, vgl. Documents on Communism, S. 184.

918 Zum restlichen Absatz Razdely iz mašinopisnoj rukopisi V. K. Bljuchera »Guandun, S. 151.

919 Hierzu oben S. 195 f. dieser Arbeit. - Demnach wurde Wu Ch'ao-shu erst nach dem 24. Dezember 1924 in den ersten MR aufgenommen.

920 Organisationsgesetz (tsu-chih fa) vom 5. Juli 1925, Art. 1, abgedr. in: Ko-ming wen-hsien,

ein:[921]

1. Abteilung für politische Schulung (cheng-chih hsün-lien pu)
2. Generalstab (ts'an-mou-t'uan)
3. Marinebüro (hai-chün chü)
4. Luftwaffenbüro (hang-k'ung chü)
5. Heeresbedarfsbüro (chün-hsü chü)
6. Sekretariat (mi-shu t'ing)
7. Arsenal (ping-kung-ch'ang).

Die Schlüsselposition des Leiters des Heeresbedarfsbüros, dem vor allem die Verteilung der Waffen und Geldmittel oblag, wurde Liao Chung-k'ai übertragen.[922] Diese Personalentscheidung garantierte in Bljuchers Sicht, daß jene »äußerst wichtige Abteilung« (naivažnejšee upravlenie) im Sinne der Partei und im Interesse von Whampoa verwaltet wurde. Wang Ching-wei übernahm die Leitung der Politabteilung. Hsü Ch'ung-chih wurde die Führung des Generalstabs anvertraut, seine Kompetenz aber gleichzeitig dadurch eingeschränkt, daß man ihm einen sowjetischen Berater als Stabschef an die Seite stellte. Das sowjetische Vorhaben, eine Personalunion zwischen den Ämtern des Chef-Militärberaters und des Generalstabschefs in der Satzung des MR festzuschreiben, scheint indes fehlgeschlagen zu sein. Hsü übernahm auch das Amt des Kriegsministers im neugebildeten Nationalregierungsrat (kuo-min cheng-fu wei-yüan-hui) - und damit nach Bljucher eine »nur dekorative Rolle«, weil sämtliche militärischen Fragen im MR entschieden worden seien. Es wurde schließlich festgelegt, daß alle Armeebefehle vom Vorsitzenden des MR, dem Kriegsminister und dem Stabschef zu unterzeichnen seien[923] - eine Regelung, die eine Obstruktion von Entscheidungen des MR durch Hsü Ch'ung-chih verhindern sollte.

Nach Bljuchers Angaben[924] war die erste vorbereitende Sitzung des MR für den 24. Juni vorgesehen; das erste Sitzungsprotokoll, das sich in den KMT-Archiven finden ließ,[925] ist auf den 29. Juni datiert. Zur Tätigkeit des MR in den ersten Tagen läßt sich Bljuchers Aufzeichnungen entneh-

Bd. XX, S. 1 562 (3818 der durchlaufenden Paginierung). Daß der Titel des Gesetzes den MR als ein Organ der Nationalregierung rubriziert, läßt einen Schluß darauf zu, wie wenig zwischen Partei und Regierung unterschieden wurde.

921 Ebenda (Art. 4).

922 Zum restlichen Absatz Razdely iz mašinopisnoj rukopisi V. K. Bljuchera »Guandun, S. 151; Protokoll der Sitzung des sowjetischen »Militärrats« vom 1. Juli 1925, in: Su-lien yin-mou wen-cheng hui-pien, Bd. I, unpaginiert (Faksimile Nr. 8 in der Zählung d. Verf.).

923 Ebenda. - Im entsprechenden Artikel des Organisationsgesetzes des MR (Art. 7) ist allerdings nur von den Unterschriften des Vorsitzenden des MR und des Kriegsministers die Rede, Ko-ming wen- hsien, Bd. XX, S. 1 563 (3819 der durchlaufenden Paginierung).

924 Razdely iz mašinopisnoj rukopisi V. K. Bljuchera »Guandun, S. 151 f.

925 Chün-shih wei-yüan-hui hui-i lu.

men,[926] daß Hsü Ch'ung-chih sein bis dahin eher schwankendes, zauderndes Verhalten binnen kurzem änderte: Er arbeitete »wie neugeboren« aktiv im MR und auch im Politischen Rat mit. Was den Beratern allerdings Sorge bereitete, war, daß Hsü sich an die beiden Mitglieder des MR anzunähern suchte, die - wie er selbst - aus der Reform von Regierung und Armee als Verlierer hervorgegangen waren: Hu Han-min (früher stellvertretender bzw. amtierender Generalissimus und Gouverneur von Kuangtung, jetzt nur noch Außenminister) und Wu Ch'ao-shu (früher Außenminister, jetzt nur noch Vorsitzender des Kantoner Stadtrats und im MR de facto mit Sekretärsfunktionen betraut). T'an Yen-k'ai verhielt sich den Beratern gegenüber kooperativ und erschien fast täglich bei Borodin, um sich instruieren zu lassen. Zu Chiang Kai-shek, der von sowjetischer Seite zu den parteitreuen Mitgliedern des MR gerechnet wurde, stellt Bljucher ohne weitere Kommentare fest, dessen Taktik habe darin bestanden, weder an den Sitzungen des MR noch an denjenigen des Politischen Rats teilzunehmen; Chiang habe sich gewöhnlich »bei sich in Whampoa« versteckt.

In die letzten Tage von Bljuchers erstem China-Kommando fiel auch die Entscheidung darüber, ob man die Kantoner Ausländerkonzession Shamien (Shameen) besetzen und Honkong angreifen sollte, und zwar als Vergeltung für die 60 Demonstranten, die bei einer antiimperialistischen Demonstration am 23. Juni von britischen und portugiesischen Soldaten der Konzession erschossen worden waren.[927] Nach langer Diskussion setzte sich in der sowjetischen Beraterschaft die Ansicht durch, daß eine Kriegsführung gegen England Kanton wegen dessen verkehrsmäßiger Abhängigkeit von Honkong vom restlichen China isolieren würde und überhaupt nur Nachteile bringen könnte. So beließ es die KMT-Führung bei einer Protestnote und - angesichts der in Hongkong zu beobachtenden militärischen Vorbereitungen - bei der Bildung eines Verteidigungsrats, in den Hsü Ch'ung-chih, Chiang Kai-shek und Bljucher berufen wurden.

Bljucher bereitete auch noch - und zwar ausschließlich er selbst, wie er betont[928] - seit dem 1. Juni die organisatorische Reform der KMT-Streitkräfte in Gesprächen mit den einzelnen chinesischen Generälen vor. Bis zu seiner Abreise konnte er jedoch keine abschließende Regelung herbeiführen.

926 Zum restlichen Absatz Razdely iz mašinopisnoj rukopisi V. K. Bljuchera »Guandun, S. 160.

927 Ebenda, S. 152 f.

928 Ebenda, S. 157 - 160.

Anfang Juli 1925 übergab Bljucher die Amtsgeschäfte an V. P. Rogačev. Im Protokoll einer Sitzung vom 1. Juli, an der Borodin, Bljucher, Rogačev, Nilov, Čerepanov, V. A. Stepanov, Uger, Zil'bert und Terešatov teilnahmen, wurde hierzu unter Tagesordnungspunkt 1 folgender Beschluß festgehalten:

»Genosse Rogačev erhält vom Genossen Galin alle Akten der Verwaltung der Militärabteilung (Upravlenie Voennogo Otdela); dies wird auf Grund eines Befehls der Verwaltung durchgeführt.
Was die Abreise des Genossen Galin in den Urlaub angeht, so muß der Genosse Galin diese angesichts der in Kanton eingetretenen Lage 14 Tage hinausschieben.«[929]

Bljucher wartete diese Zeit nicht ab. Nachdem er die Übergabe der Akten an Rogačev abgeschlossen hatte, verließ er am 7. Juli Kanton, um über Schanghai und Peking nach Kalgan zu reisen.[930]
Mit der Beendigung von Bljuchers erstem China-Kommando findet zugleich diejenige Periode der Militärberatung ihren Abschluß, für deren historische Aufarbeitung sich die neuen sowjetischen Materialien als mit Abstand am ergiebigsten erweisen. Dies trifft einmal auf den Quellenwert des Materials zu, das in einem hohen Maße aus zeitgenössischen Dokumenten besteht. Dies kann aber auch von der inhaltlichen Relevanz sowohl der Materialien allgemein als auch besonders der Dokumente insofern gesagt werden, als diese in großem Umfang die Beteiligung des Chef-Militärberaters an den militärischen Entscheidungsprozessen auf höchster Ebene betreffen. Beides läßt sich bei den Materialien, die die nun folgende Periode und Bljuchers zweites China-Kommando betreffen, nicht auch nur annähernd feststellen. Hier handelt es sich meist um Memoirenliteratur, deren Authentizität oft schwer zu überprüfen ist und deren Inhalt in der Regel keinen Bezug zur Willensbildung auf höherer und höchster Ebene hat.

929 Protokol zasedanija Voennago Soveta 1 ijulja 1925 goda, S. 1. Faksimile des russischen Originals in: Su-lien yin-mou wen-cheng hui-pien, Bd. I, unpaginiert (Faksimile Nr. 8 in der Zählung d. Verf. dieser Arbeit). – Zur Authentizität des Protokolls vgl. oben Anm. 691 dieser Arbeit.

930 Razdely mašinopisnoj rukopisi V. K. Bljuchera »Guandun, S. 161.

d. Die Beraterschaft unter dem Kommando von Rogačev, Kujbyšev und Stepanov (Juli 1925 bis Mai 1926)

Im Unterschied zu Bljuchers erster China-Periode kam es im nun folgenden Zeitabschnitt nach zunächst verstärkter sowjetischer Einflußnahme zu einer Krise in den Beziehungen zwischen der Beraterschaft und der KMT-Führung, die im Zusammenhang mit Chiang Kai-sheks Staatsstreich vom 20. März 1926 zur Abberufung des Chef-Militärberaters Kujbyšev (Amtszeit: 1. November 1925 bis 23. März 1926) führte.[931] Bis zur offiziellen Übernahme der Spitzenposition durch Kujbyšev war Rogačev als Amtierender Chef-Militärberater tätig (1. Juli bis 31. Oktober 1925), und nach Kujbyševs Ablösung wurde dessen Funktion bis zum erneuten Eintreffen Bljuchers von V. A. Stepanov - ebenfalls amtierend - wahrgenommen (24. März bis Mai 1926). In die hier zu behandelnde Periode fiel nur eine bedeutende militärische Unternehmung: der Zweite Ostfeldzug (28. September bis 7. November 1925), der zusammen mit nachfolgenden kleineren Operationen die noch in Ost- und Süd-Kuangtung befindlichen Truppen Ch'en Chiung-mings bis Anfang Februar 1926 vertrieb und damit die KMT-Herrschaft über die gesamte Provinz sicherte. Die sowjetische Militärberaterschaft war an diesen Kampfhandlungen beteiligt. Sie konzentrierte ihre Anstrengung aber vor allem auf die Reform der Streitkräfte, wobei sie eine wesentliche Verstärkung der eigenen Positionen und derjenigen der KPCh anstrebte.

Bevor die Tätigkeit der Berater näher untersucht wird, soll auf die Frage eingegangen werden, warum man Bljucher von seinem ersten China-Kommando abberief. Sie kann auch heute noch nicht befriedigend beantwortet werden. Wo Bljuchers Ablösung in der neueren sowjetischen Literatur überhaupt erwähnt wird, heißt es hierzu, er sei zwecks Wiederherstellung seiner Gesundheit nach Sowjetrußland zurückgekehrt. Bei Kartunova liest sich dies wie folgt:

> »Im Juli 1925 wurde er durch den heftig verschlimmerten Gesundheitszustand dazu gezwungen, von Kanton in die Heimat abzureisen. Vasilij Konstantinovič zog sich während des Bürgerkriegs 18 Verwundungen zu; in China öffneten sie sich, und er bedurfte eines Klimawechsels, ernsthafter Behandlung und Erholung.«[932]

931 Vgl. zu den einzelnen Daten oben Anm. 693 dieser Arbeit.

932 Kartunova, A. I., V. K. Bljucher v Kitae, in: Narody Azii i Afriki, Jg. 1967, Nr. 5, S. 145. - Vgl. auch dieselbe, V. K. Bljucher v Kitae, S. 39; Dušen'kin, V., Proletarskij maršal, Moskau 1973, S. 91 (hier wird allerdings nicht die Ablösung, sondern nur die Rückkehr im Mai 1926 »nach Heilung« erwähnt).

Als einziger Beleg wird der Auszug eines Schreibens angeboten, das Karachan am 23. Juli 1925 an das Narkomindel richtete. Dort heißt es:

»Höchst bedauerlicherweise mußte Bljucher aus Kanton abreisen, weil er völlig krank geworden und sein weiteres Verbleiben dort absolut unmöglich ist. Es würde sehr bedauerlich sein, ihn aus China wegzulassen, weil er wie keiner der anderen Funktionäre die Qualitäten eines Militärs und eines Politikers in sich vereint.«[933]

Es erscheint angebracht, der Version, Bljucher habe Kanton (und China) aus rein gesundheitlichen Gründen verlassen, mit Skepsis zu begegnen.[934] Hierfür sprechen eine Reihe von Anhaltspunkten. Aus Bljuchers eigenen Aufzeichnungen ergibt sich, daß er von Mitte Juni bis zu seiner Abreise aus Kanton höchst aktiv war.[935] Hier heißt es u. a., er habe vom 16. Juni bis Anfang Juli komplizierte Verhandlungen mit den chinesischen Generälen über die Reform der KMT-Streitkräfte geführt.[936] Hätte sich sein Gesundheitszustand tatsächlich so stark verschlechtert gehabt, wie dies Kartunova behauptet, so hätte er ein solches Pensum sicher nicht absolvieren können. Bljucher reiste auch nicht von Kanton aus direkt zu ärztlicher Behandlung nach Sowjetrußland, sondern hielt sich nach Zwischenstationen in Schanghai und Peking bis mindestens 22. September 1925 in Kalgan auf.[937] Dort verfaßte er einen Rechenschaftsbericht über seine Tätigkeit in Kanton, dessen vorliegende Auszüge allein schon 60 Druckseiten füllen,[938] und brachte seine Vorstellungen zu den militärischen Perspektiven der KMT in Form eines Plans zu Papier.[939] Auch dies hätte er bei stark angegriffener Gesundheit kaum leisten können. Ungewöhnlich erscheint, daß Bljucher sich nicht an den von Borodin gegengezeichneten Beschluß der Militärberaterschaft vom 1. Juli 1925[940] hielt, wonach er seine Abreise zwei Wochen hinauszuschieben hatte. Er verließ Kanton bereits nach 6 Tagen. Schließlich fällt auf, daß - abgesehen von Kartunovas Hinweisen auf gesundheitliche Gründe - in der sowjetischen Literatur auf die näheren Um-

933 Čerepanov, A. I., Severnyj pochod, S. 122 (ohne Quellenhinweis). Das Zitat wird unter Hinweis auf Čerepanov als Quelle von Kartunova übernommen, vgl. Kartunova, A. I., V. K. Bljucher v Kitae, S. 39 f.

934 Vgl. hierzu die bereits oben auf S. 168 dieser Arbeit gemachten Ausführungen.

935 Razdely iz mašinopisnoj rukopisi V. K. Bljuchera »Guandun, S. 148 - 161.

936 Ebenda, S. 157.

937 Kartunova, A. I., V. K. Bljucher v Kitae, S. 101.

938 Razdely iz mašinopisnoj rukopisi V. K. Bljuchera »Guandun, S. 100 - 161. - Nach Blagodatov verfaßte Bljucher diesen Bericht, von dem 13 schreibmaschinenschriftliche Exemplare hergestellt wurden, auf Blagodatovs Anregung, vgl. Blagodatov, A. V., Zapiski o Kitajskoj, S. 135.

939 Perspektivy dal'nejšej raboty na juge, S. 161 - 171.

940 Vgl. zur Quelle oben Anm. 929 dieser Arbeit.

stände von Bljuchers Abreise nicht eingegangen wird. Čerepanov, der ansonsten häufig auch unbedeutende Einzelheiten der sowjetischen Aktivität registriert, enthält sich an der entsprechenden Stelle seiner Erinnerungen[941] überhaupt eines Hinweises auf Bljuchers Ablösung. Gegenüber dem Verfasser dieser Arbeit bestritt er, von anderen als gesundheitlichen Gründen für die Abberufung zu wissen.[941a] Ein unbefangener Leser zweier umfangreicher sowjetischer Bljucher-Biographien muß den Eindruck gewinnen, Bljucher habe sich zwischen Sommer 1925 und Frühjahr 1926 ununterbrochen in Kuangtung befunden.[942] Über die Umstände von Bljuchers Aufenthalt in Schanghai, Peking und Kalgan bis zum 22. September 1925 schweigt sich die sowjetische Literatur genauso aus wie über seinen anschließenden Verbleib bis zur Rückkehr nach China im Mai 1926.
Bei dem Versuch, in zeitgenössischen Materialien die wahren Gründe für Bljuchers Ablösung aufzuspüren, stößt man auf zwei Dokumente, die miteinander koinzidierende Hinweise enthalten. Zum einen handelt es sich um einen dienstlichen Bericht des beim amerikanischen Militärattaché in Peking arbeitenden Geheimdienstoffiziers Ratay, der Einsicht in sämtliche am 6. April 1927 in der sowjetischen Botschaft beschlagnahmten Dokumente besaß. Ratay kam zu der folgenden Erkenntnis:

»Im Sommer 1925 hatte General Galen als Chef der sowjetischen Militärberatergruppe in Südchina eine Auseinandersetzung mit Borodin, dem politischen Berater. Als Folge wurde die militärische Tätigkeit einem neugeschaffenen Militärrat der sowjetischen Berater übertragen, der tatsächlich von Borodin kontrolliert und nominell von Rogačev geleitet wurde ..., und General Galen kam nach Peking, um sich beim sowjetischen Botschafter zu beschweren. Ein Mitglied des Büros des sowjetischen Militärattachés, Chmelev, wurde von der Botschaft nach Südchina geschickt, um die Angelegenheit zu untersuchen, und Galen fuhr nach Kalgan, um die Schlichtung des Streits abzuwarten. In Kalgan schrieb Galen eine Anzahl umfangreicher Berichte über die politische und militärische Situation in der Kuomintang und entwarf Pläne für das künftige Vorgehen im Süden Chinas.«[943]

Der zweite Hinweis stammt von Bljucher selbst und ist in einer Zusatzbemerkung zu einem der von Ratay erwähnten Pläne für die militärische Aktivität der KMT im Jahre 1926 enthalten, die Bljucher am 20. September 1925 in Kalgan niederschrieb. Dort heißt es:

941 Čerepanov, A. I., Zapiski, S. 266 - 274.
941a Hierzu im einzelnen unten S. 280 und Anm. 1239a dieser Arbeit.
942 Dušen'kin, V. V., Ot soldata do maršala, Žizn' i boevoj put' maršala Sovetskogo Sojuza V. K. Bljuchera, 2. erg. u. verb. Aufl., Moskau 1961, S. 126 f.; Kondrat'ev, N., Maršal Bljucher, Moskau 1965, S. 258.
943 Wilbur, C. M., Notes, in: The China Quarterly, Nr. 35 (Juli - Sept. 1968), S. 39 (und 35).

»Um möglichen Beschuldigungen gegen mich zu entgehen, daß ich versuchte, die Kuomintang zu militarisieren, halte ich es für erforderlich, den folgenden Vorbehalt zu machen: Die politische Seite dieses Plans wurde nicht ausführlich erörtert, weil sie von der politischen Vertretung ausgearbeitet werden muß und der militärische Plan nur dessen Ergänzung darstellt.«[944]

Angesichts der unzureichenden Quellenlage möchte sich der Verfasser damit behelfen, auf Grund des bisher vorliegenden Materials die folgende Hypothese aufzustellen: Spätestens nach dem Sieg über Yang Hsi-min und Liu Chen-huan kam es zwischen Borodin und Bljucher zu Differenzen über das weitere Vorgehen der KMT, in deren Verlauf Bljucher mit dem Vorwurf konfrontiert wurde, er könne die politische Dimension der anzustrebenden Entwicklung nicht begreifen und betrachte diese allein unter militärischen Gesichtspunkten. Bljucher fühlte sich zu Unrecht angegriffen und fuhr gegen Borodins Willen am 7. Juli nach Peking, um sich bei Karachan zu beschweren. Er wollte anschließend nach Kanton zurückkehren; in diese Richtung deutet auch, daß er selbst formulierte, er habe vor seiner Abreise aus Kanton die Akten seinem Stellvertreter (und nicht seinem Nachfolger, D. H.) übergeben.[945] Als ihm von Karachan nicht sofort recht gegeben wurde, stellte er diesem anheim - oder behielt sich selbst vor -, unter nomineller Bezugnahme auf seinen Gesundheitszustand seine Entpflichtung als Chef-Militärberater und die Versetzung in die Heimat zu betreiben. Dies könnte die Lage von Ende Juli gewesen sein, als Karachan seinen bereits zitierten Bericht[946] verfaßte, in dem von Bljuchers Rückkehr nach Sowjetrußland aus Gesundheitsgründen noch im Potentialis gesprochen wurde. In Absprache mit der Moskauer Zentrale wies Karachan sodann Bljucher an, seinen Standpunkt zunächst ausführlich schriftlich zu begründen, was dieser in Kalgan tat. Bljucher konnte sich am Ende gegen Borodin nicht durchsetzen und verließ China.
Wenn diese Hypothese in den Grundzügen zutrifft, so wird auch verständlich, warum in der von Kartunova vorgelegten Bljucher-Dokumentation[947] keine substantiellen Hinweise auf Bljuchers Kooperation mit Borodin enthalten sind, obwohl beide sich doch ständig miteinander abstimmen mußten. Auf diese Weise könnte sich auch die beachtliche Lücke erklären, die - durch Auslassungspunkte kenntlich gemacht - in der Wiedergabe von Bljuchers Rechenschaftsbericht zwischen dem 13. Mai und dem 19. Juni 1925 klafft.[948]

944 Perspektivy dal'nejšej raboty na juge, S. 171.
945 Razdely iz mašinopisnoj rukopisi V. K. Bljuchera »Guandun, S. 161.
946 Siehe oben S. 222 dieser Arbeit.
947 Kartunova, A. I., V. K. Bljucher v Kitae, S. 50 - 179.
948 Razdely iz mašinopisnoj rukopisi V. K. Bljuchera »Guandun, S. 148.

Worauf sich schließlich die Meinungsverschiedenheiten im einzelnen bezogen, bleibt vorerst ebenfalls im dunkeln. Eine wesentliche Rolle könnte hierbei die Frage gespielt haben, wann der beabsichtigte Nordfeldzug zu beginnen sei. Bljucher trug bereits am 15. Juni 1925 auf einer Militärkonferenz, an der fast die gesamte chinesische Generalität teilnahm, einen von ihm ausgearbeiteten Plan für einen Mitte 1926 einzuleitenden Nordfeldzug vor.[949] In dem Plan, den Bljucher schon drei Monate früher in Teilen vorgetragen hatte,[950] hieß es:

»Jetzt ist es nicht nur möglich, sondern auch notwendig, im Interesse der national-revolutionären Bewegung die Idee eines Nordfeldzugs und eines bewaffneten Vorstoßes zum Yangtse wiederzubeleben. Ich denke, daß die politische Situation in Mittelchina hierfür günstig ist.«[951]

Die verfügbaren Hinweise deuten indes darauf hin, daß Borodin damals gegenteiliger Ansicht war, gerade weil er meinte, daß es an der politischen Vorbereitung für die Operation noch mangelte.[952] Selbst im Februar 1926 hatte er noch erhebliche Bedenken, denn es sei - wie er in seinem Bericht für Bubnov formulierte - »einfach lächerlich«, einen Nordfeldzug nur deswegen zu beginnen, um die Militaristen zu bestrafen und eine rechtschaffene Regierung einzusetzen.[953]
In Moskau lehnte man im Spätsommer 1925 - offenbar Borodins Empfehlung folgend - die Vorbereitung eines Nordfeldzugs ab.[954] Es ist nicht auszuschließen, daß diese Entscheidung für Bljucher der letzte Anstoß dazu war, seine Demissionierung zu betreiben. Kartunova räumt bei allem Stillschweigen über mögliche Differenzen zwischen Borodin und Bljucher immerhin ein, daß es auf der sowjetischen Seite beträchtliche Meinungsverschiedenheiten im Hinblick auf den Nordfeldzug gab:

»Man muß feststellen, daß die Frage des Nordfeldzugs der National-revolutionären Armee ernsthaften Streit sowohl in China - im ZEK der Kuomintang und im ZK der KPCh - als auch in Moskau hervorrief. Lange Zeit gelang es nicht, zu einer einheitlichen Meinung zu kommen.«[955]

Damit soll die Erörterung der Gründe, die zu Bljuchers Ablösung führten, abgeschlossen werden. Von Interesse ist natürlich die Frage, weshalb die für die Endkontrolle historischer Publikationen in der Sowjetunion Zu-

949 Kartunova, A. I., V. K. Bljucher v Kitae, S. 37.
950 Ebenda.
951 Perspektivy dal'nejšej raboty na juge, S. 164.
952 Fischer, L., Russia's Road, S. 126 f.; Čerepanov, A. I., Severnyj pochod, S. 29 f., 108.
953 Ebenda, S. 29 f.
954 Ebenda, S. 43.
955 Kartunova, A. I., V. K. Bljucher v Kitae, S. 37.

ständigen glauben, von dem Mantel des Schweigens, der in der sowjetischen Historiographie über der Auseinandersetzung zwischen Borodin und Bljucher ausgebreitet liegt, auch nicht einen Zipfel anheben zu können. Dies ist ein eigenes Thema, das im Rahmen dieser Arbeit nicht behandelt werden kann.

Noch unter Bljuchers Ägide war in den letzten Tagen des Juni 1925 durch die Einsetzung des MR die von den sowjetischen Beratern und den KMT-Linken angestrebte Kontrolle der Armee durch die Partei verfügt worden.[956] Um diese Kontrolle in der Praxis wirksam auszuüben, sollten nach einem mit Bljucher abgestimmten Vorschlag Chiangs - und in Anlehnung an das sowjetische Politkommissar-Modell - auf Armee-, Divisions-, Regiments- und Brigadeebene Politische Abteilungen eingerichtet werden.[957] Die Konkretisierung dieses Vorhabens fiel bereits in Rogačevs Amtszeit: Durch eine Instruktion der Parteispitze[958] an die Whampoa-MA und die Armee wurde im Juli verfügt, daß militärische Befehle nur dann wirksam würden, wenn sie vom zuständigen Parteivertreter gegengezeichnet worden seien.

Auch ein anderes Vorhaben von zentraler Bedeutung, dessen Verwirklichung Bljucher in der zweiten Junihälfte eingeleitet hatte, wurde in Rogačevs Zeit vollendet: Am 26. August 1925 beschloß der MR[959] die Bildung einer vereinheitlichten »Nationalen Revolutionsarmee« (kuo-min ko-ming chün) (hinfort: NRA) mit den folgenden fünf Armeekorps:[960]

1. Armeekorps (gebildet aus den Chiang Kai-shek während des Ersten Ostfeldzugs unterstellten Verbänden der Ost-Gruppierung mit den Whampoa-Regimentern als Kern - auch Parteiarmee (tang chün) genannt -, etwa 10 000 Mann)
Kommandeur: Chiang Kai-shek

956 Siehe oben S. 215 - 217 dieser Arbeit.

957 T'ang Leang-Li, The Inner History, S. 205; Brief Chiang Kai-sheks an Bljucher vom 26. Juni 1925 (mit einem Plan als Anhang), in: Documents on Communism, S. 179. - Die Abstimmung mit Bljucher ergibt sich aus dessen Stellungnahme zu Chiangs Plan vom 20. September 1925: Zamečanija k planu Čan Kai-ši, S. 171.

958 Instruktion Nr. 12, vgl. Documents on Communism, S. 163, 503 (Anm. 117), 580. - Vgl. zur Einführung des Kommissarsystems auch T'ang Leang-Li, The Inner History, S. 205, sowie Jur'ev, M. F., Revoljucija, S. 240. - Zur bereits vorher vollzogenen Einführung des Systems in der Whampoa-MA vgl. oben S. 190 - 192 dieser Arbeit.

959 Mao Szu-ch'eng (Hrsg.), Min-kuo shih-wu nien, S. 492 f.; vgl. Documents on Communism, S. 163, sowie Domes, J., Vertagte Revolution, S. 134.

960 Zur Bildung der ersten fünf NRA-Armeekorps vgl. außer den in Anm. 959 dieser Arbeit angegebenen Quellen die folgenden: Jordan, D. A., The Northern Expedition, S. 21 - 24 (mit ausführlichen Quellenverweisen); Li Chien-nung, The Political History, S. 499; Jur'ev, M. F., Revoljucija, S. 239; Liu F. F., A Military History, S. 25 f.

2. Armeekorps (gebildet aus T'an Yen-k'ais Hunan-Armee, ca. 15 000 Mann)
Kommandeur: T'an Yen-k'ai
3. Armeekorps (gebildet aus Chu P'ei-tes etwa 3 500 Mann starker Yünnan-Einheit, die nach dem Ersten Ostfeldzug durch übergelaufene bzw. gefangengenommene Yünnan-Soldaten auf eine Stärke von insgesamt 15 000 Mann aufgefüllt wurde)
Kommandeur: Chu P'ei-te
4. Armeekorps (gebildet aus Li Chi-shens Kuangtung-Verbänden)
Kommandeur: Li Chi-shen
5. Armeekorps (gebildet aus den der ehemaligen Kuangtung-Armee als 3. Korps angehörenden Fukien-Truppen Li Fu-lins)
Kommandeur: Li Fu-lin.
Während Kujbyševs Amtszeit wurde die nunmehr etwa 60 000 Mann umfassende NRA durch zwei weitere Armeekorps[961] verstärkt:
6. Armeekorps (gebildet am 14. November 1925 aus Hunan-Truppen, die bis zum Zweiten Ostfeldzug Ch'en Chiung-ming unterstanden)
Kommandeur: Ch'eng Ch'ien
7. Armeekorps (gebildet im Februar/März 1926 aus der Kuangsi-Armee als Folge von Kuangsis Unterstellung unter Kantons Jurisdiktion)
Kommandeur: Li Tsung-jen.
Wie bedeutend der Anteil der sowjetischen Beraterschaft an der Durchführung dieser Reorganisation war, läßt sich im einzelnen nicht ermitteln. Man wird jedoch davon ausgehen können, daß die Berater in einem beachtlichen Maße Einfluß nahmen, denn seit der Gründung des MR, der nach einigen vorbereitenden Sitzungen am 7. Juli 1925 zum ersten Mal offiziell tagte,[962] arbeiteten sowjetische Offiziere in diesem für die Reorganisation zuständigen Gremium mit. Bljucher und sein Nachfolger Rogačev gehörten zu den ständigen Mitgliedern des MR;[963] Rogačev übernahm gleichzeitig den Posten des Generalstabschefs und - spätestens ab zweite Hälfte Juli - auch die Zuständigkeit für die Marine und Luftwaffe.[964]
An vielen Sitzungen des MR nahmen außer Rogačev auch andere Berater teil. Das Protokoll der vorbereitenden Sitzung vom 2. Juli nennt die Namen von acht sowjetischen Beratern und führt deren jeweilige Funktio-

961 Zur Bildung der 6. und 7. Armeekorps vgl. Jordan, D. A., The Northern Expedition, S. 25; Domes, J., Vertagte Revolution, S. 141, 147; Liu F.F., A Military History, S. 26.
962 Razdely iz mašinopisnoj rukopisi V. K. Bljuchera »Guandun, S. 161.
963 Ebenda, S. 151.
964 Ebenda; Su-lien yin-mou wen-cheng hui-pien, Bd. III, Abschn. »Kuang-tung shih-hsiang lei«, S. 2 b, 3 a; vgl. Documents on Communism, S. 183 f.

nen auf:[965]

Rogačev (Chef der Beratergruppe)	Dratvin (Nachrichtenwesen)
Smirnov (Marine)	Komi (Verwaltung, Finanzen)
Besčastnov (Infanterie)	Terešatov (Nachrichtendienst)
Jakovlev (Pionierwesen)	Remi (Verpflegung, Finanzen).

Am 5. und 6. Juli nahm Rogačev an den Sitzungen teil; am 8. Juli waren Stepanov und Jakovlev anwesend; am 10. September beteiligte sich wieder Rogačev;[966] auf der gemeinsamen Sitzung von Politischem Rat und MR vom 22. September erschienen Borodin, Rogačev und Terešatov.[967]

In der zweiten Julihälfte beschloß der MR,[968] den verschiedenen Abteilungen des Generalstabs sowjetische Berater zu attachieren und die Stärke der Armee und deren Finanzierung durch den Generalstab unter sowjetischer Leitung festlegen zu lassen. Am 10. September forderten die chinesischen Mitglieder des MR eine Verstärkung der sowjetischen Militärberatergruppe; Rogačev lehnte zunächst ab.[969] Ende des Jahres 1925 schließlich erreichte der sowjetische Einfluß im MR und im Generalstab einen Höhepunkt:[970] Kujbyšev, Rogačev und der Chefberater bei der Nationalregierung I. Ja. Razgon (Deckname Ol'gij oder Ol'gin) gehörten dem MR als ständige Mitglieder an; Rogačev war Generalstabschef; im Generalstab wurden die Abteilung für Nachrichtenwesen von M. I. Dratvin, das Marinebüro von P. I. Smirnov (Deckname: Svetlovskij) und das Luftwaffenbüro von D. Uger (Deckname: Remi) direkt geleitet; den chinesischen Chefs der übrigen Abteilungen des Generalstabs war je ein sowjetischer Berater beigeordnet.

Nach neueren sowjetischen Angaben[971] arbeiteten sowohl Borodin als auch Rogačev in der Sonderkommission (t'e-pieh wei-yüan-hui) mit, die nach der Ermordung Liao Chung-k'ais (20. August 1925) als ein mit diktatorischen Vollmachten ausgestattetes Spitzenorgan gebildet und mit der Aufklärung des Attentats beauftragt wurde.[972] Die Tätigkeit dieser Drei-

965 Chün-shih wei-yüan-hui hui-i lu. – Die russischen Namen erscheinen in der chinesischen Transkription teilweise stark verstümmelt. In manchen Fällen wäre eine Reskription ohne die Kenntnis der neuen sowjetischen Materialien ausgeschlossen. Vgl. z. B. Tsui-shih-ch'a-szu-t'o (Besčastnov).

966 Chün-shih wei-yüan-hui hui-i lu.

967 Su-lien yin-mou wen-cheng hui-pien, Bd. I, unpaginiert (Faksimile Nr. 9 in der Zählung des Verfassers, S. 1).

968 Documents on Communism, S. 184.

969 Chün-shih wei-yüan-hui hui-i lu, Protokoll vom 10. September 1925.

970 Zum Folgenden siehe Documents on Communism, S. 189 f., 212; Su-lien yin-mou wen-cheng hui-pien, Bd. III, Abschn. »Kuang-tung shih-hsiang lei«, S. 49 a/b, 50 a; Višnjakova-Akimova, V. V., Dva goda, S. 207.

971 Jur'ev, M. F., Revoljucija, S. 259: Čerepanov, A. I., Zapiski, S. 274.

972 Hierzu und zu den beiden Folgesätzen Domes, J., Vertagte Revolution, S. 132 – 135.

erkommission (Wang Ching-wei, Chiang Kai-shek, Hsü Ch'ung-chih) führte u. a. dazu, daß sich mehrere KMT-Rechte und -Zentristen vorerst aus dem politischen Leben zurückzogen, darunter Hu Han-min, dessen Verhaftung Borodin vergeblich forderte. Als schließlich auch Hsü Ch'ung-chih wegen des verräterischen Verhaltens von ihm unterstellten Offizieren am 23. September seine Ämter zur Verfügung stellte, war ein von den Beratern erwünschter Zustand eingetreten: An der Spitze der KMT stand das »linke« Duumvirat Wang/Chiang.

Um diese Zeit begann der Zweite Ostfeldzug, an dessen Operationen mehrere sowjetische Berater direkt beteiligt waren. Drei Monate zuvor hatte die Spitze der Militärberaterschaft beschlossen,[973] die einzelnen Berater wie folgt einzusetzen:

V. A. Stepanov (= Stepanov I) als Berater bei Chiang Kai-sheks Division;

A. I. Čerepanov als Berater bei der Whampoa-MA;

N. I. Terešatov (Büro-Inspekteur der Militärberaterschaft) als Stellvertreter Rogačevs im Amt des Generalstabschefs;

F. G. Macejlik als Berater bei Chu P'ei-tes Armeekorps;

V. P. Rogačev (Chef-Militärberater) als Generalstabschef;

I. Zil'bert als Berater bei der Hunan-Armee;

Sachnovskij (Deckname: Nilov) als Berater bei Ch'en Ming-shus Division oder Li Chi-shens Armeekorps (außerdem einmal wöchentlich für die politische Schulung zum Thema Bauernbewegung vorgesehen);

M. Čubareva (= Sachnovskaja) (Chefin der Informations- und Nachrichtendienstabteilung (Informacionno-razvedyvatel'skoe Otdelenie) der Militärberaterschaft);

Stepanov II als Infanterie-Inspekteur beim Generalstab; soll nach 2 Monaten abkommandiert werden, da seine Familie wegen ihrer Größe nicht nach Kanton nach;ommen kann;

E. V. Teslenko (Deckname: Tereščenko) als Berater bei Wu T'ieh-ch'engs Division; wird von Zil'bert dort eingeführt;

V. N. Panjukov (Deckname: Komi) nach zwei Monaten Whampoa als Berater in der Verwaltungsabteilung des Generalstabs;

D. Uger (Deckname: Remi) als Berater beim Heeresbedarfsbüro; übt daneben seine bisherige Funktion beim Luftwaffenbüro aus;

S. Šnejder (per 1. September zur Fortsetzung seines Studiums an die Militärakademie abzukommandieren);

P. I. Smirnov (Deckname: Svetlovskij) (wegen der mangelnden Möglichkeiten einer Vergrößerung der Kantoner Flotte zum 1. September zum

973 Su-lien yin-mou wen-cheng hui-pien, Bd. 1, unpaginiert (Faksimile Nr. 8, S. 2-4, in der Zählung des Verfassers dieser Arbeit).

Zwecke des Studienabschlusses an die Marineakademie abzukommandieren).

Der tatsächliche Einsatz der sowjetischen Berater während des Zweiten Ostfeldzugs (ti-erh tz'u tung-cheng) (28. September bis 7. November 1925) zeigt, daß diese Personalplanung nur teilweise realisiert werden konnte. Der Feldzug wurde unumgänglich, weil nach dem Abmarsch von Chiang Kai-sheks Ost-Gruppierung in Richtung Kanton (Mai 1925)[974] Ch'en Chiungming von Fukien aus nachgerückt war und gegen Ende September wieder ganz Ost-Kuangtung beherrschte.[975] Hinzu kam, daß sich der Kuangsi-Kommandant der Festung Hui-chou auf Ch'ens Seite schlug. Ch'en Chiungming beabsichtigte nunmehr, von Wu-hua, Ho-p'o und Hai-feng aus in drei Angriffsspitzen auf Kanton vorzurücken, wobei die mittlere Spitze den Weg über Hui-chou nehmen sollte.[976] Insofern war eine Lage entstanden, die derjenigen vom Frühjahr 1925 vor Beginn des Ersten Ostfeldzugs ähnelte.

Der Einfluß der sowjetischen Berater auf die Planung und Durchführung des Zweiten Ostfeldzugs unterschied sich grundsätzlich von demjenigen, der anläßlich des Ersten Ostfeldzugs ausgeübt werden konnte. Bljucher war sowohl mit der Vorlage eines Gesamtplans als auch mit der de-facto-Leitung der Operationen des Ersten Ostfeldzugs beauftragt worden.[977] An der Planung des Zweiten Ostfeldzugs wurde die Beraterschaft - wenn überhaupt - nur unwesentlich beteiligt, und auch auf die operative Leitung hatte sie offenbar nur einen begrenzten Einfluß. Es kann kaum Zweifel daran bestehen, daß die Ursache für diese Veränderung in der Ablösung Bljuchers zu suchen ist. Dies legt gleichzeitig die Vermutung nahe, daß Chiang Kai-shek Bljuchers Weggang nicht billigte und Rogačev nicht als gleichwertigen Ersatz akzeptierte. Čerepanov räumt das Schwinden des sowjetischen Einflusses im Zusammenhang mit der Planung des neuen Feldzugs ein, ohne allerdings auf die Gründe zu sprechen zu kommen:

> »Mit der Abreise V. K. Bljuchers schwächte sich der Einfluß der Berater auf die strategische und operative Vorbereitung des Zweiten Ostfeldzugs merklich ab. Die Hauptrolle ging jetzt auf Chiang Kai-shek über.«[978]

974 Hierzu oben S. 210 dieser Arbeit.
975 Hierzu und zu den beiden Folgesätzen Čerepanov, A. I., Zapiski, S. 276.
976 Vgl. die Kartenskizze ebenda, S. 281.
977 Siehe oben S. 208, 211 dieser Arbeit.
978 Čerepanov, A. I., Zapiski, S. 280. - In einer kommunistischen chinesischen Veröffentlichung heißt es hingegen, es sei die Strategie der sowjetischen Berater gewesen, die die entscheidende Rolle im Zweiten Ostfeldzug gespielt habe, Ch'en Po-ta, Jen-min kung-ti Chiang Chieh-shih, Hongkong 1949, S. 13.

Zum Oberkommandierenden des Zweiten Ostfeldzugs wurde Chiang Kai-shek ernannt; als sein Berater fungierte Rogačev.[979] Auf die Einheiten, die für den Feldzug und die nachfolgenden Operationen bereitgestellt wurden, verteilte man die sowjetischen Berater in folgender Weise:[980]

Čerepanov	1. Division des 1. Armeekorps
Ševaldin (Pribylev)	4. Regiment der 2. Division des 1. Armeekorps
Panjukov (Komi)	3. Division des 1. Armeekorps
Sachnovskij	4. Armeekorps
Vorob'ev (Šalfeev)	1. Division des 4. Armeekorps
Končic	6. Armeekorps
Teslenko (Tereščenko)	1. selbständige Division Wu T'ieh-ch'engs
Šnejder	San-shui-Verband (4. und 9. Brigade).

Außerdem wurden die Artilleristen Gilev, Pallo und Besčastnov sowie der Pionier Jakovlev für die Ausführung einzelner Stabs- und Gefechtsaufgaben eingesetzt.

Der von Chiang Kai-shek entworfene Plan sah vor, zunächst die Festung Hui-chou zu erobern und dann die Offensive über Wu-hua und Hsing-ning bis nach Mei-hsien vorzutragen. Der gerade erst in Kanton eingetroffene Militärberater N. I. Končic, der zunächst dem 1. Regiment der 1. Division zugeteilt war, vermerkte in seinem Tagebuch über die Schwierigkeiten des Vorrückens auf Hui-chou:

> »Die Straßen in Kuangtung sind natürlich unter aller Kritik. Als Pollo (identisch mit Pallo, D. H.) und Čerepanov mir die chinesischen Straßen beschrieben, glaubte ich es nicht. Aber jetzt habe ich mich von der Richtigkeit ihrer Worte überzeugt. Noch nie mußte man sich unter solchen Bedingungen vorwärtsbewegen. Unsere Landstraßen würden hier für ausgezeichnete Chausseen gehalten werden.«[981]

An den Kämpfen um Hui-chou, das als uneinnehmbar galt, beteiligten sich - neben Rogačev und Čerepanov - Ševaldin und Panjukov (als Berater der für den Sturm auf die Festung vorgesehenen Einheiten) sowie Besčastnov, Jakovlev und Gilev.[982] Nach einer Artillerievorbereitung, die am 13. Oktober zum Teil unter dem Befehl von Gilev und Besčastnov einsetzte, wurde Hui-chou in erbitterten und verlustreichen Kämpfen am

979 Čerepanov, A. I., Zapiski, S. 280.
980 Die nachfolgende Liste wurde aus Einzelangaben zusammengestellt, vgl. ebenda, S. 277, 280, 283, 285, 300, 303; Končic, N. I., Kitajskie dnevniki, S. 12 - 117, passim; ders., V rjadach, S. 26 - 87, passim.
981 Končic, N. I., Kitajskie dnevniki, S. 14.
982 Hierzu und zu den beiden Folgesätzen Čerepanov, A. I., Zapiski, S. 279 - 299; Končic, N. I., Kitajskie dnevniki, S. 18 - 21.

Folgetag eingenommen. Wie Čerepanov berichtet, ging Jakovlev mit den ersten Angriffswellen vor und gab so ein Beispiel für den persönlichen Mut sowjetischer Berater. In dem Bericht wird aber auch die Tapferkeit chinesischer Soldaten und zumindest eines Offiziers erwähnt. Auf der Trauerfeier für die bei Hui-chou Gefallenen kam Čerepanov in einer Rede auf den Tod des Kommandeurs des 4. Regiments, eines Obersten namens Liu, zu sprechen:

»Als der Angriff seines Regiments an den Mauern der Festung Hui-chous zusammenbrach, warf er sich an der Spitze des Fahnenzugs vorwärts, um den erlahmenden Elan der Infanterie neu anzufachen. Von den 40 Kämpfern, die er zum Angriff führte, blieben 18 am Leben. Der Oberst Liu war nicht unter ihnen. ... In der Person des Kameraden Liu verlor die Partei einen kämpferischen Teilnehmer der Revolution, einen Kämpfer; die Soldaten verloren einen Kommandeur, den der Sieg begleitete. Friede deiner Asche, tapferer Held!«[983]

Ein anderer Berater vermerkt in seinem Tagebuch, auf der Trauerfeier habe auch Chiang Kai-shek eine Rede gehalten, sich dabei als Sieger aufgeführt, »Napoleon gespielt«.[984]

Nach der Einnahme von Hui-chou mußte Chiang Kai-shek seinen Plan ändern, da Ch'en Chiung-ming seine Truppen nicht – wie ursprünglich angenommen – im Raum Mei-hsien/Ho-p'o, sondern weit südlicher konzentrierte. Chiang beschloß, seine Einheiten in drei Angriffsspitzen wie folgt nach Osten marschieren zu lassen:[985]

1. Süd-Gruppierung

Kommandeur: Ho Ying-ch'in
Berater: Čerepanov (dessen Adjutant: Pallo)
Einheiten:
a) die 1. Whampoa-Division
b) die 1. Division Wu T'ieh-ch'engs
   Berater: Teslenko

Die Süd-Gruppierung sollte parallel zur Küste nach Hai-feng, Ho-p'o, P'uning und Swatou vorstoßen.

2. Zentrale Gruppierung

Kommandeur: Li Chi-shen
Berater: Sachnovskij
Einheiten:
a) 4. Armeekorps (Berater bei dessen 1. Division: Vorob'ev)

983 Text der Rede in: Kanton, Nr. 7, März 1926, zit. nach Čerepanov, A. I., Zapiski, S. 298 f.
984 Končic, N. I., Kitajskie dnevniki, S. 25.
985 Čerepanov, A. I., Zapiski, S. 300.

b) 3. Division des 1. Armeekorps
Berater: Panjukov

Die Zentrale Gruppierung sollte über Chiang-chin (Yung-han) bis nach Ch'ao-chou (Ch'ao-an) marschieren.

3. Nord-Gruppierung

Kommandeur: Ch'eng Ch'ien

Berater: Končic

Die Nord-Gruppierung sollte über Wu-hua, Hsing-ning nach Mei-hsien vorstoßen und dem Gegner die Rückzugsmöglichkeit nach den Provinzen Kiangsi und Fukien abschneiden. Zwischen der Zentralen und Nord-Gruppierung marschierte außerdem der als unzuverlässig angesehene San-shui-Verband unter dem Kommando von General Fan T'ieh-p'ei (Berater: Šnejder) in Richtung Osten.

Bei Čerepanov und Končic, deren Aufzeichnungen uns als einzige über den Verlauf des Zweiten Ostfeldzugs zur Verfügung stehen, finden sich nur wenige Angaben über eine Einflußnahme der Berater auf militärische Entscheidungen. So rieten in einem Fall Čerepanov und Pallo General Ho Ying-ch'in nach der Einnahme von Ho-p'o von einem schnellen Weitermarsch ab, was sich als richtig erwiesen haben soll.[986] In einem anderen Fall versuchten die beiden Berater vergeblich, General Ho die Absicht auszureden, möglichst viele Gefangene zu machen; die Nichtbeachtung dieses Rats habe zum Verlust der Marschspitze der 11. Division geführt.[987] Es ist schwer zu sagen, inwieweit solche Angaben zutreffen. Eher ist - besonders bei Čerepanov - Skepsis geboten, da nie Fälle angesprochen werden, in denen sich die Berater einmal irrten.

Glaubwürdiger erscheint die Wiedergabe von Diskussionen zwischen sowjetischem Berater und seinem chinesischen Gereral wie zum Beispiel einer solchen, in der Končic General Ch'eng Ch'ien empfiehlt, von der bisherigen chinesischen Methode des Marschierens »2 Stunden Marsch - 10 Minuten Pause« abzugehen, weil diese insbesondere für die Träger zu anstrengend sei und letzten Endes die Marschgeschwindigkeit verringere, und dafür den russischen Stil »50 Minuten Marsch - 10 Minuten Pause« einzuführen.[988]

Zuverlässig wirken auch Berichte darüber, wie Bewohner besetzter Gebiete auf das Erscheinen der sowjetischen Berater reagierten und wie die Berater von der gegnerischen Propaganda behandelt wurden. Čerepanov erinnert sich:

986 Ebenda, S. 302.
987 Ebenda.
988 Končic, N. I., Kitajskie dnevniki, S. 26.

»Wir Berater, staubbedeckt, sonnenverbrannt, waren wie alle angezogen und unterschieden uns durch nichts von den anderen, aber man erkannte uns selbstverständlich sofort, besonders die Kinder. Sie liefen von uns weg und schrieen laut ›Yang kuei-tzu!‹, was ›ausländischer Teufel‹ bedeutet. Mit diesem wenig schmeichelhaften Namen bezeichnete man damals auf dem Dorf alle Europäer. Auf eine solche Begrüßung hin gaben die Älteren ihren Nachkömmlingen einen Klaps und berichtigten sie: ›Das sind keine ausländischen Teufel, sondern russische Berater, unsere Lehrer‹.«[989]

Im Tagebuch von Končic finden sich die beiden folgenden Passagen:

»Auf dem Markt von Nan-ho (unweit von Mei-shien, Ost-Kuangtung, D. H.) begrüßt man uns feierlich mit Knallerei. ... Nicht weit vom Markt entfernt ging ein gutgekleideter Chinese auf uns zu. Er hatte Gerüchte gehört, daß die Russen der chinesischen revolutionären Armee helfen, und er ist damit sehr zufrieden. Er erbat eine Visitenkarte.«[990]
»Nach mir sprach (auf einer öffentlichen Kundgebung in Mei-hsien, D. H.) ein Mitglied des Stadtexekutivkomitees der Kuomintang. Er sagte unter anderem, daß die ›Propagandisten‹ des Gegners die Losung ›Weg mit den Kommunisten und den russischen Beratern, die den Kommunismus in China säen!‹ verbreiten.«[991]

Der Zweite Ostfeldzug führte nach einundeinhalb Monaten zu dem gewünschten Erfolg: Mitte November 1925 befand sich ganz Ost-Kuangtung in der Hand der KMT-Regierung. Die Berater, die an der Operation teilgenommen hatten, kehrten in der Regel nach Kanton zurück. Zu den Ausnahmen gehörte Končic, der von Dezember 1925 bis März 1926 als Militärberater bei der 10. Division des 4. Armeekorps an der Eroberung der restlichen Gebiete Süd-Kuangtungs einschließlich der Insel Hainan beteiligt war.[992]
Čerepanov führt den Erfolg des Zweiten Ostfeldzugs vor allem auf den vorbildlichen Einsatz der 1. Division und des 4. Regiments der 2. Division im Verband des 1. Armeekorps zurück.[993] Die Einsatzbereitschaft sei ihrerseits dadurch zu erklären, daß beide Einheiten aus der Whampoa-MA hervorgingen, was zur Diszipliniertheit und politischen Reife ihrer Angehörigen geführt habe. Nach Čerepanov existierten zur Zeit des Feldzugs in allen Divisionen des 1. Armeekorps auf Regiments-, Bataillons- und Kompanieebene Politabteilungen, deren verantwortliche Kommissare mehrheitlich Kommunisten waren. Im Ergebnis des Zweiten Ostfeldzugs seien die Bedingungen für die Bildung einer NRA mit einheitlichen Grundsät-

989 Čerepanov, A. I., Zapiski, S. 301 f.
990 Končic, N. I., Kitajskie dnevniki, S. 51 f.
991 Ebenda, S. 58.
992 Vgl. die Tagebucheintragungen ebenda, S. 75 - 117.
993 Hierzu und zum restlichen Absatz Čerepanov, A. I., Zapiski, S. 305 f.

zen der Verwaltung, der Versorgung, der Kampfbereitschaft und der politischen Erziehung geschaffen worden.
Daß der neue Chef-Militärberater Kujbyšev diese zentralistischen Prinzipien, aber gleichzeitig auch eine Verstärkung des Einflusses der Berater und der chinesischen Kommunisten in der KMT-Armee rigoros und überhastet durchzusetzen versuchte, führte vier Monate darauf im Verein mit dem sowjetischen Widerstand gegen einen Nordfeldzug zu einer Vertrauenskrise zwischen der Militärberaterschaft und Chiang Kai-shek als dem neuen starken Mann der KMT-Führung. Der damals dreiunddreißigjährige Nikolaj Vladimirovič Kujbyšev (Deckname: Kisan'ka), jüngerer Bruder des bekannten Partei-Spitzenfunktionärs Valer'jan Vladimirovič Kujbyšev, traf am 29. Oktober 1925 in Kanton ein.[994] Er hatte sich während des russischen Bürgerkriegs als Korpskommandeur ausgezeichnet und war vor seiner Versetzung nach China als Stellvertretender Oberbefehlshaber an der turkestanischen Front tätig gewesen. Nach der Rückkehr aus Kanton im Frühjahr 1926 bekleidete er verschiedene Führungspositionen im sowjetischen Partei- und Armeeapparat, zuletzt den Posten des Kommandeurs des Militärbezirks Transkaukasien. 1938 wurde er vom NKVD verhaftet und starb im selben Jahr im Gefängnis. Im Gefolge des XX. Kongresses der KPdSU wurde er rehabilitiert.
Kujbyšev übernahm den Posten des Chef-Militärberaters am 1. November 1925.[995] Rogačev, der diesen seit Bljuchers Abreise amtierend wahrgenommen hatte, befand sich zu diesem Zeitpunkt noch bei Chiang Kai-sheks Stab in Ost-Kuangtung und konnte erst am 17. November nach Kanton reisen, um Kujbyšev die Geschäfte zu übergeben.[996]
Es kann kein Zweifel daran bestehen, daß Kujbyševs Versuch, mit Hilfe der sowjetischen Berater und der chinesischen Kommunisten (als Politkommissare) eine stärkere Zentralisierung des Militärapparats und eine Politisierung der Armee im Sinne der KPCh zu erzwingen, eine wesentliche Ursache für Chiang Kai-sheks Staatsstreich vom 20. März 1926[997] bilde-

994 Hierzu und zum restlichen Absatz Documents on Communism, S. 186; Who Was Who, S. 331 f.; Višnjakova-Akimova, V. V., Dva goda, S. 207.

995 Documents on Communism, S. 186. – Kartunova bestätigt das Datum des Amtsantritts und liefert damit ein Indiz für die Authentizität des in »Documents on Communism« auf S. 186 abgedruckten Dokuments, vgl. Kartunova, A. I., V. K. Bljucher v Kitae, S. 42 (Anm. 49). Das bei Kartunova an derselben Stelle angegebene Datum für die Abreise Kujbyševs (27. März 1926) ist hingegen unzutreffend.

996 Direktive Rogačevs an Končic vom 14. November 1925, in: Končic, N. I., Kitajskie dnevniki, S. 74 f.

997 Der äußere Ablauf des Staatsstreichs ist bekannt und soll hier nicht erneut beschrieben werden. Vgl. die ausgewogene Darstellung bei Domes, J., Vertagte Revolution, S. 148 - 151 (mit weiteren Quellenangaben).

te. Die ersten fünf Punkte eines Aufgabenkatalogs für die Militärberaterschaft, den Kujbyšev Ende 1925 erstellte, beziehen sich sämtliche auf die Themen »Politisierung« und »Zentralisierung«:

»1. Die rein militärische Tätigkeit aufgeben und mit einer politisch-militärischen Tätigkeit beginnen. Da die Kriegshandlungen noch nicht beendet sind, sind unsere Berater mit militärischen Aktivitäten voll beschäftigt und nicht in der Lage, der politischen Tätigkeit die angemessene Aufmerksamkeit zu schenken. Die meisten Armeen haben keine Ahnung von politischer Tätigkeit...
2. Eine zentralisierte Militärakademie einrichten...
3. Der Generalstab müßte das tatsächliche Verwaltungsorgan der National-revolutionären Armee sein. Die unabhängige Macht der Generäle abschaffen...
4. Ein zentrales (Polit-, D. H.) Kommissariat-Organ einrichten...
5. Die Streitkräfte in fünf Armeen und zwei unabhängige Divisionen umorganisieren. Die gegenwärtig vorhandenen zahlreichen kleinen Armeen verursachen zusätzliche Kosten,...«[998]

Inwieweit diese Bestrebungen mit Borodin abgestimmt wurden, läßt sich nicht feststellen, obwohl man davon ausgehen kann, daß zumindest die Tendenz zur Politisierung der Streitkräfte ganz im Sinne Borodins war. Die neuen sowjetischen Materialien enthalten hierzu keine klaren Aussagen. Wohl aber wirft Čerepanov in diesem Zusammenhang Kujbyšev fehlerhaftes Verhalten vor - ein gänzlich ungewöhnlicher Vorgang angesichts dessen, daß Čerepanov wie überhaupt die Memoirenschreiber sich sonst jeder Kritik an seinen ehemaligen Kameraden enthält. Nachdem er Borodins diplomatisches Geschick im Umgang mit der KMT-Führung beschrieben hat, formuliert Čerepanov wie folgt:

»N. V. Kisan'ka (Kujbyšev)... war etwas direkter. Er nahm fälschlicherweise an, daß der Moment des Umschwungs (perelomnyj moment) schon überschritten und die Zeit gekommen sei, um zu einer strengeren Zentralisierung in der Armee des Südens überzugehen, sie einem zentralisierten militärischen Organismus zu unterstellen mit klaren Aufgaben, einer einheitlichen Organisation, einer einheitlichen Disziplin. Die gesamte Erfahrung der Berater zeugt indes davon, daß Kisan'ka übereilt handelte, daß er jene Etappe des Aufbaus der NRA als schon erreicht ansah, für die noch die Führung eines langen und schweren Kampfes bevorstand.«[999]

An einer anderen Stelle heißt es bei Čerepanov ganz ähnlich:

»Die konkreten Schritte zur Zentralisierung der Leitung aller Armeeangelegenheiten waren leider nicht immer richtig. Daran war auch der Chefberater N. V. Kujbyšev schuld.«[1000]

998 Documents on Communism, S. 198 f.
999 Čerepanov, A. I., Severnyj pochod, S. 15 f.
1000 Ebenda, S. 76.

Von solchen Bemerkungen ist es nur ein kleiner Schritt bis zu der Annahme, daß Kujbyšev bei der Verfolgung seiner Ziele mit chinesischen Gesprächspartnern wenig höflich umging. Dies wird auch von Vera Višnjakova angedeutet,[1001] die für ihn gelegentlich dolmetschte. Dies stimmt aber auch mit Chiang Kai-sheks Angaben überein, in dessen Tagebuch sich Anfang Februar 1926 Klagen über Kujbyševs Benehmen finden.[1002]

In den neuen sowjetischen Materialien findet sich aber auch ein Anhaltspunkt dafür, daß Kujbyšev bei seinen Bestrebungen zumindest teilweise von Wang Ching-wei unterstützt wurde, der damals im Politischen Rat des ZEK und im MR präsidierte und allgemein als *die* linke Spitzenpersönlichkeit in der KMT angesehen wurde. Hierzu heißt es in einem der Memoirenbände:

> »Die russischen Berater bestanden auf einer zentralisierten Leitung der Armeen und einer gleichmäßigen Verteilung der Mittel. Besonders hart (žestko) ging N. V. Kujbyšev diese Frage an... Auf den Sitzungen des Militärrats unterstützen ihn aktiv V. P. Rogačev ... und I. J. Razgon (Ol'gin). Wang Ching-wei ... war mit diesem Standpunkt einverstanden.«[1003]

Soweit das Verhalten der sowjetischen Militärberaterschaft dazu beitrug, Chiang Kai-shek zu seinem Staatsstreich vom 20. März zu veranlassen, spielten konkret offensichtlich die folgenden sowjetischen Vorhaben die Hauptrolle:

1. Totale Durchsetzung des Politkommissar-Systems in der Armee, wobei als Kommissare möglichst Mitglieder der KPCh eingesetzt werden sollten;
2. Zentralisierung des militärischen Apparats, wobei die Kompetenz von MR und Generalstab gestärkt und die formelle sowjetische Präsenz im Generalstab erweitert werden sollten;
3. Widerstand gegen Chiangs Plan für einen baldigen Beginn des Nordfeldzugs.

Zur Einführung des Politkommissar-Systems (Punkt 1) ist folgendes festzustellen: Zwar war bereits seit Ende Juni 1925 von Chiang Kai-shek und Bljucher gemeinsam angestrebt worden, auf Armee-, Divisions-, Regiments- und Brigadeebene in Anlehnung an das sowjetische Kommissar-System Politische Abteilungen einzurichten.[1004] Auch hatte die KMT-Führung im folgenden Monat die Politkommissare quasi auf die gleiche Ebene mit den Kommandeuren gestellt.[1005] In der Praxis aber waren diese Maßnahmen offenbar nur teilweise realisiert worden.

1001 Višnjakova-Akimova, V. V., Dva goda, S. 190, 237.
1002 Mao Szu-ch'eng (Hrsg.), Min-kuo shih-wu nien, S. 617.
1003 Višnjakova-Akimova, V. V., Dva goda, S. 190.
1004 Siehe oben S. 226 dieser Arbeit.
1005 Ebenda.

Kujbyšev drängte nun Ende 1925 auf die Durchführung eines »vereinheitlichten Kommissar-Systems«[1006] und auf die Verabschiedung eines »Reglements für die Politischen Abteilungen in der National-revolutionären Armee«.[1007] Wie sich die hierdurch ausgelöste Entwicklung im einzelnen vollzog, läßt sich nicht feststellen. Ihr Ergebnis ist jedoch - nicht zuletzt auf Grund der neuen sowjetischen Materialien - insoweit bekannt, wie der Einfluß der KPCh in den Politischen Abteilungen betroffen ist: In fünf der sechs Armeekorps (in allen außer dem 5. Korps) wurden die Politischen Abteilungen von Kommunisten geleitet;[1008] im 1. Armeekorps waren außerdem vier der fünf Kommissare auf Divisionsebene Kommunisten, und erst von der Regimentsebene an nach unten dominierten Nur-KMT-Mitglieder.[1009] Čerepanov faßt die kurz vor dem 20. März 1926 bestehende Situation in dem lapidaren Satz zusammen:

> »Die gesamte politische Arbeit in der Armee wurde damals faktisch von Mitgliedern der KPCh geleitet.«[1010]

Chiang Kai-sheks Reaktion nach dem 20. März ließ erkennen, daß ihm diese Entwicklung unerträglich erschienen war.
Die Zentralisierung des Militärapparats (Punkt 2) sollte nach Kujbyševs Vorstellung Hand in Hand gehen mit einer direkten und formellen Übernahme von Leitungsposten in den beiden führenden Gremien durch sowjetische Berater. Ende 1925 hatten bereits drei sowjetische Offiziere einen ständigen Sitz im MR (Kujbyšev, Rogačev, Razgon), drei weitere hatten die Leitung von Abteilungen bzw. Büros im Generalstab übernommen (Dratvin, Uger, Smirnov).[1011] Kujbyšev gab sich hiermit nicht zufrieden. In einem Bericht von Ende 1925 artikulierte er seine weitergehenden Vorstellungen:

> »Was unseren Einfluß in den verschiedenen Abteilungen der National-revolutionären Armee betrifft, so haben wir zwar schon gute Positionen mit Beschlag belegt. Wenn man aber immer tiefer eindringen und alles in den Griff bekommen[1012] will, dann ist dies aus den folgenden Hauptgründen noch nicht möglich:. . .«[1013]

1006 Documents on Communism, S. 191.
1007 Ebenda; Text des Reglements ebenda, S. 200 ff.
1008 Čerepanov, A. I., Severnyj pochod, S. 99.
1009 Documents on Communism, S. 259.
1010 Čerepanov, A. I., Severnyj pochod, S. 99.
1011 Vgl. im einzelnen und zu den Quellen oben S. 228 und Anm. 970 dieser Arbeit.
1012 Das hier aufgeführte Schlüsselzitat ist leider nur als Übersetzung aus dem Russischen ins Chinesische zugänglich. Der Begriff »alles in den Griff bekommen« wird hier durch »pa-ch'ih i-ch'ieh« wiedergegeben, vgl. Su-lien yin-mou wen-cheng hui-pien, Bd. III, Abschn. »Kuang-tung shih-hsiang lei«, S. 13.
1013 Ebenda.

Als Gründe führte Kujbyšev deren zwei auf: Mangel an Beratern und an Dolmetschern.[1014]

Chiang Kai-shek erkannte Kujbyševs Absicht und ergriff Gegenmaßnahmen. Ab 16. Februar begann er, darauf zu drängen, daß diejenigen sowjetischen Offiziere, die direkte Leitungsfunktionen innehatten, in den Beraterstatus zurückversetzt werden sollten.[1015] Dies erfolgte auch wenig später:[1016] Rogačev fungierte nunmehr als Berater des am 23. Februar ernannten Stabschefs Li Chi-shen, und auch Uger und Smirnov wurden wieder in ihre alten Beraterfunktionen im Luftwaffen- bzw. Marinebüro eingewiesen; Dratvin bleibt allerdings unerwähnt. Diese Entwicklung, von der wir bisher nur aus Chiangs Tagebuch und aus einem der am 6. April 1927 in Peking beschlagnahmten Dokumente wußten, wird in den neuen sowjetischen Materialien bestätigt.[1017]

Auch für das Vorhandensein des letzten Konfliktbereichs (Punkt 3) - der Frage des Nordfeldzugs - standen uns bislang ausschließlich zwei spärliche Eintragungen in Chiangs Tagebuch als Indizien zur Verfügung. Sie besagten nicht mehr, als daß die meisten sowjetischen Militärberater am 22. Februar 1926 und dann erneut Kujbyšev am 12. März dagegen opponierten, den am 27. Januar gefaßten Beschluß des Politischen Rats der KMT über die Einleitung eines Nordfeldzugs bald in die Tat umzusetzen;[1018] die Argumente der Berater werden nicht wiedergegeben. Die neuen sowjetischen Materialien gestatten erstmals einen Einblick in die komplizierte Willensbildung, die sich zu diesem Thema auf sowjetischer Seite vollzog. Sie beleuchten auch die zentrale Rolle, die Borodin und die Bubnov-Kommission hierbei spielten.

Borodin wurde nicht - wie er Chiang Kai-shek (offenbar am 3. Februar) mitteilte - plötzlich nach Moskau zurückbeordert.[1019] Er reiste vielmehr nach Peking, um der spätestens am 11. Februar dort eingetroffenen Bubnov-Kommission zu berichten[1020] und mit Feng Yü-hsiang erneut über ein Bündnis zu verhandeln. Die »Sonderkommission für die Arbeit in China« wurde von dem 43-jährigen Andrej Sergeevič Bubnov geleitet, der damals

1014 Ebenda.

1015 Mao Szu-ch'eng (Hrsg.), Min-kuo shih-wu nien, S. 619.

1016 Documents on Communism, S. 216, 245.

1017 Višnjakova-Akimova, V. V., Dva goda, S. 207.

1018 Mao Szu-ch'eng (Hrsg.), Min-kuo shih-wu nien, S. 621, 625. - Eine Angabe, wonach Kujbyšev am energischsten gegen den Nordfeldzug auftrat, findet sich in einer späteren Publikation Chiang Kai-sheks, vgl. Chiang Chung-cheng, Kuo-chün cheng-kung shih kao, Taipei 1960, S. 232.

1019 Chiang Kai-shek, Soviet Russia, S. 37 f.; Mao Szu-ch'eng (Hrsg.), Min-kuo shih-wu nien, S. 616.

1020 Čerepanov, A. I., Severnyj pochod, S. 16; Fischer, L., Russia's Road, S. 126.

als ZK-Sekretär der KPdSU/B, Chef der PURKKA und Mitglied des Revvoensovet zu den Spitzenfunktionären des sowjetischen Partei- und Armeeapparats gehörte.[1021] In China führte Bubnov den Decknamen Ivanovskij.[1022] Außerdem gehörten der Kommission das Mitglied des Zentralrats der Gewerkschaften (VCSPS) I. I. Lepse, der Sekretär des Fernost-Büros der KPdSU/B N. A. Kubjak und der Offizier R. V. Longva an.[1023] Die Kommission reiste in der zweiten Februarhälfte von Peking nach Schanghai, wo Bubnov am 2. März mit Ch'en Tu-hsiu und Chang T'ai-lei konferierte.[1024] Am 13. März traf sie in Kanton ein, am 24. März trat sie von dort die Rückreise an.

Aufgabe der Kommission war es, sich mit der Tätigkeit der sowjetischen Berater bei der KMT-Regierung und bei den Armeen Feng Yü-hsiangs im Norden vertraut zu machen und überhaupt ganz allgemein sich mit allen Fragen zu befassen, die sich aus der sowjetischen Hilfe für das revolutionäre China ergaben.[1025] Es kann vermutet werden, daß die Entsendung der Kommission durch die Meinungsverschiedenheiten ausgelöst wurde, die - offenbar seit spätestens Juni 1925 - zwischen Borodin und Bljucher entstanden waren.[1026]

Am 11. Februar erstattete Egorov als Militärattaché in Peking der Kommission Bericht.[1027] Drei Tage später hörte die Kommission Čerepanov, der sich nach mehr als zweijähriger Tätigkeit in Kuangtung auf dem Weg in den Heimaturlaub befand, sowie Terešatov und Sachnovskij, die beide - obwohl Militärs - in Borodins Stab tätig waren.[1028] Im Mittelpunkt des Gesprächs stand - und auch dies spricht für eine Verbindung der Tätigkeit der Kommission mit dem Streit zwischen Bljucher und Borodin - die Frage des Nordfeldzugs. Bezeichnend für die gespaltene Meinung der Berater waren die Stellungnahmen, die die beiden engen Mitarbeiter Borodins vor Bubnov abgaben. Sachnovskij erklärte kategorisch, in zwei bis

1021 Erickson, J., The Soviet High Command, S. 199, 837, 872; Who Was Who, S. 92 f.

1022 Višnjakova-Akimova, V. V., Dva goda, S. 239; Čerepanov, A. I., Severnyj pochod, S. 16. - Gelegentlich findet sich in der westlichen Literatur die unzutreffende Angabe, Kisan'ka sei Bubnovs Deckname gewesen, vgl. z. B. Erickson, J., The Soviet High Command, S. 837.

1023 Čerepanov, A. I., Severnyj pochod, S. 16; Višnjakova-Akimova, Dva goda, S. 239; Who Was Who, S. 323; 347.

1024 Hierzu und zum Folgesatz Čerepanov, A. I., Severnyj pochod, S. 16, 86 - 95; Višnjakova-Akimova, V. V., S. 240.

1025 Čerepanov, A. I., Severnyj pochod, S. 9.

1026 Vgl. zu den Auseinandersetzungen zwischen Bljucher und Borodin oben S. 221 - 224 dieser Arbeit.

1027 Čerepanov, A. I., Severnyj pochod, S. 16.

1028 Hierzu und zum restlichen Absatz ebenda, S. 16 - 19. Vgl. auch die etwa gleichzeitig geführte Diskussion über den Nordfeldzug in der Zeitschrift »Kanton«, Nr. 7(31), mart 1926 g., S. 1 - 24.

drei Monaten könnte die NRA 30 000 bis 40 000 Soldaten mobilisieren, die auch Peking einzunehmen in der Lage sein würden. Terešatov meinte genauso bestimmt, ein Nordfeldzug sei »gegenwärtig vollkommen unmöglich (ni v koem slučae nel'zja)«; zunächst müsse Kuangtung politisch durchdrungen, der Feldzug müsse logistisch sorgfältig vorbereitet werden, für beides brauche man ein Jahr; auch sei es erforderlich, die Whampoa-MA zuvor zu demjenigen militärisch-revolutionären Kern auszubauen, den sie gegenwärtig noch nicht darstelle. Bubnov hatte sich zum Zeitpunkt des Gesprächs offenbar noch keine feste Meinung gebildet.

Zu den Gesprächen, die Borodin mit den Mitgliedern der Bubnov-Kommission in Peking führte, ist nichts überliefert. Wohl aber zitieren sowjetische Autoren ausführlich aus dem schriftlichen Bericht, den Borodin für die Kommission verfaßte.[1029] Ein vollständiges Bild läßt sich aus den ausgewählten Passagen nicht gewinnen. Immerhin wird deutlich, daß Borodin in der Frage des Nordfeldzugs damals eine differenzierte Position vertrat, die sich etwa folgendermaßen umschreiben läßt: Grundsätzlich ist der Feldzug anzustreben. Er stellt jedoch nur *eine* Aufgabe der revolutionären Kräfte unter mehreren dar und sollte nur in Angriff genommen werden, wenn er nicht nur die Eroberung Mittel- und Nordchinas *per se* bezweckt (er dürfe nicht Sun Yat-sens Nordfeldzügen gleichen), sondern auch politisch-ökonomische Zielsetzungen verfolgt und entsprechend gut vorbereitet wird. Zu den Vorbereitungsmaßnahmen rechnete Borodin:

> »ein politisches und wirtschaftliches Programm, die Festigung des linken Flügels der Kuomintang, die Festigung linker Tendenzen in der Armee, eine Verstärkung der Arbeit unter den Bauern beim Vorhandensein eines Agrarprogramms bis zu einer Agrarrevolution, die Festigung der Gewerkschaften und das Eindringen von Kommunisten in diese, die weitere Bolschewisierung (bol'ševizacija) der KPCh.«[1030]

Borodin ließ in seinem Bericht erkennen, daß er vorhatte, nach seiner Rückkehr nach Kanton das Programm für eine Agrarrevolution auszuarbeiten und es der KMT-Regierung vorzulegen. Aus all dem wird deutlich, daß er den Zeitpunkt für den Beginn eines Nordfeldzugs noch nicht für gekommen hielt.

Noch vor Borodins Rückkehr, aber schon während des Aufenthalts der Bubnov-Kommission in Kanton unternahm Chiang Kai-shek den Staats-

1029 Borodins Bericht für die Bubnov-Kommission vom Februar 1926, auf den sich die Darstellung in dem restlichen Absatz stützt, wird – teilweise wörtlich – wiedergegeben von Mirovickaja, R. A., Michail Borodin, S. 33 - 36, sowie Čerepanov, A. I., Severnyj pochod, S. 23 - 30.

1030 Mirovickaja, R. A., Michail Borodin, S. 36. .

streich vom 20. März 1926. Dieser schien zunächst das Ende der sowjetischen Militärberatung zu bedeuten. Seine Wirkung auf die Beraterschaft wird in einem kurz danach verfaßten Bericht eines Beraters wie folgt beschrieben:

> »Chiang Kai-sheks Vorgehen gegenüber den russischen Beratern und der Kommunistischen Partei Chinas vom 20. März kam wie ein Blitzschlag ... Als Folge wird die Tätigkeit in der National-revolutionären Armee für lange Zeit eingestellt werden...«[1031]

Der äußere Verlauf des Staatsstreichs ist bekannt[1032] und soll hier nicht erneut dargestellt werden. Welche Gründe Chiang letztlich hierzu veranlaßten, ist hingegen bis heute ungeklärt.[1033] Auch die genauen Umstände, unter denen die führenden Militärberater auf Chiangs Druck hin aus Kanton abreisen mußten, sind nur in groben Umrissen bekannt. Es stellt sich die Frage, ob die neuen sowjetischen Materialien zu diesen Bereichen zusätzliche Aufschlüsse liefern können.

Bei der Beschäftigung mit den Gründen soll zwischen Anlaß und Ursache unterschieden werden. Von Chiang selbst wurden als Anlaß stets die mit dem Kanonenboot »Chung-shan« in Verbindung stehenden Vorgänge genannt, die bei ihm den Verdacht hätten entstehen lassen, er solle von den chinesischen Kommunisten verhaftet werden.[1034] Diese Version wird selbst von solchen Verfassern für wenig glaubwürdig gehalten, die ansonsten Chiang gegenüber eine grundsätzlich wohlwollende Haltung einnehmen.[1035] In den neuen sowjetischen Materialien findet sich indes zumindest eine Aussage, die für diese Version spricht. Sie stammt von Borodin und wurde in einem Referat gemacht, das dieser am 23. Oktober 1927 in Moskau vor Altbolschewisten über die aus dem Kampf in China zu ziehenden Lehren hielt. Nach Čerepanovs Konspekt sagte Borodin im Kontext einer Interpretation der Ereignisse vom 20. März:

> »Der Einfluß der KPCh in der Armee war gewachsen, und sie versuchte, Chiang Kai-shek auszuschalten...«[1036]

In dieselbe Richtung deutet eine zeitgenössische Formulierung des Amtierenden Chef-Militärberaters V. A. Stepanov, die einem zwar lange bekannten Dokument entstammt, aber bisher in der Literatur nicht be-

1031 Documents on Communism, S. 248.
1032 Siehe die ausgewogene Darstellung bei Domes, J., Vertagte Revolution, S. 148 - 153.
1033 Vgl. die Gegenüberstellung der gängigen Versionen ebenda, S. 151 f.
1034 Chiang Kai-shek, Soviet Russia, S. 39.
1035 Vgl. z. B. Domes, Vertagte Revolution, S. 152, der Chiangs Version »allzu fadenscheinig« nennt.
1036 Čerepanov, A. I., Severnyj pochod, S. 102.

achtet worden ist. In einem wohl Ende März 1926 abgefaßten Bericht über den Chiang-Coup führte Stepanov aus, die sowjetischen Berater hätten offenbar »das eigentliche Wesen dieser Angelegenheit« (des Manövrierens der »Chung-shan«) gekannt und den Befehl zur Rückkehr des Boots nach Kanton gegeben.[1037] Dies könnte als ein Hinweis darauf verstanden werden, daß die Berater von einer grundsätzlichen Absicht der chinesischen Kommunisten (und Wang Ching-weis?) wußten, Chiang festzusetzen, diese aber nicht billigten und ihre Ausführung in dem erstmals konkret gewordenen Fall zu verhindern trachteten. Gestützt wird diese Hypothese auch in einem Bericht des damaligen sowjetischen Militärattachés in Peking.[1038] Hiernach unternahm Wang Ching-wei zur Zeit des 20. März Schritte, die darauf angelegt waren, Chiang zu *zwingen*, sich den Forderungen der antikommunistischen Fraktion in der KMT-Führung zu versagen. Diese Schritte wurden von Borodin (und der gesamten Beraterschaft?) als unangemessen betrachtet. Kujbyšev, der sich offenbar zur Zeit der Abfassung des Berichts in Peking befand, hielt ein derartiges Vorgehen gegenüber Chiang zumindest im Sommer 1926 für richtig.
Zur Frage der Ursachen enthalten die neuen Materialien Angaben über ein bisher unbekanntes Referat Bubnovs, in dem dieser kurz nach dem Ereignis eine erste Bilanz zu ziehen versuchte. In dem am 24. März 1926 auf einer Sitzung der Berater in Kanton gehaltenen Vortrag,[1039] der unsere bisherigen Kenntnisse von den sowjetischen Reaktionen[1040] bestätigt und ergänzt, bewertete Bubnov den Coup als

> »einen kleinen Halb-Aufstand (poluvosstanie), der gegen die russischen Berater und die chinesischen Kommissare gerichtet ist.«[1041]

Bei seiner Analyse der Ursachen übte Bubnov harte Kritik sowohl an der sowjetischen Beraterschaft als auch an den chinesischen Kommunisten. Der KPCh warf er bissig vor, sie habe sich »etwas in die militärische Tätigkeit verliebt (uvleklas')«.[1042] KMT und KPCh seien völlig ungleichgewichtig in der Armee vertreten.
Zum Verhalten der Beraterschaft stellte Bubnov fest,[1043] es seien sowohl bei der militärischen Tätigkeit als auch seitens der politischen Führung

1037 Su-lien yin-mou wen-cheng hui-pien, Bd. III, Abschn. »Kuang-tung shih-hsiang lei«, S. 34 b.
1038 Hierzu und zum restlichen Absatz Documents on Communism, S. 266, 267 f.
1039 Mit wörtlichen Zitaten versehene Wiedergaben des Referats bzw. von Teilen desselben finden sich bei Kartunova, A. I., V. K. Bljucher v Kitae, S. 40 - 42, sowie bei Čerepanov, A. I., Severnyj pochod, S. 82 - 86.
1040 Vgl. besonders Documents on Communism, S. 218 - 220, 248 - 265.
1041 Kartunova, A. I., V. K. Bljucher v Kitae, S. 42; Čerepanov, A. I., Severnyj pochod, S. 83.
1042 Hierzu und zum Folgesatz Čerepanov, A. I., Severnyj pochod, S. 85.
1043 Zu diesem Absatz ebenda, S. 83 f. - Vgl. zur Einschätzung der Ursachen des Staatsstreichs durch sowjetische Berater Glunin, V. I., K voprosu o taktike, S. 12.

»gewaltige Fehler« (krupnye ošibki) begangen worden. Diese hätten »unmittelbar« (neposredstvenno) den Staatsstreich hervorgerufen. Im einzelnen nannte Bubnov die folgenden Versäumnisse:
1. Unfähigkeit, den Konflikt in der KMT-Regierung vorherzusehen, der sich in der Armee widergespiegelt habe;
2. Überbewertung der Stärke und Einheit der Kantoner Führung;
3. Unfähigkeit, die »starken Überspitzungen« (bol'šie peregiby) bei der militärischen Tätigkeit aufzudecken und zu beseitigen.
4. Überhastet und ohne Rücksicht auf die Psyche der chinesischen Generäle betriebene Zentralisierung des Generalstabs, des Heeresbedarfswesens und des Politkommissariat-Systems;
5. Übermäßige Kontrolle der Generalität: Dem chinesischen General seien fünf Halsbänder umgelegt worden, nämlich
a) der Generalstab
b) die Heeresbedarfsabteilung
c) die Politische Abteilung
d) der Kommissar
e) der Berater.
Bubnov schloß seine Kritik mit der Mahnung an die Berater, besondere Rücksicht auf den »krankhaften Nationalstolz der chinesischen Militaristen« zu nehmen, bei denen ein beliebiger Druck seitens eines ausländischen Fachmanns eine starke Unzufriedenheit erzeugen könne. Die Berater dürften künftig keinesfalls ihre Vollmachten überschreiten und keinesfalls irgendwelche (direkten und formellen, D. H.) Leitungsfunktionen in der Armee übernehmen.
Die Bubnov-Kommission kam im übrigen zu dem Ergebnis, daß man nunmehr aktiv mit den Vorbereitungen des Nordfeldzugs beginnen müsse, um »Wu P'ei-fu auf den Schwanz zu treten«, wie Bubnov in einem Schreiben formulierte.[1044]
Borodin betrachtete Chiangs Staatsstreich in einer bisher unbekannten Analyse als das Ergebnis des Zusammenwirkens von vor allem drei Elementen:[1045]
1. Die »zentristische kleinbürgerliche Intelligenz« in der Armee forderte von Chiang ein Zurückdrängen der Kommunisten.
2. Chiang war beunruhigt durch die auf dem II. KMT-Kongreß (4. bis 19. Januar 1926) erfolgte Stärkung der »›linken‹ Elemente«[1046] – womit nach

1044 Kartunova, A. I., V. K. Bljucher v Kitae, S. 42.
1045 Zu diesem Absatz Čerepanov, A. I., Severnyj pochod, S. 101 f.
1046 Zum Vordringen des linken Flügels auf dem II. KMT-Kongreß Domes, J., Vertagte Revolution, S. 141 ff.

dem Sprachgebrauch der sowjetischen Berater sowohl die KMT-Linken als auch die Kommunisten gemeint waren.
3. Die persönlichen Ambitionen Chiang Kai-sheks, der sich zu einem chinesischen Napoleon berufen gefühlt habe.
Diese Bewertung steht mit der damals überwiegend von den Beratern vertretenen Ansicht im Einklang, wonach Chiang als ein »Zentrist« zu betrachten sei. In einem Referat, das Borodin im Herbst 1927 hielt, versah er Chiang (und Tai Chi-t'ao) im Blick auf deren Verhalten im Frühjahr 1926 ausdrücklich mit diesem Etikett.[1047] Im Kontext vermerkte er sarkastisch, China sei eben nicht groß genug für zwei seiner »großen Söhne«, nämlich Chiang-Kai-shek und Wang Ching-wei.
Čerepanov enthält sich einer eigenen Bewertung der Gründe für die Ereignisse des 20. März. Bemerkenswert ist indes eine vorsichtig formulierte Marginalie:

> »Als ein nicht weniger wichtiger Umstand erwies sich die Abwesenheit Borodins und Bljuchers von Kanton am 20. März. Wären sie hier gewesen, so wäre es ihnen vielleicht gelungen, die ›Linken‹ zu beeinflussen und auch die Armeekreise, die den an die Macht drängenden Chiang Kai-shek nicht unterstützen wollten. Als Borodin zurückkehrte, war es schon (zu) spät. Chiang Kai-shek war es gelungen, die wichtigsten Kommandohöhen zu erobern.«[1048]

Indem Čerepanov so Borodin und Bljucher das politisch-taktische Talent zur Bewältigung der kritischen Situation bescheinigt, belastet er erneut[1049] - wenn auch indirekt - Kujbyšev, der als ranghöchster Berater die Hauptverantwortung für das sowjetische Verhalten in Kanton trug.
Was die spektakulären Umstände der Abberufung der sowjetischen Militärberaterspitze angeht, so ist es aufgrund einer Gegenüberstellung des bereits bekannten mit dem neuen sowjetischen Material möglich, den Ablauf der Ereignisse ziemlich exakt zu rekonstruieren.[1050] Als am 20. März das Gebäude des Chef-Militärberaters im östlichen Kantoner Vorort Tungshan im Auftrag Kai-sheks von Militär umstellt worden war, beschlossen die Berater, eine Delegation zu Chiang zu schicken, die eine Erklärung verlangen sollte.[1051] Chiang Kai-shek weigerte sich, Kujbyšev zu empfan-

1047 Čerepanov, A. I., Severnyj pochod, S. 102.
1048 Ebenda, S. 101.
1049 Zu direkter Kritik Čerepanovs an Kujbyšev siehe oben S. 236 dieser Arbeit.
1050 Soweit keine Einzelhinweise gegeben werden, stützt sich die Darstellung auf die folgenden Quellen: Višnjakova-Akimova, V. V., Dva goda, S. 237 - 240; Mao Szu-ch'eng (Hrsg.), Min-kuo shih-wu nien, S. 628 f.; Documents on Communism, S. 249 f. - Bemerkenswerterweise geht Čerepanov auf die Ablösung der Spitzenberater in seinen Memoiren nicht ein.
1051 Višnjakova-Akimova, V. V., Dva goda, S. 239. Višnjakova irrt sich allerdings im Datum. Die Delegation wurde nicht am 21., sondern schon am 20. März entsandt; vgl. überein-

gen.[1052] Darauf entsandte man zunächst Razgon,[1053] der offenbar von Mira Sachnovskaja (Čubareva) sowie Iolk als Dolmetscher begleitet wurde.[1054] Chiang Kai-shek entschuldigte sich umständlich; Razgon beklagte sich und verwies anhand des Beispiels von Pavlovs Tod auf die Opfer, die die Berater für die chinesische Revolution gebracht hatten.[1055] Am selben Tag sprach eine zweite sowjetische Delegation bei Chiang vor; ihr gehörten Bubnov und Razgon an.[1056] Chiang übte Kritik an der Tätigkeit der Berater und sagte zu, er werde am Folgetag Bubnov anrufen, um die Einzelheiten zu besprechen.

Inzwischen hatte sich bei den Beratern herumgesprochen, daß Chiang die Abberufung von Kujbyšev und Rogačev verlangte.[1057] Višnjakovas Angabe, Chiang habe auch die Ablösung von Razgon (als Kujbyševs Stellvertreter in politischen Angelegenheiten) verlangt, beruht offenbar auf einem Irrtum.[1058] Razgon verließ zwar Kanton zusammen mit den beiden anderen, aber offenbar auf eigenen Wunsch; er wurde im Unterschied zu diesen nicht von seinem Posten entbunden.[1059] Višnjakova bestätigt Chiang Kai-sheks Angabe,[1060] wonach Chiang die Rückkehr Bljuchers als Chef-Militärberater forderte.

Als am 21. März Chiangs versprochener Anruf bei Bubnov ausblieb, beschloß die Militärberaterschaft, als neuen Verhandlungsführer V. I. Solov'ev einzusetzen, der als Angehöriger der sowjetischen Botschaft in Peking offenbar die Bubnov-Kommission nach Kanton begleitet hatte.[1061] Dieser führte am 22. März das entscheidende Gespräch mit Chiang. Nach-

stimmend Documents on Communism, S. 249, und Mao Szu-ch'eng (Hrsg.), Min-kuo shih-wu nien, S. 628.

1052 Višnjakova-Akimova, V. V., Dva goda, S. 239.

1053 Documents on Communism, S. 249.

1054 Višnjakova-Akimova, V. V., Dva goda, S. 239.

1055 Documents on Communism, S. 249.

1056 Hierzu und zu den beiden Folgesätzen ebenda sowie S. 257; Mao Szu-ch'eng (Hrsg.), Min-kuo shih-wu nien, S. 628 (hier erscheint Bubnov unter seinem Pseudonym Ivanovskij, das in der Transkription zu I-wan-no-fu-szu-k'an verstümmelt wurde).

1057 Višnjakova-Akimova, V. V., Dva goda, S. 239; Kartunova, A. I., V. K. Bljucher v Kitae, S. 42.

1058 Višnjakova-Akimova, V. V., Dva goda, S. 239. – In diesem Punkt stimmt Chiangs Tagebuch inhaltlich mit einem von Kartunova erwähnten Brief überein, den Bubnov am 27. März an Borodin schrieb. Vgl. Mao Szu-ch'eng (Hrsg.), Min-kuo shih-wu nien, S. 629, und Kartunova, A. I., V. K. Bljucher v Kitae, S. 42. – Zu Razgons Position Mirovickaja, R. A., Pervoe desjatiletie, S. 37, sowie Višnjakova-Akimova, V. V., Dva goda, S. 190.

1059 Chiang Kai-shek, Soviet Russia, S. 51 f.; Višnjakova-Akimova, V. V., Dva goda, S. 239. – Nach Blagodatov verlangte Chiang die Ablösung von allen drei Offizieren, vgl. Blagodatov, A. V., Zapiski, S. 134, 137.

1060 Documents on Communism, S. 28, 249, 481 (Anm. 109).

1061 Hierzu und zum restlichen Absatz Mao Szu-ch'eng (Hrsg.), Min-kuo shih-wu nien, S. 629, sowie Documents on Communism, S. 250.

dem Chiang versichert hatte, er habe nichts gegen die sowjetische Politik im allgemeinen einzuwenden, seine Kritik richte sich lediglich gegen die militärischen Spitzenberater als Personen, erklärte sich Solov'ev bereit, Kujbyšev und Rogačev abzulösen. In der am selben Tag abgehaltenen Sitzung des Politischen Rats der KMT wurde die Ablösung bestätigt.

Am 24. März 1926 reisten Kujbyšev, Rogačev und Razgon gemeinsam mit den Mitgliedern der Bubnov-Kommission auf dem sowjetischen Schiff »Pamjat' Lenina« von Kanton ab.[1062] Ein vorgesehenes Treffen Bubnovs mit Wang Ching-wei und eine Rede Bubnovs vor dem ZEK der KMT konnten nicht mehr stattfinden.[1063] Die oben bereits vorgenommene Analyse des Referats, das Bubnov am Abreisetag auf einer Sitzung der Berater hielt,[1064] läßt erkennen, daß Bubnov sich wesentliche Teile derjenigen Kritik an der Militärberaterschaft zu eigen machte, die Chiang Kai-shek ihm gegenüber am 20. März vorgebracht hatte. Dies wird unter anderem daraus ersichtlich, daß Bubnovs Mahnung an die Berater, sie dürften künftig keinesfalls ihre Kompetenzen überschreiten und keine formellen Posten mehr in der Armee übernehmen,[1065] fast wörtlich mit denjenigen Forderungen übereinstimmt, die Chiang Kai-shek am 3. April auf einer Sitzung des ZEK der KMT vortrug.[1066] Zur Verabschiedung der Sowjetrussen fanden sich am Kai seitens der KMT-Regierung nur General T'an Yen-k'ai und Sun Yat-sens Schwager Sung Tzu-wen (T. V. Soong) ein.[1067] Chiang Kai-shek ließ sich nicht blicken.

Durch Kujbyševs, Rogačevs und Razgons Abreise sah sich die sowjetische Militärberaterschaft nicht nur ihrer Führungsspitze beraubt. Sie war darüber hinaus auch ihrer formellen Repräsentanz im Führungsorgan der chinesischen Armee, dem Militärrat, verlustig gegangen, wo die drei Entlassenen als einzige der sowjetschen Offiziere über Sitz und Stimme verfügten.[1068] Andererseits hatte Chiang Kai-shek - nicht zuletzt durch seinen Wunsch, Bljucher möge zurückkehren - zu erkennen gegeben, daß ihm an einer Fortsetzung der sowjetischen Militärberatertätigkeit gelegen war. Die verunsicherten Berater warteten nun auf Bljuchers (und Borodins) Eintreffen, von denen sie eine Klärung der Frage erhofften, unter welchen Bedingungen sie ihre Arbeit fortsetzen sollten. Die Aufgabe des Chef-Militärberaters nahm bis dahin als ranghöchster Offizier V. A. Stepanov

1062 Višnjakova-Akimova, V. V., Dva goda, S. 240.
1063 Ebenda.
1064 Siehe oben S. 243 f. dieser Arbeit.
1065 Čerepanov, A. I., Severnyj pochod, S. 84.
1066 Documents on Communism, S. 222 f.
1067 Višnjakova-Akimova, V. V., Dva goda, S. 240.
1068 Siehe oben S. 238 dieser Arbeit.

amtierend wahr.[1069]
Chiang bemühte sich in den folgenden Wochen darum, die Berater davon zu überzeugen, daß es ihm am 20. März nicht um eine antisowjetische Demonstration, sondern in erster Linie darum gegangen sei, dem übermächtig gewordenen Einfluß der KPCh in der KMT und der Armee entgegenzuwirken. Er zwang in der ersten Aprilhälfte die chinesischen Kommunisten dazu, ihre Politkommissare aus der Armee zurückzuziehen.[1070] Gleichzeitig gab er sich den sowjetischen Militärberatern gegenüber betont freundlich und vertraulich. Er bat sie des öfteren um Rat und gab ihnen dabei das Gefühl, daß er seine eigenen Ansichten und Absichten offen darlegte. Er entschuldigte sich sogar öffentlich dafür, daß den Beratern am 20. März durch ein Mißverständnis Ungelegenheiten bereitet worden seien.[1071] Gegenüber Stepanov, seinem engsten Berater aus der Zeit des Ersten Ostfeldzugs, äußerte er auf Befragen, die Beraterschaft solle weiterarbeiten wie bisher.[1072] Gleichzeitig aber ließ er in der parteiinternen Diskussion keinen Zweifel daran, daß die sowjetischen Offiziere künftig keinesfalls über ihre eigentliche Beratertätigkeit hinausgehen und direkte Leitungsfunktionen übernehmen dürften, wie dies unter Kujbyšev geschehen war.[1073] Durch sein Gesamtverhalten erzeugte Chiang, der nach Wang Ching-weis Verschwinden (23. März) die tatsächliche Kontrolle über die KMT-Führung und -Regierung ausübte, Mitte April immerhin bei zwei hochrangigen sowjetischen Militärberatern den Eindruck, er schätze die Berater sehr, sei verläßlich (Besčastnov) und habe revolutionäre Interessen, die es auszunutzen gelte (Stepanov).[1074]
Am 29. April 1926 traf Borodin wieder in Kanton ein.[1075] Er war in Peking durch die Nachricht von Chiang Kai-sheks Staatsstreich überrascht worden, als er sich gerade anschickte, mit seiner Frau und dem jüngsten Sohn

1069 Der genaue militärische Rang Stepanovs ist nicht bekannt. Es ist jedoch davon auszugehen, daß Stepanov zumindest seit dem Frühjahr 1925 nach Bljucher bzw. Kujbyšev der ranghöchste Offizier in Kanton war. In zwei Beraterlisten, die uns vorliegen, wird er übereinstimmend an erster Stelle – in einer der Listen als erster im Generalsbereich – aufgeführt. Vgl. die Listen oben S. 212 und 229 dieser Arbeit.
1070 Hierzu und zu den beiden Folgesätzen Documents on Communism, S. 254.
1071 Ebenda, S. 223.
1072 Ebenda, S. 257.
1073 Ebenda, S. 222 f.
1074 Ebenda, S. 264.
1075 Mao Szu-ch'eng (Hrsg.), Min-kuo shih-wu nien, S. 661. Aus Chiangs Tagebucheintragung ergibt sich, daß Borodin ihm mitteilte, er sei »aus Rußland« zurückgekehrt. Offenbar verschwieg ihm Borodin – aus unbekannten Gründen –, daß er sich die ganze Zeit seit Februar in Peking aufgehalten und nur auf dem Rückweg Sibirien berührt hatte. – Višnjakova-Akimova, V. V., Dva goda, S. 247, spricht von einer Rückkehr Borodins »Ende April«.

einen Heimaturlaub anzutreten.[1076] Angesichts der neuen Lage beschloß er, einer Bitte Chiangs entsprechend, mit der Familie nach Kanton zurückzukehren.[1077] Offenbar aus Gründen der Sicherheit und/oder Geheimhaltung wählte er einen umständlichen Weg: per Bahn über Kalgan, die Mongolei und Verchneudinsk (heute: Ulan-Udė) nach Vladivostok und von dort per Schiff bis Kanton. In seiner Begleitung befanden sich einige Chinesen, darunter T'an P'ing-shan, der Spitzenvertreter der KPCh in der KMT und Leiter von deren Organisationsabteilung. Als Reiseleiter fungierte Čerepanov, der - anstatt, wie ursprünglich geplant, nach Sowjetrußland auf Urlaub zu fahren - ebenfalls den Befehl bekommen hatte, nach Kanton zurückzukehren. Čerepanov begleitete Borodins Gruppe nur bis Vladivostok. Dort hielt er sich noch einige Tage auf, um für Borodins Kantoner Büro einige geeignete Mitarbeiter (Leibwächter, Chauffeur, Stenotypistin) zu suchen. Nach Kanton kehrte er im Mai auf demselben Schiff zurück, das auch Bljucher benutzte, um - dieses Mal in Begleitung seiner Frau Galina Pavlovna und seiner Kinder Vsevolod (»Seva«) und Zoja - sein zweites China-Kommando zu übernehmen.

e) Die Beraterschaft unter Bljuchers zweitem China-Kommando (Mai 1926 bis August 1927)

Als Bljucher Mitte Mai 1926 in Kanton eintraf,[1078] fand er eine Lage vor, die noch deutlich von den Nachwirkungen des Staatsstreichs geprägt war. Seine Wiederbegegnung mit Chiang Kai-shek, den er fast ein Jahr nicht gesehen hatte, schilderte er in einem drei Wochen später abgefaßten Bericht wie folgt:

> »Meine persönlichen Beziehungen zu Chiang Kai-shek waren in der ersten Zeit etwas gespannt, obwohl er mir das beste Kanonenboot in das Delta entgegenschickte, auf das ich übersetzte, um nach Kanton zu gelangen. Er kam die ganze Zeit auf die Frage zurück, ob wir ihm vertrauten oder nicht, oft und lange berichtete er von den Ursachen, die ihn zum Vorgehen am 20. März veranlaßt hatten. Aus seinen Erzählungen ergab sich, daß Wang Ching-wei und Kisan'ka (obwohl er von Kisan'ka wiederum nicht direkt spricht) versucht hatten, ihn

1076 Čerepanov, A. I., Severnyj pochod, S. 60; Višjnakova-Akimova, V. V., Dva goda, S. 247.

1077 Hierzu und zum restlichen Absatz Čerepanov, A. I., Severnyj pochod, S. 60 - 64. - Vgl. auch oben S. 169 dieser Arbeit, sowie Fischer, L., Russia's Road, S. 127.

1078 Das genaue Datum von Bljuchers Ankunft in Kanton ist nicht bekannt. Kartunova gibt »Monat Mai« an, vgl. Kartunova, A. I., V. K. Bljucher v Kitae, in: Narody Azii i Afriki, Jg. 1967, Nr. 5, S. 145. - Daß Bljucher in der ersten Maihälfte eintraf, schließt der Verfasser aus einer Angabe Višnjakovas. Dort heißt es, Bljucher sei »Anfang Mai, zwei Wochen nach Borodin« angekommen. Vgl. Višnjakova-Akimova, V. V., Dva goda, S. 250.

jeglichen Einflusses zu berauben (svesti ego na net), indem sie den Ausbau seiner Truppen verzögerten, ihn in eine im Vergleich mit anderen schlechtere Lage versetzten, daß eine solche Politik der Mißachtung ihm und seinen Truppen gegenüber zu einer Stärkung der Feinde der national-revolutionären Bewegung führen konnte und daß er das für die Rettung der national-revolutionären Bewegung tun mußte.«[1079]

Bljucher berichtete anschließend,[1080] Chiang habe sich bei seinem Bestreben, »Sun Yat-sens Platz in der Kuomintang einzunehmen« und »seine eigene Diktatur durch die Diktatur in der Partei zu festigen«, sowohl vor den KMT-Rechten als auch vor den KMT-Linken und den Kommunisten gefürchtet. Von daher sei auch die Halbherzigkeit seiner Politik zu erklären.

Mit dieser Analyse stufte auch Bljucher Chiang Kai-shek als einen »Zentristen« ein. Diese Betrachtung war insofern gerechtfertigt, als Chiang sich nach seinem Anti-Links-Coup vom 20. März tatsächlich im Laufe des April auch deutlich gegenüber der rechten »Westberggruppe« abzugrenzen begann.[1081] Daß schließlich die KPCh-Führung im Juni sozusagen zähneknirschend einem Kompromiß mit Chiang zustimmte, der auf eine Kapitulation vor dessen Forderung nach einer drastischen Reduzierung des kommunistischen Einflusses in der KMT hinauslief, war offensichtlich nicht zuletzt den Vermittlungskünsten Borodins zu verdanken. Mit der Aufrechterhaltung des KMT/KPCh-Blocks verfolgte dieser die Politik der Stalinistischen Majorität in der Moskauer Parteiführung, während die von Trockij geführte Minderheit im März 1926 eine »revolutionäre und rein kommunistische Politik in Kanton« und einen »offenen Kampf mit der chinesischen Bourgeoisie, nicht eine Allianz mit ihr« forderte.[1082]

Chiang Kai-shek gelang es, seine durch den Staatsstreich vom 20. März erreichte faktische Führungsposition in der Partei und der Armee zwischen April und Juli 1926 institutionell abzusichern.[1083] Sein Marsch durch die Institutionen ist beeindruckend: Nach dem Rückzug Wang Ching-weis aus allen Ämtern übernahm er am 16. April den Vorsitz des Militärrats und die Leitung der wichtigen Organisationsabteilung (bisheriger Leiter:

1079 Čerepanov, A. I., Severnyj pochod, S. 104.

1080 Zu diesem Absatz ebenda, S. 104 f. – Nach Brandt äußerte sich Bljucher in einem Bericht vom Mai 1926 herabsetzend über Chiang, Brandt, C., Stalin's Failure, S. 117.

1081 Hierzu und zum Folgesatz Domes, J., Vertagte Revolution, S. 153 ff.; Documents on Communism, S. 223 f., 227 - 230, 268.

1082 Borodin 1929 gegenüber Louis Fischer, Vgl. Fischer, L., Russia's Road, S. 126.

1083 Soweit keine besonderen Quellenangaben gemacht werden, stützt sich der Verfasser bei der Darstellung in diesem Absatz auf Documents on Communism, S. 229 f., und Domes, J., Vertagte Revolution, S. 155 f. – Domes' Angabe, Chiang Kai-shek sei am 19. Mai zum Vorsitzenden des ZEK gewählt worden, trifft allerdings nicht zu, vgl. den Folgesatz.

der Kommunist T'an P'ing-shan); der Politische Rat, dessen Vorsitz man am selben Tag T'an Yen-k'ai übertragen hatte, wurde im Folgemonat aufgelöst; am 19. Mai wählte man Chiangs engen Vertrauten Chang Jen-chieh zum Vorsitzenden des Ständigen Ausschusses des ZEK;[1084] am 4./5. Juni wurde Chiang zum Oberbefehlshaber für den bevorstehenden Nordfeldzug ernannt;[1085] am 29. Juni zog er als Mitglied in den Nationalregierungsrat ein; am 5. Juli übernahm er die Leitung der KMT-Abteilung für Militärpersonal (chung-yang tang-pu chün-jen pu);[1086] am 6. Juli schließlich wurde er zum Vorsitzenden des Ständigen Ausschusses des ZEK gewählt.[1087]

Die von Wilbur/How vertretene These,[1088] daß Borodin bei seiner Rückkehr nach Kanton einen baldigen Beginn des Nordfeldzugs noch immer ablehnte und seine Zustimmung gezwungenermaßen in die Vereinbarung eines modus vivendi mit Chiang einbrachte, findet in den neuen sowjetischen Materialien Unterstützung. Demnach sprach sich Borodin auf einer Sitzung des ZK-Südbüros der KPCh Ende April oder Anfang Mai 1926 gegen eine schnelle Einleitung des Feldzugs aus.[1089] Er begründete dies folgendermaßen: Zunächst müßte die innere Situation in der KMT konsolidiert, eine günstige politische Lage geschaffen, eine Vereinbarung mit Feng Yü-hsiangs Armeen getroffen, ein Stillhalteabkommen mit dem Warlord Sun Ch'uan-fang angestrebt und unter den Bauern eine Agitationskampagne durchgeführt werden - erst dann könne man an den Beginn des Feldzugs denken.

Borodin, der sich im Widerstand gegen den Feldzug mit den chinesischen Kommunisten einig war,[1090] konnte sich, als er nachgeben mußte, allenfalls mit der Hoffnung trösten, der Feldzug werde den KMT-Linken und der KPCh einen neuen Aufschwung bescheren und so die Niederlage vom 20. März 1926 wettmachen. Ein solches Wunschdenken zeigte sich zumindest in seinem Referat vom 23. Oktober 1927, das stark apologetisch gefärbt ist. Hier rechtfertigte Borodin seine letztendliche Zustimmung wie folgt:

»In Kuangtung stellte sich die Frage so: Entweder ein erfolgreicher Feldzug zum Yangtse und die Erhebung der Massen, die Liquidierung der ›Märzleute‹ (martovcy) von unten - oder wir bleiben in Kuangtung und werden dort in der

1084 Mao Szu-ch'eng (Hrsg.), Min-kuo shih-wu nien, S. 668.
1085 Ebenda, S. 673.
1086 Ebenda, S. 683.
1087 Ebenda, S. 684.
1088 Documents on Communism, S. 228, 230.
1089 Hierzu und zum Folgesatz Čerepanov, A. I., Severnyj pochod, S. 108.
1090 Documents on Communism, S. 230 f.

eisernen Umklammerung des englischen Imperialismus ersticken.«[1091]

Daß sich in den neuen Materialien kein Hinweis auf eine Ablehnung des Feldzugs durch Bljucher findet, ist ein weiteres Indiz zugunsten der oben[1092] aufgestellten Hypothese, wonach dieser bereits im Juni 1925 für den Feldzug eintrat und sich unter anderem deswegen mit Borodin überwarf.

Am 4. Juni 1926 faßte das ZEK auf einem Sonderplenum den Beschluß über die Einleitung des Nordfeldzugs (pei-fa).[1093] Am 9. Juli wurde Chiang Kai-shek in einer feierlichen Zeremonie als Oberkommandierender (tsung-szu-ling) vereidigt.[1094] Der Militärrat existierte zwar formell weiter, führte jedoch ein Schattendasein.[1095] Das Gros der für den Nordfeldzug bestimmten Truppen setzte sich am 9. Juli von Kanton aus in Marsch.[1096] De facto hatte der Feldzug indes bereits im Mai begonnen,[1097] als - gegen Borodins Willen - eine NRA-Einheit in Hunan einmarschierte, um T'ang Sheng-chih zu Hilfe zu kommen.

Als territoriale Ausgangsbasis für den Nordfeldzug standen der KMT nur die beiden im März 1926 vereinigten Provinzen Kuangtung und Kuangsi zur Verfügung. In dem hier zu behandelnden Zeitraum zwischen Juli 1926 (Beginn des Feldzugs) und Juli 1927 (Abzug der sowjetischen Militärberater) entwickelte sich der Feldzug sehr erfolgreich.[1098] Die KMT-Armeen eroberten die überwiegend von den Warlords Wu P'ei-fu und Sun Ch'uan-fang beherrschten Provinzen Hunan, Hupei, Kiangsi, Fukien, Kiangsu, Chekiang, Anhui und Honan; der Warlord Yen Hsi-shan von

1091 Čerepanov, A. I., Severnyj pochod, S. 108. - Unglaubwürdig erscheint daher auch Borodins gegenüber Louis Fischer abgegebene Erklärung, er habe bei seiner Ankunft in Kanton Ende April 1926 Chiang zur Einleitung des Nordfeldzugs gedrängt, vgl. Fischer, L., Russia's Road, S. 127.

1092 Siehe oben S. 224 f. dieser Arbeit.

1093 Mao Szu-ch'eng (Hrsg.), Min-kuo shih-wu nien, S. 673.

1094 Ebenda, S. 686.

1095 Domes, J., Vertagte Revolution, S. 160 (mit weiteren Quellenhinweisen).

1096 Hu Pu-yu, A Brief History, S. 49.

1097 Documents on Communism, S. 367. - Daß die Hilfsexpedition gegen Borodins Willen unternommen wurde, findet sich in: Biographical Dictionary of Republican China, Bd. II, S. 338.

1098 Der Verlauf des Feldzugs kann hier nicht im einzelnen erörtert werden. Es wird hierzu auf die folgenden Arbeiten verwiesen, auf die sich auch diese Arbeit stützt, sofern keine besonderen Quellenhinweise gegeben werden: Pei-fa chan-shih, Bd. II, III, Taipei 1967; Jordan, D. A., The Northern Expedition - a Military Victory, Unveröff. Diss., University of Wisconsin, S. 82 ff.; Domes, J., Vertagte Revolution, Berlin 1969, S. 157 ff.; T'ang Leang-Li, The Inner History of the Chinese Revolution, London 1930, S. 237 ff.; Documents on Communism, Nationalism, and Soviet Advisers in China 1918 - 1927, New York 1972, S. 367 ff.; Liu F. F., A Military History of Modern China 1924 - 1949, Port Washington, N.Y./London 1972, S. 25 ff.; Military Campaigns in China 1924 - 1950, Taipei 1966; Hu Pu-yu, A Brief History of the Chinese Revolutionary Forces, 2. Aufl., Taipei 1973, S. 46 ff.

Shansi unterstellte seine Truppen von selbst der NRA. Diese Erfolge waren nicht allein der militärischen Disziplin und Schlagkraft der KMT-Armeen zu verdanken. Daneben spielte eine wichtige Rolle, daß - insbesondere als Folge von Agitationskampagnen der KPCh - die bäurische Bevölkerung im gegnerischen Hinterland mit den heranrückenden Truppen der Südchinesischen Regierung in einem starken Maße sympathisierte, militärische Vorbereitungshandlungen des Gegners verriet und dessen Logistik störte. Diese für China neue Einbeziehung der Zivilbevölkerung in die militärische Planung, die von Borodin mit dem Satz »Wir nahmen Plakate genauso wichtig wie Gewehre«[1099] umrissen wurde, war vor allem dem Einfluß der sowjetischen Berater und der chinesischen Kommunisten zu verdanken.

Der Anteil der (einschließlich des zivilen Hilfspersonals) etwa 50 bis 60 sowjetischen Militärberater[1100] am Erfolg läßt sich auch heute, bei Berücksichtigung des von sowjetischer Seite angebotenen reichhaltigen Materials, noch nicht endgültig bestimmen. Hierzu wird die Forschung erst dann in der Lage sein, wenn man sich in Moskau, Taipei[1101] und Peking dazu entschließt, die Militärarchive gänzlich zu öffnen. Immerhin aber bietet die genaue Analyse der neueren sowjetischen Veröffentlichungen eine hinreichende Grundlage, um die von dem chinesischen Militärhistoriker F. F. Liu aufgestellte und bisher in der westlichen Literatur unwidersprochene These in Zweifel zu ziehen, wonach sich die sowjetische Beteiligung auf den siegreichen Verlauf minimal ausgewirkt habe.[1102] Wie noch im einzelnen darzustellen ist, wurde Bljucher zumindest zu Beginn des Feldzugs in die strategische und fast die gesamte Zeit in die operative Planung eingeschaltet; Ende 1926 beteiligte man sowjetische Offiziere an der Reform der Armeestruktur; beim chinesischen Generalstab arbeiteten durchgehend Berater für Logistik und Artilleriewesen; den acht Stamm-Armeekorps und zusätzlich einzelnen Divisionen waren ständige Berater attachiert, die zum Teil unter persönlichem Einsatz wichtige Gefechtsaufgaben lösten; schließlich wurden alle der NRA zur Verfügung stehenden Flugzeuge von sowjetischem Personal geflogen.

1099 Fischer, L., Russia's Road, S. 128.
1100 Zur Anzahl der Militärberater in diesem Zeitraum vgl. Kazanin, M. I., V štabe Bljuchera, S. 49; oben S. 163 (Anm. 681) dieser Arbeit.
1101 Dem Verfasser gelang es während eines Aufenthalts auf Taiwan im Jahre 1970 nicht - mit Ausnahme der Sitzungsprotokolle des Militärrats zwischen 29. 6. 1925 und 8. 5. 1926 -, Archivmaterialien zu benutzen; die folgende Korrespondenz mit zuständigen taiwanesischen Dienststellen blieb ergebnislos. Entsprechende Vorstöße in Moskau brachten bisher ebenfalls keinen Erfolg.
1102 Liu F. F., A Military History, S. 33.

Chiang Kai-sheks Staatsstreich vom 20. März 1926 hatte zunächst bewirkt, daß der Tätigkeitsbereich der Berater auf die Whampoa-MA reduziert wurde.[1103] In dem Maße, in dem die Vorbereitung des Nordfeldzugs eine immer konkretere Gestalt anzunehmen begann, wurden die sowjetischen Offiziere allmählich wieder zu militärischer Beratungstätigkeit herangezogen. Chiang ernannte N. T. Rogov (Deckn.: Ivan Lodzinskij) zum Berater beim NRA-Büro für Logistik, G. I. Gilev und T. S. Borodin (nicht zu verwechseln mit dem politischen Chefberater M. M. Borodin) zu Artillerieberatern.[1104] Rogov beteiligte sich an der Ausarbeitung des Plans für die rückwärtigen Dienste während des Vormarsches auf Hunan und Hupei.[1105] Zu einem späteren Zeitpunkt wurde Bljuchers Politkommissar, der Armenier V. Ch. Teruni (andere Namen: Ter, Tairov) zum Leitenden Berater bei der Politischen Hauptverwaltung der NRA ernannt.
Bljucher selbst schaltete sich sofort nach seiner Rückkehr in die strategische Planung ein. Die Konzeption seines Gesamtplans läßt sich aus den sowjetischen Materialien nicht erschließen. Es gibt indes Indizien, nach denen Bljucher eine allgemeine Stoßrichtung gen Norden befürwortete mit dem Ziel, sich mit den Nationalarmeen (Kuominchün) Feng Yühsiangs zu vereinigen und gemeinsam Peking einzunehmen; die Vereinigung mit Fengs Streitkräften, bei denen damals rund 65 sowjetische Militärberater tätig waren, hätte eine territoriale Verbindung zur Sowjetunion geschaffen.[1106] Die Eroberung Pekings als erstes Hauptziel des Nordfeldzugs entsprach nach den Angaben eines führenden Militärberaters[1107] zumindest den Vorstellungen Borodins, der den Versuch einer vorherigen Einnahme von Schanghai, das in seiner Sicht den Kernbereich der drei feindlichen Hauptkräfte (Imperialismus, Militarismus und verräterisches Bürgertum) darstellte, als zu gefährlich ablehnte.
Inwieweit die chinesische militärische Führung ihre Gesamtplanung für den Nordfeldzug damals mit Bljucher diskutierte, läßt sich nicht feststellen. Neuen sowjetischen Dokumenten ist aber zu entnehmen, daß zumindest dessen erste Etappe - der Vorstoß nach Hupei - eingehend erörtert wurde. Hierbei konnte Bljucher sich durchsetzen. Es ging um die Frage, ob man den Vormarsch mit zwei Angriffsspitzen gleichzeitig durchführen sollte, die durch Hunan bzw. Kiangsi marschieren und sich in Wuchang vereinigen sollten.[1108] Dies war in einer von zwei Planvarianten vorgese-

1103 Čerepanov, A. I., Severnyj pochod, S. 120.
1104 Ebenda, S. 121; Borodin, T. S., Vospominanija artillerijskogo sovetnika, S. 33; Mirovickaja, R. A., Pervoe desjatiletie, S. 50 f.
1105 Hierzu und zum Folgesatz ebenda; Documents on Communism, S. 369.
1106 Hierzu Liu F. F., A Military History, S. 36 f. (mit weiteren Quellenhinweisen).
1107 Čerepanov, A. I., Severnyj pochod, S. 108 f.
1108 Auszug aus der Präambel des Plans bei Mirovickaja, R. A., Pervoe desjatiletie, S. 39. - Hierzu und zum Folgenden auch Čerepanov, A. I., Severnyj pochod, S. 123 - 126.

hen, die zur Zeit der Ankunft Bljuchers vom chinesischen Generalstab bereits angenommen war.[1109] Bljucher erhob hiergegen Bedenken, weil der Durchmarsch durch Kiangsi den Warlord Sun Ch'uan-fang, zu dessen Einflußbereich Kiangsi gehörte und mit dem die KMT-Regierung damals in Verhandlungen stand, zu einem mit Wu P'ei-fu abgestimmten bewaffneten Vorgehen hätte veranlassen können. Einem solchen übermächtigen Gegner wäre die NRA in Bljuchers Sicht damals nicht gewachsen gewesen. In langen Diskussionen setzte Bljucher durch, daß die erste Variante verworfen und auf der Grundlage der zweiten unter seiner maßgeblichen Beteiligung ein neuer Operationsplan aufgestellt wurde. In einem zeitgenössischen Bericht faßte Bljucher diese Vorgänge wie folgt zusammen:

»Der Plan sah den gleichzeitigen Einfall nach Hunan und Kiangsi vor... Von den ersten Tagen nach meiner Ankunft an und die ganze folgende Zeit machte ich es mir zur Aufgabe, diesen Plan abzuändern und die Operationen auf die Grenzen von Hunan einzuschränken. Nach vielen Konferenzen gelang es mir am 23. Juni, von ihnen die Zustimmung zu einer Abänderung des Plans und den Verzicht auf ein sofortiges Vorrücken nach Kiangsi zu erreichen.«[1110]

Der neue Plan, der am 1. Juli 1926 für verbindlich erklärt wurde,[1111] sah einen Vormarsch in zwei Gruppierungen vor. Die West-Gruppierung hatte über Changsha nach Wuchang-Hankou vorzustoßen und sich anschließend mit Feng Yü-hsiangs Streitkräften zu vereinigen.[1112] Sie wurde von dem Hunan-General T'ang Sheng-chih befehligt, der sich der Vorstellung »Buddhismus ist das Ziel, Sunyatsenismus das Mittel« verschrieben hatte;[1113] sein sowjetischer Militärberater war V. E. Gorev (Deckn.: Nikitin). Die Ost-Gruppierung sollte an der Grenze zu Kiangsi Flankenschutz gegenüber einem möglichen Angriff Sun Ch'uan-fangs gewähren und als Reserve bereitstehen. Ihr Kommando übernahm Chiang Kai-shek selbst, als Berater stand ihm Bljucher zur Seite. Chiang und Bljucher fuhren am 29. Juli von Kanton aus gemeinsam an die Front.[1114]

1109 Mirovickaja, R. A., Pervoe desjatiletie, S. 39.

1110 Bericht Bljuchers vom 5. Juli 1926, auszugsweise abgedruckt bei Čerepanov, A. I., Severnyj pochod, S. 124 f.

1111 Text des Plans und des entsprechenden Befehls in: Pei-fa chan-shih, Bd. II, S. 327 ff. – Textauszüge bei Liu F. F., A Military History, S. 36 (Anm. 1); Hu Pu-yu, A Brief History, S. 45; Čerepanov, A. I., Severnyj pochod, S. 127. Konspekt des Plans bei Pyn Min, Istorija, S. 156.

1112 Hierzu und zum restlichen Absatz Pei-fa chan-shih, Bd. II, S. 327 ff.; Blagodatov, A. V., Zapiski o kitajskoj, S. 159 f.; Višnjakova Akimova, V. V., Dva goda, S. 277.

1113 Čerepanov, A. I., Severnyj pochod, S. 154.

1114 Ko-ming wen-hsien, Bd. XII, Photographie vor S. 1 (S. 1 777 der durchlaufenden Paginierung); Pei-fa chan-shih, Bd. II, fünfte Photographie nach S. 320.

Seinen Stab ließ Bljucher während des Hunan/Hupei- und des Kiangsi-Feldzugs offenbar fast vollständig in Kanton zurück.[1115] Dies galt auch für M. G. Snegov, der einige Zeit nach dem 20. März 1926 die Leitung des Stabs übernommen hatte.[1116] Im Oktober ernannte Bljucher N. I. Končic zum Chef seines Feldstabs,[1117] der bis dahin dem 6. Armeekorps als Berater attachiert gewesen war.

Unabhängig von der Tätigkeit der bereits genannten sowjetischen Offiziere beim chinesischen Generalstab wurden Berater auf die zu Beginn des Nordfeldzugs - und überwiegend bis Anfang 1927 - existierenden Einheiten der NRA wie folgt verteilt:[1118]

1. Armeekorps
Kommandeur: Ho Ying-ch'in
Berater: A. I. Čerepanov
1. Division
2. Division Berater: V. M. Akimov (Deckn.: Silin)
3. Division
14. Division (im wesentlichen identisch mit der ehemaligen 1. Whampoa-Division)

2. Armeekorps (sowjetischerseits als »links« eingestuft)
Kommandeur: T'an Yen-k'ai
Berater: I. Ja. Zenek
4. Division
5. Division
6. Division
21. Division
1 Artillerie-Regiment

3. Armeekorps (sowjetischerseits als »links« eingestuft)
Kommandeur: Chu P'ei-te
Berater: F. G. Macejlik

1115 E contrario aus Blagodatov, A. V., Zapiski o kitajskoj, S. 169 f.

1116 Ebenda; Čerepanov, A. I., Severnyj pochod, S. 121.

1117 Končic, N. I., Kitajskie dnevniki, S. 125.

1118 Die nachfolgende Liste findet sich in keiner der sowjetischen Publikationen. Sie wurde aus zahlreichen verstreuten Einzelhinweisen zusammengestellt: Čerepanov, A. I., Severnyj pochod, S. 110 - 112, 128, 136, 138, 142, 159 f., 163 f., 168, 171, 196, 200 f., 255; Višnjakova-Akimova, V. V., Dva goda, S. 138, 208, 274; Blagodatov, A. V., Zapiski o kitajskoj, S. 232; Teslenko, E. V., Ot Guančžou do Uchanja, S. 117; ders., Vospominanija o E Tine, S. 87, 93, 106; Borodin, T. S., Vospominanija artillerijskogo sovetnika, S. 35; Perevertajlo, Sovetskie dobrovol'cy v Kitae 1923 - 1927 gg., S. 14; Končic, N. I., Kitajskie dnevniki, S. 125, 127 ff. - Vgl. zu den vor dem Beginn des Nordfeldzugs existierenden Einheiten der NRA oben S. 226 f. dieser Arbeit.

7. Division
8. Division
9. Division
1 selbständiges Regiment
4. Armeekorps (sowjetischerseits als »rechts« eingestuft)
Kommandeur: Li Chi-shen (faktisches Kommando: Chang Fa-k'uei)
Berater: V. E. Gorev (Deckn.: Nikitin)[1119]
10. Division Berater: V. Ch. Teruni (andere Namen: Ter, Tairov)
11. Division
12. Division Berater: Pallo (oder auch Pollo)
13. Division
1 selbständiges Regiment unter dem Kommando von Yeh T'ing (am 10. 10. 1926 umgewandelt in die 24. selbständige Division im 4. Armeekorps; Berater ab 2. 1. 1927: E. V. Teslenko)
5. Armeekorps (sowjetischerseits als »rechts« eingestuft)
Kommandeur: Li Fu-lin
Berater: Portnenko
15. Division
16. Division
2 selbständige Regimenter
6. Armeekorps (sowjetischerseits als »links« eingestuft)
Kommandeur: Ch'eng Ch'ien
Berater: N. I. Končic; ab Oktober 1926: A. N. Černikov (Deckn. ebenfalls - wie auch bei Gorev - Nikitin)
17. Division Berater: E. V. Teslenko (im Oktober 1926)
18. Division
19. Division
1 Ausbildungsregiment
7. Armeekorps (sowjetischerseits als »rechts« eingestuft)
Kommandeur: Li Tsung-jen
Berater: I. K. Mamaev (kein Militärberater, sondern ein von Bljucher mit nachrichtendienstlicher Tätigkeit betrauter Politberater: das »Auge« (oko) Bljuchers bei Li Tsung-jen)[1120]
9 Brigaden à 2 Regimenter

1119 Gorev war vor seinem Einsatz in Südchina bei der 1. Nationalarmee (Kuominchün) des Nordens als Berater tätig. Dort trug er den Decknamen »Gordon«, ließ sich einen Spitzbart wachsen und spielte »Uncle Sam«. Vgl. Blagodatov, A. V., Zapiski o kitajskoj, S. 184 f.

1120 Čerepanov, A. I., Severnyj pochod, S. 201.

2 Artilleriebataillone à 5 Geschütze

8. *Armeekorps* (sowjetischerseits als »rechts« eingestuft; wurde aus der 4. Division der Hunan-Warlord-Armee gebildet)

Kommandeur: T'ang Sheng-chih

Berater: Nefedov (Deckn.: Pavlov) (kein Militärberater, sondern - ähnlich wie Mamaev - Beauftragter des sowjetischen militärischen Nachrichtendienstes GRU).[1121]

Im Verlauf des Hunan/Hupei-Feldzugs, der mit der Einnahme von Wuchang am 10. Oktober 1926 siegreich abgeschlossen wurde, beteiligten sich Bljucher und V. E. Gorev (Deckn.: Nikitin) an der operativen Planung - Bljucher als Berater des Oberkommandierenden Chiang und Gorev als Berater der West-Gruppierung (4., 6., 7. und 8. Armeekorps), die die Hauptlast des Feldzugs trug. Nach neueren sowjetischen Angaben[1122] entwarf Bljucher, der am 15. August zusammen mit Chiang in Nanchang eingetroffen war,[1123] den Plan für den Vormarsch auf Wuchang. Gorev arbeitete den operativen Plan für die Einnahme von P'ing-chiang (Nordost-Hunan) aus.[1124]

An der Lösung einzelner Gefechtsaufgaben waren außer Gorev V. Ch. Teruni (Ter, Tairov) (10. Division), Pallo (12. Division), V. M. Akimov (Deckn.: Silin) (2. Division), der Artillerist T. S. Borodin sowie die Piloten V. E. Sergeev und A. M. Kravcov mit ihren Navigatoren D. Tal'berg und O. Bazenau beteiligt.[1125] Gorev leitete unmittelbar die Eroberung von P'ing-chiang (Nordost-Hunan) am 19. August und die Einnahme der befestigten Eisenbahnstation Ho-sheng-ch'iao (Südost-Hupei) am 29. August.[1126] Während der vierzigtägigen Belagerung von Wuchang, bei der an die tausend Menschen getötet wurden, befanden sich alle genannten sowjetischen Offiziere in direktem Einsatz. Bljucher gab am 3. September auf einer Konferenz bei Wuchang, an der auch Chiang Kai-shek und T'ang Sheng-chih teilnahmen, eine Analyse der Ursachen, die zum Mißerfolg des zwei Tage

1121 Ebenda. Es kann nicht als sicher gelten, daß Nefedov der echte und Pavlov der Deckname war; es könnte auch umgekehrt gewesen sein. - Vgl. auch den Bericht, den Nefedov als Nachrichtendienstoffizier am 8. August 1926 über die Verhältnisse im 8. Armeekorps verfaßte, in: Documents on Communism, S. 410 ff.

1122 Čerepanov, A. I., Severnyj pochod, S. 158.

1123 Ebenda.

1124 Ebenda, S. 159.

1125 Hierzu und zu der im Folgenden beschriebenen Teilnahme sowjetischer Berater am Hupei/Hunan-Feldzug ebenda, S. 150 - 168; Blagodatov, A. V., Zapiski o kitajskoj, S. 159 - 166; Višnjakova-Akimova, V. V., Dva goda, S. 267 - 282. Vgl. auch Zapis' sovetnika Nikitina (A. N. Černikova), S. 131. Die sowjetische Angabe, der echte Name Nikitins sei Černikov gewesen, trifft hier nicht zu. Sowohl Gorev als auch Černikov benutzten den Decknamen Nikitin; Černikov stieß aber erst im Oktober zur Truppe.

1126 Čerepanov, A. I., Severnyj pochod, S. 160, 162.

zuvor erfolgten Sturmangriffs auf die Stadt geführt hatten.[1127] Über die Umstände der Belagerung und den tapferen persönlichen Einsatz von Teruni heißt es in einem sowjetischen Augenzeugenbericht:

»Beim zweiten Sturm auf Wuchang war ich mit Bljucher vor den Stadtmauern... In unheildrohender Stille bewegten sich eilig Truppen, liefen Soldaten mit langen Bambusleitern umher... Plötzlich erzitterte die Luft von dem schrecklichen Schreien der Angreifer und der Belagerten. Die Soldaten setzten über den Graben, legten die Leitern an und kletterten auf die Mauern, wurden heruntergestoßen, mit heißem Pech und Wasser übergossen. Unter herzzerreißendem Geschrei fielen sie herunter in den zähflüssigen, stinkenden Schlamm, der sich bewegte - so viele Verwundete und Sterbende zappelten in ihm herum, die zu bergen es überhaupt keine Möglichkeit gab. ... Bljucher beobachtete den Sturm mit dem Fernglas. Plötzlich rief er Ter heran und befahl ihm, an der Spitze einiger -zig mit Mausergewehren bewaffneten Soldaten (mauzeristy) aus seiner Leibgarde zum Angriff überzugehen. Die Abteilung mit Ter an der Spitze stieß zur Mauer vor, wurde aber zurückgeschlagen und fast völlig vernichtet. Ter stand vor Bljucher, dreckig, zerschunden, mit zerfetzter Kleidung und konnte kein Wort sagen, nur rasend fluchen.«[1128]

Teruni selbst schreibt in einem privaten zeitgenössischen Brief über die Gefahren und Strapazen während der Operationen im Herbst 1926, neben ihm sei sein Übersetzer tödlich verwundet und unter ihm sein Pferd weggeschossen worden.[1129] Der bereits drei Monate währende Feldzug habe wegen der schlechten Straßenverhältnisse über insgesamt 2 000 km zu Fuß durchgeführt werden müssen. Der Brief endet wie folgt:

»Aber es ist schwer, hier zu leben, und dabei unter solchen Umständen. Ich habe 25 Pfund an Gewicht verloren, bin zum Span geworden, obwohl ich nichts spüre, weil einen die Arbeit mit ihrem revolutionären Charakter voll beansprucht.«[1130]

Die sowjetischen Memoiren enthalten zahlreiche Zeugnisse dafür, daß der teilweise unter extremen Bedingungen geleistete Einsatz auf den Feldzügen für die Berater emotional geprägte Erfahrungen mit sich brachte. In einem zeitgenössischen Bericht Čerepanovs heißt es:

»Während des Kampfes ist mir nichts heilig (ničego zavetnogo, net svjatogo), wenn erforderlich, schicke ich alles wirklich in den Tod, und danach tut es mir unendlich leid um die Gefallenen, dann will ich allein sein, und nicht selten weine ich.«[1131]

1127 Ebenda, S. 165.

1128 Zeitgenössischer Bericht des sowjetischen Truppenarztes N. A. Sokolov (Deckn.: Orlov), wiedergegeben bei Višnjakova-Akimova, V. V., Dva goda, S. 276 f.

1129 Iz pis'ma sovetnika V. Ch. Teruni, S. 135. - Vgl. zu Terunis Einsatz vor Wuchang auch Čerepanov, A. I., Severnyj pochod, S. 165.

1130 Ebenda. - Im Brief ist von »30 funt« die Rede, dies entspricht nicht ganz 25 deutschen Pfund.

1131 Zapis' sovetnika A. I. Čerepanova, S. 131.

Viele Berater zogen sich als Folge der ungewohnten klimatischen und hygienischen Verhältnisse Infektionskrankheiten zu. Der beim chinesischen Generalstab für Logistik zuständige N. T. Rogov (Deckn.: Ivan Lodzinskij) erkrankte während des Hunan/Hupei-Feldzugs lebensgefährlich an Cholera.[1132] N. A. Sokolov (Orlov), der u. a. für die Betreuung der Berater zuständige sowjetische Arzt, mußte mit der Truppe weitermarschieren. Rogov wurde dank der aufopfernden Pflege seiner chinesischen Ordonanz und seiner robusten Konstitution gerettet. In einem dienstlichen Bericht äußerte sich Anfang Dezember 1926 einer der Berater über die gesundheitlichen Belastungen, denen die Berater ausgesetzt waren, zusammenfassend wie folgt:

> »Das gesamte Personal der russischen Genossen, die von Anfang an am Nordfeldzug teilnahmen, ist gesundheitlich stark angegriffen, massenweise Magenerkrankungen, und absolut alle leiden an Neurasthenie.«[1133]

Die Artillerie der NRA bestand während des Hunan/Hupei- und Kiangsi-Feldzugs aus insgesamt 90 Gebirgsschützen der Typen 76,2mm Schneider, 75mm Krupp, 75mm Arisaka und 37mm Rosenberg sowie aus Minenwerfern.[1134] Ihren Wert schätzte der Artillerieberater T. S. Borodin in einem zeitgenössischen Bericht gering ein: »Es wäre lächerlich gewesen, sich auf die Unterstützung einer solchen Artillerie zu verlassen.«[1135] Borodin unterzeichnete als Leitender Artillerieberater die entsprechenden Befehle oder zeichnete sie gegen.[1136] Die Geschütze wurden breitgestreut auf die einzelnen Einheiten verteilt.[1137] Sie trafen in der Regel später als die Infanterie an den Einsatzplätzen ein, denn sie mußten - in Teile zerlegt - von Soldaten auf den Schultern getragen werden. Insgesamt kam Borodin zu folgendem Urteil:

> »Der Artillerieberater (T. S. Borodin, D. H.) hatte nicht die physische Kraft, die so verstreute Artillerie unter Kontrolle zu halten... Alles zusammengenommen wurde eine solche Lage geschaffen, daß die Artillerie die Rolle, die sie spielen mußte, keinesfalls spielen konnte... In solchen Gefechten ... blieb die Artillerie zurück, und sie war nur zum Sturm auf Nanchang herangerückt, und dann wurde sie nicht richtig eingesetzt.«[1138]

1132 Hierzu und zu den beiden Folgesätzen Višnjakova-Akimova, V. V., Dva goda, S. 271 f.
1133 Bericht des Beraters T. S. Borodin vom 2. 12.1926, vgl. Otčety staršego sovetnika po artillerii Borodina, S. 107.
1134 Ebenda, S. 111.
1135 Ebenda.
1136 Borodin, T. S., Vospominanija artillerijskogo sovetnika, S. 33.
1137 Hierzu und zum Folgesatz Otčety staršego sovetnika po artillerii Borodina, S. 111.
1138 Ebenda.

Die zehn Gebirgsgeschütze, die vor Wuchang eingesetzt wurden, konnten gegen die über acht Meter hohen und vier bis sechs Meter breiten Stadtmauern wenig ausrichten.[1139]
Die beiden Flugzeuge hingegen, die - von den sowjetischen Piloten V. E. Sergeev und A. M. Kravcov gesteuert - bei der Entscheidungsschlacht um Wuchang eingesetzt wurden, spielten offensichtlich eine bedeutende Rolle.[1140] Sergeev als Leitender Berater für die Luftwaffe zitierte in einem zeitgenössischen Bericht stolz aus einer Meldung des 4. Armeekorps über die Eroberung von Wuchang, wo es hieß:

»Die Stadt Wuchang wurde von der Luftwaffe und vom 4. Armeekorps erobert.«[1141]

Die Piloten gingen bei ihren Einsätzen bis zu einer Höhe von 50 m hinunter, verschossen im feindlichen Artillerie- und Maschinengewehrfeuer über der Stadt 4 000 Patronen und warfen mehr als 200 Bomben (Gesamtgewicht über 3 000 kg) sowie einige -zig Kilogramm Flugblätter ab.[1142] Zwei weitere sowjetische Flieger, Kozjura (Deckn.: Veri) und Kobjakov, landeten, von Kanton aus kommend, mit einer »Junkers« statt in Changsha versehentlich im feindlichen Nanchang, wurden ins Gefängnis geworfen und bei der vorübergehenden Einnahme der Stadt durch Einheiten der NRA am 19. September wieder befreit.[1143] Es wird schwer abzuschätzen sein, ob der durch Bombenabwurf beim Feind erzeugte Effekt eindrucksvoller war als die moralische Wirkung, die überhaupt durch das Auftauchen der damals ungewohnten Flugzeuge erzielt wurde. Daß der letztere Faktor eine bedeutende Rolle spielte, wird in Sergeevs Einsatzbericht vom 1. März 1927 deutlich, wo es u. a. heißt:

»Im Gegensatz zu der psychologischen Stimmung, die ein Flugzeug beim Oberkommando der NRA hervorrief, säte es buchstäblich Panik an allen Orten der Front, wo es auch nur auftauchte.«[1144]

1139 Zeitgenössischer Bericht des Beraters Akimov, zit. nach Čerepanov, A. I., Severnyj pochod, S. 165 f.

1140 Zum Einsatz der sowjetischen Piloten während des Nordfeldzugs vgl. Otčet staršego sovetnika aviacii NRA Sergeeva, S. 126 - 130; Blagodatov, A. V., Zapiski o kitajskoj, S. 164; Čerepanov, A. I., Severnyj pochod, S. 192 f., 202 f.; ders., Zapiski, S. 261.

1141 Otčet staršego sovetnika aviacii NRA Sergeeva, S. 127.

1142 Ebenda.

1143 Čerepanov, A. I., Severnyj pochod, S. 192 f., 202; Teslenko, E. V., Ot Guančžou do Uchanja, S. 115; Končic, N. I., Kitajskie dnevniki, S. 136 (Anm.). - Končic geht allerdings davon aus, daß es sich bei Kozjura und Veri um verschiedene Personen handelt, ebenda. Višnjakova gibt an, Veri sei der Deckname des Piloten Remizjuk gewesen, vgl. Višnjakova-Akimova, V. V., Dva goda, S. 211, 385.

1144 Otčet staršego sovetnika aviacii NRA Sergeeva, S. 127. - Zum Beginn der Luftfahrt in China und deren Entwicklung bis zur hier behandelten Zeit vgl. Wiethoff, B., Luftverkehr in China, S. 92 - 102.

Der Einsatz der sowjetischen Piloten beeindruckte die militärische Führung der KMT derart, daß sie Bljucher beauftragte, Pläne sowie Haushaltsvoranschläge für den Aufbau der chinesischen Luftwaffe für die Jahre 1927/28 auszuarbeiten.[1145]

Die uns heute zur Verfügung stehenden zeitgenössischen Aufzeichnungen der sowjetischen Berater lassen keinen Zweifel daran, daß die militärischen Leistungen und der persönliche Einsatz der Berater während des Nordfeldzugs von den Seite an Seite kämpfenden chinesischen Soldaten und Offizieren, aber auch in weiten Kreisen der Zivilbevölkerung anerkannt wurden. In Niederschriften zweier Berater, die Ende 1926 bzw. Anfang 1927 angefertigt wurden, hieß es hierzu:

> »Die Autorität der russischen Genossen, die in der Kanton-Armee arbeiten, ist ausgesprochen groß, weil alle Operationen derjenigen Einheiten, in denen sich russische Genossen befinden, nicht mit Niederlagen endeten, mit Ausnahme derjenigen Fälle, in denen es zu einer unschlüssigen Haltung dieser oder jener Korpskommandeure kam, die den Ratschlägen der russischen Genossen zuwiderhandelten.«[1146]
>
> »Überall, wo russische Berater mit der Armee durchzogen, wurden sie von der Bevölkerung mit Ovationen begrüßt. Ich möchte ein Beispiel anführen. In Changsha war ich bei einer der grandiosen Demonstrationen (200 000 Menschen) anläßlich der Einnahme von Hankou dabei. Als man mich, einen sowjetischen Berater, sah, brach man in Ausrufe in chinesischer Sprache aus: ›Es lebe Sowjetrußland! Es lebe die UdSSR! Es leben die sowjetischen Berater!‹ ...
> ... es wurden Plakate herumgetragen, die die Vereinigung Chinas und Sowjetrußlands darstellten.«[1147]

Čerepanov ließ sich von einem Augenzeugen über die Teilnahme von Beratern an den Feierlichkeiten in Hankou berichten, die nach dem 10. Oktober - aus Anlaß der Eroberung von Wuchang - stattfanden. Dabei wurde das Auto mit den sowjetischen Offizieren von den Demonstranten mit donnerndem Applaus und mit Parolen wie »Su-lien o-kuo jen hao« (Die Sowjetmenschen sind gut) bedacht.[1148]

Den größten Respekt und die weitverbreitetste Popularität genoß Bljucher, der offenbar selbst von chinesischen Offizieren, die den sowjetischen Beratern aus politischen Gründen mit Vorbehalt begegneten, als die Verkörperung erfolgreicher und ehrlich gemeinter Militärhilfe empfunden wurde. Dies wird u. a. in einem zeitgenössischen Beraterbericht bestätigt, der sich mit dem Fall Wuchangs beschäftigte:

1145 Otčet staršego sovetnika aviacii NRA Sergeeva, S. 129.
1146 Otčety staršego sovetnika po artillerii Borodina, S. 107.
1147 Zapisi sovetnika F. M. Katjušina-Kotova, S. 134 (Bericht vom 3. 1. 1927).
1148 Čerepanov, A. I., Severnyj pochod, S. 202.

»Eine eindrucksvolle (koloritnaja) Figur in der militärischen Lage gibt der Gen. Bljucher ab, der sich durch sein erfahrenes Vorgehen beim Offizierkorps der Kanton-Armee große Sympathien erworben hat. Ihm glaubt man, und die Befehle des Stabs werden widerspruchslos ausgeführt.«[1149]

A. Chmelev, der - offenbar im Auftrag des Pekinger Militärattachés - eine Inspektionsreise nach Südchina unternahm und sich Ende November eine Woche lang bei Bljuchers Stab in Nanchang aufhielt, faßte seine Eindrücke anschließend wie folgt zusammen:

»Ich beginne mit Borodin. Borodins Name ist allen und überall bekannt. Nicht weniger bekannt und wohl noch populärer in den besetzten Provinzen und besonders in den Gegenden, wo gekämpft wurde, ist Galin. Galin konnte buchstäblich nirgendwo auf die Straße gehen, ohne daß sein Erscheinen ... auf stürmische Ovationen der Bevölkerung gestoßen wäre. Kaum erschien er zum Beispiel beim Einzug in Nanchang in der Stadt, so rief die Bevölkerung auf dem Weg bis zum Generalstab unter pausenlosem Beifall Begrüßungsworte, und wie zur Begrüßung versammelte sich die gesamte Bevölkerung der Stadt. Für die chinesische Bevölkerung wurde der Name Galin zu einem Gattungsnamen. Jetzt nennt man schon alle russischen Berater Galins.«[1150]

Mit der endgültigen Eroberung Nanchangs durch die KMT-Truppen am 8. November 1926 konnte der am 4. September begonnene Kiangsi-Feldzug als siegreich abgeschlossen betrachtet werden.[1151] An ihm waren auf sowjetischer Seite neben Bljucher N. I. Končic als Berater bei Ch'eng Ch'iens 6. Armeekorps, E. V. Teslenko als Berater bei der 17. Division dieses Korps und Pallo als Berater bei der 12. Division des 4. Armeekorps beteiligt.[1152] Čerepanov stellt ohne weitere Erläuterungen fest, Chiang Kaishek habe die Einleitung der Kiangsi-Operation am 2. September ohne Bljuchers Wissen befohlen.[1153] Ein Indiz, das in dieselbe Richtung deutet, stellt die in einem zeitgenössischen sowjetischen Dokument enthaltene Angabe dar,[1154] wonach sich die dritte Kiangsi-Operation - anders als die zweite - nach dem von Bljucher erarbeiteten Plan vollzogen habe. Auf eine mangelhafte Zusammenarbeit zwischen Chiang und Bljucher zumindest in der Anfangsphase deutet auch die Beschreibung einer unangenehmen Lage hin, in die Končic geriet: Entsprechend seinem zeitgenössischen Bericht über die Operationen des 6. Armeekorps erhielt Končic am 5. September

1149 Zapisi sovetnika Vaksova, S. 134.
1150 Zapiska A. Chmeleva, S. 125 (Bericht vom 5. 12. 1926).
1151 Jordan, D. A., The Northern Expedition, S. 96, 105; Čerepanov, A. I., S. 200.
1152 Teslenko, E. V., Ot Guančžou do Uchanja, S. 115 - 119; Čerepanov, A. I., Severnyj pochod, S. 189 - 201; Končic, N. F., Kitajskie dnevniki, S. 125 - 142.
1153 Čerepanov, A. I., Severnyj pochod, S. 199.
1154 Zapiska A. Chmeleva, S. 114.

a) von Chiang Kai-shek den Befehl, den Vormarsch zu stoppen, und
b) von Bljucher die Anweisung, in Richtung Hsiu-shui (Nordwest-Kiangsi) vorzurücken,

so daß er sich gezwungen sah, am 8. September zum Generalstab zu fahren und um Aufklärung zu bitten.[1155]

Wie Končic dort im einzelnen beschieden wurde, ist nicht feststellbar. Immerhin aber überliefert er eine Prognose, die Bljucher bei dieser Gelegenheit stellte:

> »Ich denke, daß Ch'eng Ch'ien Nanchang einnehmen und daß man ihn dort (wieder) hinauswerfen wird, weil Chu P'ei-te ihm schwerlich zur Hilfe kommen wird.«[1156]

In der Tat gab es einen Prestigekampf zwischen Chu als dem Kommandeur des 3. Armeekorps und Ch'eng als dem Kommandeur des 6. Armeekorps, der sich dadurch zuspitzte, daß Chiang Kai-shek am 2. September Ch'engs Korps bis zu seinem Eintreffen an der Front dem Befehl von Chu P'ei-te unterstellt hatte.[1157] Končic schildert in seinem Bericht die wütende Reaktion seines Kommandeurs:

> »Ch'eng Ch'ien konnte das nicht ertragen. Er lief den ganzen Tag wie geistesgestört umher.«[1158]

Die mangelnde Koordination zwischen Ch'eng und Chu, die durch Chiangs ungeschickte Maßnahme ausgelöst worden war, rächte sich bitter in der von Bljucher vorausgesehenen Weise: Als Ch'eng Ch'ien entgegen Končic' Rat Nanchang am 19. September im Alleingang einnahm und von Sun Ch'uan-fangs Truppen zwei Tage darauf gezwungen wurde, die Stadt unter Verlusten wieder zu räumen, kam Chu P'ei-te ihm mit seinem 3. Armeekorps nicht zur Hilfe.[1159]

Nach neueren sowjetischen Angaben schlug auch eine weitere Operation fehl, weil Chiang Bljuchers Rat unbeachtet ließ.[1160] Bljucher hatte vergeblich darauf gedrungen, eine Umgruppierung von NRA-Einheiten vorzunehmen, um in einem koordinierten Vorgehen des 2., 3. und 7. Armeekorps zunächst einen größeren Abschnitt der Eisenbahnlinie Nanchang-Chiuchiang in Besitz zu nehmen. Chiang befahl jedoch dem 7. Armeekorps einen einzeln vorgetragenen, punktuellen Angriff auf die Eisenbahn-

1155 Končic, N. F., Kitajskie dnevniki, S. 134 f.
1156 Ebenda, S. 136 (Anm.).
1157 Ebenda, S. 133.
1158 Ebenda.
1159 Čerepanov, A. I., Severnyj pochod, S. 191 f.
1160 Hierzu und zu den beiden Folgesätzen ebenda, S. 194 f.

station Te-an (Nord-Kiangsi), der fehlschlug und die beiden anderen Korps in eine schwierige Lage brachte. Bljucher hatte nach Čerepanovs Bericht diese Entwicklung vorhergesehen und seine Kritik an Chiangs Vorgehen in folgender Weise aktenkundig gemacht:

»Dies ist eine immer wieder vorkommende Dummheit des Oberkommandierenden; wenn der Feind die Eisenbahn gut ausnutzt, kann sich das zu unserer allgemeinen Niederlage entwickeln.«[1161]

Die dritte und letzte Operation im Kiangsi-Feldzug lief allerdings nach einem auf den 16. Oktober 1926 datierten Plan Bljuchers ab, der uns im Wortlaut vorliegt.[1162] In der sowjetischen Memoirenliteratur wird betont,[1163] daß Bljucher während dieser Periode entscheidend an der operativen Leitung - insbesondere an der Koordination des Vorgehens der einzelnen Armeekorps untereinander und mit dem Generalstab - beteiligt war und daß Chiang Kai-shek nunmehr auch alle Vorschläge des sowjetischen Chef-Militärberaters guthieß.
Am Fukien-Feldzug (2. Oktober bis 18. Dezember), der letzten im zweiten Halbjahr 1926 von der NRA siegreich durchgeführten Großoperation, nahm als einziger sowjetischer Offizier V. I. Čerepanov teil.[1164] Der Feldzug wurde von zunächst in Ost-Kuangtung dislozierten Einheiten des 1. Armeekorps getragen. Čerepanov war von Bljucher dem Kommandeur dieses Korps, General Ho Ying-ch'in, als Berater zugeteilt worden; beide hatten schon während früherer Feldzüge eng zusammengearbeitet. Als der mit Sun Ch'uan-fang verbündete Warlord Chou Yin-jen in Süd-Fukien an der Grenze zu Kuangtung Kriegsvorbereitungen traf, drängte Ho Ying-ch'in Čerepanov, der sich noch in Kanton befand, seine Beratertätigkeit bei der Truppe aufzunehmen. Čerepanov begab sich gegen Ende August in Begleitung seines in Moskau ausgebildeten hunanesischen Dolmetschers Fu Ta-ch'eng (Deckn.: Fedorov) und seines aus der Sowjetunion stammenden koreanischen Dokumentars Pak auf dem Seeweg nach Swatou und reiste von dort aus weiter zu Hos Hauptquartier in Ch'ao-chou. In dem folgenden Feldzug, der zur Eroberung Süd-Fukiens durch die KMT-Truppen führte, übte Čerepanov zusammen mit Ho Ying-ch'in die operative Leitung aus und kontrollierte auch die Ausbildung während der

1161 Ebenda, S. 195.
1162 Operativnaja zapiska glavnogo voennogo sovetnika Galina, S. 101 - 106; Zapiska A. Chmeleva, S. 113.
1163 Čerepanov, A. I., Severnyj pochod, S. 196, 198.
1164 Hierzu und zum restlichen Absatz Čerepanov, A. I., Severnyj pochod, S. 169 - 178. - Zum Verlauf des Fukien-Feldzugs vgl. Jordan, D. A., The Northern Expedition, S. 106 - 111, sowie Military Campaigns, S. 13 f.

Bereitstellungsphase. Čerepanov entwarf den Plan für den erfolgreichen Vorstoß auf die Grenzstadt Yung-ting, die am 12. Oktober eingenommen wurde. Die Fukien-Operation wurde Anfang Dezember mit der Einnahme von Fuchou im wesentlichen abgeschlossen. Es scheint, daß ihr Erfolg nicht zuletzt auf die Aktivität der im 1. Armeekorps besonders intensiv tätigen Politischen Abteilung zurückzuführen war, die es verstand, die ländlichen »Volkswehren« (min-t'uan) auf die Seite der NRA zu ziehen.[1165]

Nach dem siegreichen Abschluß des Hunan/Hupei- und Kiangsi-Feldzugs - frühestens am 8. November 1926 - schlug Bljucher mit seinem zunächst noch kleinen Kreis von Mitarbeitern sein Quartier bei Chiang Kai-sheks Generalstab in Nanchang auf.[1166] Abgesehen von einer Reise nach Wuhan Anfang 1927, wo er den am 12. Dezember 1926 mit der ersten Regierungsdelegation dort eingetroffenen Borodin aufsuchte[1167] und sich im deutschen Krankenhaus behandeln ließ,[1168] hielt sich Bljucher bei Chiang Kaishek in Nanchang auf, bis er unter ungewöhnlichen Umständen, auf die noch eingegangen werden wird, am 14. März 1927 endgültig nach Wuhan übersiedelte.[1169]

Die Erfahrungen, die Bljucher während der umfangreicheren militärischen Operationen des zweiten Halbjahres 1926 gemacht hatte, brachten ihn zu der Erkenntnis, daß für die Bewältigung vergleichbarer Aufgaben in Zukunft sein bisheriger beschränkter Mitarbeiterkreis nicht mehr ausreichen würde.[1170] Daher richtete er in Nanchang einen neuen, personell großzügiger ausgestatteten »Stab der Südchinesischen Gruppe« in Form eines ihm direkt und ständig attachierten Militärberaterapparats ein.[1171] Zum Stabschef (nacal'nik štaba) wurde A. V. Blagodatov (Deckn.: Rollan) ernannt, der nach dem Abschluß der Militärakademie der Roten Armee in

1165 Jordan, D. A., The Northern Expedition, S. 111.

1166 Dies ergibt sich aus der endgültigen Eroberung Nanchangs durch die NRA am 8. 11. 1926 und den Angaben Chmelevs, vgl. Zapiska A. Chmeleva, S. 113, 125.

1167 Vishnyakova-Akimova, V. V., Two Years in Revolutionary China, Translated by Steven I. Levine, Cambridge, Mass. 1971, S. 279 f. - Višnjakova irrt sich hier im Datum. Bljucher kann nicht im September 1926 nach Wuhan gefahren sein, um dort u. a. Borodin aufzusuchen, weil jener selbst erst am 12. Dezember 1926 in Wuhan eintraf. Gemeint ist bei Višnjakova sicher »Mitte Januar 1927«. - Vgl. zum Beleg für Bljuchers Aufenthalt im Januar 1927 auch Teslenko, E. V., Vospominanija o E Tine, S. 93; Teslenko will Bljucher am 2. Januar 1927 in Wuhan getroffen haben. - Nach Višnjakovas Angaben befand sich Bljucher am Abend des 31. Dezember 1926 noch in Nanchang, Višnjakova-Akimova, V. V., Dva goda, S. 298.

1168 Kazanin, M. I., V štabe Bljuchera, S. 42 - 44.

1169 Blagodatov, A. V., Zapiski o kitajskoj, S. 212.

1170 Ebenda, S. 175.

1171 Ebenda.

den Jahren 1925/26 als Berater bei der Kuominchün in Nordchina Erfahrungen sammeln konnte.[1172]
Blagodatov war nach kurzem Heimaturlaub Anfang September 1926 von Moskau aus in Begleitung seiner Frau D. Ja. Blagodatova (Darovskaja) erneut nach China aufgebrochen und hatte Kanton am 21. Oktober erreicht.[1173] M. G. Efremov (Deckn.: Abnol'd), der in Bljuchers Abwesenheit die Kantoner Beratergruppe stellvertretend leitete, entschied, daß Blagodatov zusammen mit den Militärberatern M. G. Snegov und M. F. Kumanin dem in Changsha befindlichen chinesischen Generalstab unter Li Chi-shen zur Verfügung gestellt werden sollte.[1174] Die drei Offiziere unternahmen die Reise nach Changsha im Gefolge der ersten Gruppe von Mitgliedern der KMT-Regierung, die von Kanton nach Hankou übersiedelte.[1175] Der Reisegesellschaft gehörten von sowjetischer Seite außerdem E. S. Iolk und O. S. Tarchanov (O. Ėrdberg) an, die zusammen mit M. Volin Borodins brain trust (mozgovoj trest) bildeten, S. A. Ḋalin, ein Funktionär der Kommunistischen Jugend-Internationale und Dozent der Moskauer Sun-Yat-sen-Universität, der Finanzberater V. M. Štejn und schließlich M. M. Borodin selbst an.
Die übliche Reiseroute von Kanton nach Hankou, die per Schiff über Schanghai führte, konnte nicht eingeschlagen werden, da Schanghai sich in der Hand der feindlichen Truppen Sun Ch'uan-fangs befand. Die Gruppe sah sich daher gezwungen, einen langwierigeren und beschwerlicheren Weg durch die von der NRA besetzten Gebiete zu nehmen.[1176] Sie trat die Reise unter der technischen Leitung von Borodins Dolmetscher und Vertrautem Chang T'ai-lei am 16. November 1926 an und benutzte zunächst die Eisenbahn bis zur Endstation Shao-chou (Shao-kuan). Die zweite Etappe wurde entlang der Flußtäler auf dem historischen »Gesandtenpfad« in Sänften zurückgelegt. In der Kreisstadt Kan-chou (Süd-Kiangsi) stieg man in Sampans um und fuhr auf dem Fluß Kan-chiang bis Nanchang, das man am 2. Dezember erreichte. Am selben Abend gab Chiang Kai-shek

1172 Ebenda.
1173 Ebenda, S. 128, 131.
1174 Ebenda, S. 134, 166.
1175 Hierzu und zum Folgesatz ebenda, S. 169 f.; Dalin, S. A., Kitajskie memuary, S. 226, 273. - Dalin läßt eigenartigerweise die Teilnahme der drei Militärberater sowie von Štejn unerwähnt. - Zu Borodins brain trust vgl. Kazanin, M. I., V štabe Bljuchera, S. 54.
1176 Beschreibung der Reise bei Blagodatov, A. V., Zapiski o kitajskoj, S. 169 - 174, sowie bei Dalin, S. A., Kitajskie memuary, S. 226 - 284, passim. - Dalin, ebenda, S. 283, gibt als Termin der Ankunft in Nanchang den 5. Dezember an. Blagodatovs Angabe (2. Dezember) ist jedoch der Vorzug zu geben, da seine Memoiren auf Tagebuchaufzeichnungen beruhen; vgl. auch seine Angaben über die Ereignisse des 3., 4. und 5. Dezember, Blagodatov, A. V., Zapiski o kitajskoj, S. 174 f.

ein Bankett für die Regierungsmitglieder und die sowjetischen Berater; Bljucher und Borodin teilte er die Plätze direkt neben sich zu. Am übernächsten Tag berief Bljucher eine erste Sitzung der Berater ein, die sieben Stunden dauerte und auf der er einen Überblick über die militärische Lage gab. Am 5. Dezember schließlich reisten die Regierungsmitglieder und einige sowjetische Berater nach Hankou weiter.

Der neue, offenbar noch im Dezember 1926 in Nanchang gebildete Stab Bljuchers setzte sich wie folgt zusammen:[1177]

Stabschef	A. V. Blagodatov (Deckn.: Rollan)
Leiter der Operativen Abteilung	M. G. Snegov (zugleich Stellv. Stabschef)[1178]
Leiter der Nachrichtendienstlichen Abteilung	Strumbis
Leiter der Organisationsabteilung	E.V.Teslenko(Deckn.:Tereščenko)
Leiter der Abteilung Gefechtsvorbereitung	E. V. Teslenko
Bljuchers Stellvertreter in politischen Fragen	V. Ch. Teruni (Ter, Tairov)
Nachrichtenwesen	Korneev (Deckn.: Cook)
Artilleriewesen	Rudnev
Chiffrieroffizier	Zotov
Topograph	S. Protasov
Finanzen	Nina M. Zenek
Bljuchers Adjutant	M. Ja. Gmira
Bljuchers Sekretärin	Bljuchers zweite Frau Galina Aleksandrovna Kol'čugina[1179]

1177 Zur folgenden Tabelle vgl. Blagodatov, A. V., Zapiski o kitajskoj, S. 175, 177, 212, 215; Kazanin, M. I., V štabe Bljuchera, S. 51, 61, 73 f.; Kasanin, M., China in the Twenties, Moskau 1973, S. 208.

1178 Diese Funktion Snegovs wird zumindest von Kazanin erwähnt, vgl. Kazanin, M. I., V štabe Bljuchera, S. 51. Bei Blagodatov findet sich ein solcher Hinweis nicht. Die Differenz könnte sich so erklären, daß Snegov nur so lange als Stellvertreter Blagodatovs fungierte, wie Bljucher sich in Wuhan befand.

1179 Bljucher lebte in Nanchang und Wuhan mit Galina Aleksandrovna Kol'čugina zusammen, die gleichzeitig seine engste Mitarbeiterin war, vgl. Blagodatov, A. V., Zapiski o kitajskoj, S. 192. Blagodatov bezeichnet diese als Bljuchers Ehefrau (žena), ebenda. Višnjakova erwähnt mit Blick auf die Zeit ihrer eigenen Ankunft in Wuhan im Januar 1927, Kol'čugina sei »binnen kurzem Bljuchers Ehefrau geworden«, Višnjakova-Akimova, V. V., Dva goda, S. 313. Beide Verfasser lassen unerwähnt, daß Bljuchers Frau Galina Pavlovna sich zumindest im Mai 1926 mit den beiden Kindern in Kanton befand, vgl. oben S. 247 dieser Arbeit. Nur bei Kazanin findet sich der Hinweis auf Kol'čugina als Bljuchers »zweite Frau«, vgl. Kazanin, M. I., V štabe Bljuchera, S. 55. Die Thematik wird offensichtlich als heikel empfunden. Dies zeigt sich auch in Folgendem: In der russischen Ausgabe der Kazanin-Memoiren heißt es einfach, Bl.ucher »und Galina Kol'čugina« hätten (im Frühsommer 1927 in Wuhan) zusammengewohnt; in der Moskauer englischsprachigen

Bljuchers pers. Dolmetscher | Ė. M. Abramson (Deckn.: Mazurin)
Stabsdolmetscher | M. I. Kazanin (Deckn.: Lotov)[1180]

Büro- und Schreibkräfte (u. a. Frau Blagodatova und Frau Gmira).

Abgesehen von einem Aufenthalt Bljuchers in Wuhan Anfang 1927, bei dem er offenbar von Galina Kol'čugina, Abramson, Snegov und Teruni begleitet wurde,[1181] hatte dieser Stab bis Mitte März 1927 sein Standquartier bei Chiang Kai-sheks Generalstab in Nanchang. Die Mitarbeiter waren in einem zweigeschossigen Haus untergebracht, wobei Bljucher, Gmira und Abramson mit ihren Frauen das Obergeschoß und der Rest das Erdgeschoß bewohnten.[1182] Die beiden Arbeitsräume des Bljucher-Stabs befanden sich am anderen Ende der Stadt im ehemaligen Gouverneurspalast, einem zweiflügligen, eingeschossigen Haus, in dessen anderem Flügel Chiangs Generalstab residierte.[1183] Bljucher war durch und durch Soldat und legte Wert auf korrektes militärisches Betragen.[1184] Die Zusammenarbeit mit ihm war strapaziös, da er nach keiner festen Tageszeiteinteilung wachte und schlief, sondern häufig nachts arbeitete und seine Untergebenen ohne Rücksicht auf die Uhrzeit in Anspruch nahm.[1185] Nach dem Zeugnis seines Stabschefs erwartete er von den Beratern, daß sie eine zügige Ausführung der Befehle Chiang Kai-sheks durch die chinesischen Generäle durchsetzten und hierbei Hilfestellungen leisteten.[1186] Außerhalb des Dienstes ging er mit seinen sowjetischen Kameraden freundlich, oft auch humorvoll um und beteiligte sich sogar an gemeinschaftlichen Gesängen.[1187] Er trug gewöhnlich eine chinesische Uniform ohne Rangabzeichen und hohe Stiefel.[1188] Kazanin schildert Bljucher als be-

Ausgabe wird hingegen diskret ergänzt »and his wife Galina Kolchugina«; vgl. Kazanin, M. I., V štabe Bljuchera, S. 111, sowie Kasanin, M., China in the Twenties, Moskau 1973, S. 245. - Kol'čugina wuchs in Harbin auf, arbeitete 1925 oder 1926 für TASS in Peking und wurde nach Hankou versetzt, wo sie (nach Blagodatov) in Borodins Büro oder (nach Višnjakova) im sowjetischen Konsulat als Englisch-Übersetzerin und Stenotypistin tätig war, vgl. Blagodatov, A. V., Zapiski o kitajskoj, S. 192, sowie Višnjakova-Akimova, V. V., Dva goda, S. 313.

1180 Kazanin wählte diesen Decknamen in Erinnerung an eine verflossene deutsche Freundin mit dem Namen Lotte, vgl. Kazanin, M. I., V štabe Bljuchera, S. 42.

1181 Ebenda, S. 32, 51, 53, 55.

1182 Blagodatov, A. V., Zapiski o kitajskoj, S. 177.

1183 Kazanin, M. I., V štabe Bljuchera, S. 59 f.

1184 Vgl. z. B. ebenda, S. 60. - Er verabscheute schnoddrige Redensarten, vgl. das Beispiel ebenda, S. 117.

1185 Blagodatov, A. V., Zapiski o kitajskoj, S. 176, 192.

1186 Ebenda, S. 191.

1187 Ebenda. - Beliebt war damals bei den Beratern ein (nach Blagodatov textlich etwas simpel geratenes) selbstverfertigtes melancholisches Lied »Morgen wird man uns vielleicht bei Wuchang begraben«, ebenda.

1188 Ebenda, S. 190.

scheiden, ernsthaft, von eiserner Selbstdisziplin, aber auch auf Würde bedacht und empfindlich, wenn ihm, dem Autodidakten, im Gespräch eigene Wissensmängel bewußt wurden.[1189] So ließ er sich einmal zu einem Wutausbruch hinreißen, als der gebildete Abramson es im Zusammenhang mit einer Übersetzung wagte, grammatikalische Unebenheiten in seiner Diktion zu korrigieren.[1190]

Abgesehen von einigen wenigen Ausnahmen[1191] verlief die militärische Zusammenarbeit zwischen Chiang Kai-shek und Bljucher offensichtlich reibungslos. Bljuchers Stabschef Blagodatov bezeugt, daß beide im täglichen Kontakt korrekt und höflich miteinander umgingen.[1192] Es scheint, daß Chiang zu Bljuchers militärischen Fähigkeiten ein fast unbegrenztes Vertrauen besaß. Bljucher selbst berichtete hierzu:

> »Aber zu Grundsatzfragen der Ausbildung und der Organisation nimmt er Ratschläge an, und Fragen zum operativen Verfahren stellt er mir bisher fast uneingeschränkt und faßt keinen Beschluß ohne meine Zustimmung. Meist läuft es darauf hinaus, daß der Stabschef, General Li Chi-shen, zu mir kommt, mir über die erhaltenen Nachrichten berichtet, meine Meinung hört, den Befehl niederschreibt und ihn Chiang Kai-shek zur Unterschrift vorlegt, der ihn ohne jede Korrekturen unterschreibt.«[1193]

Blagodatov bestätigt dies: Entwürfe von Befehlen, die von Bljucher ausgearbeitet wurden, seien vom Oberkommandierenden ohne Verbesserungen unterzeichnet worden.[1194]

Trotz dieser fast problemlosen militärischen Kooperation der beiden Spitzenpersönlichkeiten und der immer intensiver gewordenen Beteiligung sowjetischer Berater an den erfolgreichen Operationen der NRA im zweiten Halbjahr 1926 wirkte sich die grundsätzliche Distanzierung Chiang Kaisheks von der Beraterschaft, wie sie während und nach dem 20.-März-Coup erfolgt war, auch weiterhin aus. Dies ergibt sich eindeutig aus einem zeitgenössischen Bericht Bljuchers.[1195] Nach der Schilderung der Bemühungen Chiangs, vor den Armeekommandeuren »sozusagen eine enge Freundschaft« mit Bljucher zu demonstrieren, heißt es in dem Bericht weiter:

> »Ob dies eine echte Wandlung in den Beziehungen zu uns ist oder ein Teil irgendeiner Politik, ist gegenwärtig schwer zu sagen, aber der Charakter der

1189 Kazanin, M. I., V štabe Bljuchera, S. 114 - 117.
1190 Ebenda, S. 116 f.
1191 Vgl. hierzu die Beispiele auf S. 263 - 265 dieser Arbeit.
1192 Blagodatov, A. V., Zapiski o kitajskoj, S. 190.
1193 Čerepanov, A. I., Severnyj pochod, S. 128 (Bericht in der Wiedergabe undatiert).
1194 Blagodatov, A. V., Zapiski o kitajskoj, S. 190.
1195 Čerepanov, A. I., Severnyj pochod, S. 127 f.

Gespräche und die Bitte um Ratschläge unterscheiden sich bedeutend von den früheren. Jetzt bemüht er sich, Fragen, die sich auf die innere Situation in seinen Einheiten und besonders auf Ernennungen des höheren Offizierskorps beziehen, nicht zu stellen oder ihnen auszuweichen, wie wenn er das als seine internen Angelegenheiten betrachtet.«[1196]

Chiangs Entschlossenheit, sich von sowjetischer Seite nicht mehr in Fragen der Personalpolitik und überhaupt in Angelegenheiten von allgemein politischer Bedeutung hineinreden zu lassen, bekamen natürlich vor allem die politischen Berater zu spüren. Čerepanov überliefert eine entsprechende Klage von O. S. Tarchanov, einem der führenden Berater Borodins:

»Chiang läßt nach der Märzgeschichte überhaupt keinen Russen irgendwann an die Organisationstätigkeit, an Versetzungen und Ernennungen heran. Front- und Ausbildungseinsatz - bitte schön, aber nicht mehr. Er ist bereit, Borodin zu internationalen Fragen und Galin zu operativen Fragen zu hören. Meines Erachtens ist im Bereich der militärischen Operationen Galin für ihn eine unanfechtbare Autorität. Chiang wird sich aber nie dazu herbeilassen, sich mit jemandem über die Innenpolitik zu beraten.«[1197]

Was die Mitsprache der Militärberater bei organisatorischen Problemen der NRA angeht, so gab es um die Zeit des Jahreswechsels 1926/27 allerdings einen hoffnungsvollen, wenn auch kurzen Ansatz zu einer verbesserten Zusammenarbeit. Auf Ersuchen von Chiang Kai-shek wurde unter Blagodatovs Vorsitz eine sowjetische »Etat-Kommission« (štatnaja kommissija) für die NRA gebildet, der auch E. V. Teslenko angehörte.[1198] Die Kommission arbeitete Vorschläge aus, die sich u. a. gegen eine weitere Aufblähung der Divisionen durch Schaffung eigener Pionier-Bataillone wandten und die Einführung von Pferden als Zugtiere für die Artillerie befürworteten. Der von der Kommission erstellte Entwurf für eine Reorganisation der NRA, der uns leider nicht vorliegt, wurde auf einer Sitzung angenommen, die am 3. Januar 1927 in Chiangs und Bljuchers Anwesenheit stattfand. Inwieweit das vorgelegte Konzept verwirklicht werden konnte, ist im einzelnen nicht zu ermitteln. Nach Čerepanov[1199] wurden die sowjetischen Vorschläge für die Strukturreform in der Armee und die Bereinigung des Etats von der chinesischen Seite nominell akzeptiert; in Wirklichkeit sei aber etwas Gegenteiliges durchgeführt worden.

1196 Ebenda (Bericht in der Wiedergabe undatiert); so auch Čerepanovs eigenes Urteil, ebenda, S. 298.

1197 Ebenda, S. 139 f.

1198 Hierzu und zu den beiden Folgesätzen Blagodatov, A. V., Zapiski o kitajskoj, S. 180; Teslenko, E. V., Ot Guančžou do Uchanja, S. 120.

1199 Čerepanov, A. I., Severnyj pochod, S. 298.

Die allgemeine politisch-militärische Entwicklung zwischen Januar und Juli 1927, die zur Eroberung des unteren Yangtse durch Chiangs Einheiten, zum Bruch der KMT mit den chinesischen Kommunisten und schließlich zum Abzug der sowjetischen Berater führte, ist in großen Zügen bekannt[1200] und soll hier nicht erneut erörtert werden. Die folgende Darstellung konzentriert sich vielmehr auf bisher unbekannte Aspekte, die sich im Hinblick auf das Verhalten der Militärberaterschaft aus den neuen sowjetischen Materialien ergeben, und zwar vor allem auf

- Bljuchers Beteiligung an der Planung von Chiang Kai-sheks Vormarsch auf das untere Yangtsetal und die Unterstützung dieses Vormarschs
- das Verbleiben eines Teils von Bljuchers Stab unter Stabschef Blagodatov bis Anfang Mai (und einiger Stabsangehöriger sogar über diesen Zeitpunkt hinaus) bei Chiang Kai-sheks Generalstab in Nanking
- Bljuchers bzw. Blagodatovs Bemühen um ein weiteres gemeinsames Vorgehen aller KMT-Truppen nach dem Bruch zwischen Nanking und Wuhan und um eine Versöhnung der beiden KMT-Lager, sowie
- Chiang Kai-sheks bis mindestens Mitte April nachweisbares Bestreben, die Zusammenarbeit mit Bljucher aufrechtzuerhalten.

Eine Gesamtwürdigung zahlreicher in den neuen sowjetischen Materialien verstreuter Hinweise rechtfertigt die Annahme, daß es in den ersten Monaten des Jahres 1927 zwischen Bljucher und Borodin zu einer neuen Kontroverse kam - dieses Mal um die Frage, ob man Chiang Kai-sheks Vorstoß auf das untere Yangtsetal (die Nanking/Schanghai-Operation) unterstützen oder verhindern sollte. Übereinstimmende Belege aus sowjetischen und KMT-Quellen[1201] lassen kaum Zweifel daran, daß Borodin spätestens seit dem Herbst 1926 ein entschiedener Gegner von Offensiven

1200 Zusammenfassung des neueren Foschungsstands bei Wu Tien-wei, A Review of the Wuhan Debacle, in: The Journal of Asian Studies, Vol. XXIX, no. 1 (November 1969), S. 125 - 143. - Vgl. Domes, J., Vertagte Revolution, S. 177 - 237; Documents on Communism, S. 382 - 409; North, R. C., Eudin, X. J., M. N. Roy's Mission to China, The Communist-Kuomintang Split of 1927, Berkeley/Los Angeles 1963; Roj, M. N., Kitajskaja revoljucija i Kommunističeskij Internacional, Sbornik stat'ej i materialov, Moskau/Leningrad 1929; Robočij Kitaj v 1927 godu, Sbornik stat'ej, Pod redakciej A. Lozovskogo, Moskau 1928; Liu F. F., A Military History, S. 39 - 52; Chiang Yung-ching, Pao Lo-t'ing yü Wu-han cheng-ch'üan, Taipei 1963; Die chinesische Frage auf dem 8. Plenum der Exekutive; Tan Ping-schan, Entwicklungswege der chinesischen Revolution, S. 5 - 10 (Einleitung von K. A. Wittfogel); Trotzky, L., Problems of the Chinese Revolution, S. 23 - 127, 313 - 432; Wie die chinesische Revolution zugrunde gerichtet wurde, Brief aus Schanghai gerichtet an das Exekutiv-Komitee der Kommunistischen Internationale von Stalin unterschlagen, Verlag der »Fahne des Kommunismus«, o. O. o. J. (Feltrinelli Reprint, Milano 1967). - Zur Einschätzung der Entwicklung in China durch die Komintern bis zum Beginn dieses Zeitabschnitts vgl. Tätigkeitsbericht der Exekutive der Kommunistischen Internationale 1925 - 1926, Ein Jahr Arbeit und Kampf, Hamburg 1926, S. 334 - 337.

1201 Documents on Communism, S. 383; Čerepanov, A. I., Severnyj pochod, S. 108 f., 228.

war, die sich von Hunan/Hupei aus nach Osten richteten. In dem Maße, in dem sich die Beziehungen zwischen ihm und Chiang Kai-shek verschlechterten, wuchs offenbar auch Borodins Widerstand gegen die von diesem geplante Nanking/Schanghai-Operation, die bei einem Erfolg Chiangs Machtposition durch den Zugriff auf Chinas bedeutendste Arsenale in Nanking und in Lunghua bei Schanghai entscheidend verbessert hätte. Borodin begann, eine in sowjetischen Beraterkreisen als »Nordwest-Theorie« bezeichnete Konzeption zu vertreten, die eine Offensive der (von der »linken« Wuhan-KMT kontrollierten) NRA-Verbände nach Nordwesten in Richtung auf die Grenze zu Sowjetrußland vorsah.[1202]
Aus dem neuen sowjetischen Material wird deutlich, daß der eigentliche Bruch zwischen Borodin und Chiang Kai-shek im Laufe des Januar 1927 eintrat, als in der Frage des Regierungssitzes keine Einigung erzielt werden konnte. Nach Čerepanovs Zeugnis vertrat Borodin bereits am 3. Januar die Meinung, daß der Bruch unausweichlich geworden war.[1203] Während Chiangs Aufenthalt zwischen dem 11. und 18. Januar in Wuhan kam es zwischen beiden zu direkten Zusammenstößen. Čerepanov berichtet, Chiang habe Borodin am 18. Januar auf einer Konferenz beschimpft.[1204] Borodin seinerseits formulierte in einer auf einem Bankett gehaltenen Rede unmißverständlich:

> »Bei uns gibt es einen General, der seine eigene politische Linie verfolgt, die zu den Richtlinien der Regierung im Gegensatz steht und deren Direktiven zuwiderläuft. Er muß daran denken, daß er der Justiz des Volkes nicht entkommen wird, daß die strafende Hand der Vergeltung des Volkes ihn finden und bestrafen wird, wo er sich auch verstecken würde.«[1205]

Sodann wandte er sich an Chiang Kai-shek und fügte hinzu:

> »Kamerad Chiang Kai-shek, wir sind mit Ihnen bis zum Yangtse gegangen; ich hoffe, daß wir auch weiter Hand in Hand gehen werden.«[1206]

In neueren sowjetischen Memoiren wird erstmals aus einem zeitgenössischen Dokument zitiert, aus dem hervorgeht, daß Chiang bereits Anfang Februar 1927 Anstrengungen unternahm, Moskau zu einer Rückberufung Borodins zu bewegen. In einem Bericht Terunis, des sowjetischen Beraters

1202 Ebenda, S. 295.
1203 Ebenda.
1204 Ebenda, S. 217.
1205 Blagodatov, A. V., Zapiski o kitajskoj, S. 177 f. (nach einem Bericht Bljuchers).
1206 Ebenda, S. 178. – Hier handelt es sich offenbar um den Wortlaut des bei Isaacs erwähnten Passus, Isaacs, H. R., The Tragedy, S. 126. – Vgl. auch Wie die chinesische Revolution zugrunde gerichtet wurde, Brief aus Schanghai, S. 13. Hier heißt es, Borodin habe seine scharfe Formulierung anschließend bereut.

bei der Politischen Hauptverwaltung des chinesischen Generalstabs, an Borodin vom 2. Februar heißt es:

»Gegenwärtig ist es die Hauptaufgabe Chiang Kai-sheks, sich Ihrer zu entledigen, da Sie ihn doch dabei stören, Diktator zu sein. Er schlug Ch'eng Ch'ien und T'an Yen-k'ai vor, die UdSSR zu bitten, an Ihrer Stelle Radek oder Karachan herzuschicken. Mit einem Wort, jeder ist ihm recht, nur nicht Sie. Chiang Kai-shek telegraphierte Ihnen (ich weiß nicht, ob Sie es bekommen haben oder nicht), daß Sie nach Nanchang kommen sollen, von wo aus er beabsichtigt, Sie über Kanton in die UdSSR zu schicken. Ch'eng Ch'ien, T'an Yen-k'ai und Teng Yen-ta schickten ein Telegramm mit einer Warnung.«[1207]

Es kann keinerlei Zweifel daran bestehen, daß angesichts dieser Zuspitzung Borodin zu diesem Zeitpunkt alles unternahm, um einen Machtzuwachs zugunsten Chiangs zu verhindern, der durch einen erfolgreichen Verlauf der in der Vorbereitung befindlichen Nanking/Schanghai-Operation eingetreten wäre.
Umso auffälliger erscheint Bljuchers aktive Mitwirkung an der Operation. Nach dem Zeugnis von Ch'en Ming-shu, dem Kommandeur des (neuen) 11. Armeekorps, sprachen Bljucher und andere sowjetische Berater sich zwar auf einer Anfang Januar 1927 in Nanchang abgehaltenen Militärkonferenz gegen den Vormarsch auf das untere Yangtsetal aus.[1208] Andererseits aber ist den neuen sowjetischen Materialien zu entnehmen, daß Bljuchers Stab zur selben Zeit (Ende Dezember 1926 bis Anfang Januar 1927) auf Anweisung des chinesischen Oberkommandos einen Plan zur Durchführung eben dieser Operation ausarbeitete.[1209] Der auf den 6. Januar 1927 datierte Plan trug die Überschrift »Memorandum zur Liquidierung des Feindes im Gebiet des unteren Yangtse« und enthielt u. a. die folgenden Vorschläge:

»Zur Entlastung der zweiten Etappe des Nordfeldzugs stellt sich unsere Armee die Aufgabe, zunächst Schanghai und Hangchow anzugreifen und den unteren Yangtse vom Feind zu säubern. Hierfür sind die Hauptkräfte im Osten Kiangsus und im Westen Chekiangs zu konzentrieren. Gleichzeitig ist ein Teil der Truppen im Norden der Provinz Kiangsi und im südlichen Teil der Provinz Hupei zur Entlastung unserer Offensive zu konzentrieren, um den Süden der Provinz Anhui zu bedrohen und Feindberührung in An-ch'ing herzustellen. . .«[1210]

1207 Čerepanov, A. I., Severnyj pochod, S. 217 f. – Nach einer auf KMT-Quellen basierenden Angabe bat Chiang in einem am 26. Februar 1927 nach Moskau gesandten Telegramm um die Ablösung Borodins, Jordan, D. A., The Northern Expedition, S. 132.
1208 Documents on Communism, S. 382.
1209 Mirovickaja, R. A., Pervoe desjatiletie, S. 44.
1210 Ebenda.

Der Plan, der nur teilweise im Wortlaut vorliegt, sah neben dem Vormarsch auf Schanghai eine Offensive der Verbände Feng Yü-hsiangs im Süden von Honan, die Vereinigung von NRA-Verbänden und der Kuominchün in Honan und einen gemeinsamen Stoß in die Flanke der feindlichen Shantung-Gruppierung vor.[1211] Schließlich war an eine Vereinigung der verschiedenen Angriffsspitzen der NRA in Peking gedacht. Chiang akzeptierte den sowjetischen Plan und gab am 2. Februar Befehl zum Beginn der Nanking/Schanghai-Offensive.[1212]
Warum Bljucher, dessen persönliche Beteiligung an der Ausarbeitung ausdrücklich betont wird,[1213] den Plan trotz anfänglicher Abneigung gegen die Operation dennoch vorlegte, läßt sich bisher nicht ermitteln. Die von der Persönlichkeitsstruktur Bljuchers her naheliegende Erklärung ist diese: Bljucher führte einen Befehl des Oberkommandierenden Chiang aus, dem er in seiner Sicht Gehorsam schuldete. Čerepanovs Deutung,[1214] die Verfasser des Plans seien zwar gegen die Operation gewesen, hätten aber »die Lage retten« (spasat' položenie) müssen, vermag nicht recht zu überzeugen. Daß es überdies an einer Koordination zwischen Bljuchers Stab und dem Büro des sowjetischen Militärattachés in Peking mangelte, wird aus einem Bericht ersichtlich, den der Militärattaché Longva am 8. Januar 1927 - also zum Zeitpunkt der Fertigstellung von Bljuchers Plan - anfertigte:

> »Chiang Kai-shek forciert unabhängig vom Gesamtplan (? D. H.) den Angriff auf Chekiang... Chiang will die Küste erobern, aber einen operativen Plan hat er nicht. Charakteristisch ist, daß er Bljucher von den Marschbefehlen an die Divisionen nicht in Kenntnis setzt.«[1215]

Die neuen sowjetischen Materialien widerlegen die bisher in der Forschung vertretene Ansicht,[1216] wonach sich keine sowjetischen Militärberater an dieser Operation beteiligt hätten. 10 Berater verteilten sich auf die im Rahmen der Gesamtplanung vorgesehenen drei Angriffsspitzen wie folgt:[1217]

1211 Hierzu und zum Folgesatz ebenda. Beschreibung des Plans auch bei Čerepanov, A. I., Severnyj pochod, S. 225 - 228. - Vgl. zu dem Plan auch Chiang Yung-ching, Pao Lo-t'ing yü Wu-han cheng-ch'üan, Taipei 1963, S. 113.
1212 Mirovickaja, R. A., Pervoe desjatiletie, S. 44.
1213 Čerepanov, A. I., Severnyj pochod, S. 300.
1214 Ebenda, S. 225.
1215 Ebenda, S. 216 f.
1216 Documents on Communism, S. 395.
1217 Blagodatov, A. V., Zapiski o kitajskoj, S. 202 - 204, 220; Čerepanov, A. I., Severnyj pochod, S. 225 - 231, 238.

1. Östliche Angriffsspitze
Kommandeur: Ho Ying-ch'in
Berater: A. I. Čerepanov
a) Chekiang-Front
Kommandeur: Pai Ch'ung-hsi
Berater:V. N. Panjukov (Deckn.: Remi); N. A. Ševaldin (Deckn.: Pribylev); Vasil'evič
3 operative Gruppen (1., 2., 21. Div. des 1. Armeekorps)
b) Fukien-Front:
Kommandeur: Ho Ying-ch'in
13., 14., 20. Division des 1. Armeekorps
2. Zentrale Angriffsspitze
Kommandeur: Chiang Kai-shek
Berater: V. K. Bljucher
a) rechtsufrige Front (Nanking-Front)
Kommandeur: Ch'eng Ch'ien
Berater: A. N. Černikov (Deckn.: Nikitin)[1218]
3 operative Gruppen (2., 6., 40. Armeekorps)
b) linksufrige Front (An-ch'ing-Front)
Kommandeur: Li Tsung-jen
Berater: M. F. Kumanin; Zigon
3 operative Gruppen (7., 10., 15. Armeekorps)
3. Westliche Angriffsspitze
Kommandeur: T'ang Sheng-chih
Berater: F. I. Ol'ševskij (Deckn.: Vojnič)
a) Nordfront (8., 35., 36. Korps)
b) Nordwest-Front (im April aus 4., 9. und 11. Armeekorps gebildet)
Kommandeur: Chang Fa-k'uei
Berater: V. E. Gorev (Deckn.: Nikitin).[1219]

Zusätzlich befanden sich bei einzelnen Einheiten die Militärberater I. Ja. Zenek (Deckn.: Zebrovskij) und Pallo (Pollo), ohne daß deren genaue Attachierung feststellbar ist.[1220] An der Honan-Offensive der Wuhan-Verbände im Mai/Juni 1927 nahmen F. I. Ol'ševskij (statt des inzwischen in Wuhan eingetroffenen Čerepanov, der ursprünglich hierfür vorgesehen, aber erkrankt war)[1221] und – beim 36. Armeekorps – Fillipovskij[1222] teil.

1218 Sowohl Černikov als auch Gorev benutzten – zumindest zeitweilig – den Decknamen Nikitin; vgl. Čerepanov, A. I., Severnyj pochod, S. 135, sowie Zapis' sovetnika Nikitina (A. N. Černikova), S. 131. – Vgl. auch oben S. 257 dieser Arbeit.
1219 Siehe oben Anm. 1 218 dieser Arbeit.
1220 Čerepanov, A. I., Severnyj pochod, S. 238.
1221 Teslenko, E. V., Vospominanija o E Tine, S. 95; Čerepanov, A. I., Severnyj pochod, S. 302.
1222 Blagodatov, A. V., Zapiski o kitajskoj, S. 253.

Bis Ende Juli waren E. V. Teslenko bei Yeh T'ings 24. selbständiger Division und über diesen Zeitpunkt hinaus M. F. Kumanin bei Ho Lungs 20. Armeekorps im Einsatz.[1223] Kumanin erhielt Bljuchers Telegramm mit dem Rückberufungsbefehl nicht mehr und erlebte auf diese Weise den Nanchang-Aufstand vom 1. August 1927 mit.[1224]
Die entscheidende Auseinandersetzung zwischen Bljucher und Blagodatov (und der Mehrheit der Nanchanger Militärberater) einerseits und Borodins Wuhaner Politberater-Gruppe um die Frage, ob Chiang Kai-sheks Vormarsch auf den unteren Yangtse zu unterstützen sei, fand in der ersten Märzhälfte statt. Ausgelöst wurde sie offenbar durch ein Telegramm,[1225] das Bljucher am 25. Februar an Borodin, den sowjetischen Konsul in Wuhan, Pliče, und mehrere Berater schickte. In der Depesche, die teilweise in einem Telegrammstil abgefaßt und teilweise verstümmelt ist, heißt es:

»1) [In] Voraussicht des Vormarsches unserer Truppen wurde [in] Schanghai der Generalstreik ausgerufen, der [in] einen Aufstand übergehen kann. Der Streik läuft unter Losungen gegen die Imperialisten und Militaristen von Sun (Ch'uan-fang, D. H.). Durch unsere Verzögerung des Vormarsches [auf] Schanghai droht den Arbeitern die Zerschlagung. *Es ist unbedingt nötig, unseren Angriff [auf] Schanghai zu beschleunigen.*[1226] 2) Man muß Pai (Ch'ung-hsi, D. H.) und den anderen Generälen beweisen, [daß es nötig ist] sofort den Angriff [auf] Schanghai zu beginnen, was man mit der Notwendigkeit motivieren könnte, den Augenblick der Desorganisiertheit des Feindes auszunutzen. Beweisen Sie es keinesfalls mit der Notwendigkeit der Hilfe für die Streikenden, weil ich befürchte, daß sie (die Generäle) das nicht tun wollen, sondern die Arbeiter Schanghais schwächen wollen. Der Befehl des Oberbefehlshabers (Chiang Kai-shek, D. H.) zum Angriff wird gegeben werden. 3) Der operative Gesamtplan wird in zwei Tagen ausgegeben werden. Heute wurde vom Oberbefehlshaber beschlossen: Die Gruppierung von General Pai besetzt insgesamt Schanghai.. . .«[1227]

Die sowjetischen Materialien enthalten keinen Hinweis darauf, wie Borodin auf das Telegramm reagierte. Daß die Reaktion negativ ausfiel, läßt sich - abgesehen von der bereits erwähnten allgemein ablehnenden Haltung Borodins - indirekt daraus schließen, daß Bljucher es für nötig erachtete, am 10. März die Offiziere seines Stabs in Nanchang zu einer

1223 Teslenko, E. V., Vospominanija o E Tine, S. 100 f.
1224 Kumanins Bericht über den Nanchang-Aufstand in: Kumanin, M. F., Nan'čanskoe vosstanie, S. 140 - 157.
1225 Das Telegramm war bisher unbekannt und findet sich bei Čerepanov, A. I., Severnyj pochod, S. 238. Čerepanov zitiert es vollständig und begründet dies mit dessen Wichtigkeit, ebenda. Die wegen des Telegrammstils fehlenden Präpositionen wurden vom Verfasser dieser Arbeit in eckigen Klammern hinzugefügt. - Eine stilistisch (und vom Namen Pai Ch'ung-hsi) gereinigte Fassung eines Teils des Telegramms findet sich bei Mirovickaja, R. A., Pervoe desjatiletie, S. 45 f.
1226 Hervorhebung des Verfassers dieser Arbeit.
1227 Čerepanov, A. I., Severnyj pochod, S. 238.

Grundsatzdiskussion zu versammeln, in der er sie nach ihrer Meinung zur Frage des Angriffs auf Schanghai befragte.[1228] Die Offiziere sprachen sich unter Hinweis auf die unzureichende Koordination der NRA-Einheiten und die Schlagkraft einer von Oberst Nečaev geführten weißgardistischen Division[1229] für eine abwartende Haltung aus. Nur Blagodatov befürwortete den Angriff, weil er die KMT-Truppen für moralisch und taktisch überlegen hielt und die zu erwartende Unterstützung durch breite Kreise der Zivilbevölkerung von Kiangsu - insbesondere durch die Schanghaier Arbeiter - als wichtigen Faktor einkalkulierte. Nach Blagodatovs Bericht endete die Diskussion mit einem Sieg der Bljucher/Blagodatov-Linie:

»Meine Unterstützung des Vorschlags von Bljucher war diesem willkommen, sein finsteres Gesicht hellte sich auf, er lächelte breit, begann mit dem Kopf zu nicken. Die Konferenz bestärkte ihn in der Richtigkeit des Beschlusses, den Angriff auf Nanking/Schanghai in breiter Front vorzutragen. Auch Chiang Kaishek stimmte dem Vorschlag des Chef-Militärberaters zu. Sein Stab arbeitete einen detaillierten Plan aus... Die Berater bei den Truppeneinheiten sorgten für eine genaue und exakte Durchführung der getroffenen Entscheidung.«[1230]

Čerepanov, der sich als Berater Ho Ying-ch'ins bei der Östlichen Angriffsspitze befand, vertrat hingegen Borodins Position.[1231] Er versuchte, die ihm unterstellten Berater bei Pai Ch'ung-hsi, Panjukov (Komi) und Vasil'evič, in vorsichtig formulierten Telegrammen und - nach der Einnahme von Hangchow - im persönlichen Gespräch von der Idee eines Vormarschs auf Schanghai abzubringen. Wie er in seinen Memoiren berichtet, blieben diese Bemühungen erfolglos: »Die Genossen konnten jedoch meine Warnung nicht richtig einschätzen.«[1232] Auf Anweisung Bljuchers drängte Panjukov in Pai Ch'ung-hsis Stab auf eine Beschleunigung des Vormarschs in Richtung Schanghai.[1233] Ganz im Sinne Bljuchers wirkte er an einer Koordination zwischen der Besetzung der Stadt durch die NRA und der

1228 Blagodatov, A. V., Zapiski o kitajskoj, S. 210.

1229 Der sowjetische Militärberater V. M. Akimov (Deckn.: Silin) wurde im Frühsommer 1927 Zeuge dessen, wie Nečaevs weißgardistische Division endete. Sie wurde während des Honan-Feldzugs der NRA völlig aufgerieben. Die KMT-Soldaten töteten fast alle Russen. Die wenigen Gefangenen wurden schrecklich mißhandelt. Nach Akimov wurden einige an Drähten vorgeführt, die man ihnen durch die Ohren gebohrt hatte. Vgl. Višnjakova-Akimova, V. V., Dva goda, S. 162.

1230 Blagodatov, A. V., Zapiski o kitajskoj, S. 210. - Die von einer zur selben Zeit in Schanghai befindlichen Delegation der Kommunistischen Jugend-Internationale gemachte Angabe, Bljucher sei gegen eine Besetzung Schanghais gewesen, scheint einen veralteten Informationsstand widergegeben zu haben oder beruhte auf Fehlinformationen, vgl. Wie die chinesische Revolution zugrunde gerichtet wurde, Brief aus Schanghai, S. 14.

1231 Hierzu und zum Folgesatz Čerepanov, A. I., Severnyj pochod, S. 228 - 231, 240.

1232 Ebenda, S. 229.

1233 Blagodatov, A. V., Zapiski o kitajskoj, S. 191.

Vorbereitung des von der KPCh gesteuerten Aufstands vom 21. März mit:[1234] Am 15./16. März schickte er seiner in Schanghai befindlichen Frau einen Brief, in dem er seine Ankunft in der Stadt für den 20. bis 22. März ankündigte und darum bat, seinen Freund hiervon zu verständigen. Nach vorher getroffenen konspirativen Abmachungen signalisierte er auf diese Weise dem »Freund« A. A. Chmelev, der an der Planung des Aufstands beteiligt war, daß die KMT-Truppen zwischen dem 20. und 22. in Schanghai einmarschieren würden. Am 14. März verließ Bljucher plötzlich Nanchang, um sich nach Wuhan zu begeben, wo er - von Reisen nach Honan abgesehen - bis zu seiner Rückkehr nach der Sowjetunion blieb. Blagodatov schildert die Abfahrt wie folgt:

»Für mich kam es vollkommen unerwartet, als Bljucher seine Reise nach Hankou bekanntgab und entschied, daß ich als sein Stellvertreter zurückbleiben sollte.... Seine Ankunft auf dem Bahnhof begleiteten die Chinesen mit Ehrenbezeigungen: Er wurde in einer Sänfte getragen, eine Musikkapelle spielte. Ich ging neben ihm her, bemühte mich, den Kern dessen, was geschehen war, zu verstehen, und wie wir uns in Abwesenheit des Chefberaters verhalten sollten. Aber Bljucher hüllte sich in Schweigen. Mir schien, daß ihm diese Reise nicht recht war, daß er sie für verfrüht hielt.«[1235]

Zu den Ursachen der Umsiedelung schweigen sich die veröffentlichten sowjetischen Materialien genauso aus, wie Bljucher seinerzeit gegenüber seinem Stabschef auf dem Bahnhof von Nanchang schwieg. Es ist jedoch unschwer zu vermuten, daß Bljuchers Reise im Zusammenhang mit dem vier Tage zuvor in Wuhan einberufenen 3. Plenum des II. ZEK der KMT erfolgte. Dieses erbrachte einen Sieg des linken Parteiflügels und die deiure-Entmachtung Chiang Kai-sheks:[1236] Chiang erklärte am 15. März seinen Rücktritt von allen führenden Ämtern; die von ihm bisher bekleidete Spitzenposition des Vorsitzenden des ZEK wurde abgeschafft; in das neugebildete Führungsorgan »Präsidium des Politischen Rats« (cheng-chih wei-yüan-hui chu-hsi t'uan) wurde er nicht hineingewählt; seine Befugnisse als Oberbefehlshaber wurden durch die Neukonstituierung eines bewußt kollektiv angelegten MR eingeschränkt.

Auch über Bljuchers Aktivitäten in Wuhan in den verbleibenden fünf Monaten geben die sowjetischen Materialien so gut wie keine Auskunft. Zu seiner Position im Hinblick auf den Streit zwischen Wuhan und Nanking gibt es widersprüchliche Hinweise. Nach Blagodatov teilte Bljucher

1234 Hierzu und zum restlichen Absatz Mirovickaja, R. A., Pervoe desjatiletie, S. 46, 48 (nach Archivmaterialien aus AMO SSSR).
1235 Blagodatov, A. V., Zapiski o kitajskoj, S. 212.
1236 Hierzu und zum restlichen Absatz Domes, J., Vertagte Revolution, S. 184 f.

noch am 8. Mai – also drei Wochen nach dem offenen Bruch zwischen den beiden KMT-Flügeln – Blagodatovs Meinung, daß an einem gemeinsamen militärischen Vorgehen Wuhans und Nankings gegen die Mukden- und Shantungtruppen festgehalten werden müsse.[1237] Eine Bestätigung dessen könnte in der zwischen dem 13. und 15. April von M. N. Roy getroffenen Feststellung erblickt werden, Bljucher lehne die gewaltsame Einnahme Nankings durch Wuhan-Truppen ab.[1238] Die Idee einer solchen Okkupation wurde in jenen Tagen von der Wuhan-KMT erwogen, aber kurz darauf verworfen.[1239] Roy läßt allerdings offen, ob Bljucher seine ablehnende Position aus prinzipiellen Gründen oder nur wegen der militärischen Aussichtslosigkeit des diskutierten Unternehmens vertrat.

Čerepanov hingegen gibt an, Bljucher habe Ende April oder Anfang Mai gegen Nanking losschlagen wollen. Er sei an Čerepanov mit der Aufforderung herangetreten, dieser müsse sich dem für die Angriffsoperation vorgesehenen Truppenverband als Berater zur Verfügung stellen. Bljucher habe hierbei das folgende Argument gebraucht: »Du hast sie erzogen, Du mußt sie zerschlagen!« Čerepanov habe es jedoch verstanden, sich dieser ihm unangenehmen Aufgabe durch den Hinweis auf seine schlechte Gesundheit zu entziehen. Er behauptet im übrigen, weder im Hinblick auf Sommer 1925 noch auf das erste Halbjahr 1927 etwas von Spannungen zwischen Borodin und Bljucher bemerkt zu haben. Auf einen entsprechenden Vorhalt räumte er jedoch ein, beide Persönlichkeiten seien so strukturiert gewesen, daß sie Streitigkeiten, sollten diese in der Tat vorgekommen sein, sehr wohl vor den übrigen Beratern hätten verbergen wollen und können.[1239a]

Einigermaßen rätselhaft erscheint hingegen eine andere Information Roys,[1240] wonach Bljucher Roys ultimative Haltung gegenüber der Wuhan-KMT voll unterstützte, die auf der Linie des am 1. Juni eingetroffenen Stalin-Telegramms lag und Borodins Politik der unbedingten Aufrechterhaltung der Kooperation zuwiderlief. Wenn man nicht eine totale Änderung des vordem auf Versöhnung der streitenden KMT-Flügel angelegten Konzepts Bljuchers annehmen oder eine unwahre Wiedergabe durch Roy unterstellen will, erscheint nur eine sinnvolle Deutung denkbar: Bljucher unterstützte Roy aus Verbitterung über Borodin, weil er der Meinung war, daß dessen Politik des Bruchs mit Chiang Kai-shek ohnehin die Basis der sowjetischen Allianz mit der KMT insgesamt hoffnungslos zerrüttet hatte.

1237 Blagodatov, A. V., Zapiski o kitajskoj, S. 232.
1238 North, R. C., Eudin, X. J., M. N. Roy's Mission to China, S. 162.
1239 Jur'ev, M. F., Revoljucija, S. 471.
1239a Interviews des Verfassers dieser Arbeit mit Čerepanov am 12. und 17. Oktober 1977 in Moskau.
1240 North, R. C., Eudin, X. J., M. N. Roy's Mission to China, S. 107.

Das Schweigen der sowjetischen Historiker und Memoirenschreiber über Bljuchers Verhalten in Wuhan zwischen Mitte März und Mitte August 1927 (und die vermutlichen Differenzen mit Borodin) erklärt sich offensichtlich aus der allgemeinen Zurückhaltung, mit der die damaligen Wechselbeziehungen zwischen Komintern, KMT und KPCh wegen des engen Zusammenhangs mit der Trockij-Stalin-Kontroverse über die Moskauer Chinapolitik bis heute in der Sowjetunion behandelt wird.[1241] Der einzige direkte, wenn auch schüchterne Hinweis darauf, daß das Verhältnis zwischen Bljucher und Borodin, der auch noch im Juni 1927 de facto als oberste Instanz Moskaus und der Komintern in Wuhan agierte,[1242] nicht sonderlich harmonisch war, findet sich bei Kazanin:

> »Borodin und Bljucher waren völlig verschiedenartige Menschen, und nur die Hingabe an die gemeinsame Aufgabe, die große Geduld und der Takt auf beiden Seiten machten ihre Zusammenarbeit so fruchtbar...« (Punktierung im Originaltext, D. H.)[1243]

Immerhin aber enthalten die neuen sowjetischen Materialien zahlreiche überzeugende Hinweise auf Chiangs Verhalten gegenüber Bljucher nach dessen Abreise aus Nanchang. Es kann demnach kaum noch Zweifel daran geben, daß Chiang auch nach dem Bruch mit der KPCh und der Wuhan-KMT alle Anstrengungen unternahm, um Bljucher zu sich nach Nanking zu holen. Anfang April fragte er Blagodatov wiederholt, wann Bljucher endlich zurückkehre.[1244] Am 13. April erkundigte er sich, ob noch keine Nachricht von ihm eingetroffen sei.[1245] Auch im folgenden Monat bemühte er sich nach dem Zeugnis des Militärberaters V. N. Panjukov (Deckn.: Komi) um Bljuchers Rückkehr und die Aufrechterhaltung guter Beziehungen zur Sowjetunion:

> »Im Mai begann er, Komi zu versichern, daß er ›einzig und allein gegen Borodin‹ sei, ›dessen Herrschsucht alle Grenzen überschritten hat‹, daß ›Borodin ein Usur-

1241 Wie weit die sowjetische Zurückhaltung auch heute noch geht, verdeutlicht die 1972 vom »Institut für Orientalistik« (Institut Vostokovedenija) der Akademie der Wissenschaften der UdSSR herausgegebene Darstellung der Neuesten Geschichte Chinas. Bei der Behandlung der letzten Monate der Wuhan-Periode werden so entscheidend wichtige Personen wie Stalin, Trockij, Borodin, Roy und Bljucher nicht erwähnt. Vgl. Novejšaja istorija Kitaja 1917 - 1970, Moskau 1972, S. 106 - 113 (der hier angesprochene Abschnitt wurde von V. I. Glunin verfaßt).

1242 Dies stellt zumindest M. N. Roy fest, vgl. North, R. C., Eudin, X. J., M. N. Roy's Mission to China, S. 108.

1243 Kazanin, M. I., V štabe Bljuchera, S. 127. - Persönlichkeitsskizzen von beiden ebenda, S. 114 - 127.

1244 Blagodatov, A. V., Zapiski o kitajskoj, S. 220.

1245 Ebenda, S. 221. - Kazanin, der das zwischen Chiang und Blagodatov geführte Gespräch dolmetschte, bestätigt, daß Chiang sich nach Bljucher erkundigte, vgl. Kazanin, M. I., V štabe Bljuchera, S. 98.

pator‹ sei, daß er ›das Gesicht verloren‹ habe usw. Chiang schlug sich sogar, hysterisch geworden, unter Tränen mit der Faust auf die Brust. Er und Ho Ying-ch'in bombardierten V. K. Bljucher telegraphisch mit der Bitte, sofort nach Nanking zu kommen und als Vermittler ›die kämpfenden Brüder zu versöhnen‹. Die heftige antisowjetische Kampagne, die von Pai Ch'ung-hsi angeführt und vom 12. bis 20. April durchgeführt wurde, wurde vorübergehend abgebrochen.. . .«[1246]

Auch ein anderer Berater bestätigt,[1247] Chiang habe im Mai noch nicht mit Sowjetrußland brechen wollen.

Blagodatov läßt in seinen auf Tagebuchaufzeichnungen beruhenden Memoiren keinen Zweifel daran, daß er eine Rückkehr Bljuchers zu Chiang Kai-sheks Stab befürwortete. Noch Mitte Mai forderte er in einem Gespräch mit Bljucher, die sowjetischen Berater müßten sich vor allem »auf die Verhinderung eines wegen innerer Zwistigkeiten entstehenden Kriegs (meždousobnaja vojna) zwischen der Nanking- und Wuhan-Gruppierung« konzentrieren, der nur den Imperialisten helfen würde.[1248] Wie Chiang Kai-shek traute auch Blagodatov Bljucher eine erfolgreiche Vermittlungstätigkeit zu. Er vertritt diese bemerkenswerte - und vor dem Hintergrund der offiziellen und offiziösen sowjetischen Historiographie absolut unorthodoxe - These auch noch im Jahre 1975:

»Wenn V. K. Bljucher in Nanking gewesen wäre, so wäre auf Grund der Autorität, die er bei Chiang Kai-shek und einigen chinesischen Generälen besaß, möglicherweise die Spaltung der Regierung und der NRA zum Stillstand gebracht und irgendein Kompromiß gefunden worden.«[1249]

Der Sinologe Jur'ev, Verfasser des Vorworts zu den Blagodatov-Memoiren, kommentiert diese These wie folgt:

»Diese Meinung ist umstritten, aber sie wird von einem Menschen vertreten, der sich in den Apriltagen des Jahres 1927, als Chiang Kai-shek den konterrevolutionären Umsturz unternahm, bei dessen Stab befand, und es wäre zumindest unvernünftig, seine Sicht der Ereignisse zu ignorieren.«[1250]

In der Tat hielt Blagodatov sich als Stabschef und Stellvertreter Bljuchers nach des letzteren Abreise aus Nanchang (14. März) bis zum 5. Mai 1927 bei Chiang Kai-sheks Generalstab auf. Bis mindestens Mitte April war er zusammen mit einigen Mitarbeitern dort auch noch planend und beratend

1246 Čerepanov, A. I., Severnyj pochod, S. 257 f.

1247 Kazanin, M. I., V štabe Bljuchera, S. 109. - Kazanin gibt hier versehentlich den Monat April an. Blagodatovs auf Tagebuchaufzeichnungen beruhenden Memoiren ist hingegen zu entnehmen, daß Kazanin und Blagodatov am 8. Mai in Hankou ankamen, vgl. Blagodatov, A. V., Zapiski o kitajskoj, S. 232.

1248 Ebenda, S. 235 f.

1249 Ebenda, S. 217.

1250 Ebenda, S. 6.

tätig.[1251] Am Tag nach Bljuchers Abreise verlegte Chiang sein Hauptquartier im Rahmen des Vormarsches auf den unteren Yangtse zunächst nach Chiu-chiang (Nord-Kiangsi), später nach An-ch'ing (Südwest-Anhui) und schließlich nach Nanking.[1252] Am 18. März teilte sich Blagodatovs Stab: Blagodatov folgte mit dem Nachrichtendienst-Offizier Strumbis, seinem Dolmetscher Kazanin und dem Chiffrier-Offizier Zotov Chiangs Generalstab nach; der Rest reiste nach Hankou.[1253] Blagodatovs Gruppe traf am 25. März in Nanking ein.[1254] Blagodatov erwähnt ausdrücklich, daß Chiang Kai-shek ihn und Strumbis am 18. März von Chiu-chiang aus zum Nachkommen aufforderte.[1255] Kazanins Angabe,[1256] die Blagodatov-Gruppe habe mit ihrer Reise nach Nanking (auf Anweisung Bljuchers) die Absicht verfolgt, Chiang Kai-shek nicht aus den Augen zu lassen und ihm »auf den Fersen zu bleiben«, wirkt daher wenig glaubwürdig und geht wohl eher auf apologetische Motivationen zurück.
In Nanking stießen - offenbar im Laufe des April - zu Blagodatovs Vierergruppe der Nachrichtenoffizier Korneev (Deckn.: Cook), Blagodatovs Frau Darovskaja und Frau Strumbis.[1257] Noch am 25. März beriet Blagodatov Chiangs Stabschef, dem er empfahl, die unter dem Kommando von Pai Ch'ung-hsi, Ho Ying-ch'in und Ch'eng Ch'ien stehenden Einheiten auf dem linken Ufer des Yangtse nach Norden bis zur Eisenbahnstation Pangpu (Peng-pu) vorstoßen zu lassen.[1258] Ab Anfang April wurde die Lage wegen der sich vertiefenden Spannungen zwischen Nanking und Wuhan unübersichtlicher. Chinesische und sowjetische Offiziere fingen an, in einen Loyalitätskonflikt zu geraten. I. Ja. Zenek riet dem unsicher gewordenen Kommandeur des 2. Armeekorps, einen Befehl Chiang Kai-sheks über die Verlegung des Korps zu ignorieren und besser eine Anweisung des in Wuhan befindlichen nominellen Kommandeurs T'an Yen-k'ai abzuwarten.[1259] Blagodatov hingegen gab dem ebenfalls schwankend gewordenen Kommandeur des 6. Armeekorps, Ch'eng Ch'ien, den Rat,[1260] solange keine anderslautenden Weisungen aus Wuhan vorlägen, solle er Chiangs Befehlen gehorchen: Der Oberbefehlshaber sei bevollmächtigt, militärische

1251 Ebenda, S. 212 f., 220 f., 223, 232.
1252 Ebenda, S. 212, 215.
1253 Ebenda, S. 212 f., 215. - Kazanin erwähnt Strumbis nicht, vgl. Kazanin, M. I., V štabe Bljuchera, S. 67.
1254 Blagodatov, A. V., Zapiski o kitajskoj, S. 215.
1255 Ebenda, S. 212.
1256 Kazanin, A. V., V štabe Bljuchera, S. 67.
1257 Blagodatov, A. V., Zapiski o kitajskoj, S. 215.
1258 Hierzu und zum Folgesatz ebenda, S. 216.
1259 Ebenda, S. 216 f.
1260 Ebenda, S. 217.

Befehle zu erteilen, und sie als Soldaten seien verpflichtet, diese auszuführen; eine andere Meinung könne es nicht geben.
Hier spricht der *Soldat* Blagodatov, der die inzwischen eingetretene zwiespältige Situation als unerträglich empfand. In seinen Memoiren macht er hierfür vor allem die Wuhan-Regierung verantwortlich, der er Initiativelosigkeit, Passivität und unlogisches Verhalten vorwirft:

> »Allgemein hatte die Wuhan-Regierung die Initiative verloren. Kein einziges Regierungsmitglied kam nach Nanking nach dessen Einnahme, um die Verwaltung der eroberten Provinzen in die Hand zu nehmen und zu verhindern, daß Chiang Kai-shek seine Funktion der obersten Armeeführung mißbrauchte. Keiner gab dem Kommandeur des 6. Armeekorps Ch'eng Ch'ien den Befehl, die Regierungsmacht in Nanking zu verteidigen. Die Passivität der Wuhan-Regierung erleichterte es Chiang Kai-shek, das höhere Offizierskorps auf seine Seite zu ziehen und letztendlich die politische Macht zu ergreifen.«[1261]

T'an Yen-k'ai habe sich unlogisch verhalten, als er von Wuhan aus anordnete, man solle Chiang Kai-shek den Gehorsam verweigern, ohne daß Chiang zuvor als Oberkommandierender abgesetzt worden sei.[1262] Die zeitweilig in Wuhan erwogene Idee, Nanking mit Gewalt einzunehmen, von der Blagodatov durch sowjetische Berater beim 6. Armeekorps erfuhr, empfand er als »nicht weitsichtig und realistisch.«[1263]
Die Arbeitsbedingungen der Blagodatov-Gruppe in Nanking verschlechterten sich seit Mitte April zusehends, ihre Lage wurde zwiespältig.[1264] Einerseits wurden die sowjetischen Offiziere nicht mehr zur Beratung herangezogen und bekamen auch keine Informationen mehr, andererseits ließ Chiang Kai-shek auch nicht erkennen, daß er sie loswerden wollte. Telegramme nach Wuhan durften sie weder abschicken, noch erhielten sie solche von dort. Über den von Wuhan aus durchreisenden Militärberater N. T. Rogov erhielten sie keine Weisung, dorthin zurückzukehren; die gleichzeitig von Rogov übermittelte Parole der Wuhan-Regierung »Keine Kompromisse mit Chiang!« empfand Blagodatov angesichts der unentschiedenen Haltung der Regierung als wirklichkeitsfremd.
Vor seiner Abreise aus Nanking wirkte Blagodatov an einem Schauspiel mit, das im nachhinein reichlich absurd wirkt: Er nahm mit Zotov und Kazanin als Ehrengast an einem Bankett teil, das Chiang Kai-shek am Abend des 18. April anläßlich der soeben verkündeten Bildung seiner Separatregierung und der Verlegung des Regierungssitzes nach Nanking ze-

1261 Ebenda.
1262 Ebenda, S. 219.
1263 Ebenda, S. 220.
1264 Kazanin, M. I., V štabe Bljuchera, S. 85; Blagodatov, A. V., Zapiski o kitajskoj, S. 221 f., 223.

lebrierte.[1265] Blagodatov wurde der ehrenvolle Platz an der Seite von Hu Han-min zugewiesen, dieser saß neben der zentralen Figur Chiang Kai-shek. Angesichts der in den Bankettreden enthaltenen Angriffe auf Borodin, die Komintern und die KPCh beeilte sich Hu Han-min, Blagodatov zu versichern, dies stehe in keinem Zusammenhang mit den Beziehungen zu den sowjetischen Kommunisten; er persönlich schätze die russische KP und Lenin. Die sowjetischen Berater verließen das Bankett vorzeitig.

Ende April führte Blagodatov ein letztes, ausgedehntes Gespräch mit Chiang Kai-shek.[1266] Beide erklärten übereinstimmend, daß die Aufrechterhaltung der Einheit der NRA unverzichtbar, im Interesse des chinesischen Volkes und im Sinne Sun Yat-sens sei. Blagodatov schlug vor, er wolle nach Wuhan reisen, um Bljucher zu berichten. Chiang erklärte sich hiermit einverstanden und schien auch - auf Anregung Blagodatovs - bereit, diesem einen Brief für Bljucher mitzugeben. Am 5. Mai reisten Blagodatov und Kazanin (ohne den versprochenen Brief) nach Hankou, wo sie am 8. Mai ankamen. Die restlichen Mitglieder von Blagodatovs Stab hielten sich noch einige Zeit in Nanking auf, um dann über Schanghai auszureisen. Über Blagodatovs (und Bljuchers) militärische Aktivitäten nach dem Eintreffen in Wuhan ist nicht Wesentliches bekannt, wenn man von einem Bericht über beider Teilnahme an dem bekannten Treffen mit Feng Yü-hsiang Anfang Juni in Chengchou (Honan) absieht.

Der Exodus der sowjetischen Berater begann Ende Juni, als die Wuhan-Regierung mit der KPCh brach, und war Mitte August abgeschlossen.[1267] Nach Višnjakovas Bericht mußten die Berater in dieser Zeit in Wuhan um ihr Leben fürchten. So habe man versucht, Bljucher und Zotov auf einem Bankett anläßlich der Rückkehr der siegreichen NRA-Truppen aus Honan zu vergiften; trotz sofortiger Behandlung im deutschen Krankenhaus sei Zotov gestorben.[1268]

1265 Hierzu und zum restlichen Absatz ebenda, S. 224 - 226; Kazanin, M. I., S. 104 - 107. Die Angaben Blagodatovs und Kazanins decken sich nicht in allen Punkten. - Zur Bildung der Separatregierung vgl. Domes, J., Vertagte Revolution, S. 202, sowie Olenik, J. K., Left Wing Radicalism in the Kuomintang, S. 215 ff. - Zu Mao Tse-tungs Position während der Auseinandersetzung zwischen Nanking und Wuhan vgl. Grimm, T., Mao Tse-tung in Selbstzeugnissen und Bilddokumenten, Reinbeck 1968, S. 65 f. - Zu sowjetischen publizistischen Reaktionen auf Chiangs Verhalten im April vgl. Osetrov, A. F., Sovetskij narod, S. 84 - 86.

1266 Blagodatov, A. V., Zapiski o kitajskoj, S. 231.

1267 Hierzu und zum restlichen Absatz ebenda, S. 261 ff.; Višnjakova-Akimova, V. V., Dva goda, S. 362 ff.; Suchorukov, V. T., Nalet Čankajšistov na General'noe Konsul'stvo SSSR, S. 130; Kazanin, M. I., V štabe Bljuchera, S. 156 ff.; Teslenko, E. V., Ot Guančžou do Uchanja, S. 125; Šass, M. E., God raboty v revoljucionnom Kitae, S. 121 - 128. - Über das Schicksal der in Kanton verbliebenen Berater berichtet Šuvanov, I. P., Na juge Kitaja, S. 42 - 86.

1268 Višnjakova-Akimova, V. V., Dva goda, S. 360 f. - Der Vorfall wird von keinem anderen

Die unterschiedliche Weise, in der Chiang Kai-shek Bljuchers Militärberater einerseits und die politischen Berater um Borodin andererseits behandelte, wurde auch bei der Ausreise der Sowjetrussen offenkundig. Die politischen Spitzenberater Borodin, Tarchanov, Roy und andere konnten nicht die übliche Route über Schanghai nehmen, weil sie befürchten mußten, von Chiang Kai-sheks Polizei verhaftet zu werden. Sie mußten vielmehr eine strapaziöse Reise durch die Gobi und über die Mongolei auf sich nehmen.[1269] Ein Teil der weniger prominenten Mitarbeiter von Borodins Stab fuhr zwar über Schanghai, hatte jedoch konspirative Regeln zu beachten.[1270]

Die Militärberater hingegen benutzten die Schanghai-Route ohne Furcht vor Repressalien von seiten Chiang Kai-sheks. Blagodatov empfand die Schiffsreise auf dem Yangtse von Hankou nach Schanghai als einen Erholungsausflug.[1271] Daß er vor seiner Abfahrt nach Vladivostok in Schanghai zusammen mit dem Piloten V. E. Sergeev, dem Politberater Miljaškevič und dem Dolmetscher Tolstoj einige Tage inhaftiert wurde,[1272] war offenbar auf einen Willkürakt des Schanghaier Stadtkommandanten zurückzuführen. Eine direkte Intervention sowjetischer Berater bei Chiang Kai-shek in Nanking führte zur sofortigen Freilassung, zu einer förmlichen Entschuldigung des Stellvertretenden Außenministers und zum Angebot einer Schadensersatzsumme.

Bljucher verließ Wuhan als letzter der Militärberater.[1273] Er brauchte ebenfalls keine Bedenken zu haben, über Schanghai auszureisen.[1274] Am 11. August 1927 verließ er China.[1275] Wenn sich auch in den neuen sowjetischen Materialien keine Bestätigung für Chiang Kai-sheks Bericht[1276] findet, wonach Bljucher vor der Ausreise von Chiang in freundschaftlicher Atmosphäre verabschiedet wurde, so erscheint dies dennoch im Lichte alles dessen nicht unglaubwürdig, was in der vorliegenden Arbeit über die Beziehungen zwischen beiden ausgeführt wurde: Chiang Kai-shek be-

Berater erwähnt. Auch in der übrigen sowjetischen Literatur findet sich kein entsprechender Hinweis.

1269 Strong, A. L., China-Reise, Mit Borodin durch China und die Mongolei, Berlin 1928; Višnjakova-Akimova, V. V., Dva goda, S. 362, 371 - 373; North, R. C., Eudin, X. J., M. N. Roy's Mission to China, S. 126.

1270 Višnjakova-Akimova, V. V., Dva goda, S. 364.

1271 Blagodatov, A. V., Zapiski o kitajskoj, S. 261. - Vgl. hierzu auch Višnjakova-Akimova, V. V., Dva goda, S. 362.

1272 Hierzu und zum Folgesatz Blagodatov, A. V., Zapiski o kitajskoj, S. 262 - 266.

1273 Suchorukov, V. T., Nalet Čankajšistov na General'noe Konsul'stvo SSSR, S. 130.

1274 Višnjakova-Akimova, V. V., Dva goda, S. 362.

1275 Übereinstimmend Suchorukov, V. T., Nalet Čankajšistov na General'noe Konsul'stvo SSSR, S. 133, und Kazanin, M. I., V štabe Bljuchera, S. 157.

1276 Chiang Kai-shek, A Summing up, S. 52.

trachtete Bljucher und die Militärberaterschaft im Gegensatz zu den Politberatern um Borodin nicht - um eine Formulierung des Sun-Yat-sen-Biographen Sharman aufzugreifen[1277] - als »advisers with a purpose«.

1277 Sharman, L., Sun Yat-sen, S. 240.

Zusammenfassung und Ausblick

Die Kuomintang empfand es durchaus nicht als selbstverständlich, daß sich die erste ausländische Militärberaterschaft aus den Reihen der sowjetischen Roten Armee rekrutieren sollte. Sun Yat-sen wandte sich erst dann - mehr nolens als volens - mit der Bitte um Militärhilfe nach Moskau, als er sich nach Ch'en Chiung-mings Putsch in einer verzweifelten Lage befand und als alle Versuche fehlgeschlagen waren, solche Hilfe von westlichen Demokratien zu erlangen. Sun hatte bis zuletzt grundsätzliche Vorbehalte gegenüber dem Marxismus und dem Sowjetsystem. Was er angesichts der bevorstehenden Ausweitung des chinesischen Bürgerkriegs von Moskau erwartete, waren durchschlagende Erfolgsrezepte seitens der bolschewistischen Partei und der Roten Armee, die kurz zuvor im russischen Bürgerkrieg gesiegt hatten.

Der Kreml entschloß sich zur Unterstützung der Kuomintang, weil China in sowjetischer Sicht zunächst eine bürgerlich-demokratische Revolution brauchte, die am erfolgversprechendsten unter der Führung der Partei Yat-sens würde durchgeführt werden können. Die Revolution sollte das Land einigen, den einheimischen Kapitalismus stärken und die europäischen Staaten sowie Japan verdrängen. Die Bemühungen der Mächte, ihre Position in China zu halten, würden viele Jahre andauern und auf diese Weise Sowjetrußland vor allem von britischem und japanischem Druck an seiner asiatischen Grenze befreien. Der Sowjetunion flössen gewaltige Vorteile von einem China zu, das nicht mehr von den Mächten beherrscht und Moskau freundlich gesonnen sein würde.[1278]

Gleichzeitig sollte damit begonnen werden, die Kuomintang mit Hilfe der sowjetischen Berater und der chinesischen Kommunisten so umzugestalten, daß sie in der später durchzuführenden proletarschen Revolution als Hauptstoßkraft eingesetzt werden könnte. Diese Revolution sollte China schließlich an der Seite (und unter der Führung) der Sowjetunion in den kommunistischen Endzustand transformieren.

Angesichts derart unterschiedlicher Zielvorstellungen in Moskau und Kanton waren die kommenden Konflikte bereits vorprogrammiert.

Borodins Vorschläge für eine straffe Zentralisierung der Kuomintang nach bolschewistischem Vorbild wurden von der Mehrheit der KMT-Führer

1278 Vgl. hierzu Borodins Ausführungen, Fischer, L., Russia's Road, S. 118 f.

gern akzeptiert. Die Pläne der sowjetischen Berater für militärische Reformen sahen vor allem vor:

1. Errichtung der Parteikontrolle über die Armee und Politisierung der Armee durch Einführung des Kommissar-Systems sowjetischer Prägung;
2. Einführung eines einheitlichen Oberkommandos für alle der Kuomintang unterstehenden und mit ihr verbündeten Truppenteile;
3. Vereinheitlichung der Offiziersausbildung;
4. Gewinnung der breiten Bevölkerung für die Unterstützung der Armee durch populäre Maßnahmen (Wirtschaftsreform in Kanton, Schaffung einer Bauernbewegung im feindlichen Hinterland u. a.).

Die Punkte 1 bis 3 fanden die mehrheitliche Unterstützung der KMT-Führung; Punkt 4 traf auf den Widerstand insbesondere der Partei-Rechten. Alle Reformmaßnahmen wurden von den meisten der mit der Kuomintang verbündeten Warlords mit Skepsis bis Ablehnung aufgenommen.

Zwischen Beratern und zu Beratenden traten im allgemeinen dann keine Schwierigkeiten auf, wenn sich die Berater auf ihr eigentliches Feld, nämlich die Beratung in militärischen Angelegenheiten, beschränkte. Dies war insbesondere in den beiden Perioden der Fall, in denen Bljucher das Oberkommando führte, also von Oktober 1924 bis Juli 1925 und erneut von Mai 1926 bis August 1927.

Zum Konflikt kam es hingegen, als die Militärberater mit einem gewissen Erfolg danach strebten,

1. aus ihren Beraterfunktionen herauszutreten und formell in Spitzenpositionen der zentralen militärischen Führung einzurücken, sowie
2. die Kontrolle der Armee durch die Kuomintang mehr und mehr in eine Kontrolle durch die Kommunistische Partei Chinas zu verwandeln, indem die Posten der Politkommissare überproportional mit chinesischen Kommunisten besetzt wurden.

Diese Entwicklung begann nach der Abberufung Bljuchers (Juli 1925) und erreichte unter Kujbyševs Kommando ihren Kulminationspunkt. Ende 1925 gehörten drei sowjetische Berater (Kujbyšev, Rogačev, Razgon) dem chinesischen Militärrat als ständige Mitglieder an, und die Posten des Generalstabschefs (Rogačev) und der Leiter dreier Generalstabsabteilungen befanden sich in sowjetischen Händen. In fünf der sechs bestehenden Armeekorps standen Kommunisten an der Spitze der Politischen Abteilungen, und im 1. Armeekorps waren außerdem vier der fünf Kommissare auf Divisionsebene Kommunisten. Die politische Arbeit in der Armee fand faktisch unter kommunistischer Führung statt.

Diese Situation, die von Kujbyšev mit teilweise grobschlächtigen Methoden herbeigeführt worden war, erschien der KMT-Rechten unerträglich.

Es kam zur Peripetie. Im Zusammenhang mit seinem Staatsstreich vom 20. März 1926 erzwang Chiang Kai-shek die Abberufung der sowjetischen Spitzenberater. Eine Zeitlang sah es so aus, als ob die Beraterschaft gänzlich abgebrochen werden würde. Ob das ungeschickte sowjetische Verhalten nur von Kujbyšev zu verantworten war oder ob Borodin hierbei auch eine wichtige Rolle spielte, läßt sich nach der bisherigen Quellenlage nicht zweifelsfrei klären. Nach Bljuchers Rückkehr im Mai 1926, die auf Chiangs Drängen erfolgte, blieb es jedenfalls beim Verzicht auf die Kujbyšev-Linie, d. h.

1. sowjetischen Offizieren blieben direkte Leitungsfunktionen in der Armee verschlossen, ihre Tätigkeit hatte sich im strengen Sinne im Rahmen eines Beraterstatus zu vollziehen;
2. chinesische Kommunisten wurden nicht mehr als Politkommissare zugelassen.

Der sowjetische Einfluß auf die strategische Planung und die operative Leitung militärischer Unternehmungen war während Bljuchers erstem China-Kommando am stärksten. Bljucher wurde während des Ersten Ostfeldzugs (Januar bis März 1925) von chinesischer Seite sowohl mit der Vorlage eines Gesamtplans als auch mit der faktischen Leitung des Feldzugs beauftragt. Der Einfluß verstärkte sich weiter während der Operation gegen Yang Hsi-min und Liu Chen-huan (Juni 1925). Bljucher agierte nun erstmals als de-facto-Stabschef und war mit der gesamten operativen Führung betraut. Die chinesische Seite äußerte erstmals den Wunsch, die Berater sollten auf alle an den Kämpfen beteiligten Großverbände verteilt werden. Mehrere sowjetische Offiziere übernahmen zum ersten Mal direkte Führungsposten bei einzelnen Einheiten.

Nach Bljuchers Abberufung im Sommer 1925 wendete sich diese Tendenz in auffälliger Weise. An der Planung des Zweiten Ostfeldzugs (September bis November 1925) war die Beraterschaft nur unwesentlich beteiligt, und auch auf die operative Leitung hatte sie nur mehr einen begrenzten Einfluß. Dieser Sachverhalt kontrastierte mit der bereits erwähnten Tatsache, daß der de-iure-Einfluß der Berater im Bereich der militärischen Führungsspitze einen Höhepunkt erreicht hatte.

Nach Bljuchers Rückkehr verstärkte sich die Mitwirkung der Berater, die nach dem 20. März 1926 auf die Tätigkeit an der Whampoa-Militärakademie beschränkt worden war, im strategischen und operativen Bereich erneut. Bljucher wurde zumindest in der Anfangsphase des Nordfeldzugs, der im Juli 1926 begann, in die strategische und fast den ganzen Feldzug über in die operative Planung eingeschaltet. Ende 1926 beteiligte man sowjetische Offiziere an der Reform der Armeestruktur. Beim chinesischen Generalstab arbeiteten durchgehend Berater für Logistik und Artillerie-

wesen. Sämtlichen Stamm-Armeekorps und einigen Divisionen waren ständige Berater attachiert, die - zum Teil unter Einsatz ihres Lebens - wichtige Gefechtsaufgaben lösten. Alle Flugzeuge der NRA wurden von sowjetischem Personal geflogen. Das während Bljuchers erstem China-Kommando übliche hohe Maß an politisch-strategischer Mitwirkung wurde indes nicht wieder erreicht.
Bei den sowjetischen Militärberatern handelte es sich in der Regel um hochrangige Offiziere, die sich gleichzeitig als überzeugte Kommunisten und kampferfahrene Soldaten des I. Weltkriegs oder auch des russischen Bürgerkriegs bewährt hatten. Am politischen Sinn ihrer militärischen Mission dürften sie in der Regel keine Zweifel gehegt haben. Soweit sie sich direkt an den Kämpfen beteiligten, wurde ihr Einsatz von den Chinesen uneingeschränkt anerkannt. Chiang Kai-sheks nahezu blindes Vertrauen in Bljuchers militärisches Können blieb bis zu dessen Rückberufung nach Moskau offenbar unbeeinträchtigt.
Die Militärberaterschaft endete nicht deswegen, weil Berater und zu Beratende nicht mehr auf militärischem Gebiet zusammenarbeiten wollten. Im Gegenteil: Den neuen sowjetischen Materialien ist zu entnehmen, daß Chiang Kai-shek noch im Mai 1927 Bljucher beschwor, ihm weiter zur Verfügung zu stehen, und daß Bljucher zur selben Zeit an einem gemeinsamen Vorgehen von Nanking- und Wuhan-Truppen festhalten wollte. Bljucher, sein Stabschef Blagodatov und andere Berater verließen ihren Posten bei Chiang offenbar gegen ihre Überzeugung. Sie befolgten lediglich einen Rückberufungsbefehl aus Moskau, der erlassen wurde, weil wegen der nunmehr offenen Auseinandersetzungen zwischen KMT und KPCh die politische Grundlage ihrer militärischen Mission entfallen war.
Hier drängt sich ein Vergleich mit dem Ende der deutschen Militärberaterschaft (1927 bis 1938) auf: Von Falkenhausen als letzter deutscher Generalberater brach seine Tätigkeit mit allen Zeichen des Zögerns unter politischem Druck aus Berlin ab,[1279] der mit Rücksicht auf Japan ausgeübt wurde.
Die traumatischen Erfahrungen, die Chiang Kai-shek mit der Militärberaterschaft unter Kujbyšev gemacht hatte, wirkten sich auch auf die zweite sowjetische Beraterschaft (1937 bis 1942) aus. Die Berater wurden von den Bereichen der politischen Entscheidung und der strategischen Planung ferngehalten. Die Beraterschaft wurde - ähnlich wie 1927 - abgebrochen, als die Differenzen zwischen der Kuomintang und den chinesi-

1279 Hierzu Seps, J. B., German Military Advisers, S. 506 – 513

schen Kommunisten im März 1942 ein erträgliches Maß überschritten hatten.

Während der amerikanischen Beraterschaft (1941 bis 1948) kam es zu einem Zusammenstoß zwischen Chiang Kai-shek und dem Chef-Militärberater Stilwell, der in manchem an die Kujbyšev-Krise von 1925/26 erinnert. Stilwell wollte sich im Herbst 1944 nicht mehr mit seinem Beraterstatus begnügen und strebte - zunächst mit Unterstützung von Präsident Roosevelt - die formelle Übernahme der obersten Befehlsgewalt an. Chiang setzte daraufhin Stilwells Abberufung durch.

Diese wenigen Hinweise mögen genügen, um darzutun, daß ungeachtet der sonstigen Unterschiede zwischen den einzelnen Militärberaterschaften auch mancherlei Wechselwirkungen und Parallelverläufe zu erkennen sind. Die sowjetische Beraterschaft zwischen 1923 und 1927 hat ohne Zweifel - als die erste Militärberaterschaft bei der Kuomintang überhaupt - die nationalchinesische Grundhaltung gegenüber ausländischen militärischen Beratern am nachhaltigsten geprägt. Desgleichen hat das chinesische Debakel von 1927 in Moskau eine einschneidende Wirkung ausgeübt. Die hieraus gezogenen Schlüsse haben allerdings ähnliche Fehlschläge in den folgenden Jahrzehnten nicht verhindern können.

Literaturverzeichnis

In das Literaturverzeichnis wurden nur direkt zitierte Titel aufgenommen.
In den Fußnoten werden bei den meisten Titeln nur die Titelanfänge (Kurzform) zitiert. Die Kurzformen sind im Literaturverzeichnis *kursiv* ausgedruckt. Bei Beiträgen zu Sammelbänden erscheint im Literaturverzeichnis der entsprechende Sammelband ebenfalls in der Kurzform.
Um Verwechslungen vorzubeugen, werden die Vornamen chinesischer Verfasser voll ausgeschrieben. Sie werden nicht durch Kommata vom Familiennamen getrennt.

I. Quellen

1. Unveröffentlichte Quellen

a. Chung-hua min-kuo shih-liao yen-chiu chung-hsin (Zentrum für das Studium der historischen Materialien der Chinesischen Republik) in Ch'ing-t'an/Taiwan:

Chün-shih wei-yüan-hui hui-i lu (Protokolle des Militärrats) vom 29. 6. 1925 bis 8. 5. 1926 (handschriftlich).

中華民國史料研究中心
軍事委員會會議錄

b. Bundesarchiv Koblenz:

Reichskanzlei - R 43 I/56

2. Veröffentlichte Quellen

a. Russischsprachige Quellen

Čičerin, G. V., Stat'i i reči po voprosam meždunarodnoj politiki, Moskau 1961

Deklaracija Kitajskoj Kompartii o sovrenennom političeskom položenii v Kitae, in: Novyj vostok, Jg. 1922, Nr. 2, S. 606 ff.

Dokladnaja zapiska V. K. Bljuchera glavkomandujuščemu Kantonskoj armii generalu Sjuj Čun-čži, 5 dekabrja 1924, in: *Kartunova, A. I., V. K. Bljucher v Kitae,* S. 67 - 71 (CPA IML)

Dokumenty vnešnej politiki SSSR, Bd. I - X, Moskau 1959 - 1965

Iz dnevnika Upravlenija Voennogo otdela v Kantone, 5 nojabrja - 18 dekabrja 1924 g., in: *Kartunova, A. I., V. K. Bljucher v Kitae,* S. 50 - 67 (CPA IML)

Iz pis'ma sovetnika V. Ch. Teruni, in: Istoričeskij archiv, Jg. 1959, Nr. 4, S. 135 (CGASA)
Iz pis'ma upolnomočennogo Profinterna v Čite Ju. D. Smurgisa, in: Kovalev, E. F., Novye materialy o pervom s-ezde Kommunističeskoj Partii Kitaja, Dokument No. 2, in: Narody Azii i Afriki, Jg. 1972, Nr. 6, S. 157 (CPA IML)
Iz pis'ma V. K. Bljuchera sovetskomu voennomu sovetniku pri generale Čžu Pėj-dė F. Macejliku, 30 maja 1925 g., in: *Kartunova, A. I., V. K. Bljucher v Kitae*, S. 99 f.
Iz pis'ma-direktivy V. K. Bljuchera sovetskomu voennomu sovetniku pri Vostočnoj gruppe V. A. Stepanovu, 28 maja 1925 g., in: *Kartunova, A. I., V. K. Bljucher v Kitae*, S. 97 - 99
Kantonskij ukreplennyj rajon, Iz priloženija k dokladu ot 10 janvarja 1925 g., in: *Kartunova, A. I., V. K. Bljucher v Kitae*, S. 95 - 99
Kongress Kommunističeskoj Partii v Kitae, in: Kovalev, E. F., Novye materialy o pervom s-ezde Kommunistčeskoj Partii Kitaja, Dokument No. 1, in: Narody Azii i Afriki, Jg. 1972, Nr. 6, S. 151 - 153 (CPA IML)
KPSS v rezoljucijach i rešenijach s-ezdov, konferencij i plenumov CK, Bd. I, 1898 - 1924, 7. Aufl., Moskau 1954
Lenin, V. I., Polnoe sobranie sočinenij, Bd. 22, 23, Moskau 1961, Bd. 41, 42, Moskau 1963; Bd. 44, Moskau 1964; Bd. 51, 54, Moskau 1965
Lenin, V. I., Sočinenija, 2./3. Aufl., Bd. 16, Moskau/Leningrad 1930/31
Lenin, V. I., Sočinenija, 4. Aufl., Bd. 3, Moskau 1950; Bd. 4, Moskau 1946; Bd. 5, Moskau 1951; Bd. 15, Moskau 1947; Bd. 17, Moskau 1950; Bd. 18, Moskau 1948; Bd. 19, Moskau 1948; Bd. 20, Moskau 1950; Bd. 22, Moskau 1948
Leninskij sbornik, Bd. XXVIII, Moskau 1936; Bd. XXXVI, Moskau 1959
Mamaev, Po povodu stat'i t. Ol'gina, in: Kanton, Nr. 7(31), mart 1926 g., S. 9 - 18
O., I., Otvet A. V., ebenda, S. 6 - 8
Obščaja svodka perspektiv bližajšej raboty, Iz priloženija k dokladu ot 10 janvarja 1925 g., in: *Kartunova, A. I., V. K. Bljucher v Kitae*, S. 72-75 (CPA IML)
Ol'gin, Otvet tov. Mamaevu, in: Kanton, Nr. 7(31), mart 1926 g., S. 19 - 24
Operativnaja zapiska glavnogo voennogo sovetnika Galina (V. K. Bljuchera) o tret'ej operacii Severnoj ėkspedicii Nacional'no-revoljucionnoj armii (NRA), in: Istoričeskij archiv, Jg. 1959, Nr. 4, S. 101-106 (CGASA); auch in: *Kartunova, A. I., V. K. Bljucher v Kitae*, S. 174-179
Otčet staršego sovetnika aviacii NRA Sergeeva o dejstvijach aviacii v Severnoj ėkspedicii, in: Istoričeskij archiv, Jg. 1959, Nr. 4, S. 126 - 130 (CGASA)
Otčety staršego sovetnika po artillerii Borodina o Severnoj ėkspedicii NRA Kitaja, in: Istoričeskij archiv, Jg. 1959, Nr. 4, S. 106 - 113 (CGASA)
Perspektivy dal'nejšej raboty na juge ili bol'šoj plan voennoj raboty gomin'dana na 1926 g., in: *Kartunova, A. I., V. K. Bljucher v Kitae*, S. 161 - 171 (CPA IML); auch in: Narody Azii i Afriki, Jg. 1967, Nr. 5, S. 147 - 155
Rabočij Kitaj v 1927 godu, Sbornik stat'ej, Pod redakciej A. Lozovskogo, Moskau 1928
Razdely iz mašinopisnoj rukopisi V. K. Bljuchera »Guandun (Očerk voennych sobytij, dekabr' 1924 g. - ijul' 1925 g.)«, in: *Kartunova, A. I., V. K. Bljucher v Kitae*, S. 100 - 161 (CPA IML)
Roj, M. N., Kitajskaja revoljucija i Kommunističeskij Internacional, Sbornik stat'ej i materialov, Moskau/Leningrad 1929
Russko-kitajskie otnošenija 1689 - 1916, Oficial'nye dokumenty, Moskau 1958
Sovetsko-kitajskie otnošenija 1917 - 1957, Sbornik dokumentov, Moskau 1959
Sovetsko-mongol'skie otnošenija 1921 - 1966, Sbornik dokumentov, Moskau 1966
Stalin, I. V., Sočinenija, Bd. 5 - 10, Moskau 1954
Strategija i taktika Kominterna v nacional'no-kolonial'noj revoljucii na primere Kitaja, Sbornik dokumentov, Sostavitel' i avtor vvodnych stat'ej G. Kara-Murza, pod redakciej P. Mifa, Moskau 1934
Sun' Jat-sen, Izbrannye proizvedenija, Moskau 1964
V., A., Odin iz voprosov Sev. ėkspedicii, in: Kanton, Nr. 7(31), mart 1926 g., S. 1 - 5
Voenno-političeskaja obstanovka, Iz priloženija k dokladu ot 10 janvarja 1925g., Kanton, in: *Kartunova, A. I., V. K. Bljucher v Kitae*, S. 75 - 95 (CPA IML)

Zamečanija k planu Čan Kai-ši, in: *Kartunova, A. I., V. K. Bljucher v Kitae*, S. 171 - 174 (CPA IML)

Zapisi sovetnika F. M. Katjušina-Kotova, in: Istoričeskij archiv, Jg. 1959, Nr. 4, S. 132 - 134 (CGASA)

Zapisi sovetnika Vaksova o vzjatii g. Učana, in: Istoričeskij archiv, Jg. 1959, Nr. 4, S. 134 f. (CGASA)

Zapiska A. Chmeleva o svoej poezdke v štab Glavkoma vojsk Severnoj ėkspedicii, in: Istoričeskij archiv, Jg. 1959, Nr. 4, S. 113 - 126 (CGASA)

Zapis' sovetnika A. I. Čerepanova o komandire 4-go polka Lju, in: Istoričeskij archiv, Jg. 1959, Nr. 4, S. 131 f. (CGASA)

Zapis' sovetnika Nikitina (A. N. Černikova) o boevych dejstvijach NRA Kitaja, in: Istoričeskij archiv, Jg. 1959, Nr. 4, S. 131 (CGASA)

b. *Chinesischsprachige Quellen*

Chung-kuo kuo-min-tang chang-ch'eng, in: *Tsou Lu, Chung-kuo kuo-min-tang shih kao*, S. 389 - 401

中國國民黨章程

鄒魯：中國國民黨史稿

Hsieh Ch'ih Chang Chi yü o-jen Pao Lo-t'ing t'an-hua chi yao, in: Wang Chien-min, Chung-kuo kung-ch'an-tang shih kao, Bd. I, Taipei 1965, S. 125 - 128

謝持、張繼與俄人鮑羅庭談話紀要

王健民：中國共產黨史稿

Hu Hua, Tai Yi, Yen Ch'i (Hrsg.), Chung-hua hsin min-chu chu-i ko-ming shih ts'an-k'ao tzu-liao, Schanghai 1951

胡華、戴逸、彥奇：中華新民主主義革命史參考資料

Ko-ming wen-hsien, Bd. IX - XXII, Taipei, fotomechanischer Nachdruck von 1968

革命文獻

Kung-fei huo-kuo shih-liao hui-pien, Bd. I, Taipei o. J.

共匪禍國史料彙編

Kuo-fu chüan-shu, hrsg. von Chang Ch'i-yün, 4. Aufl., Taipei 1970

國父全書

Li Chen-hua (Hrsg.), Chung-wai t'iao-yüeh hui-pien, Taipei 1964

李振華：中外條約彙編

Li Ta-chao tui kung-ch'an fen-tzu chia-ju kuo-min-tang chih sheng-ming, in: Wang Chien-min, Chung-kuo kung-ch'an-tang shih kao, Bd. I, Taipei 1965, S. 100 - 102

李大釗對共產分子加入國民黨之聲明 王健民：中國共產黨史稿

Chung-wai t'iao-yüeh hui-pien, Schanghai 1935

中外條約彙編

San-min chu-i, Schanghai 1930

三民主義

Su-lien yin-mou wen-cheng hui-pien, Bd. I - X, Peking 1928 (Der Verfasser hat ausschließlich die zehnbändige Ausgabe benutzt; die Quellenhinweise in der vorliegenden Arbeit beziehen sich daher immer auf diese - nicht auf die vierbändige - Ausgabe)

蘇聯陰謀文證彙編

Ti-i tz'u kuo-min tai-piao ta-hui hsüan-yen, in: *Tsou Lu, Chung-kuo kuo-min-tang shih kao*, S. 377 - 388

第一次國民代表大會宣言

Tsou Lu, Chung-kuo kuo-min-tang shih kao i ts'e, 2. Aufl., Taipei 1970

鄒魯：中國國民黨史稿

c. *Quellen in westlichen Sprachen*

Brandt, C., Schwartz, B., Fairbank, J. K., A Documentary History of Chinese Communism, New York 1966 (First Published in 1952)

Brandt, C., Schwartz, B., Fairbank, J. K., Der Kommunismus in China, Eine Dokumentar-Geschichte, München 1955

Carrère d'Encausse, H., and Schram, S. R., Marxism and Asia, An Introduction with Readings, London 1969

Die chinesische Frage auf dem 8. Plenum der Exekutive der Kommunistischen Internationale, Mai 1927, Hamburg/Berlin 1928 (Feltrinelli Reprint, Milano 1967)

The Decisions of the Second Cenference of the Communist Party of China 1922, in: *Ch'en Kung-po, The Communist Movement*, S. 117 - 130

Degras, J. (Hrsg.), Soviet Documents on Foreign Policy, Bd. I (1917 - 1924), Bd. II (1925 - 1932), London/New York/Toronto 1951/52

D'Elia, P. M., The Triple Demism of Sun Yat-sen, Wuchang 1931 (Reprint 1974)

Documents on Communism, Nationalism, and Soviet Advisers in China 1918 - 1927, Papers Seized in the 1927 Peking Raid, Edited, with Introductory Essays, by C. Martin Wilbur and Julie Lien-ying How, New York 1972

Der Erste Kongreß der kommunistischen und revolutionären Organisationen des Fernen Ostens, Hamburg 1922

Eudin, X. J., North, R. C., Soviet Russia and the East 1920 - 1927, A Documentary Survey, Stanford, California 1957

The First Decision as to the Object of the Communist Party of China, in: *Ch'en Kung-po, The Communist Movement*, S. 103 - 105

Maki, J. M., Conflict and Tensions in the Far East, Key Documents, 1894 - 1960, Seattle 1961

North, Robert C., and Xenia J. Eudin, M. N. Roy's Mission to China, The Communist-Kuomintang Split of 1927, Documents Translated by Helen I. Powers, Berkeley/Los Angeles 1963

Protokoll des Vierten Kongresses der Kommunistischen Internationale, Hamburg 1923

Shapiro, L., Soviet Treaty Series, Bd. I (1917 - 1928), Washington, D. C. 1950

Sneevliets Bericht an das EKKI vom 11. Juli 1922 (Originaltitel: Bericht des Genossen H. Maring für die Exekutive), in Teilen bzw. Bruchstücken (unvollständig) veröffentlicht in: Issues & Studies, Bd. VIII, Nr. 7 (April 1972), S. 64 f.; ebenda, Bd. IX, Nr. 5 (Februar 1973), S. 31 ff.; ebenda, Bd. IX, Nr. 6, (März 1973), S. 59; *Muntjewerf, A. C., Was there a »Sneevlietian Strategy«?*, S. 164; *Bing, D., Reply*, S. 753; *Bing, D., Was There a »Sneevlietian Strategy«?*, S. 349

The Soviet in China Unmasked: Documents Revealing Bolshevist Plans and Methods, seized in the U.S.S.R. Embassy, Peking, April 6, 1927, Shanghai 1927

Soviet Plot in China, Published by the Metropolitan Headquarters, Peking 1928

Sun Yat-sen, The International Development of China, New York/London 1922

Sun Yat-Sen, Die Grundlehren von dem Volkstum, Ins Deutsche übertragen von Tsan Wan, Berlin 1927

Sun Yatsen, Reden und Schriften, Aus dem Chinesischen, Übersetzung, Auswahl, Einleitung und Anmerkungen von Brigitte Scheibner und Helga Scherner, Leipzig 1974

Tan Ping-Schan, Entwicklungswege der chinesischen Revolution, Mit einem Vorwort von K. A Wittfogel und einem Nachwort von Raskolnikow, Hamburg/Berlin 1927

Tätigkeitsbericht der Exekutive der Kommunistischen Internationale 1925 - 1926, Ein Jahr Arbeit und Kampf, Hamburg 1926

Trotzky, L., Problems of the Chinese Revolution, 3. Aufl., New York 1966

Wie die chinesische Revolution zugrunde gerichtet wurde, Brief aus Schanghai, gerichtet an das Exekutiv-Komitee der Kommunistischen Internationale von Stalin unterschlagen, Verlag der »Fahne des Kommunismus«, o. O. o. J. (Feltrinelli Reprint, Milano 1967)

Der Zweite Kongreß der Kommunistischen Internationale, Protokoll der Verhandlungen vom 19. Juli in Petrograd und vom 23. Juli bis 7. August 1920 in Moskau, Hamburg 1921

II. Memoirenliteratur

1. Unveröffentlichte Memoirenliteratur

Aufzeichnungen des Delegierten der damaligen Farbenfabriken, vorm. Friedr. Bayer & Co. A.G. Leverkusen, für den südchinesischen Raum, Herrn A. R. Kroeger, vom 6. 11. 1971 über seine Begegnungen mit Vertretern der KMT-Regierung und sowjetischen Beratern in Kanton im Verlauf des Jahres 1924

2. Veröffentlichte Memoirenliteratur

a. Russischsprachige Memoirenliteratur

Blagodatov, A. V., Zapiski o kitajskoj revoljucii 1925-1927 gg., Moskau 1970

Blagodatov, A. V., Zapiski o kitajskoj revoljucii 1925-1927 gg., izdanie 2, dopolnennoe, Moskau 1975

Borodin, T. S., Vospominanija artillerijskogo sovetnika, in: *Na kitajskoj zemle*, S. 29-42

Borodina, F. S., Sovetnik Sun' Jat-sena, in: Komintern i vostok, S. 286-288

Chė Sjan-nin, Vospominanija o Sun' Jat-sene, Moskau 1966

Čerepanov, A. I., Itogi Uchanskoj operacii, in: *Na kitajskoj zemle*, S. 134-181

Čerepanov, A. I., Pod znamenami Sun' Jat-sena, in: *Sun' Jat-sen, 1866 - 1966*, S. 310-321

Čerepanov, A. I., Severnyj pochod Nacional'no-revoljucionnoj Armii Kitaja (Zapiski voennogo sovetnika), Moskau 1968

Čerepanov, A. I., Zapiski voennogo sovetnika v Kitae, Iz istorii Pervoj graždanskoj revoljucionnoj vojny (1924-1927), Moskau 1964

Čerepanov, A. I., Zapiski voennogo sovetnika v Kitae (1925-1927), 2. verb. u. erg. Aufl., Moskau 1971 (durchgängig zitiert als: Čerepanov, A. I., Zapiski) (Die 1976 erschienene Neuauflage enthält nur Materialien, die bereits vorher publiziert vorlagen)

Dalin, S. A., Velikij povorot, Sun' Jat-sen v 1922 g., in: *Sun' Jat-sen 1866-1966*, S. 255-285

Dalin, S. A., Kitajskie memuary 1921 - 1927, Moskau 1975 (gelangte so spät in die Hand des Verfassers, daß es nur noch im letzten Abschnitt dieser Arbeit berücksichtigt werden konnte)

Kazanin, M. I., V štabe Bljuchera, Vospominanija o Kitajskoj revoljucii 1925-1927 godov, Moskau 1966

Kazanin, M. I., Zapiski sekretarja missii, Stranička istorii pervych let sovetskoj diplomatii, Moskau 1963

Klimov, A. Ja., Vo 2-j Nacional'noj armii, in: *Na kitajskoj zemle*, S. 13-22

Končic, N. I., Kitajskie dnevniki 1925-1926 gg., Moskau 1969

Končic, N. I., V rjadach Nacional'no-revoljucionnoj armii Kitaja, in: *Sovetskie dobrovol'cy*, S. 24-95

Kumanin, M. F., Nan'čanskoe vosstanie, in: *Sovetskie dobrovol'cy*, S. 140-157

Ma Sjan, Desjat' let s Sun Jatsenom, in: Voprosy istorii, Jg. 1966, Nr. 11, S. 134-150, Nr. 12, S. 125-138

Na kitajskoj zemle, Vospominanija sovetskich dobrovol'cev 1925-1945, sostavitel' i otvetstvennyj redaktor: Ju. V. Čudodeev, Moskau 1974 (Die 1977 erschienene ergänzte zweite Auflage enthält für die Periode 1923 - 1927 nur Materialien, die bereits vorher publiziert vorlagen)

Naumov, S. N., Škola Vampu (Iz vospominanij), in: *Sovetskie dobrovol'cy*, S. 126–139
Naumov, S. N., V armii Fen Juj Sjana, in: *Na kitajskoj zemle*, S. 23–28
Nikiforov, P. M., Zapiski prem'era DVR, 2. Aufl., Moskau 1974
Primakov, V. M., Zapiski volontera, Graždanskaja vojna v Kitae, Moskau 1967 (die erste Ausgabe dieses Buchs erschien unter Pseudonym: Allen, G., Zapiski volontera, Leningrad 1927)
Sovetskie dobrovol'cy o pervoj graždanskoj revoljucionnoj vojne v Kitae, Vospominanija, Moskau 1961
Suchorukov, V. T., Nalet Čankajšistov na General'noe Konsul'stvo SSSR, in: *Na kitajskoj zemle*, S. 130–133
Šass, M. E., God raboty v revoljucionnom Kitae, in: *Na kitajskoj zemle*, S. 108–129
Šuvanov, I. P., Na juge Kitaja, in: *Na kitajskoj zemle*, S. 42–86
Teslenko, E. V., Ot Guančžou do Uchanja, in: *Sovetskie dobrovol'cy*, S. 96–125
Teslenko, E. V., Vospominanija o E Tine, in: *Na kitajskoj zemle*, S. 87–107
Višnjakova-Akimova, V. V., Dva goda v vosstavšem Kitae, 1925–1927, Vospominanija, Moskau 1965

b. *Chinesischsprachige Memoirenliteratur*

Chang Kuo-t'ao, Wo ti hui-i, in: Ming pao (yüeh-k'an), Jg. 1966, Nr. 7; Jg. 1968, Nr. 28

張國燾：我的回憶，「明報月刊」

Ch'en Kung-po, Wo yü kung-ch'an-tang, in: Ch'en Kung-po Chou Fu-hai hui-i lu ho-pien, Hongkong 1971, S. 1–89 (dritte Paginierung)

陳公博：我與共產黨、
陳公博，周佛海回憶錄合編

Feng Yü-hsiang chiang-chün tzu-chuan, Wo ti sheng-huo, o. O. (Hongkong?) o. J.

馮玉祥將軍自傳，我的生活

Ho Hsiang-ning, Wo ti hui-i, in: Jen-min jih-pao 6./7. 10. 1961

何香凝：我的回憶，「人民日報」

Mao Szu-ch'eng (Hrsg.), Min-kuo shih-wu nien i ch'ien chih Chiang Chieh-shih hsien-sheng, o. O. 1936, Nachdruck Hongkong 1965

毛思誠：民國十五年以前之蔣介石先生

c. *Memoirenliteratur in westlichen Sprachen*

Chang Kuo-t'ao, The Rise of the Chinese Communist Party, 1921-1927, Volume One of the Autobiography of Chang Kuo-t'ao, Lawrence/Manhattan/Wichita 1971

Chiang Kai-shek, A Summing up at Seventy, Soviet Russia in China, London/Toronto/Wellington/Sidney 1957

Isaacs, H. R., Notes on a Conversation with H. Sneevliet, The Chinese Question, 1920-23, in: The China Quarterly, Nr. 45 (Jan.-März 1971), S. 103-109

Kasanin, M., China in the Twenties, Moskau 1973

Vishnyakova-Akimova, V. V., Two Years in Revolutionary China, Translated by Steven I. Levine, Cambridge, Mass. 1971

III. *Sekundärliteratur*

1. *Russischsprachige Sekundärliteratur*

Berchin, I. B., Voennaja reforma v SSSR (1924 - 1925), Moskau 1958

Bykov, D., Komkor Pavlov, Moskau 1965

Dušen'kin, V., Proletarskij maršal, Moskau 1973

Dušen'kin, V. V., Ot soldata do maršala, Žizn' i boevoj put' maršala Sovetskogo Sojuza V. K. Bljuchera, 2. erg. u. verb. Aufl., Moskau 1961

Glunin, V. I., K 50-letiju vtorogo s-ezda Kommunistčeskoj partii Kitaja, in: Problemy Dal'nego Vostoka, Jg. 1972, Nr. 3, S. 118 ff.

Glunin, V. I., K voprosu o taktike KPK posle »sobytij 20 marta« 1926 g., in: Vestnik Moskovskogo Universiteta, Nr. 1/1975, S. 9-19

Glunin, V. I., Komintern i stanovlenie kommunističeskogo dviženija v Kitae, in: *Komintern i vostok*, S. 242 - 299

Gončarov, G. S., Bol'šoe sodružestvo narodov RSFSR, DVR i Mongolii v bor'be protiv kontrrevoljucionnogo zagovora imperialistov na Dal'nem Vostoke, in: Vestnik Leningradskogo universiteta, no. 20, vyp. 4-1969

Istorija Mongol'skoj Narodnoj Respubliki, 2. Aufl., Moskau 1967

Jur'ev, M. F., Revoljucija 1925 - 1927 gg. v Kitae, Moskau 1968

Jur'ev, M. F., Ustanovlenie sotrudničestva meždu KPK i Sun' Jat-senom v 1921 - 1924 gg., K istorii obrazovanija edinogo nacional'no-revoljucionnogo fronta, in: *Sun' Jat-sen 1866-1966*, S. 146 - 169

Kalačev, S. (Pseud.), Kratkij očerk istorii Kitajskoj Kommunističeskoj partii, in: Kanton, Jg. 1927, Nr. 1 (10), S. 13 - 78 (Dieser erste Versuch einer Darstellung der Geschichte der KPCh, der aus der Feder des sowjetischen Beraters S. N. Naumov (Pseud.: S. Kalačev) stammt, war dem Verfasser vor Abschluß des Manuskripts im Original nicht zugänglich und wird daher in dieser Arbeit üblicherweise nach der englischen Übersetzung *A Brief History of the Chinese Communist Party* zitiert.)

Kapica, M. S., Sovetsko-kitajskie otnošenija, Moskau 1958

Kaplin, S., Bol'ševiki na Dal'nem Vostoke, Moskau 1960

Kara-Murza, G., Mif, P. (Hrsg.), Strategija i taktika Kominterna v nacional'no-kolonial'noj revoljucii na primere Kitaja, Moskau 1934
Kartunova, A. I., Komintern i nekotorye voprosy reorganizacii gomin'dana, in: *Komintern i vostok*, S. 300 - 312
Kartunova, A. I., Oktjabr'skaja socialističeskaja revoljucija i nacional'no-osvoboditel'noe dviženie v Kitae (1917 - 1927 gg.), in: Novaja i novejšaja istorija, Jg. 1967, S. 16 - 30
Kartunova, A. I., Sun' Jat-sen - drug sovetskogo naroda, in: Voprosy istorii KPSS, Jg. 1966, Nr. 10, S. 27 - 38
Kartunova, A. I., Sun' Jat-sen i russkie sovetniki, in: *Sun' Jat-sen 1866 - 1966*, S. 170 - 189
Kartunova, A. I., V. K. Bljucher v Kitae, in: Narody Azii i Afriki, Jg. 1967, Nr. 5, S. 144 - 147
Kartunova, A. I., V. K. Bljucher v Kitae 1924 - 1927, Dokumentirovannyj očerk, Dokumenty, Moskau 1970
Kazanin, M. I., Missija generala Čzan Sy-linja v Moskvu, in: Narody Azii i Afriki, Jg. 1970, Nr. 3, S. 47 - 60
Kol'cov, P. S., Stepanov, A. S., Rol' leninskoj vnešnej politiki v bor'be za pobedu Sovetskoj vlasti na Dal'nem Vostoke (1920 - 1922 gg.), in: Voprosy istorii KPSS, Jg. 1972, Nr. 4, S. 71 - 85
Komintern i vostok, Bor'ba za leninskuju strategiju i taktiku v nacional'no-osvoboditel'nom dviženii, Moskau 1969
Kondrat'ev, N., Maršal Bljucher, Moskau 1965
Kovalev, E. F., Novye materialy o pervom s-ezde Kommunističeskoj Partii Kitaja, in: Narody Azii i Afriki, Jg. 1972, Nr. 6, S. 150 ff.
Leninskaja politika SSSR v otnošenii Kitaja, Moskau 1968
Mereckov, K. A., Na službe narodu, Moskau 1968
Mirovickaja, R. A., Michail Borodin (1884 - 1951), in: *Vidnye sovetskie kommunisty*, S. 22 ff.
Mirovickaja, R. A., Pervoe desjatiletie, in: *Leninskaja politika SSSR*, S. 20 - 67
Nikiforov, V. N., Sovetskie istoriki o problemach Kitaja, Moskau 1970
Novejšaja istorija Kitaja 1917-1970, Moskau 1972
Očerki istorii Kitaja v novejšee vremja, Moskau 1959
Osetrov, A. F., Sovetskij narod - revoljucionnomu Kitaju (1924 - 1927), Moskau 1967
Perevertajlo, A. S., Sovetskie dobrovol'cy v Kitae v 1923–1927 gg., in: *Sovetskie dobrovol'cy*, S. 3 - 23
Persic, M. A., Dal'nevostočnaja respublika i Kitaj, Moskau 1962
Pyn Min, Istorija kitajsko-sovetskoj družby, Moskau 1959
Sorkin, G. Z., S-ezd narodov Dal'nego Vostoka, in: Problemy Vostokovedenija, Jg. 1960, Nr. 5, S. 76 - 86
Sovetskaja istoričeskaja ėnciklopedija, Band 2, Moskau 1962
Sun' Jat-sen 1866 - 1966, K stoletiju so dnja roždenija, Sbornik stat'ej, vospominanij i materialov, Moskau 1966
Šereševskij, B. M., Sibbjuro CK RKP(b) i sozdanie Dal'nevostočnoj respubliki, in: Voprosy istorii KPSS, Jg. 1972, Nr. 11, S. 82 - 92
Širendyb, B., Istorija Mongol'skoj narodnoj revoljucii 1921 goda (gekürzte Übers. aus dem Mongolischen), Moskau 1971
Tichvinskij, S. L., Sun' Jat-sen, Vnešnepolitičeskie vozzrenija i praktika, Moskau 1964
Timofeeva, N. N., Kommunističeskij Universitet Trudjaščichsja Vostoka (KUTV) (1921 - 1925), in: Narody Azii i Afriki, Jg. 1976, Nr. 2, S. 47 - 57
Vidnye sovetskie kommunisty - učastniki kitajskoj revoljucii, Moskau 1970
Voennaja pomošč' SSSR v osvoboditel'noj bor'be kitajskogo naroda, Moskau 1975

2. *Chinesischsprachige Sekundärliteratur*

Ch'en Po-ta, Jen-min kung-ti Chiang Chieh-shih, Hongkong 1949

陳伯達：人民公敵蔣介石

Ch'en Tu-hsiu, Kao ch'üan-tang t'ung-chih shu (10. 12. 1929), in: Kung-fei huo-kuo shih-liao hui-pien, Bd. I, Taipei o. J., S. 427 - 444

陳獨秀：

告全黨同志書，共匪禍國史料彙編

Cheng Hsüeh-chia, Kuan-yü Ma Lin tsai Chung-kuo ti huo-tung, in: Fei-ch'ing yüeh-pao, 15. Jg. (1972), Nr. 4, S. 127 - 130

鄭學稼：

關於馬林在中國的活動，「匪情月報」

Chiang Chung-cheng, Kuo-chün cheng-kung shih kao, Taipei 1960

蔣中正：國軍政工史稿

Chiang Yung-ching, Pao Lo-t'ing yü Wu-han cheng-ch'üan, Taipei 1963

蔣永敬：鮑羅廷與武漢政權

Ching-shen chiao-yü ti-i chi, Huang-p'u hsün-lien chi, o. O. o. J.

精神教育第一集，黃埔訓練集

Chung-yang lu-chün chün-kuan hsüeh-hsiao shih kao, Nanking 1936

中央陸軍軍官學校史稿

Hu Hua, Chung-kuo hsin min-chu chu-i ko-ming shih, Peking 1951

胡華：中國新民主主義革命史

Li Chien-nung, Chung-kuo chin pai nien cheng-chih shih, 2 Bd., 4. Aufl., Taipei 1965

李劍農：中國近百年政治史

Li Yün-han, Ts'ung jung-kung tao ch'ing-tang, Bd. I und II, Taipei 1965

李雲漢：從容共到清黨

Liu Yen, Chung-kuo wai-chiao shih, Taipei 1962

劉彥：中國外交史

Pei-fa chan-shih, Bd. I – III, Taipei 1967

北伐戰史

Szu-ma Lu, Ch'ü Ch'iu-pai chuan, Hongkong 1962

司馬璐：瞿秋白傳

Tsou Lu, Chung-kuo kuo-min-tang shih kao i ts'e, 2. Aufl., Taipei 1970

鄒魯：中國國民黨史稿

Wang Chien-min, Chung-kuo kung-ch'an-tang shih kao, Bd. I, Taipei 1965

王健民：中國共產黨史稿

Wu Hsiang-hsiang, O-ti ch'in-lüeh chung-kuo shih, 6. Aufl., Taipei 1970
吳相湘：俄帝侵畧中國史

3. Sekundärliteratur in westlichen Sprachen

Altman, A. G., and Schiffrin, H. Z., Sun Yat-sen and the Japanese: 1914 - 1916, in: Modern Asian Studies, Jg. 6, Oktober 1972, S. 385 - 400

Amann, G., Sun Yatsens Vermächtnis, Berlin 1928

Barron, J., KGB, The Secret Work of Soviet Secret Agents, London/Sidney/Auckland/Toronto 1974

Behrsing, S., Lenin über China, in: Neue Chinesische Geschichtswissenschaft, Sonderheft der Zeitschrift für Geschichtswissenschaft, Jg. 1959, S. 20 ff.

Berner, W., Die sowjetische Lateinamerika-Politik 1919 - 1973, Berichte des Bundesinstituts für Ostwissenschaftliche und Internationale Studien, Nr. 35/1973

Bing, D., Chang Chi and Ma-lin's First Visit to Dr. Sun Yat-sen, in: Issues & Studies, Bd. IX, Nr. 6 (März 1973), S. 57 - 62

Bing, D., Reply to Adrian Chan, in: The China Quarterly, Nr. 56 (Okt. - Dez. 1973), S. 751 - 761

Bing, D., Sneevliet and the Early Years of the CCP, in: The China Quarterly, Nr. 48 (Okt. - Dez. 1971), S. 677 - 697

Bing, D., Was There a »Sneevlietian Strategy«?, in: The China Quarterly, Nr. 54 (April - Juni 1973), S. 345 - 353

Biographical Dictionary of Republican China, hrsg. von H. L. Boorman und R. C. Howard, Bd. I - IV, New York/London 1967 - 1971

Bowden, J. C., Soviet Military Aid to Nationalist China, 1923 - 1941, in: Garthoff, R. L., Sino-Soviet Military Relations, New York/Washington/London 1966

Brandt, C., Stalin's Failure in China, New York 1966

A Brief History of the Chinese Communist Party, in: *Documents on Communism*, S. 41 - 78 (Übersetzung von Kalačev, S. (Pseud. von S. N. Naumov), Kratkij očerk istorii Kitajskoj Kommunističeskoj Partii, in: Kanton, Jg. 1927, Nr. 1 (10), S. 13 - 78)

Brunner, G., Das Parteistatut der KPdSU 1903 - 1961, Köln 1965

Carr, E. H., The Bolshevik Revolution 1917 - 1923, Bd. I, III, London 1950, 1961

Chan Adrian, Chinese Evidence on the »Sneevlietian Strategy«, in: The China Quarterly, Nr. 56 (Okt. - Dez. 1973), S. 749 - 751

Chang Tao Hsing, International Controversies Over the Chinese Eastern Railway, Schanghai 1936

Chen Chi, Die Beziehungen zwischen Deutschland und China bis 1933, Mitteilungen des Instituts für Asienkunde Hamburg, Nr. 56, Hamburg 1973

Ch'en Jerome, Yuan Shih-k'ai, 2. Aufl., Stanford, Cal. 1972

Ch'en Kung-po, The Communist Movement in China, An Essay Written in 1924, Edited with an Introduction by C. M. Wilbur, New York 1966

Cheng Tien-fong, A History of Sino-Russian Relations, Washington, D. C. 1957

Ch'i Hsi-sheng, Warlord Politics in China 1916–1928, Stanford, Cal. 1976

The China Yearbook 1923, Tientsin o. J.

Couling, S. (Hrsg.), The Encyclopedia Sinica, Schanghai 1917

Dallin, D. J., The Rise of Russia in Asia, London 1950

Dallin, D. J., Die Sowjetspionage, Prinzipien und Praktiken, Köln 1956

Domes, J., Vertagte Revolution, Die Politik der Kuomintang in China, 1923 - 1937, Berlin 1969

Erickson, J., The Soviet High Command, A Military-political History, 1918 - 1941, London/New York 1962

Fairbank, J. K., Reischauer, E. O., Craig, A. M., A History of East Asian Civilisation, Bd. II, London 1965

Fass, J., Sun Yat-sen and Germany in 1921 - 1924, in: Papers of the XIX International Congress of Chinese Studies, Bochum 1968, S. 137 - 153
Fass, J., Sun Yat-sen and the World War I, in: Archiv Orientální, Bd. 35 (1967), S. 111 - 120
Fischer, L., Russia's Road from Peace to War, Soviet Foreign Relations 1917 - 1941, New York/Evanston/London 1969
Fischer, L., The Soviets in World Affairs, A History of the Relations Between the Soviet Union and the Rest of the World, 1917 - 1929, Bd. 1 und 2, Princeton, New Jersey 1951
Franke, W., Das Jahrhundert der chinesischen Revolution 1851 - 1949, München 1958
Frenzke, D., Der Begriff des ungleichen Vertrages im sowjetisch-chinesischen Grenzkonflikt, in: Osteuropa-Recht, Jg. 1965, Nr. 2, S. 69 - 105
Geyer, D., Lenin und China, in: Osteuropa, Jg. 1965, Heft 9, S. 577 ff.
Gillespie, E. R., Whampoa and the Nanking Decade (1924 - 1936), ungedr. Diss., The American University, Washington, D. C. 1971
Grimm, T., Mao Tse-tung in Selbstzeugnissen und Bilddokumenten, Reinbek 1968
Heinzig, D., Die Anfänge der Kommunistischen Partei Chinas im Lichte der Memoiren Chang Kuo-t'aos, Mitteilungen des Instituts für Asienkunde Hamburg, Nr. 35, Hamburg 1970
Herrfahrdt, H., Sun Yatsen, Hamburg 1948
Hsiung S. I., The Life of Chiang Kai-shek, London 1948
Hu Pu-yu, A Brief History of the Chinese Revolutionary Forces, 2. Aufl., Taipei 1973
Hu Sheng, Imperialism and Chinese Politics, Peking 1955
Index to Su-lien yin-mou wen-cheng, hrsg. von Rowe, D. N., und Yen Sophia S. F., Hamden, Connecticut 1965
Isaacs, H. R., The Tragedy of the Chinese Revolution, 2. Aufl., New York 1966
Jansen, M. B., The Japanese and Sun Yat-sen, Stanford, Cal. 1970
Jordan, D. A., The Northern Expedition - a Military Victory, ungedr. Diss., University of Wisconsin 1967
Kennan, G. F., Sowjetische Außenpolitik unter Lenin und Stalin, Stuttgart 1961
Kindermann, G.-K., Der Ferne Osten in der Weltpolitik des industriellen Zeitalters, München 1970
Kindermann, G.-K., (Hrsg.), Konfuzianismus, Sunyatsenismus und chinesischer Kommunismus, Freiburger Studien zur Politik und Soziologie, Freiburg im Breisgau 1963
King, W., China at the Washington Conference 1921 - 1922, New York 1963
King, W., China at the Paris Peace Conference in 1919, Jamaica/New York 1961
Klein, D. W., Clark, A. B., Biographic Dictionary of Chinese Communism 1921 - 1965, Bd. I und II, Cambridge, Mass. 1971
Kuan Su-chih, An Early Chinese Experience in Moscow's Advanced Education Centers, in: Issues & Studies, Bd. XI (1975), Nr. 11, S. 48 ff.
Kuo Warren, Analytical History of Chinese Communist Party, Bd. I, Taipei 1966
Kwei Chung-gi, The Kuomintang-Communist Struggle in China 1922 - 1949, The Hague 1970
Landis, R. B., Institutional Trends at the Whampoa Military School: 1924 - 1926, ungedr. Diss., University of Washington 1969
Lary, D., Region and Nation, The Kuangsi Clique in Chinese Politics 1925 - 1937, Cambridge University Press 1974
Lazitch, B., and Drachkovitch, M. M., Biographical Dictionary of the Comintern, Stanford, Cal. 1973
Lazitch, B., and Drachkovitch, M. M., Lenin and the Comintern, Bd. I, Stanford, Cal. 1972
Leng Shao Chuan and Palmer, N. D., Sun Yat-sen and Communism, New York 1960
Lensen, G. A., Japanese Recognition of the U.S.S.R., Soviet-Japanese Relations 1921 - 1930, Tokyo/Tallahassee, Florida 1970
Li Chien-nung, The Political History of China 1840 - 1928, Translated and Edited by Ssu-yu Teng and Jeremy Ingalls, Princeton, New Jersey/Toronto/London/Melbourne 1956
Linebarger, P., Sun Yat-sen and the Chinese Republic, New York/ London 1925
Liu F. F., A Military History of Modern China, 1924 - 1949, Port Washington, N. Y./London 1972

Loh Pichon P. Y., The Early Chiang Kai-shek, A Study of His Personality and Politics, 1887 - 1927, Occasional Papers of the East Asian Institute, Columbia University, New York/London 1971

Louis, R., British Strategy in the Far East 1919 - 1939, Oxford 1971

Lowe, D. M., The Function of »China« in Marx, Lenin, and Mao, Berkeley/Los Angeles 1966

MacFarquhar, R. L., The Whampoa Military Academy, Papers on China, Harvard University East Asia Regional Studies Seminar, No. 9, Harvard University 1955

Maring, H., Die revolutionär-nationalistische Bewegung in Süd-China, in: Die Kommunistische Internationale, 4. Jg., Nr. 22 (13. 9. 1922), S. 49 ff.

Matsui, M., The Russo-Japanese Agreement of 1907, in: Modern Asian Studies, Jg. 6 (1972), Nr. 1, S. 33 ff.

Meissner, B., in: Dennewitz, B., Meissner, B., Die Verfassungen der modernen Staaten, Erster Band, Hamburg 1947

Military Campaigns in China 1924 - 1950, Produced Under the Auspices of the Military History Office, MAAG, Taipei 1966

Munholland, J. K., The French Connection that Failed, France and Sun Yat-sen 1900 - 1908, in: The Journal of Asian Studies, Jg. XXXII (1972), Nr. 1, S. 77 - 95

Muntjewerf, A. C., Was there a »Sneevlietian Strategy«?, in: The China Quarterly, Nr. 53 (Jan. - März 1973), S. 159 - 168

Nestwood, J. N., Geschichte der russischen Eisenbahnen, Zürich 1966

Olenik, J. K., Left Wing Radicalism in the Kuomintang: Teng Yen-ta and the Genesis of the Third Party Movement in China, 1924 - 1931, ungedr. Diss., Cornell University 1973

Pavlovsky, M. N., Chinese-Russian Relations, New York 1949

Pictorial Story of the Republic of China 1911 - 1971, Taipei o.J.

Pollard, R. T., China's Foreign Relations 1917-1931, New York 1933

Das Problem Japans, Politische Betrachtungen über Japan und seine Beziehungen zu Rußland, England, China, Deutschland, Amerika, die britischen Kolonien und Holland, sowie über die Weltpolitik des fernen Ostens und der Länder um den stillen Ozean, von einem ehemaligen Gesandtschaftsrat im fernen Osten, Leipzig 1920

Pye, L. W., Warlord Politics, New York/Washington/London 1971

von Rauch, G., Geschichte der Sowjetunion, 5. Aufl., Stuttgart 1969

Seps, J. B., German Military Advisers and Chiang Kai-shek, 1927 - 193, ungedr. Diss., University of California, Berkeley 1972

Sharman, L., Sun Yat-sen, His Life and Its Meaning, A Critical Biography, 2. Aufl., Hamden, Connecticut 1965

Sheng Yüeh, Sun Yat-sen University in Moscow and the Chinese Revolution, A Personal Account, University of Kansas 1971

Sokolsky, G. E., The Kuomintang, in: The China Yearbook, Jg. 1928, S. 1 309 - 1 401

Sommer, W., Militärberater, in: China Handbuch, Herausgegeben von Wolfgang Franke unter Mitarbeit von Brundhild Staiger, Düsseldorf 1974, Sp. 875

Sommer, W., Zur Rolle deutscher Berater in den Einkreisungs- und Vernichtungsfeldzügen gegen die südchinesische Sowjetrepublik, 1930 - 1934, in: Zeitschrift für Politik, Jg. 1971, S. 269-304

Strong, A. L., China-Reise, Mit Borodin durch China und die Mongolei, Berlin 1928

T'ang Leang-Li, The Inner History of the Chinese Revolution, London 1930

Tong Hollington K., Chiang Kai-shek, Taipei 1953

Treadgold, D. W., The West in Russia and China, Vol. 2, China 1582 - 1949, Cambridge 1973

Tung, W. L., China and the Foreign Powers, New York 1970

Tyau Min-ch'ien T. Z., The Legal Obligations Arising out of Treaty Relations Between China and Other States, Peking 1917

Ulam, A. B., Expansion and Coexistence, The History of Soviet Foreign Policy, 1917 - 1967, London 1968

Van Slyke, L. P., Enemies and Friends, The United Front in Chinese Communist History, Stanford, Cal. 1967

Weigh Ken Shen, Russo-Chinese Diplomacy, Schanghai 1928
Whiting, A. S., Soviet Policies in China 1917 - 1924, Stanford, California 1968
Who Was Who in the USSR, Compiled by the Institute for the Study of the USSR, Munich, Germany, Edited by Dr. Heinrich E. Schulz, Paul K. Urban, Andrew I. Lebed, Metuchen, New Jersey 1972
Wiethoff, Bodo, Luftverkehr in China 1928 - 1949, Wiesbaden 1975
Wilbur, C. M., Notes, in: The China Quarterly, Nr. 35 (Juli - Sept. 1968), S. 34 - 39
Wilbur, C. M., Sun Yat-sen, Frustrated Patriot, New York 1976 (gelangte erst nach Abschluß des Manuskripts dieser Arbeit in die Hand d. Verf.)
Willoughby, W. W., China at the Conference, Westport, Connecticut 1972
Willoughby, W. W., Foreign Rights and Interests in China, Bd. I - II, Baltimore 1927
Wolin, S., Slusser, R. M. (Hrsg.), The Soviet Secret Police, New York 1957
Woo T. C., The Kuomintang and the Future of the Chinese Revolution, London 1928
Wu Aitchen K., China and the Soviet Union, London 1950
Wu Tien-wei, A Review of the Wuhan Debacle, The Kuomintang-Communist Split of 1927, in: The Journal of Asian Studies, Vol. XXIX, no. 1 (November 1969), S. 125 - 143
Wu Yu-chang, The Revolution of 1911, Peking 1962
Yu George T., Party Politics in Republican China, The Kuomintang, 1912 - 1924, Berkeley/Los Angeles 1966

Anmerkung: Das Buch von Jean-Marie Bonissou, Seigneurs de guerre et officiers rouge, Paris 1974, gelangte erst nach Abschluß der Satzarbeiten in die Hand des Verfassers und konnte daher nicht mehr berücksichtigt werden

Glossar chinesischsprachiger Bezeichnungen

Dieses Verzeichnis enthält die im Text und in den Fußnoten vorkommenden chinesischsprachigen Sätze, Satzfragmente, Sachtermini und – soweit identifizierbar – Personennamen.

Nicht aufgenommen wurden geographische Bezeichnungen und bibliographische Angaben.

chang-ch'eng	章程
Chang Chi	張繼
Chang Ch'iu-pai	張秋白
Chang Fa-k'uei	張發奎
Chang Jen-chieh	張人傑
Chang Kuo-t'ao	張國壽
Chang Min-ta	張民達
Chang T'ai-lei	張太雷
Chang Tso-lin	張作霖
ch'ang-wu wei-yüan-hui	常務委員會
Ch'en Chia-keng (Tan Kah Kee)	陳嘉庚
Ch'en Chiung-ming	陳炯明
Ch'en Ming-shu	陳銘樞

Ch'en Shao-pai	陳少白
Ch'en Tu-hsiu	陳獨秀
Ch'en Yu-jen (Eugene Chen)	陳友仁
cheng-chih hsün-lien pu	政治訓練部
cheng-chih hui-i	政治會議
cheng-chih lei	政治類
cheng-chih pu	政治部
cheng-chih wei-yüan-hui	政治委員會
cheng-chih wei-yüan-hui chu-hsi t'uan	政治委員會主席團
Ch'eng Ch'ien	程潛
Chi-li-pei-erh-t'e (Zil'bert)	吉里貝爾特
chia-ch'e tui	甲車隊
Chia Lan (Galin)	嘉蘭

Chia Lun (Galin)	嘉倫, 加倫
Chiang Kai-shek (Chiang Chieh-shih)	蔣介石
ch'iang-ch'üan	强權
ch'iang-pao	强暴
chiao-kuan	教官
chiao-lien pu	教練部
chiao-shou pu	教授部
ch'ing-nien chün-jen lien-ho-hui	青年軍人聯合會
Chou En-lai	周恩來
Chou Hung-hsiang	周宏庠
Chou I-ch'ün	周逸群
Chou Yin-jen	周蔭人
Chu Chih-hsin	朱執信

Chu Cho-wen	朱卓文
chu-jen	主任
Chu P'ei-te	朱培德
Ch'ü Ch'iu-pai	瞿秋白
ch'üan-kuo hsüeh-sheng lien-ho hui	全國學生聯合會
ch'üan-kuo pao-chieh lien-ho hui	全國報界聯合會
chün-hsiao ch'ou-pei wei-yüan-hui wei-yüan-chang	軍校籌備委員會委員長
chün-hsiao ju-hsüeh shih-yen wei-yüan-hui	軍校入學試驗委員會
chün-hsü chü	軍需局
chün-hsü pu	軍需部
chün-i pu	軍醫部

chün-shih lei	軍事類
chün-shih wei-yüan-hui	軍事委員會
chung-hsin shih-li	中心勢力
chung-hua kuo-min-tang	中華國民黨
chung-hua min-kuo shih-liao yen-chiu chung-hsin	中華民國史料研究中心
chung-kuo kung-jen	中國工人
chung-kuo kuo-min-tang chang-ch'eng	中國國民黨章程
Chung-shan	中山
chung-yang tang-pu chün-jen pu	中央黨部軍人部
chung-yang tang-shih hui	中央黨史會
Fan Shih-sheng	范石生

fei-chi tui	飛機隊
Feng Tzu-yu	馮自由
Feng Yü-hsiang	馮玉祥
fu chu-jen	副主任
Fu Ta-ch'eng	符大成
fu-ts'ung kuo-min-tang, erh pu ch'eng-jen tang wai lien-ho	服從國民黨，而不承認黨外聯合
hai-chün chü	海軍局
hang-k'ung chü	航空局
Ho Hsiang-ning	何香凝
Ho Ying-ch'in	何應欽
hsiang shang chün-shih ch'ing-hsing	詳商軍事情形
Hsieh Ch'ih	謝持

hsien	先
Hsü Ch'ung-chih	許崇智
hsüan-yen	宣言
hsün-lien pu	訓練部
Hu Han-min	胡漢民
Hu I-sheng	胡毅生
Huang Ch'ang-ku	黃昌穀
Huang Chi-lu	黃季陸
Huang-p'u lu-chün chün-kuan hsüeh-hsiao	黃埔陸軍軍官學校
Huang Yu (Hwang You)	黃佑
huo-hsing she	火星社
i cheng-chih lun	以政治論

i chung-tsu lun	以種族論
i O-kuo yüan-chu wei i-lai	以俄國援助為依賴
I-wan-no-fu-szu-k'an (Ivanovskij)	伊萬洛夫司堪
Kai-mi-erh (Gmira)	蓋米爾
k'ai-sa chih ti-kuo chu-i	凱撒之帝國主義
ko-ming chün	革命軍
ko-ming wei-yüan-hui	革命委員會
Ku Wei-chün (Wellington Koo)	顧維鈞
kuan-li pu	管理部
Kuang-tung shih-hsiang lei	廣東事項類
kung-li	公理
kung-t'uan chün	工團軍
kuo-min cheng-fu wei-yüan-hui	國民政府委員會

kuo-min-chün (Kuominchün)	國民軍
kuo-min-chün shih-hsiang lei	國民軍事項類
kuo-min ko-ming chün	國民革命軍
kuo-shih kuan	國史館
Li Chang-ta	李章達
Li Chi-shen	李濟深
Li Fu-lin	李福林
Li Kuo-ch'i (Lee Kuo-chi)	李國祁
Li Ta-chao	李大釗
Li Tsung-jen	李宗仁
Li Yün-han	李雲漢
Liang Hung-k'ai	梁鴻楷
Liao Chung-k'ai	廖仲愷

Lin Po-ch'ü	林伯渠
Lin Sen (Lin Shen)	林森
Lin Yün-kai	林雲陔
ling-hsiu ti-wei	領袖地位
Liu Chen-huan	劉震寰
Liu Ching-jen	劉鏡人
Liu Jen-ching	劉仁靜
lu-chün chün-kuan hsüeh-hsiao chung-kuo kuo-min-tang tai-piao	陸軍軍官學校中國國民黨代表
lu-chün chün-kuan hsüeh-hsiao hsiao-chang	陸軍軍官學校校長
Lu Jung-t'ing	陸榮廷
Lü Fang-shang	呂芳上
Ma Lin (Maring)	馬林

mi-shu t'ing	秘書廳
mi-t'an lei	密探類
min-chu chu-i ti ko-ming yün-tung	民主主義的革命運動
min-chu chu-i ti lien-ho chan-hsien	民主主義的聯合戰線
min-ch'üan chu-i	民權主義
min-sheng chu-i	民生主義
min-tsu chu-i	民族主義
min-t'uan	民團
Mo-han	摩漢
nung-min tzu-wei chün	農民自衛軍
Ou-chou shou ya-p'o ti kuo-chia	歐洲受壓迫的國家
pa-ch'ih i-ch'ieh	把持一切
Pai Ch'ung-hsi	白崇禧
pei-fa	北伐

p'i-li ch'i hsü-to i-chien	披瀝其許多意見
Pien-szu-ch'a-szu-t'e-no-fu (Bescastnov)	邊斯查斯特諾夫
ping-kung-ch'ang	兵工廠
pu ts'o	不錯
shang-t'uan	商團
shang-t'uan shih-pien	商團事變
Shao Yüan-ch'ung	邵元冲
Shen Hsüan-lu (Shen Ting-i)	沈玄盧
Shen Hung-ying	沈鴻英
Shen Ting-i (Shen Hsüan-lu)	沈定一
shu wu ch'eng-i	殊無誠意
su-lien kuo-chia	蘇聯國家
Su-lien o-kuo jen hao	蘇聯俄國人好

Su-lien yin-mou wen-cheng	蘇聯陰謀文證
Sun Ch'uan-fang	孫傳芳
Sun K'o (Sun Fo)	孫科
Sun-wen-chu-i hsüeh-hui	孫文主義學會
Sun Yat-sen (Sun I-hsien)	孫逸仙
Sung Ch'ing-ling	宋慶齡
Sung Tzu-wen (T. V. Soong)	宋子文
Ta-la-t'e-wen (Dratvin)	達拉特文
ta-pen-ying	大本營
Tai Chi-t'ao	戴季陶
tai-li	代理
T'an P'ing-shan	譚平山
T'an Yen-k'ai	譚延闓

tang chün	黨軍
T'ang Chi-yao	唐繼堯
T'ang Sheng-chih	唐生智
tao-i shang chih lien-lo	道義上之聯絡
t'e-pieh wei-yüan-hui	特別委員會
Teng Chia-yen (Jaryen Dang)	鄧家彥
Teng En-ming	鄧恩銘
Teng Tse-ju	鄧澤如
Teng Yen-ta	鄧演達
ti-erh tz'u tung-cheng	第二次東征
ti-i tz'u tung-cheng	第一次東征
tien-chün kan-pu hsüeh-hsiao hsüeh-sheng	滇軍幹部學校學生
ting hao	頂好

Ts'ai Ho-sen (Ts'ai Ho-shen)	蔡和森
ts'an-mou-t'uan	參謀團
Ts'ao K'un	曹錕
Ts'ao Ya-pai	曹亞伯
tso ko-ming chün ti hou-yüan	做革命軍的後援
Tsou Lu	鄒魯
tsu-chih fa	組織法
Tsui-shih-ch'a-szu-t'o (Besčastnov)	醉士差司脱
tsung chiao-kuan	總教官
tsung-szu-ling	總司令
ts'ung tz'u k'o jih wei chieh-chin	從此可日為接近
tu-chün	督軍
Tuan Ch'i-jui	段祺瑞

t'ung-meng hui	同盟會
tz'u ch'ou-pan chün-hsiao chih	辭籌辦軍校職
wai-chiao-pu (Waichiaopu)	外交部
Wang An-shih	王安石
Wang Cheng-t'ing (C. T. Wang)	王正廷
Wang Chin-mei	王盡美
Wang Ching-wei	汪精衛
Wang Po-ling	王柏齡
Wang Teng-yün	王登雲
Wei-jen Pao Lo-t'ing wei kuo-min-tang tsu-chih chiao-lien-yüan tz'u chuang	委任鮑羅庭為國民黨組織教練員此狀
wei-tui	衛隊
Wu Ch'ao-shu (C. C. Wu)	伍朝樞

Wu P'ei-fu	吳佩孚
Wu T'ieh-ch'eng	吳鐵城
ya-chih	壓制
ya-p'o	壓迫
Yang Hsi-min	楊希閔
yang kuei-tzu	洋鬼子
Yeh Chien-ying	葉劍英
Yeh T'ing	葉挺
Yüan Shih-k'ai	袁世凱
Yün Tai-ying	惲代英

Personenregister

Kursiv gedruckte Zahlen verweisen auf die Fußnoten.
Bei chinesischen und japanischen Namen werden die Vornamen voll ausgeschrieben und nicht durch Kommata vom Familiennamen getrennt.